رامائن یکقافیہ
منظومۂ افق

रामायण यक क़ाफ़िया

मन्ज़ूमए 'उफ़ुक़'

रचनाकार

मलिकुश्शुअरा द्वारका प्रशाद 'उफ़ुक़' लखनवी

(1864-1913)

प्रधान सम्पादक

डॉ. योगेन्द्र प्रताप सिंह

पूर्व प्रोफ़ेसर तथा अध्यक्ष, हिन्दी विभाग, इलाहाबाद विश्वविद्यालय, इलाहाबाद

सम्पादक

डॉ. कोमल भटनागर

सह-सम्पादक

डॉ. रंजना कृष्णा

परिकल्पना

डॉ. योगेन्द्र प्रताप सिंह

निदेशक, अयोध्या शोध संस्थान : तुलसी स्मारक भवन, अयोध्या, फ़ैज़ाबाद (उ.प्र.)

रामायण यक क़ाफ़िया

मन्ज़ूमए 'उफ़ुक़'

रचनाकार

मलिकुश्शुअरा द्वारका प्रशाद 'उफ़ुक़' लखनवी

प्रकाशन वर्ष 1885

मुंशी नवल किशोर प्रेस

लखनऊ से वर्ष 1914 ई. में पुनः प्रकाशित

सम्पादक **डॉ. कोमल भटनागर**

सह-सम्पादक **डॉ. रंजना कृष्णा**

वाणी प्रकाशन

رامائن یکقافیہ

منظومۂ افق

شاعر

ملک الشعراء منشی دوارکا پرشاد افقؔ

سن اشاعت 1885

منشی نول کشور پریس، لکھنؤ سے

1914ء میں دوبارہ شایع شدہ

ایڈیٹر ڈاکٹر کومل بھٹناگر

سب ایڈیٹر ڈاکٹر رنجنا کرشنا

वाणी प्रकाशन
4695, 21-ए, दरियागंज, नयी दिल्ली 110 002
फ़ोन : +91 11 23273167 फ़ैक्स : +91 11 23275710
शाखाएँ
अशोक राजपथ, पटना 800 004, बिहार
कॉफ़ी हाउस कैम्पस, महात्मा गांधी मार्ग, इलाहाबाद 211 001, उत्तर प्रदेश
महात्मा गांधी अन्तरराष्ट्रीय हिन्दी विश्वविद्यालय, वर्धा 442 001, महाराष्ट्र
सुल्तानिया रोड, मोतिया पार्क, भोपाल 462 001, मध्य प्रदेश
www.vaniprakashan.com
marketing@vaniprakashan.in
sales@vaniprakashan.in

In Association with

ESTD.-1986
Ayodhya Shodh Sansthan
presents

RAMAYAN YK KAFIYA
Writer Malikushshuara Dwarka Prashad 'Ufuku' Lakhnavi
Chief Editor Dr. Yogendra Pratap Singh
Editor Dr. Komal Bhatnagar
Co-*Editor* Dr. Ranjana Krishna
Visualisation Dr. Yogendra Pratap Singh

ISBN : 978-93-90678-64-8
Religion/Culture

प्रथम संस्करण 2021

मूल्य : ₹ 895

शिव शक्ति प्रिंटर्स, दिल्ली-110 095 में मुद्रित

वाणी प्रकाशन का लोगो मक़बूल फ़िदा हुसेन की कूची से

रामायण यक क़ाफ़िया मंज़ूम

رامائن یک قافیہ منظوم

मुकेश कुमार मेश्राम
आई.ए.एस.
प्रमुख सचिव

पर्यटन एवं संस्कृति विभाग,
उत्तर प्रदेश शासन।

लखनऊ : दिनांक 01-12-2020

संदेश

हमारे देश मे हिंदी और उर्दू भाषाओं में साहित्यिक आदान–प्रदान सदियों से चला आ रहा है। रामायण, गीता, महाभारत, शिवपुराण, श्रीमद् भागवत आदि अनेक हिन्दू धर्म ग्रन्थों के उर्दू भाषा में अनुवाद उपलब्ध हैं जिनमें सर्वाधिक अनुवाद वाल्मीकि रामायण और गोस्वामी तुलसीदास कृत रामचरित मानस के हैं। रामकथा सर्वकालिक भारतीय सांस्कृतिक मूल्यों की संवाहक रही है तथा यह मानवीयता के आधार पर सहिष्णु समाज की स्थापना का प्रेरणा स्रोत भी रही है। स्वाभाविक है कि देश की लगभग सभी भाषाओं में रामायण के अनुवाद लोकप्रिय और समादृत हुए हैं। हमारे पूर्वजों द्वारा उर्दू में रचित रामकथाएं हमारी ऐतिहासिक धरोहर हैं जो हमारी वर्षों से चली आ रही भाषायी एवं सामाजिक सद्भाव को प्रदर्शित करती हैं। लखनऊ के बहुआयामी प्रतिभा सम्पन्न साहित्यकार मुंशी द्वारका परशाद 'उफ़ुक़' की वर्ष 1885 में क्लासिकल उर्दू में प्रकाशित 'रामायण–यक–क़ाफ़िया' भी ऐसी ही एक काव्य कृति है जो भाषा और वर्णन कला की दृष्टि से सर्वथा महत्वपूर्ण है। रचना की मुख्य विशेषता यह है कि इसमें पूरी रामकथा को एक ही छन्द तथा एक ही तुकान्त में वर्णित किया गया है तथा इसमें हिन्दी भाषा के अनेक शब्दों का उनकी पूरी सांस्कृतिक पृष्ठभूमि के साथ अत्यंत सुरूचिपूर्ण ढंग से सन्निवेश किया गया है। उर्दू शब्दों के अर्थ सहित देवनागरी में लिप्यंतरित मूल उर्दू प्रति के साथ पुस्तक का प्रकाशन साहित्यिक समरसता और सामाजिक सौहार्द्र वृद्धि की दृष्टि से अत्यंत लाभप्रद है।

(मुकेश कुमार मेश्राम)

कार्यालय : कक्ष सं 724-725, फेज-2, 7वां तल, बापू भवन, उत्तर प्रदेश सचिवालय, लखनऊ-226001
दूरभाष नं0 : (0522) 2237151, 2214754, ई-मेल : psecup.culture@nic.in, pscultureup@gmail.com, psec.tourism@gmail.com

डॉ योगेन्द्र प्रताप सिंह
निदेशक

अयोध्या शोध संस्थान
संस्कृति विभाग, उ0प्र0
कार्यालय : तुलसी स्मारक भवन, रायगंज,
अयोध्या, पिन कोड : 224123 उ0प्र0, भारत
कैम्प कार्यालय : 9वाँ तल, कक्ष संख्या 925,
जवाहर भवन, लखनऊ, पिन कोड : 226001 उ0प्र0, भारत
दूरभाष : +91-5278-232982, मोबाइल : 9565915634
E-mail . ayodhyaresearch1986@gmail.com,
ypsingh1960@gmail.com,
Website : www.ayodhya.co,

पत्रांक 310 अ0शो0सं0 /2020-21
दिनांक 01-12-2020

संदेश

अयोध्या शोध संस्थान, उत्तर प्रदेश की श्री राम विषयक सामग्री की खोज के अभियान में 19वीं शताब्दी के उर्दू के सुविख्यात साहित्यकार एवं सम्पादक मुंशी द्वारका परशाद 'उफ़ुक़' लखनवी की कई महत्त्वपूर्ण कृतियों की जानकारी हुई जिनमें वर्ष 1885 में लखनऊ से उर्दू पद्य में प्रकाशित 'रामायण–यक–क़ाफ़िया' एवं 'रामायण मुसद्दस' में तथा वर्ष 1903 से 1904 के मध्य लाहौर से उर्दू गद्य में प्रकाशित 'रामायण बाल्मीकि' और उर्दू–हिन्दी मिश्रित हिन्दुस्तानी में सम्पूर्ण रामकथा पर पहला उर्दू ड्रामा 'श्री राम नाटक' प्रमुख हैं। महर्षि बाल्मीकि और गोस्वामी तुलसीदास रचित रामायणों में श्री राम के आदर्श चरित्र के साथ मानव कल्याण के लिये अभिलक्षित भारतीय संस्कृति का शाश्वत स्वरूप प्रस्तुत किया गया है। यह ग्रन्थ रत्न भारतीय साहित्य के भी प्रादर्श रहे हैं। रामकथा के पावन संदेश को उर्दू भाषा के विज्ञ पाठकों तक पहुंचाने के लिये 'उफ़ुक़' ने उर्दू पद्य, गद्य तथा नाटक सभी साहित्यक माध्यमों में उत्कृष्ट रचनाएं प्रस्तुत कीं। अपनी प्रथम काव्य कृति 'रामायण–यक–क़ाफ़िया' में कवि ने विषय की अनुकूलता तथा उसकी प्रभावपूर्ण अभिव्यक्ति के लिये हिन्दी साहित्य में व्यवहृत शब्दों, उपमाओं, रूपकों आदि का यथा संभव प्रयोग किया और हिन्दी तथा उर्दू दोनों समृद्ध भाषाओं की साहित्यिक परम्पराओं के समन्वय का भरसक प्रयास किया। पुस्तक में 'उफ़ुक़' ने विष्णु के दशावतार एवं राम जन्म से प्रारम्भ कर लंका विजय के उपरांत श्री राम के अयोध्या में राज्याभिषेक तक रामायण के सभी प्रसंगों को उर्दू काव्य की मसनवी विधा में न्यूनाधिक केवल बारह सौ शेरों में वर्णित कर दिया है और काव्य नैपुण्य की विलक्षणता यह है कि यह सभी शेर एक ही तुकान्त में है। एक ही क़ाफ़िये में रामकथा के सभी प्रसंगों और उसके सभी पात्रों की मनोभावनाओं को व्यक्त करने की बाध्यता के निर्वहन के साथ रचना में कवि की नवोदभावनाओं और संवेदनाओ का अति उत्तम प्रस्तुतीकरण हुआ है। पुस्तक की भाषा शिष्ट और सुसंस्कृत होने के साथ लखनऊ की टकसाली मुहावराती ज़बान का आद्योपांत सुंदर उदाहरण प्रदर्शित करती है।

देवनागरी में लिप्यंतरित इस पुस्तक के प्रकाशन से देश–विदेश में विभिन्न भारतीय समुदाय हमारी गौरवशाली सांस्कृतिक विरासत तथा परम्परागत गंगा–जमुनी तहज़ीब से परिचित होंगे। विशेषतया युवा पीढ़ी में इसके अनुशीलन से भाषायी तथा सामाजिक सद्भाव की समझ विकसित होगी।

(डा0 योगेन्द्र प्रताप सिंह)

रामायण यक क़ाफ़िया मंज़ूम

प्रारम्भिक परिचय

द्वारका प्रशाद 'उफ़ुक़'[1] (1864-1913) की श्रेष्ठ साहित्यिक कृतियों में रामायण-यक-क़ाफ़िया का एक विशिष्ट स्थान है। वर्ष 1885 में प्रकाशित रामायण-यक-क़ाफ़िया में शायर ने तुलसीकृत रामायण और वाल्मीकि रामायण के आधार पर रामायण का कथानक प्रस्तुत किया है, किन्तु यह रामायण का अनुवाद नहीं, अपितु रचनाकार की अपनी रचना है। इस कृति में शायर ने रामायण के कथानक को तीस शीर्षकों के अन्तर्गत वर्णित किया है। यह काव्यकृति उर्दू शायरी की मसनवी[2] विधा में लिखी गई है, इसमें लगभग 1200 अशआर हैं, और इसकी विशिष्टता यह है कि इसके सभी शेर एक ही क़ाफ़िये (तुक) में, एक ही बह्र (वृत्त) में और एक ही वज़न में हैं। क्लासिकल उर्दू भाषा में रचित इस रामकथा में विषय की अनिवार्यता के अनुरूप अनेक पौराणिक अंतर्कथाओं और मान्यताओं को स्थान दिया गया है। वर्णन को स्वाभाविक और प्रासंगिक बनाने के लिये इस पुस्तक में हिंदी कविता में प्रयुक्त अलंकारों, उपमाओं, रूपकों आदि का सम्यक् प्रयोग किया गया है। यह भी उल्लेखनीय है कि रचना में हिंदी भाषा के 400 से अधिक शब्द भी उनकी पूरी सांस्कृतिक एवं पारंपरिक पृष्ठभूमि के साथ प्रयुक्त हुये हैं। हिंदी भाषा के शब्दों को यथावत उर्दू भाषा के आंचल में टांक कर कवि ने उर्दू भाषा का शब्द भण्डार तो बढ़ाया ही है, साथ ही उर्दू और हिंदी भाषाओं के बीच की दूरियों को कम करने का भी स्तुत्य प्रयास किया है। रचना में यथा आवश्यकता फ़ारसी, अरबी और संस्कृत भाषाओं के शब्दों का भी प्रयोग वर्णन को प्रभावोत्पादक बनाने के लिये किया गया है, जो कवि के विभिन्न भाषाओं पर अधिकार को दर्शाता है। कवि ने इस कृति में पांच भाषाओं के शब्द, प्रत्येक की साहित्यिक यात्रा को दृष्टिगत रखते हुए व्यवहृत किए हैं, फिर भी काव्य कौशल की विलक्षणता यह है कि वर्णन आद्योपांत उच्च कोटि का और समान स्तर का रहता है तथा रचना के अनुशीलन में कहीं अवरोध या ठहराव उत्पन्न नहीं होता। पुस्तक की भाषा अत्यंत शिष्ट और सुसंस्कृत है और कवि ने शब्दों के चयन में बहुत सावधानी बरती है। यह कृति लखनऊ की टकसाली मुहावराती भाषा का भी अनूठा उदाहरण प्रस्तुत करती है। पुस्तक में लगभग 500 मुहावरों का प्रयोग किया गया है जिसमें कई मुहावरे 'उफ़ुक़' के अपने गढ़े हुए हैं।

---

1. कवि का उपनाम क्षितिज 2. मसनवी उर्दू पद्य की वह विधा है जिसमें कोई कहानी या उपदेश एक ही वृत्त में होता है। इसका हर शेर दूसरे शेर से क़ाफ़िये और रदीफ़ (क़ाफ़िये के बाद आने वाला शब्द या शब्द समूह) से नहीं मिलता किन्तु हर शेर के दोनों मिसरे (चरण) सानुप्रास होते हैं।

उर्दू मसनवियों का प्रारंभ सामान्यत: हम्द या ईश्वर स्तुति से होता है। इस कृति में भी प्रारंभ में कवि ने रामकथा के प्रमुख पात्रों के माहात्म्य का वर्णन किया है। इसके उपरांत पुराणों में वर्णित विष्णु के दस अवतारों मत्स्य, कच्छप, वाराह, नरसिंह, वामन, परशुराम, राम, कृष्ण, बुद्ध और कल्कि अवतारों से जुड़ी सभी अंर्तकथाओं और मान्यताओं को केवल 38 शेरों में प्रस्तुत कर दिया है। निश्चय ही यह ईजाज़ो इख़्तिसार अर्थात् किसी विशद वर्णन को अति संक्षिप्त रूप से व्यक्त कर देने का उत्कृष्ट उदाहरण है। कुछ शेर देखिये-

दम में ब्रह्मा को किया पैदा कमल के फूल से
ऋग, यजुर, साम, अथर्वन ज़ाहिर किये बह्रे जहां[1]

शेर नर बनकर हुए ज़ाहिर सुतूने[2] संग से
ली हिरणकश्यप की जां, प्रहलाद को बख़्शी अमां

उर्दू मसनवियों में कहानी के नायक और नायिका का सरापा या नखशिख विशेष रूप से वर्णित किया जाता है जिसमें उनके शारीरिक सौंदर्य का अतिरंजना पूर्ण चित्रण किया जाता है 'उफ़ुक़' ने भी रामायण-यक-क़ाफ़िया में अपने इष्ट श्रीराम का नख शिख वर्णन किया है किंतु इसमें उन्होंने नई-नई उपमाओं और रूपकों के माध्यम से तथा श्रीराम के अंग प्रत्यंग से जुड़ी अर्न्तकथाओं और मान्यताओं को व्यक्त करके अपने काव्य का उत्कृष्ट उदाहरण प्रस्तुत किया है। इस सरापानिगारी पर उर्दू की नातिया शायरी का प्रभाव भी झलकता है। कवि ने उर्दू और हिन्दी काव्य दोनों की साहित्यिक परम्पराओं के सम्मिलित प्रभाव से श्री राम के नख शिख वर्णन को इस प्रकार प्रस्तुत किया है जिससे उनका मर्यादा पुरुषोत्तम रूप सहज ही उभर कर आ जाता है। कुछ शेर प्रस्तुत हैं-

है सरे पेशानिए[3] पुरनूर[4] चंदन का तिलक
या सदाशिव की जबीने[5] साफ़ पर है चन्द्रमा

अब्रुओ[6] चश्मो[7] मिज़ा[8] की है सिफ़त पुतली के साथ
इक जगह हैं मुज़्तमा[9], धनु[10], मीन[11], वृश्चिक[12], कन्या

ख़ाके[13] पा वह जिसने अपने फ़ैज़[14] से तारी शिला
जो मरीज़ाने जहां[15] को है सुफ़ूफ़े हिफ़्ज़ो[16] जां

सुंदर शब्द विन्यास, मनोहर उपमाओं और प्रवाहपूर्ण भाषा ने इस वर्णन को श्रेष्ठ उर्दू शायरी का उदाहरण बना दिया है।

---

1. संसार के लिये 2. प्रस्तर स्तंभ 3. ललाट 4. प्रकाशमान 5. मस्तक 6. कटावदार भौंहें 7. नेत्र 8. पलक 9. एकत्रित 10,11,12. राशियां (क्रमश: धनुष, मछली और बिच्छू के आकार वाली) 13. चरणधूलि 14. उपकार 15. सांसारिक कष्टों से त्रस्त 16. जीवनदायिनी औषधि

सीता जी के नखशिख वर्णन में जहां उनके अप्रतिम सौंदर्य और सुकुमारिता का गुणकथन किया गया है उस पर रीति कालीन हिंदी कविता और उर्दू की ग़ज़लिया शायरी दोनों का प्रभाव परिलक्षित होता है किंतु 'उफ़ुक़' के इस वर्णन से सीता जी का जो चित्र सामने आता है वह किसी नाज़ुक बदन, रूप गर्विता नायिका का नहीं बल्कि एक ऐसी देवी का स्वरूप कल्पना में आता है जिनके सामने आदर और श्रद्धा से मस्तक झुक जाता है। यहां कवि ने सीता जी का नखशिख वर्णन तमाम भारतीय सभ्यता और शिष्टता सम्बंधी एवं सांस्कृतिक मूल्यों को ध्यान में रखकर किया है। सीता जी की चारित्रिक पवित्रता, कमनीयता और लज्जाशीलता को भारतीय नारी की परम्परागत सोलह श्रृंगार की वस्तुओं के आलंबन से कवि ने जिस प्रकार दर्शाया है वह नायिका नखशिख वर्णन का अपने ढंग का अनूठा उदाहरण है। उर्दू शायरी में इस अंदाज़ की सरापानिगारी ढूंढने से भी मिलना मुश्किल है।

कथानक में शूर्पनखा रावण के सम्मुख सीता जी के रूप और गुणों का वर्णन किस प्रकार करती है 'उफ़ुक़' की काव्य शैली में देखिये-

उनके साथ एक है अरूसे[1] ख़ुश गुलू[2] ख़ुश गुफ़्तगू[3]
अरबिदा जू[4], ख़ूबरू[5], मर्ग़ूला[6] मू, अब्रू कमां[7]
परदादार ऐसी है वो, देखा न लब तक़रीर[8] ने
रहती है पोशीदा[9] चश्मे नाफ़[10] से उसकी मियाँ[11]

जो बने ग़ाज़ा[12] वो देखे आरिज़े रौशन[13] का नूर
हाथ वो देखे जो हो बर्गे हिनाए बोस्तां[14]

नाज़ुकी से बार है पेशानिए ताबां[15] को चीं[16]
ख़त[17] हथेली को गिरां[18] है नुत्फ़[19] को हर्फ़े बयाँ[20]
बोझ उठा सकती नहीं पोशाक बूए इत्र की
गोट घूंघट को गिरां संजाब[21] आंचल को गिरां

----

1. वधू 2. मधुर कंठ वाली 3. मिष्ट भाषी 4. प्रेमपात्र 5. रूपसी 6. घुंघराले बालों वाली 7. कमान जैसी भौहों वाली 8. वाणी 9. छिपी हुई 10. नाभि की आंख 11. कटि 12. अंगराग 13. आभायुक्त कपोल 14. उद्यान की मेहंदी के पत्ते 15. प्रकाशमान ललाट 16. मस्तक की रेखाएं 17. हथेली की रेखाएं 18. भार स्वरूप 19. वाणी 20. शब्द 21. पोस्तीन का हल्का क़ीमती कपड़ा

जुज़[1] हैं सिंदूर के रंगे शफ़क़[2] संजर्फ गुल[3]
जौहरे लाले यमन[4], सुर्ख़ीए मेह्रे आस्मां[5]

उर्दू मसनवियों में मुख्य पात्र के काल्पनिक नगर या देश और वहां के शासक का वर्णन भी बहुत महत्व रखता है किंतु यहां कवि ने अपने आराध्य के जिस जन्म स्थान का वर्णन किया है वह वास्तव में अयोध्या नगर है, जो शांति का प्रतीक है और जिसकी एक वैभवपूर्ण सांस्कृतिक पृष्ठभूमि है। अयोध्या की विशेषताओं का वर्णन करने में भी कवि की उत्कृष्ट कल्पनाशक्ति प्रदर्शित होती है। वे कहते हैं-

मुल्क अवध है इक मियाने[6] किश्वरे[7] हिन्दोस्तां
सजदागाहे मेह्रो मह[8], उम्मीदगाहे दो जहां[9]
ब्रह्मपुर, अमरावती, कैलाश, बैकुन्ठ, इन्द्रलोक
है ख़ियाबां दर ख़ियाबां[10], बोस्तां दर बोस्तां[11]

राजा दशरथ की दानशीलता का वर्णन शायर ने इस प्रकार किया है-

पंजए बख़्शिश[12] मिसाले अब्र[13] गौहरबार[14] था
दामने दौलत[15] बरंगे बर्गे गुल[16] था ज़रफ़िशां[17]

रामायण-यक-क़ाफ़िया की कुछ अन्य विशेषताएं भी प्रमुख रूप से उल्लेखनीय हैं :-**वर्णन सौंदर्य-** इस काव्य कृति में भाषा और वर्णन का सौंदर्य लगभग प्रत्येक शेर में देखने को मिलता है। जनकपुरी में पड़े सूखे के हालात का विवरण कवि के वर्णन कौशल का सुंदर उदाहरण प्रस्तुत करता है-

तशनगी[18] से दुर्रे ग़लतां[19] टूटते थे ख़ाक पर
हर सदफ़[20] थी माहिये बेआब[21] की सूरत तपां[22]
ख़ुश्क होकर कुलज़मे[23] जख़्ख़ार[24] रेगिस्तां हुए
सूख कर कांटा हुई माहीये दरिया[25] की ज़बां

भरत मिलाप के परिच्छेद में राम के वनवास जाने के बाद वशिष्ट जी उनके परिवारजनों की मनोदशा की अभिव्यक्ति इस प्रकार करते हैं-

ऐसी फैली है अयोध्या में बवाए[26] दर्दे हिज्र[27]
आज़ने शहरे ख़मोशां[28] हैं सब अहले ख़ान्दां[29]

---

1. भाग 2. उषा की लालिमां 3. एक पीला फूल 4. अरब का माणिक 5. सूर्य की लाली 6. मध्य 7. राष्ट्र 8. चांद और सूरज के नमन करने का स्थान 9. दोनों लोकों की आशाएं फलित होने की जगह 10. क्यारी क्यारी 11. उद्यान उद्यान 12. दानशील हाथ 13. बादल 14. मोती बरसाना 15. समृद्धि का आंचल 16. फूल की पंखुड़ियों की तरह 17. सोना बिखेरता हुआ 18. तृषा 19. लुढ़कते हुए मोती 20. सीपी 21. जल बिन मछली 22. उत्तप्त 23. सागर 24. उठती लहरों वाले 25. नदी रूपी मछली 26. संक्रामक 27. विरह का दुख 28. शमशान के अंग 29. परिवारजन

मनोवैज्ञानिक वर्णन– रामायण यक क़ाफ़िया में शायर ने कथानक को वर्णित करते समय पात्रों के मनोवैज्ञानिक पक्ष को निरंतर दृष्टिगत रखा है। राम वनवास के परिच्छेद में दासी मंथरा रानी कैकेयी को हर प्रकार से उकसाती है कि वह राजा दशरथ को विवश करे कि वह सौतेले बेटे राम का राजतिलक न करें और कैकेयी के बेटे भरत को राजा बना दें। सौतिया डाह को उकसाने के लिये मंथरा कहती है–

दोस्तीरा शाह पर तुमको निहायत नाज़ था
अब कहो वो दिन कहां हैं, वो मुहब्बत है कहां?
हो गया ज़ाहिर कि थे अंदाज़ उल्फ़त ज़ाहिरी
वरना क्यों रहते भरत मोहताज तख़्ते ख़ान्दां
ये न समझो सल्तनत पाकर रहेंगे राम, राम
देखना आंखों को दिखलाता है क्या क्या आसमां

मंथरा की बातों में आकर राजा दशरथ पर मनोवैज्ञानिक दबाव डालने के लिये कैकेयी अपने आभूषण आदि उतार कर कोप भवन में रोने बिलखने का नाटक करते लगती है। आयु में अपने से काफ़ी छोटी रानी को मनाने के लिए राजा दशरथ कैसे मनुहार करते हैं, इसका स्वाभाविक वर्णन 'उफ़ुक़' की भाषा में देखिये–

प्यार से उल्फ़त से पूछा क्यों परेशां हाल हो
फ़िक्र क्या है, दर्द क्या है, क्या है ईज़ाए निहां[1]
सच कहो क्या है तमन्ना किसकी ख़्वाहिश है तुम्हें
क्या हवस, क्या आरज़ू क्या चाह है ए जाने जां
किसको दूं औरंगशाही[2], किसको बख़्शूं ताजो तख़्त
किसी दामाने जवानी में उड़ा दूं धज्जियां

इस बात से आश्वस्त होकर कि राजा दशरथ पर उसके नाटक करने का भली भांति प्रभाव पड़ चुका है और वह उसकी कोई भी बात मानने को तैयार हैं, कैकेयी उनसे उनके पहले कभी दिये गये दो वरदान मांग लेती है- अपने बेटे भरत का राजतिलक और सौतेले बेटे राम को 14 वर्षों का वनवास।

दृश्यांकन– रामायण यक क़ाफ़िया में शायर ने कई दृश्यों और मनोदशाओं का इतना प्रभावशाली वर्णन किया है कि पूरा चित्र आंखों के समक्ष खिंच जाता है। उषाकाल का वर्णन करते हुए कवि के प्रकृति चित्रण का कौशल देखिये–

है नसीमे[3] सुबह चलने को सुहाना वक़्त है

---

1. छिपा हुआ दुख 2. राज सिंहासन 3. प्रातः कालीन शीतल मंद सुगंध वायु

जानकी जी आने वाली बहरे सैरे बोस्तां
यह सदा सुनकर जो फ़र्शे गुल[1] से उठ्ठे रामचंद्र
आरती करने को उठ्ठा दस्त मेहे आसमां[2]
बर्ग अशजारे गुलिस्तां[3] ने बजाए झांझ दफ़
खोल कर पढ़ने लगे भौरें कंवल की पोथियां

दृश्यांकन का एक और सुंदर दृष्टांत उस घटना के वर्णन का है जब सीता जी इस कामना से देवी मंदिर में पूजा करने जाती हैं कि उनको श्रीराम ही वर के रूप में मिलें, लेकिन मुड़ मुड़ कर पुष्पवाटिका में आये राम की झलक भी पाना चाहती हैं। वर्णन प्रस्तुत है-

करके दिल क़ाबू में सीता वां गईं मंदिर में फिर
दिल में शक्ले राम वस्फ़े भगवती[4] विर्दे ज़बां[5]
ख़ुद शिवाले में थी लेकिन दिल था महवे सोज़े इश्क़[6]
देखती थीं दम बदम फिर फिर के सूए बोस्तां
हार फूलों का जो मूरत पर चढ़ाया पूज कर
गिर पड़ा रूए ज़मीं पर[7] छुट के माला नागहां[8]

कथोपकथन– रामायण-यक-क़ाफ़िया में कथोपकथन प्रस्तुत करने में कवि ने पात्रों के स्वभाव और परिस्थिति विशेष में उनकी मनोदशा को निरंतर ध्यान में रखा है और उसी के अनुसार भाषा का प्रयोग किया है। राजा जनक का प्रण था कि वे पुत्री सीता का विवाह उसी से करेंगे जो उनको अपने पूर्वज देवरत से विरासत में मिले शिव धनुष 'पिनाक' को तोड़ देगा। श्रीराम ने सीता स्वयंवर में वह धनुष तोड़ दिया। शिव का धनुष टूटने का समाचार सुनकर परशुराम क्रोध से आगबबूला हो जाते हैं और धनुष तोड़ने वाले को ललकारते हुए कहते हैं-

मर्द मैदां है तो आ जाए तबर[9] के सामने
मुंह दिखाए है कमां को तोड़ने वाला कहां

कथानक में श्री राम का स्वभाव शांत और सौम्य तथा लक्ष्मण जी का स्वभाव गर्म और तुरंत तैश में आ जाने वाला बताया गया है इसलिये परशुराम को दिये गये दोनों के उत्तरों में भी स्पष्ट अंतर दिखाई देता है। राम विनम्रतापूर्वक कहते हैं-

यूं परसधर से तबस्सुम करके बोले राम चन्द्र
मैं ख़तावार आपका हूं, मुझसे टूटी है कमां

1. पुष्प शैय्या 2. आकाश के सूर्य का हाथ 3. उद्यान के वृक्षों के पत्ते 4. देवी स्तुति 5. जपते हुए 6. प्रेमाग्नि में तल्लीन 7. भूमि पर 8. अक्समात 9. फ़रसा

किंतु लक्ष्मण जी श्रीराम की स्वीकारोक्ति का खंडन करते हुए कहते हैं–

बोल उठे लक्ष्मन ख़तावार इस जगह कोई नहीं
ख़ुद दो पारा[1] हो गई छूने से क़ौसे नातवां[2]

लक्ष्मण जी के उत्तर से तिलमिलाए परशुराम जनक जी से कहते हैं–

चाहते हो ख़ैर तो ले जाओ महफ़िल से इसे
वरना इसका ढूंढने से भी न पाओगे निशां

परशुराम जी की क्रोधाग्नि में घी डालने के लिये लक्ष्मण उत्तर देते हैं–

बोले लक्ष्मण क्या ज़रूरत इस क़दर तकलीफ़ की
कीजिये बंद आंख जिससे मैं नज़र से हूं निहां

लक्ष्मण परशुराम के इस संवाद में हास्य व्यंग्य का भी सुंदर उदाहरण प्रस्तुत किया गया है।

नवरस वर्णन– नाट्य शास्त्र के पुरोधा भरत मुनि के अनुसार नाटकों में श्रृंगार (संयोग और वियोग), करूणा, हास्य, रौद्र, वीर, वात्सल्य, वीभत्स, शांत और भक्ति इन नौ रसों का निरूपण होने से पात्रों की सभी मनोस्थितियों और मनोवृत्तियों की अभिव्यक्ति हो जाती है। अतः एक निष्णात कथाकार और नाटककार वही होता है जो इन नौ रसों का वर्णन करने में दक्ष हो। रामायण यक क़ाफ़िया में भी कवि ने इन नौ रसों के निदर्शन को ध्यान में रखते हुए विभिन्न पात्रों की मनोस्थितियों एवं विभिन्न घटनाओं का सफ़लतापूर्वक वर्णन किया है। कुछ उदाहरण प्रस्तुत हैं–

श्रृंगार रस– प्रसंग– जनक जी की पुष्पवाटिका में रामचंद्र जी को देखकर सीता जी की अवस्था का वर्णन–

सांवली सूरत जो आंखों में हुई परतौ फ़िगन[3]
बन गई रघुनाथ की तस्वीर अक्सी[4] पुतलियां

वनवास की अवधि में पंचकुटी में राम और सीता के दाम्पत्य प्रेम को दर्शाता सरस वर्णन:-

जानकी जी को पिन्हाए ज़ेवरे गुल[5] राम ने
तौक़, झूमर, पात, कंगन, हार, बिद्धी, बालियां

वियोग श्रृंगार– प्रसंग– रावण की अशोक वाटिका में क़ैद सीता जी की मनोस्थिति का वर्णन–

जानकी जी माइले दर्दे तबअ[6] रहने लगीं
दुश्मनों के ज़ुल्म से रहने लगी लब पर फ़ुग़ां[7]

---

1. दो टुकड़े 2. जीर्ण धनुष 3. फैली हुई छाया 4. प्रतिबिम्ब 5. फूलों के आभूषण 6. दुखी स्वभाव की ओर प्रवृत्त 7. आर्तनाद

लब चबाती थीं समझकर उसको हीरे की कनी[1]
अश्क पीती थीं समझकर आब शम्शीरे रवां[2]

करुण रस– प्रसंग– राम के वन गमन करने के पश्चात् दशरथ जी के दारुण दुख और उसी के कारण उनका स्वर्गवास हो जाने की घटना का वर्णन–

रोए दशरथ इस क़दर रघुनाथ जी के रंज में
ग़र्क़[3] दरियाए फ़ना[4] में हो गई कश्तीए जां[5]
मच गया कोहराम, अइज़्ज़ा[6] अक़्रिबा[7] रोने लगे
हर मकां में मुर्गे कुल्फ़त[8] ने बनाया आशियां[9]

वीर रस– प्रसंग– लक्ष्मण जी और रावण पुत्र मेघनाद के बीच हुए युद्ध में लक्ष्मण जी के युद्ध कौशल के प्रभाव से उत्पन्न स्थिति का वर्णन। यहां मुहावरों का प्रयोग विशेष रूप से दर्शनीय है–

इब्ने रावण[10] को किया सीधा लखन के तीर ने
वक़्त पर आड़े न आये बांके तिरछे पहलवां
तरकशों ने आंख फेरी, दम चुराया सैफ़[11] ने
तेग़[12] ने काटी कनाई, दे गई कांधा कमां
तीर बग़लें झांकते थे, ढाल का उतरा था मुंह
म्यान थी तलवार से अंगुश्त हैरत दरदहां[13]

वीभत्स रस– प्रसंग– कुंभकर्ण और लक्ष्मण जी के बीच हो रहे युद्ध की विभीषिका का वर्णन–

कुंभकरन के सर पे आ पहुंची जो ख़ंजर ले के फ़तह
सब पे की नाज़िल बलाए ज़रबते गुर्ज़े गिरां
ख़ून मैमू[14] अपने हाथों में मला मेहंदी की तरह
मुंह में झोंके ख़िर्स[15], दांतों से चबाई अस्तुख़्वां[16]
सैकड़ों ठोकर से मारे, शल किए बेदम किए
नाख़ुनों से नोचकर ज़ख़्मी किये लाखों जवां

इसी प्रकार वात्सल्य रस का वर्णन राम जन्म के प्रसंग में, भक्ति रस का वर्णन श्रीराम और शबरी तथा हनुमान जी की भेंट के प्रसंग में, शांत रस का वर्णन राम के राज्याभिषेक के प्रसंग में विशेषतया उल्लेखनीय हैं और कवि का भाषा और व्याख्या पर पूरे अधिकार का साक्ष्य प्रस्तुत करते हैं।

1. हीरे की किर्च 2. तलवार की तेज़ धार 3. डूब गई 4. मृत्यु की नदी 5. जीवन नैय्या 6. निकटतम सम्बंधी 7. स्वजन 8. कष्ट के पक्षी 9. नीड़ 10. रावण पुत्र 11. तलवार 12. खड्ग 13. अचम्भे के कारण दांतों तले उंगली दबाना 14. वानर 15. रीछ 16. हड्डियां

संक्षेप में, उपयुक्त शब्द चयन, अलंकारों से सुसज्जित प्रभाव और प्रवाहपूर्ण मुहावराती भाषा, मानवीय मनोविज्ञान को रेखांकित करते हुए कथोपकथन, सरस प्रकृति चित्रण, हृदयग्राही दृश्यांकन, नवरस निरूपण प्रत्येक दृष्टिकोण से रामायण-यक-क़ाफ़िया एक उत्तम काव्य कृति है।

वस्तुतः इस रचना में कवि ने दो समृद्ध भाषाओं उर्दू और हिंदी काव्य की साहित्यिक परम्पराओं का समन्वय अत्यंत दक्षता के साथ प्रस्तुत किया है। भाषायी सौहार्द, साम्प्रदायिक सद्‌भाव और हमारी सांझी संस्कृति की अभिवृद्धि की दिशा में कवि का यह प्रदेय सर्वथा स्तुत्य है।

'रामायण-यक-क़ाफिया' सर्वप्रथम 1885 ई. में प्रकाशित हुई। रचना का वर्ष शायर ने पुस्तक के अंतिम शेर में स्वयं वर्णित (नज़्म) किया है। वर्ष 1914 ई. में इस पुस्तक का पुनःप्रकाशन नवल किशोर प्रेस, लखनऊ से हुआ था। पुस्तक की पाण्डुलिपि के अनुसार नवल किशोर प्रेस से प्रकाशित पुस्तक में 'रावण का ख़ात्मा' तथा 'राम चन्द्र जी की वन से वापसी' शीर्षक के अंतर्गत 50 शेर प्रकाशित होने से रह गये थे जिन्हें प्रस्तुत पुस्तक में सम्मिलित कर दिया गया है।

आशा है कि उर्दू तथा हिंदी दोनों भाषाओं में प्रकाशित 'रामायण-यक-क़ाफ़िया' (क्लिष्ट उर्दू शब्दों के अर्थ सहित) साहित्य मर्मज्ञों और साहित्यानुरागी सुधी पाठकों के मध्य समादृत होगी। रामकथा से सम्बंधित पात्रों, पौराणिक कथाओं, घटनाओं एवं घटनास्थलों आदि के विषय में परिशिष्ट में उल्लिखित संक्षिप्त विवरण भी काव्य कृति की रस परितृप्ति में सहायक हो सकता है।

'रामायण-यक-क़ाफ़िया' के प्रकाशन के लिये मैं डा. योगेन्द्र प्रताप सिंह निदेशक अयोध्या शोध संस्थान, संस्कृति विभाग, उत्तर प्रदेश के प्रति हृदय से आभार व्यक्त करती हूं जिनके सद्‌प्रयासों से इस पुस्तक का प्रकाशन संभव हुआ।

डॉ. कोमल भटनागर
पूर्व प्राचार्या, आर्य कन्या डिग्री कालेज,
लखनऊ-226016

'देवाशीष'
सी-2001/28, इंदिरानगर,
लखनऊ-226016
दूरभाषः (0522) 2340970, 9335062000

शुभाशंसा

मैंने श्रीमती कोमल भटनागर द्वारा संपादित और कविवर द्वारका प्रशाद ''उफ़ुक़'' (1864-1913) द्वारा रचित ''रामायण एक क़ाफ़िया मंज़ूम'' का आद्योपांत अवलोकन किया।

स्व. 'उफ़ुक़' लखनऊ घराने के एक अत्यंत श्रेष्ठ सफल कवि, गद्य लेखक, कथाकार, नाटककार तथा संपादक थे। उन्होंने जिस परिवार में जीवन-यापन किया, वह कई पीढ़ियों से उर्दू-फ़ारसी अदब से संबद्ध था। 'उफ़ुक़' को अपने पूर्वजों (उदयराज 'मतला', ईश्वरी परशाद 'रुबाई', पूरन चंद 'ज़र्रा', शंकर दयाल 'फ़रहत', राम सहाय 'तमन्ना', माता परशाद 'नैसां' आदि) से जो प्रेरणा प्राप्त हुई, उन्हें जो लखनवी प्रकृति परिवेश सुलभ हुआ और जो जन्मजात संस्कार उन्हें विरासत में मिले, उनसे सम्पन्न होकर 'उफ़ुक़' ने लगभग 30 कृतियां अपने 30 वर्षों के सृजनकाल में प्रदान कीं।

'उफ़ुक़' की 'रामायण एक क़ाफ़िया' क्लासिकल उर्दू भाषा में रचित रामकथा की पद्यात्मक प्रस्तुति है। यह कृति सर्वप्रथम वर्ष 1885 में प्रकाशित हुई थी। वर्ष 1914 में नवल किशोर प्रेस लखनऊ से इसे दूसरी बार प्रकाशित किया गया। इस रचना का मूलाधार है- वाल्मीकि रामायण और तुलसीदास कृत 'राम चरित मानस'। इसमें श्री राम को विष्णु के अवतार के साथ-साथ मर्यादा पुरुषोत्तम के रूप में चित्रित किया गया है। वाल्मीकि रामायण को लौकिक संस्कृत का आदिग्रंथ माना जाता है। विद्वानों ने इसका रचनाकाल 600 वर्ष ईसा पूर्व माना है। इसके सन्दर्भ स्कंदपुराण, पद्मपुराण, गरुड़पुराण, हरिवंशपुराण, वायुपुराण, अग्निपुराण, मत्स्यपुराण आदि के साथ-साथ बौद्ध-जैन ग्रंथों में आए हैं। व्यास, कालिदास, भवभूति आदि ने भी इसके उल्लेख किए हैं। यह महाभारत और पाणिनिकृत अष्टाध्यायी के पूर्व की रचना है। इसे ''काव्य बीजं सनातनम्'' कहा गया है। इसके लगभग 300 रूपान्तर विश्व भाषाओं में प्राप्त होते हैं।

श्रीराम का अस्तित्व वैदिक काल से निरंतर विद्यमान रहा है। उनका अवतार त्रेता युग में हुआ था। नासा के वैज्ञानिकों के अनुसार यह अवधि लगभग आठ लाख वर्ष तक व्याप्त है। वाल्मीकि रामायण में 24000 श्लोक हैं। इस रामायण में श्रीराम के आदर्श चरित्र के साथ भारतीय संस्कृति का शाश्वत स्वरूप प्रस्तुत किया गया है। रामचरित मानस में दाशरथि राम को परब्रह्म के रूप में प्रतिष्ठित करते हुए आदर्श पुत्र, पति, भाई, राजा आदि रूपों की स्थापना की गयी है। उनके माध्यम से गोस्वामी जी ने लो. कमगंल, लोकरक्षण, सतीत्व, शरणागति, दैन्य भक्ति, अछूतोद्धार, मानवतावाद, स्त्री उद्धार, परिवार भावना, समन्वय साधना आदि की भी मीमांसा की है। काव्यकला की दृष्टि से भी ये दोनों महाकाव्य भारतीय साहित्य के प्रादर्श रहे हैं।

कविवर 'उफ़ुक़' ने इन दोनों कालजयी कृतियों के सहारे रामायण यक क़ाफ़िया मंज़ूम की रचना की है। इसमें परिशिष्ट के अतिरिक्त 31 अध्याय हैं। इनमें दशावतारों का वर्णन है, श्रीराम का नखशिख वर्णन है और उनकी लीलाओं के विवरण हैं। कवि ने विश्वामित्र के साथ सिद्धाश्रम गमन, ताड़का वध, अहल्योद्धार, जनक वाटिका, धनुष यज्ञ, राम विवाह, वनवास, चित्रकूट प्रवास, दशरथ मरण, भरत मिलाप, शूर्पनखा-कर्णनाशोच्छेदन, सीताहरण, जटायु-शहादत, हनुमान भेंट, लंका में सीता की खोज, विभीषण-शरणागति, सेतु. बंध, अंगद-दौत्यकर्म, लक्ष्मणमूर्च्छा, मेघनाद वध, कुंभकर्ण वध, राम रावण युद्ध, अयोध्या आगमन और राम राज्य की स्थापना से सम्बंधित प्रकरण सविस्तार प्रस्तुत किए हैं।

यह काव्य इतिवृत्तात्मक है। पूर्वापर घटनाओं का सुविन्यास करते हुए कवि ने अपनी वर्णनकला के सहारे कथा रस का सम्यक् निर्वाह किया है। 'उफ़ुक़' लोकप्रसिद्ध राम कथा को लेकर चले हैं। उत्तर राम कथा अर्थात् श्रीराम का साकेत धाम गमन याकि जल समाधि-प्रसंग उन्होंने नहीं उठाया है। सीता परित्याग तथा शंबूक वध आदि प्रकरण भी उन्हें प्रामाणिक प्रतीत नहीं हुए। उन्होंने राम राज्य की स्थापना के साथ काव्य का समापन किया है। निश्चय ही वे रामचरित मानस से अपेक्षाकृत ज़्यादा प्रभावित रहे हैं।

इस काव्य में 'उफ़ुक़' ने कुछ नए प्रयोग किए हैं। उन्होंने इसे मसनवी का रूप दिया है। मसनवी एक विशिष्ट काव्य रूप भी है और छन्द भी जिसमें दो-दो तुकान्त समानान्तर चलते हैं। क़िस्सागोई के लिये ये छन्द सबसे उपयुक्त है। सूफ़ी काव्य में इसका प्रयोग इसीलिए किया गया है। 'रामायण यक क़ाफ़िया' में लगभग बारह सौ (1200) शेर हैं और कृति की विशिष्टता यह है कि सभी शेर एक ही काफ़िये (तुकान्त), एक ही वृत्त और एक ही वज़न में हैं। विषयानुकूल पौराणिक अंर्तकथाओं आदि का वर्णन करने के लिये कवि ने 400 से अधिक हिंदी भाषा के शब्द उनकी पूरी सांस्कृतिक और पारंपरिक पृष्ठभूमि के साथ प्रयुक्त किये हैं। रचना की भाषा लखनऊ की टकसाली मुहावराती ज़बान है जिसमें लगभग 500 मुहावरों का प्रयोग किया गया है। तीसरी महत्वपूर्ण बात यह है कि कवि ने राम और सीता का नखशिख वर्णन किया है, जिसमें उनके ईश्वरीय रूप की भी झांकी है। यह उल्लेखनीय है कि उर्दू कविता में नायिका का सौन्दर्य वर्णन मूलतः श्रृंगार के सहारे किया गया है। इस कृति की चौथी विशेषता है- इसकी वर्णन कला, जो अयोध्या वर्णन के प्रसंग में देखी जा सकती है। 'उफ़ुक़' में चूंकि नाट्य प्रतिभा भी थी, इसलिये 'रामायण एक काफ़िया' में आए हुए कथोपकथन बहुत सफल सिद्ध हुए हैं।

'उफ़ुक़' की एक विशेषता यह भी रही है कि उन्होंने भारतीय काव्य-शास्त्र के अनुरूप समस्त रसों का परिपाक इस कृति में किया है। इसके साथ ही उन्होंने मनोवैज्ञानिक विवेचन और सामाजिक-सांस्कृतिक चिंतन में भी अपनी गतिमति प्रदर्शित की है। तात्पर्य यह है कि यह कृति रामकाव्य परम्परा की एक विशिष्ट कृति है।

किसी कृति की विशेषता केवल प्रबन्ध-विधान, शील-निरूपण तथा युगबोध तक ही सीमित नहीं रहती सर्वाधिक आवश्यकता होता है काव्यकला की। 'उफ़ुक़' ने इसमें काव्य के समस्त उपादानों का न्यूनाधिक उपयोग किया है। उन्होंने एक से एक सूक्ष्म एवं विराट बिम्ब, प्रतीक, रूपक, उपमान-विधान आदि प्रस्तुत किए हैं। उदाहरण स्वरूप उनका एक रूपक दृष्टव्य है, जो राम के नखशिख से सम्बंधित है। कवि ने समुद्र मंथन से निकले चौदह-रत्नों को श्री राम के कलेवर में समायोजित किया है-

हैं पलक रम्भा, निगाहे परवरिश है कामधेनु
कौस्तुभ मणि आंख का तिल, शंख पुतली का दहां
ज़हर ग़ैज़ो क़हरे गुस्सा, आंख का पानी अमृत
मधु निगाहे मस्त, आंखों की सफ़ेदी चन्द्रमा
लक्ष्मी पुतली है, कद्दे मरदमक है कल्पवृक्ष
है धनन्तर वैद्य वह चश्मे शिफ़ा बहरे जहां
आंख की गर्दिश है एरावत, निगाहे तेज़ अस्प
है धनुक मूए मिज़ां, ख़जलत दहे चश्मे कमां

ऐसी काव्य कृति को श्रीमती भटनागर ने पहले देवनागरी लिपि में रूपांतरित किया, फिर उसका पाठशोधन किया, पाद टिप्पणियों में कठिन शब्दों के अर्थ लिखे, भूमिका में कवि परिचय, कृति परिचय और उर्दू काव्य धारा का विश्लेषण विवेचन किया है ताकि अधिकाधिक जन इसका आस्वादन कर सकें।

वस्तुत: 'उफ़ुक़' ने उर्दू साहित्य में भारतीय पुराख्यानों और ऐतिहासिक चरित्रों को सम्पूर्ण शक्ति के साथ चित्रित किया, साथ ही हिन्दी उर्दू के समन्वय का भरसक प्रयास किया। यह परम्परा चलती रहती तो हिन्दी उर्दू भगिनी भाषाओं की तरह विकसित होती और हिन्दू मुस्लिम समाज में भारतीय राष्ट्रीय संस्कृति का सर्वांगीण विकास होता। भाषायी सौहार्द की दिशा में यह एक ऐतिहासिक प्रयास सिद्ध होता।

'रामायण यक क़ाफ़िया' जैसी पुस्तक का संपादन-प्रकाशन करना धर्म निरपेक्षता तथा साम्प्रदायिक सौहार्द-वृद्धि की दृष्टि से अत्यंत लाभप्रद है। अस्तु मैं हृदय से श्रीमती भटनागर को बधाई देता हूं और हिन्दी उर्दू भाषियों का आवाहन करता हूं कि इन भगिनी भाषाओं के एकीकरण की दिशा में भरसक योगदान करें।

इन्हीं शब्दों के साथ मैं इस कृति का स्वागत करता हूं।

प्रो. डा. सूर्यप्रसाद दीक्षित
पूर्व पत्रकारिता, हिन्दी विभागाध्यक्ष
लखनऊ विश्वविद्यालय

गणतंत्र दिवस 2020
'साहित्यिकी'
डी. 54, निरालानगर,
लखनऊ- 226 020

पेश लफ़्ज़

'रामायण' का शुमार ''आदि ग्रंथों'' में किया जाता है। यह किताब इंसान की मिसाली ज़िंदगी और इंसानी क़द्रों पर तफ़सील से रोशनी डालती है। आलमी अदब में जो 'Super Man' का तसव्वुर है, 'राम' उसका अव्वलीन नमूना क़रार पाते हैं। वाल्मीकि ने राम की इसी मिसाली शख़्सियत को अपनी 'रामायण' में बयान किया है। इस किताब में फ़र्द व ख़ानदान और समाज व सियासत की सालेह क़दरों की तर्जुमानी कहानी की सूरत में बड़े मुअस्सर अंदाज़ में की गयी है।

वाल्मीकि की रामायण को अगरचे आदि ग्रंथ माना जाता है और उसकी तख़लीक़ का ज़माना 300 ई. पू. से कुछ क़ब्ल का माना जाता है। इस ज़िम्न में मुहक़्क़िक़ीने अदब की मुख़्तलिफ़ आरा सामने आई हैं।

मशहूर मुहक़्क़िक़ पादरी कामिल बिल्के के मुताबिक़:

''वाल्मीकि ने तक़रीबन 300 ई.पू. में अपनी किताब की तख़लीक़ की''

आगे वह रक़मतराज़ हैं:

''ए.डब्ल्यू. श्लेगिल ने रामायण की तख़लीक़ का दौर 11वीं सदी ई.पू. तसलीम किया है। जी.टी.व्हीलमर और बेबर के मुताबिक़ रामायण पर यूनानी और बौद्ध असर मान कर इसकी तख़लीक़ इसके मुक़ाबले में क़दीम समझी जाती है। जी. गोरेसेव का ख़्याल है कि रामायण 12वीं सदी क़ब्ल मसीह में तख़लीक़ हुई।''

(बहवाला: डा. जय मालवीय, ''है राम के वजूद पे हिंदुस्तान को नाज़,'' इलाहाबाद 2011 ई. स. 72)

यह शहादतें वाल्मीकि रामायण की क़दामत का तअय्युन करती हैं। मगर ''राम कहानी'' वाल्मीकि से क़ब्ल भी कही जाती रही हैं। चुनांचे कहा जाता है कि वाल्मीकि रामायण से क़दीम तसनीफ़ भगवान शंकर की ''महारामायण'' है। यह वह कहानी है जिसे शंकर ने अपनी बीवी पार्वती को सुनाई थी। इसमें तीस लाख चालीस हज़ार श्लोक, सात अबवाब पर मुश्तमिल थे। 'राम कहानी' की क़दामत की ताईद मराठी किताब ''योग संग्राम'' से भी होती है। इसका मुसन्निफ़ कहता है, जिसका मतलब यह है कि:

''राम से मुराद दशरथी राम नहीं। अपने वालिदैन को कांधों पर बिठा कर मक़ामाते मुक़द्दसा की ज़ियारत करने वाले श्रवण कुमार को जब दशरथ का तीर लगा था तो मरते वक़्त उसकी ज़बान पर 'राम' का नाम आया था, इस वाक़िये के ज़हूर के वक़्त तो दशरथ का लड़का राम आलमे वजूद में भी नहीं आया था''।

(शेख़ मोहम्मद: योग संग्राम, स. 65)

''राम कहानी'' की क़दामत का एतराफ़ खुद वाल्मीकि ने रामायण के बाब ''बाल कांड'' में किया है कि दक्किन के एक आश्रम में रहते हुए उन्होंने नारद की ज़बानी रामकथा सुनी थी और उसे श्लोक में मंज़ूम करके लवकुश के ज़रिये मुख़्तलिफ़ जगहों पर कहलवाई थी।

रामायण अगरचे एक फ़र्द ख़ास की कहानी है मगर इसमें हिंदुस्तान की क़दीम तहज़ीब व मआशरत और हुस्ने अख़लाक़ को उम्दगी के साथ पेश किया गया है। वाल्मीकि ने राम के किरदार के मुख़्तलिफ़ पहलुओं में भारतीय सभ्यता और बशरी ज़िंदगी के आदर्शों को समो दिया है। इस किताब में एक ख़ानदान में रहने वाले अफ़राद के रिश्तों की सालहियत और उनके दरमियान पाई जाने वाली मवानस्त व मोहब्बत के साथ ही राजा और प्रजा के बाहमी रिश्ते और दोनों के अहसन फ़राएज़ को भी वाज़ेह किया गया है। इस एतबार से रामायण किसी मख़सूस मज़हब की किताब न होकर कुल इंसानियत को दर्से अख़लाक़ देती है।

वाल्मीकि रामायण की वजहे तसनीफ़ के बारे में कहा जाता है कि करोंज परिंदे का नर शिकारी के तीर से मर जाता है तो मादा करोंज उसके ग़म में तड़पती है। वाल्मीकि यह मंज़र देख कर मलूल होते और उनकी ज़बान पर फ़िल बदीह यह शेर आ गया –

मा निषाद प्रतिष्ठां त्वमगमः शाश्वतीः समाः।
यत् क्रौंचमिथुनादेकमवधीः काममोहितम्।।

बाद में इसी असलूब में उन्होंने राम की कहानी बयान की। वाल्मीकि रामायण में सात अबवाब और चौबीस हज़ार श्लोक हैं। यह संस्कृत ज़बान में पहला दीवान और आलमी अदब का पहला Metanarative तसलीम किया जाता है।

वाल्मीकि रामायण के दुनिया के मुख़्तलिफ़ ज़बानों में तराजुम हुए हैं। सबसे पहले इतालवी ज़बान में इसका तर्जुमा गाम्पर गोरेसेव ने 1847 ई. में किया था। जर्मनी ज़बान में जे. मीज़ाड ने, फ़्रेंच में एच. फ़ोचे और ए.रोसेल ने और राल्फ़ टी.एच. ग्रेफ़्ट ने अंग्रेज़ी में इसका तर्जुमान किया था। हिंदुस्तान की मक़ामी ज़बानों में भी वाल्मीकि रामायण के सैकड़ों तर्जुमे हुए हैं। हत्ता कि उर्दू में रामायण के मंज़ूम व मंसूर तर्जुमों की तादाद भी एक सौ से ज़ायद है और इनमें से अक्सर दस्तयाब हैं।

द्वारका प्रसाद 'उफ़ुक़' सनातन हिंदू धर्म के मानने वाले थे। उन्होंने रामायण की तशहीर व तरवीज के लिये एक नाटक की शक्ल में ''श्री राम नाटक'' के उनवान से स्टेज किया और उसके मंसूर व मंज़ूम तर्जुमे भी किये, लेकिन उनके यह तराजुम, तर्जुमे से ज़्यादा इस क़िस्से की तर्जुमानी करते हैं। 'उफ़ुक़' ने रामायण का जो मंज़ूम तर्जुमा किया है, उसके लिये तुलसी दास और वाल्मीकि के रामायणों को सामने रखा था। इस मंज़ूम तर्जुमे को उन्होंने ''रामायण एक क़ाफ़िया'' के उनवान से छपवाया था। 'उफ़ुक़' की यह मंज़ूम रामायण 1914 ई. में दूसरी बार मुंशी नवल किशोर प्रेस से बाबू मनोहर लाल भार्गव की ईमा पर शाया हुई थी। 'उफ़ुक़' के इस तर्जुमे के मुताल्लिक़ भार्गव जी कहते हैं:

''रामायण क्या है, श्री गोस्वामी तुलसीदास और महर्षि बाल्मीकि जी की रामायण के चीदा-चीदा मरवारीद की एक मुख़्तसर लड़ी है जिसको मुसन्निफ़ ने निहायत जांफ़िशानी से गूंध कर यह रामायण मरादीफ़ और क़वाफ़ी की पाबंदी, अल्फ़ाज़ की शुस्तगी, बंदिशे मुहावरा और हुस्ने शायरी का एक मजमूआ है''।

('उफ़ुक़': ''रामायण यक क़ाफ़िया'' मुतीअ मुंशी नवल किशोर लखनऊ 1914 स. 88)

गोया 'उफ़ुक़' की ''रामायण यक क़ाफ़िया'' वाल्मीकि और तुलसी से इस्तेफ़ादा करके लिखी गयी 'उफ़ुक़' की अपनी तख़लीक़ है। इसमें उन्होंने असल किताबों के बहुत से श्लोक और दोहों की अपनी परवाज़े

तख़य्युल के सहारे तर्जुमानी की है और चौबीस हज़ार श्लोक के मज़ामीन को अजमाल के साथ कमोबेश बारह सौ अशआर में क़लमबंद कर दिया है। उन्होंने अक्सर वाक़ियात की तफ़सील से गुरेज़ किया है और मौज़ू की रूह को क़ालिबे अशआर में ढालने की सई फ़रमाई है।

''रामायण यक क़ाफ़िया'' की इब्तिदा शायर ने दस अवतारों की बड़ाई और उनकी वस्फ़बयानी से की है। चूंकि दसों अवतार अकेले विष्णु जी के हैं, इसलिये यह मदहत और तारीफ़ सिर्फ़ विष्णु के हिस्से में जाती है और राम विष्णु के अवतार में से एक हैं, लिहाज़ा रामायण की इब्तिदा राम की तारीफ़ ही से की गयी है। गर अल हयाती औसाफ़ की बनिस्बत शायर ने राम के ''मर्यादा पुरूष'' होने का गुणगान किया। दस अवतारों की मदहत के बाद 'उफ़ुक़' ने राम चंद्र जी का सरापा बयान किया है। उर्दू शायरी में सरापानिगारी की रिवायत रही है मगर बिलउमूम सिनफ़े नाज़ुक ही के बदनी औसाफ़ का ज़िक्र इसमें होता रहा, 'उफ़ुक़' ने शुजाअत के धनी राम का सरापा खींचा है तो रिवायत से हट कर इसमें इख़्तिरा की गुंजाइश निकाली। उन्होंने राम के हर अज़ू के जिस्म से ताल्लुक़ एक वाक़िये को बयान किया है मसलन :

वह भवें जिन के इशारे से लखन ने दश्त में
सूर्पनखा की नाक काटी ले के शमशीरे रवां
वह गला जयमाल सीता जी ने पहनाई जिसे
दोश जो हैं बाइसे ख़ाना बदोशीये कमां
हाथ वह बाँधे जसोदा ने जो कृष्ण अवतार में
जिसने तोड़ी जानकी जी के स्वंयबर में कमां
नाखुन ऐसे हैं कि फाड़ा जिसने हिरना कुश का पेट
राम ने जिस पर उठाई दूंदली की अस्तुख़्वां

सरापाबयानी के बाद शायर ने राजा दशरथ की हुकूमत के हालात बयान किये हैं। बादशाह की अज़मत व शुजाअत और हमदर्दी व सख़ावत के बेमिसाल कारनामों के बयान में 'उफ़ुक़' ने फ़सीह व बलीग़ ज़बान इस्तेमाल की है और शौकते अल्फ़ाज़ का ख़्याल रखा है, यहां ख़्याल आफ़रीनी कमाल पर दिखाई देती है। बेशक यहां शायर का ''ख़ामा रंगीन'' तुलसीदास का हमज़बां दिखाई देता है। दशरथ के अद्लो रज़्म के ज़िम्न में यह अशआर मुलाहिज़ा हों-

आदिलो फ़रियाद रस, निस्फ़त शुआरो दादगर
मुल्कगीरो मुल्क बख़्शो, ख़ुसरूवो किश्वर सितां
रज़्मगह में शह के इस्तक़बाल को तसलीम को
क़ौस हो जाती थी नाविक, तीर होते थे कमां
पंजए बख़्शिश मिसाले अब्र गौहरबार था
दामने दौलत बरंगे बर्गे गुल था ज़रफ़िशां

इस्तक़बाल व इकराम के लिये तीरो कमान की दो मुतज़ाद हालतों में तब्दील हो जाने की तौजीह बड़ी मानीख़ेज़ है। दशरथ के जूदो सख़ा के बयान के लिये शायर ने मज़ाहिरे क़ुदरत से जो तशबीहात चुनी हैं वह सख़ावत के शख़्सी अमल से बालातर हैं मगर 'उफ़ुक़' ने मानवियत को बढ़ाने और उसे हक़ीक़त से क़रीबतर

लाने के लिये जो लफ़्ज़ियात इस्तेमाल की हैं उससे शायरी की ज़बान पर दस्तरस और अल्फ़ाज़ के इस्तेमाल पर क़ुदरत का अंदाज़ा हो जाता है।

'उफ़ुक़' ने राजा दशरथ के हालात, राम चंद्र और उनके तीनों भाईयों की विलादत, सीता स्वयंवर, कैकेई का राजा दशरथ से भरत को राजा बनाने पर इसरार और राम लक्ष्मण, सीता के वनवास की रूदाद दो-तीन सफ़हात में समेट ली है। हर इंसाने कामिल की पैदाइश या उसके कारेख़ैर के मौक़े पर दुनिया की बातिल ताक़तें ख़ौफ़ज़दा हो जाती हैं या फ़ितरी तौर पर उनकेअंदर बेबसी सर उठाती है। तारीख़े आलम में ऐसे वाक़ियात दर्ज हैं। चुनांचे हज़रत मूसा की पैदाइश के वक़्त फ़िरऔन का घबरा जाना, कृष्ण की पैदाइश पर कंस का डर कर उस नौज़ाइदः को क़त्ल करने के लिये चालें चलना, हुज़ूर स.अ. की विलादत के वक़्त क़ैसर व किसरा के महलों के कंगूरों का गिर जाना वग़ैरह। यह वाक़ियात तारीख़े आलम की सदाक़तों की गोया तसदीक़ करते हैं। 'उफ़ुक़' ने भी राम चंद्र के वनवास के मौक़े पर लंका के रावण का ताज सर से गिर जाने की बात कही है-

इस तरफ़ बाहर मकां के राम ने रखा क़दम
गिर पड़ा रावण के सर से ताजे सुल्तानी वहां

राम, लक्ष्मण और सीता को सेहरानवर्दी में मुख़्तलिफ़ मसाएब का सामना करना पड़ता है। मुख़्तलिफ़ वाक़ियात और हादसात से गुज़रना पड़ता है। दरीं अस्ना रावण की बहन सूर्पनखा उनकी राह में हायल हो जाती है तो राम का इशारा पाकर लक्ष्मण उसकी नाक और कान काट लेते हैं। अपनी बेइज़्ज़ती का बदला लेने के लिये वह रावण से सीताजी के हुस्न की तारीफ़ करती है। शायर ने यहां सूर्पनखा की ज़बानी जानकी जी का जो सरापा खींचा है वह अपने आप में बेमिसाल है। एक राक्षस की ज़बानी सरापा बयान करना अगरचे करीह अमल तसव्वुर किया जा सकता है मगर भाभी का सरापा बयान करना जिस तरह लक्ष्मण के लिये ग़ैरमुनासिब था उसी तरह मां का सरापा भी बेटा बयान नहीं कर सकता। 'उफ़ुक़' इन मज़हबी क़दरों का एहतेराम करने वाले थे, इसलिये अपनी श्रद्धेय माता जानकी का सरापा उन्होंने एक दूसरी औरत की ज़बान से कहलवाया है। अंदाज़ ऐसा! कि उसमें कोई उरयानियत नहीं, एक राक्षस औरत भी सीता का तक़द्दुस पामाल नहीं होने देती। वह कहती है-

उनके साथ है एक अरूसे ख़ुश गुलू ख़ुश गुफ़्तगू
अर्विदा जू, ख़ूबरू, मरग़ूला मू, अब्रू कमां
जोद वह मू बाफ़ ने देखी, न गर्दन हार ने
आरसी ने रुख़ा मिसी ने वो दहाने बेनिशां
घर के बाहर आंख की पुतली क़दम रखती नहीं
वो नज़र सुरमे की नज़रों से भी रहती है निहां
जो बने ग़ाज़ा, वह देखे आरिज़े रोशन का नूर
हाथ वह देखे जो हो बर्गे हिनाए बोस्तां
मिस्ले शाना जिसका दिल सद चाक हो देखे वो ज़ुल्फ़

जो बने संदल वो पेशानी को देखे बेगुमां
पारसा ऐसी कि ताक़त क्या जो शाना सर चढ़े
आइने से आंख लड़ जाए ये मुम्किन है कहां
मर्दुमे दीदा की सूरत आंख ने देखी नहीं
रहती हैं पर्दानशीं पलकों से हरदम पुतलियां
हुस्ने सूरत को मलाहत, ख़ाले मुश्कीं को नमक
बूए अम्बर बेज़ बह्रे गेसुए अम्बर फ़िशां
रुख़ को ग़ाज़ा, हाथ को मेंहदी, महावर पांव को
ज़ुल्फ को पेंच, आंख को सुरमा, लबों को रंगे पां
मूए मिज़्गां को स्याही, जोदे मुश्कीं को शिकन
ख़ामोशी बह्रे दहन तर्जे सुख़न, बह्रे ज़बां

सरापाबयानी का यह अनोखा तर्ज़ शायद 'उफ़ुक़' से शुरू होकर 'उफ़ुक़' पर ख़त्म हो गया। लखनवी सरापाबयानी में जहां 'जोबन का उभार' रूमावली और साक़ो दहन को बातें होतीं, यहां वह आलाइशे ख़्यालआराई मुतलक़ नहीं है।

''रामायण यक क़ाफ़िया'' में जज़्बात निगारी औजे कमाल पर दिखाई देती है। कैकेई के हुक्म की तामील में जब राम चंद्र जी सूए दश्त रवाना होते हैं तो सारी रिआया ग़म व अंदोह की तस्वीर बन जाती है। 'उफ़ुक़' ने इस अलमनाकी को यूं लफ़्ज़ों में ढाला है–

मच गया कोहराम हरसू, रो दिये सब जिन्नो इन्स
हर बशर था महवे शेवन, माइले आहो फुगां
डबडबाये अश्क चश्मे अब्र के, चिल्लाई राद
बर्क़ तक इस रंज के मारे फ़लक पर थी तपां
कौन दिल था जो न मछली की तरह बेताब था।
कौन थी चश्मे बशर जिससे न आंसू थे रवां
वह ज़बां थी कौन, जिस पर क़िस्सए मातम न था
कौन वह लब था, न जिस पर थी अलम की दास्तां
कौन सीना था, न जिसको कूटती थी ज़र्बे मुश्त
कौन सर था तोड़ता था जो न दीवारे मकां
बेक़रारी में थे सब सीमाबो नब्ज़े जां बलब
मुर्ग़े बिस्मिल, माहिये बेआब, बर्क़े आस्मां

शायर का इस्तफ़हामिया लबो लहजा इस ग़मनाकी के आलम को और ज़्यादा पुरसोज़ व हर दर्द बना देता है। ऐसे पुरदर्द मवाक़े की मंज़रकशी करते वक़्त भी 'उफ़ुक़' शायराना बारीकियों का बराबर लिहाज़ रखते हैं। राम चंद्र जी सीता की तलाश में निकल पड़ते हैं तो इस जज़्बाती कैफ़ियत को शायर ने बड़े शायराना

अंदाज़ में बयान किया है-

हाल पूछा जानकी जी का वहूशोतैर से
शाख़ से, गुल से, समर से, नख़्ल से पूछा निशां
चौकड़ी भूला था हर एक, नशा सबका था हिरन
क्या बयां करते हिरन, सीता हरन की दास्तां

आम तौर पर रामायण के क़िस्से का इख़्तिताम सीता के ज़मीन में समा जाने पर होता है। यह मंज़र निहायत सोगवार और मुज़्तरिब करने वाला है। राम चंद्र भी इस मंज़र की ताब नहीं लाते। इस अलमनाक इख़्तिताम की वजह से रामायण को अलमिया से ताबीर किया जाता है मगर 'उफ़ुक़' ने राम चंद्र की तख़्तनशीनी पर रामायण के क़िस्से को ''रामायण यक क़ाफ़िया'' में ख़त्म कर दिया है। खुशियों के समां पर क़िस्से के इख़्तिताम से ताबनाकी छाई हुई महसूस होती है। इसलिये रामायण का यह क़िस्सा ''तरबिया'' बन गया है।

कमोबेश बारह सौ अशआर में एक ही क़ाफ़िये को निभाना मुश्किल अम्र है। इस पर तरफ़ा यह कि ज़बानो बयान और सनाए व अरूज़ को पूरी महारत के साथ बरतना निहायत दुश्वार काम है। 'उफ़ुक़' को चूंकि ज़बानो बयान पर क़ुदरत हासिल थी इसलिये उनके रामायण यक क़ाफ़िया में अल्फ़ाज़ की गुलरेज़ी और मानी की इत्रबेज़ी हर जगह दिखाई देगी। तराकीब लफ़्ज़ी के मुमकिना शेवा अगरचे 'उफ़ुक़' ने आज़माये हैं मगर बोझल तराकीब उनके यहां नहीं मिलतीं। उन्होंने सनअतों का इस्तेमाल भी किया है जो शेर में ऐन फ़ितरी महसूस होती हैं। मनाज़िरे फ़ितरत की तर्जुमानी में भी उनके यहां फ़ितरीपन पाया जाता है। जज़्बए मोहब्बत को हस्बे मरातिब बयान करते वक़्त उन्होंने इंसानी नफ़्सियात का बराबर ख़्याल रखा है। भाई-भाई की मोहब्बत, मां-बेटे की मोहब्बत, शौहर-बीवी की मोहब्बत, देवर-भाभी की मोहब्बत, आक़ा गुलाम की मोहब्बत और राजा-प्रजा की मोहब्बत, मोहब्बत की इन तमाम क़िस्मों में आप अज़ख़ुद फ़र्क़ महसूस करेंगे।

''रामायण यक क़ाफ़िया'' यह सिर्फ़ राम चंद्र का क़िस्सा ही नहीं बल्कि हिंदुस्तान की तहज़ीब की मुकम्मल रूदाद है। घरेलू काम काज से लेकर रज़्मो बज़्म के कवाएफ़ और सियासी मामलात तक इंसानी ज़िंदगी के तमाम पहलुओं का अहाता इसमें किया गया है। 'उफ़ुक़' ने इस क़िस्से को महज़ किसी मख़सूस मज़हब की किताब न रख कर इसकी आफ़ाक़ी तालीमात को आलमी इंसानियत से जोड़ने की सई फ़रमाई है।

डॉ. सैय्यद याहया नशीत

पेश लफ़्ज़

द्वारका प्रशाद 'उफ़ुक़' की शख़्सियत उन्नीसवीं सदी के उर्दू शोअरा में एक दबिस्तान की हैसियत रखती है। नस्र, नज़्म, सहाफ़त, ड्रामा, मरसिया, मसनवी और क़सीदा में उन्होंने जो विरासत छोड़ी है वह इल्मी अदबी और तारीख़ी एतबार से एक गरां माया असासा है। उनका ताल्लुक़ एक ऐसे ज़माने से है जो उर्दू शेरो अदब के लिये सबसे ज़्यादा ज़रख़ेज़ ज़माना था। उन्नीसवीं सदी पर अगर निगाह डालें तो एक से एक बड़े शायर और अदीब का नाम इससे वाबस्ता मिलेगा। जिनमें द्वारका प्रशाद 'उफ़ुक़' 1864-1913 एक मुन्फ़रिद मक़ाम रखते हैं। 'उफ़ुक़' के साथ ज़िंदगी ने वफ़ा न की। इल्मी व अदबी कामों के लिये उनकी ज़िंदगी हयात मुख़्तसर कहलायेगी। 49 साल की उम्र अदबी सफ़र में कोई हैसियत नहीं रखती। यह उम्र तो अदब में अपनी जगह के लिये तगो दो की उम्र होती है लेकिन 'उफ़ुक़' ऐसे ज़हीन इंसान थे कि इतनी ही उम्र में ''मलिकुश्शोअरा'' के आलातरीन मर्तबे तक पहुंच गये। उर्दू ज़बानो अदब की यह बदनसीबी ही कही जायेगी कि बहुत से उर्दू के ज़हीन शोअरा अज़मत उल्लाह ख़ान (40 साल) अख़्तर शीरानी (43 साल) चकबस्त (44 साल) और 'मजाज़' (44 साल) सब बहुत जल्द अदबी उफ़ुक़ के रंगों का हिस्सा बन गये। लेकिन यह इत्तिफ़ाक़ है कि इनमें हर शायर तारीख़े अदब पर अपने ऐसे निशानात छोड़ गया जिसे फ़रामोश नहीं किया जा सकता। यह सब ऐसे शोअरा हैं जिन्हें उनकी इन्फ़िरादियत की वजह से हमेशा याद किया जाता रहेगा।

द्वारका प्रशाद 'उफ़ुक़' का ख़ानदान उर्दू अदब में 'नौबस्ता' ख़ानदान के नाम से मशहूर है। यह भी इस ख़ानदान की इल्मी व अदबी इन्फ़िरादियत की अजीबो ग़रीब मिसाल है कि ख़ानदान जहां आकर रहे वह जगह उस ख़ानदान के नाम का जुज़ बन जाये। ख़ानदानों के नाम अशख़ास और सरबराह के नाम से मशहूर होते हैं। उर्दू तारीख़ में सिर्फ़ दो ख़ानदान ऐसे हैं जो अपने मोहल्ले के नाम से जाने जाते हैं। एक उलमा में ख़ानदान फ़िरंगी महल दूसरे शोअरा में नौबस्ता ख़ानदान।

'उफ़ुक़' के अजदाद में मुंशी जगन्नाथ (1737 ई. में) दिल्ली से लखनऊ आकर नौबस्ता मोहल्ले में आबाद हो गये थे। 'नौबस्ता' में उस वक़्त बहुत से ख़ानदान आबाद थे। उनमें शायर भी रहे होंगे लेकिन 'उफ़ुक़' के ख़ानदान के अलावा किसी के बारे में कोई कुछ नहीं जानता। इस नौबस्ता ख़ानदान की सात पुश्तें उर्दू इल्मो अदब की ख़िदमत में गुज़र गयीं और डा. कोमल भटनागर तक न कोई अदबी ख़िदमात से थका और न किसी का क़लम रूका। उर्दू के ऐसे ख़िदमतगुज़ार ख़ानदान नायाब नहीं तो कमयाब ज़रूर हैं।

मुंशी द्वारका प्रशाद 'उफ़ुक़' एक बड़े आलिम थे। कई ज़बानों में उन्हें दस्तरस हासिल थी। बहुत अच्छे मुतरज्जिम थे। शायरी ख़ानदान की विरासत थी। वह एक अच्छे सहाफ़ी भी थे। उस ज़माने में द्वारका प्रशाद 'उफ़ुक़' ने अपना मंज़ूम अख़बार ''नज़्म अख़बार'' भी निकालना शुरू किया। यह एक मुश्किल काम था इसलिये कि इसमें हर तरह की ख़बरों को नज़्म की हैयत में पेश करना होता था लेकिन द्वारका प्रशाद 'उफ़ुक़' को फ़िल बदीह शेरगोई पर महारत हासिल थी इसलिये वह बाआसानी यह अख़बार निकालते रहे। वह ख़ुद अपने अख़बार की किताबत करते थे और उन्हीं के अपने नौबस्ता प्रेस में छपता था। इस तरह इसकी सारी ज़िम्मेदारी को 'उफ़ुक़' पूरा करते थे। वह सिर्फ़ ख़बरें नज़्म कर देने पर क़ादिर नहीं थे बल्कि तमाम असनाफ़े सुख़न पर उन्हें मलका हासिल था। वह मसनवी, मरसिया, क़सीदा, ग़ज़ल सब पर यकसां तौर पर महारत रखते थे। इसलिये उन्हें मलिकुश्शोअरा का ख़िताब दिया गया था। उन्होंने जायसी की पद्मावत भी उर्दू में नज़्म की, रामायण और गीता भी। मसनवी नूरजहाँ और कई दूसरी मसनवियां और मसनवी के अंदाज़ पर नज़्में लिखीं। जिसके लिये आज भी उनका नाम उस अहद के शोअरा में सरेफ़ेहरिस्त है।

उर्दू में मज़हबी किताबों के तराजुम और मंज़ूम तराजुम की रिवायत बहुत क़दीम है। अकबर के ज़माने से इन किताबों के तर्जुमे संस्कृत से फ़ारसी में करने की इब्तिदा हुई और रफ़्ता-रफ़्ता यह तर्जुमे उर्दू में भी किये जाने लगे। रामायण, महाभारत और गीता के ख़ास तौर पर उर्दू नस्र व नज़्म में तर्जुमे किये गये। यहां पर एक बात और तवज्जो तलब है कि उनके तर्जुमे सिर्फ़ मज़हबी अक़ीदत के तहत नहीं हुए बल्कि इल्म और फ़लसफ़ए ज़िंदगी की बुनियाद पर हुए इसलिये कि अगर उनकी बुनियाद मज़हबी होती तो यह तर्जुमे सिर्फ़ उस मज़हब के मानने वाले लोग ही करते। आज अगर इन तर्जुमों का हिसाब करें तो महसूस होगा कि इनमें हिंदू मज़ाहिब की किताबों के ज़्यादातर तर्जुमे मुसलमान शोअरा और नस्रनिगारों के किये हुए हैं और इन तर्जुमों को अपने ज़माने में बहुत मक़बूलियत मिली है।

द्वारका प्रशाद 'उफ़ुक़' को तराजिम में ख़ास दिलचस्पी रही है। उन्होंने रामायण, वाल्मीकि रामायण, श्रीमद भागवत गीता, महाभारत, भागवत, श्री दुर्गा दर्शन और इस तरह की किताबों के उर्दू नज़्म व नस्र में तर्जुमे करे और उर्दू अदब को एक बड़े इल्मी व अदबी असासे से मालामाल किया। 'उफ़ुक़' को रामायण से ख़ास तौर पर दिलचस्पी थी इसलिये उन्होंने रामायण का तर्जुमा मुसद्दस की हैयत में भी नज़्म किया और तवील मन्ज़ूम बयानिया की शक्ल में भी उन्होंने पूरे वाक़िये का बयान किया। इस तर्जुमे की ख़ुसूसियत यह है कि यह पूरी रामायण यक क़ाफ़िया है। 'उफ़ुक़' के इस रामायण यक क़ाफ़िया में कमोबेश बारह सौ अशआर हैं और तक़रीबन बारह सौ अशआर को एक क़ाफ़िये में नज़्म करना मामूली सलाहियत का काम नहीं है। उर्दू में ग़ैर मुरद्दिफ़ क़साएद और नज़्में लिखने की रिवायत रही है। यह क़सीदे तवील भी लिखे गये और मुख़्तसर भी लेकिन अगर बहुत तवील क़सीदा भी हुआ तो डेढ़-दो सौ अशआर से आगे नहीं बढ़ता। 'उफ़ुक़' ने कमोबेश बारह सौ अशआर में पूरी रामायण को यक क़ाफ़िया नज़्म करके क़ुदरते शेअरी की एक मिसाल क़ायम कर दी। रामायण दुनिया की चंद मक़बूल नज़्मों में है जो हिंदुस्तान से बाहर भी बेहद मक़बूल अदबी शाहकारों में शुमार होती है और दुनिया की बहुत सी ज़बानों में इसके तर्जुमे हुये हैं। ज़ाहिर है कि रामायण यक क़ाफ़िया एक तवील बयानिया नज़्म है। इस नज़्म में हर तरह के इंसानी जज़्बात और रिश्तों का ज़िक्र आया है। इसमें राजा और प्रजा का ज़िक्र भी है, मां, बीवी, भाई, बहन, दोस्त और दुश्मन

का भी। यह कसीर किरदारों का एक बयानिया है और किसी नज़्म में जितने कसरत से किरदार होंगे उतनी ही उनकी जज़्बातनिगारी मुश्किल होगी। इसमें राजा और प्रजा के जज़्बात एक नहीं हो सकते। इसी तरह मां-बाप, बेटा, नौकर चाकर सब के जज़्बाती नशोबो फ़राज़ पर निगाह रखना और उन्हें कामयाबी से पेश करना आसान नहीं है इसलिये कि इनमें मुतज़ाद जज़्बात का तसादुम रहता है। मुहब्बत भी है और रश्क व हसद भी। मां और बाप के लिये बेटे से मोहब्बत के जज़्बात एक ही तरह के नहीं होंगे और वही बेटा अगर किसी मुसीबत और परेशानी में मुब्तिला हो तो इसकी सूरत बिल्कुल बदल जायेगी और ऐसे मौके़ पर भाई या बीवी के जज़्बात दूसरे तमाम लोगों के जज़्बात से मुख़्तलिफ़ होंगे। इनमें तवाज़ुन क़ायम रखना और इन बारीकियों पर निगाह रखना इंसानी नफ़्सियात पर महारत का मुताल्बा करता है। द्वारका प्रशाद 'उफ़ुक़' ने यक क़ाफ़िया रामायण में भी एक-एक क़दम पर इन तमाम बातों का ख़्याल रखा। मुसद्दस में शायर के लिये अपने ख़्याल को नज़्म करने की ज़्यादा आज़ादी रहती है लेकिन यक क़ाफ़िया तर्जुमा एक तरह से पाबंद नज़्म है। फिर भी किसी जगह पर महसूस नहीं होता कि क़ाफ़िये की पाबंदी की वजह से शेर की रवानी में कोई फ़र्क़ आया हो या मानी वाज़ेह न हुये हैं।

रामायण यक क़ाफ़िया में एक बात और खुसूसी तवज्जो चाहती है कि वह इसकी वाक़ियानिगारी है इसलिये कि रामायण राम चंद्र जी की ज़िंदगी से मुताल्लिक़ बयानिया है और उनकी ज़िंदगी राज दरबार से वनवास तक फैली हुई है जिससे बेशुमार ज़िम्नी वाक़िये वाबस्ता हैं इसलिये यह वाक़िया बुनियादी तौर पर सात काण्ड पर मुश्तमिल है जिसमें राम चंद्र जी की ज़िंदगी का तक़रीबन हर पहलू आ गया है। इस तवील क़िस्से की माजरासाज़ी और इसमें तवाज़ुन का क़ायम रखना सबसे बड़ी बात है। द्वारका प्रशाद 'उफ़ुक़' ने इस तवील नज़्म में किसी जगह बयानिये को कमजोर नहीं होने दिया और क़ाफ़िये की बंदिश के बावजूद इसका हर काण्ड एक दूसरे से बड़ी ख़ूबसूरती से वाबस्ता है। रामायण यक क़ाफ़िया में द्वारका प्रशाद 'उफ़ुक़' ने मुख़्तलिफ़ उनवानात के तहत वाक़ियात को नज़्म किया है। शुरू में रामायण के सात काण्ड की रियायत से उन्होंने सात के अदद पर रौशनी डाली है और यह लिखा है कि यह सात हमारी ज़िंदगी का कितना अहम अदद है। चूंकि द्वारका प्रशाद 'उफ़ुक़' को इल्मे नजूम व हैयत से भी दिलचस्पी थी इसलिये इसकी उन खुसूसियात को भी ज़ाहिर किया है और फिर रामायण के सात काण्ड की अहमियत को नज़्म किया है। चंद अशआर इसकी इब्तिदाईया में सात की अहमियत के देखिये-

ख़ेमाज़न हर वक़्त रहते हैं उन्हीं के वस्फ़ में
यम, वरूण, संकओ, नारद, शेष, सूरज, चंद्रमा
हफ़्त दोज़ख़, हफ़्त अख़्तर, हफ़्त जोशो हफ़्त कोह
करते हैं ज़ाहिर इन्हीं सातों की क़ुदरत का निशां
क़ुदरते कामिल दिखाते हैं इन्हीं के हफ़्त रंग
हफ़्त किश्वर, हफ़्त क़ुलज़ुम, हफ़्त ख़त, हफ़्त आसमां
बंदगी उनकी कि जो दुनिया में रौशन दिल हुए
ज़र्रा, बर्क़, अंजुम, क़मर, सय्यारे, सूरज, कहकशां

सात चीज़ें आदमी पाता है उनके ध्यान से
ज़िंदगी, ऐश, अम्न, आसाइश, तरब, फ़रहत, अमां

इस तरह बड़ी ख़ूबसूरती से द्वारका प्रशाद 'उफ़ुक़' ने क़ानूने क़ुदरत में सात की अहमियत पर रौशनी डाली और मुख़्तलिफ़ मिसरों में सात चीज़ों का ज़िक्र किया है और कहा है कि इसीलिये रामायण सात काण्ड में मुन्क़सिम है। इसके बाद विष्णु जी के दस अवतारों का ज़िक्र है। कब-कब किस शक्ल में वह आये इसे मुख़्तसरन नज़्म किया गया है। बयाने वाक़िया शुरू होने से पहले यह ज़रूरी था कि विष्णु जी के अलग-अलग रूप से क़ारी को मुतआरिफ़ करा दिया जाये ताकि उनके मौजूदा रूप को समझा जा सके।

रामायण यक क़ाफ़िया की एक ख़ुसूसियत इसमें राम चंद्र जी के सरापे की शमूलियत है। उन्होंने बड़े फ़ितरी अंदाज़ में अल्फ़ाज़ से उनकी तस्वीर खींचने की कोशिश की है। जिसकी एक बड़ी ख़ूबी यह है कि यक क़ाफ़िया होने के बावजूद इसकी (पिक्टोरियल क्वालिटी) तस्वीरी ख़ूबी में कहीं कोई कमी नहीं आयी। उनके अशआर पढ़ कर हमें इंसान के रूप में एक अवतार नज़र आता है जिसके लिये एहतेराम व अक़ीदत का जज़्बात फ़ितरी तौर पर पैदा होता है। द्वारका प्रशाद 'उफ़ुक़' ने इस सरापे में मानवी वुसअत पैदा करने के लिये बड़ी ख़ूबसूरती से तशबीह, इस्तेआरे और तलमीह से फ़ायदा उठाया है। चंद अशआर इन सिफ़ात के मिसाल के तौर पर पेशे ख़िदमत हैं। अब्रू, मिज़ह और चश्म के बारे में तशबीहात देखिये-

दिल को ख़्वाहिश है कि रघुबर का सरापा हो बयां
खींचता है राम की तस्वीर यूं किल्के रवां
नूर की तस्वीर सर से पांव तक हैं राम चंद्र
सांवली सूरत पे सब को मर्दुमक का है गुमां
दोनों अब्रूए ख़मीदा की सिफ़त लिखती है फ़िक्र
एक है काली की तलवार, एक शिवजी की कमां
अब्रूए चश्मो मिज़ह की है सिफ़त पुतली के साथ
एक जगह है मुज्तमा धनु, मीन, वृश्चिक, चंद्रमां

इस तरह द्वारका प्रशाद 'उफ़ुक़' ने बहुत तफ़सील से राम चंद्र जी का सरापा नज़्म किया है, सरापा उर्दू शायरी की एक ख़ास सिफ़त है जो मुख़्तलिफ़ असनाफ़ में कहीं सरापा की शक्ल में कहीं पैकरतराशी की शक्ल में मिल जाती है लेकिन रामायण यक क़ाफ़िया में यह सरापा अपनी एक इन्फ़िरादी हैसियत रखता है। 'उफ़ुक़' ने इस सरापे को तमाम फ़न्नी आरास्तगी के साथ नज़्म किया है। इस तवील नज़्म की एक सिफ़त यह भी है कि इसमें उर्दू, हिंदी, फ़ारसी, अरबी और संस्कृत के अल्फ़ाज़ का बड़ी सादगी और बेतकल्लुफ़ी से इस्तेमाल किया गया है। इस तरह यह एक लिसानी मुताला का भी हिस्सा है और सिर्फ़ यही नहीं बल्कि इसमें तक़रीबन 500 मुहावरे इस्तेमाल किये गये हैं। मुहावरे हमारी ज़बान का सरमाया हैं और इनका इस्तेमाल इसकी लिसानी तवानाई को ज़ाहिर करता है। यहां पर चंद मुहावरों का इस्तेमाल देखें-

काटते थे होंठ दांतों से, मला करते थे हाथ
वन में यूं थे जिस तरह बत्तीस दांतों में ज़बां

क्या अजब खुश हो जो पढ़ कर इसको हर नाज़ुक ख़्याल
क्या ताज्जुब साद फ़रमायें जो इस पर क़द्र दां
ख़ूब मारे हाथ बढ़ कर क़ुलज़ुमे ज़ख़्ख़ार में
ख़ूब मज़्मूं आफ़रीनी के किये जौहर अयां
अलग़रज़ हैं ख़ुर्रमो ख़न्दां यहां सब गुल की तरह
इस गुलिस्तां में बहम है लुत्फ़े किश्ते ज़ाफ़रां
उनसे चार आंखें करे सूरज की यह ताक़त नहीं
चार मुंह से करते हैं वस्फ़ उनका ब्रह्मा जी बयां

होंठ काटना, हाथ मलना, बत्तीस दांतों के बीच में ज़बान का होना, साद करना, हाथ मारना, जौहर ज़ाहिर करना, किश्तो ज़ाफ़रान होना, आंखें चार करना इन पांच अशआर में किस ख़ूबसूरती से 'उफ़ुक़' ने आठ मुहावरों का इस्तेमाल किया है। मुहावरे शेर में मानी को वुसअत देते हैं और उसके असर को बढ़ाने का काम करते हैं इसलिये 'उफ़ुक़' ने मुख़्तलिफ़ मवाक़े पर मुहावरों के इस्तेमाल से फ़ायदा उठाया है। रामायण यक क़ाफ़िया में राम चंद्र जी की इब्तिदाई ज़िंदगी से लेकर राम चंद्र जी का सरापा, विश्वामित्र की अवध में आमद, जानकी जी का जन्म, धनुष यज्ञ, राम विवाह, भरत मिलाप, वनवास और फिर रावण से जंग के एक-एक वाक़िये को पूरी तफ़सील, ज़बान की पूरी ख़ूबसूरती और मुहावरेबंदी के साथ नज़्म किया गया है। उर्दू में रामायण के बहुत से तर्जुमे मिल जायेंगे लेकिन इसकी मज़हबी अहमियत की वज़ाहत के साथ राम चंद्र जी की एक मुकम्मल तस्वीर हमें रामायण यक क़ाफ़िया में नज़र आती है।

रामायण यक क़ाफ़िया उर्दू तारीख़ की वह मुन्फ़रिद नज़्म है जिसमें इंसानी जज़्बे की तमाम सूरतें बयान की ख़ूबी के साथ यकजा हो गयीं हैं। इस तरह सिर्फ़ यही नहीं कि वह मज़हबी जज़्बात या एक मज़हबी शख़्सियत के हवाले से लिखी हुई नज़्म है बल्कि अदबी और फ़न्नी एतबार से एक अदबी और इल्मी शहपारा है जो उर्दू शायरी के असासे में ज़बर्दस्त तारीख़ी इज़ाफ़ा है।

प्रो. शारिब रुदौलवी
सी-95, सेक्टर-ई,
अलीगंज, लखनऊ-226 024

हर्फ़े चन्द

उर्दू में रामायण नस्र और नज़्म दोनों में पेश किया जाता रहा है, जिसमें उर्दू शोअरा ने अपने जूलानी तबअ के जौहर दिखाये हैं। मुंशी जगन्नाथ 'खुश्तर' और 'फ़रहत' की रामायण काफ़ी मशहूर और मक़बूल रही हैं। मुंशी द्वारका प्रसाद 'उफ़ुक़' लखनवी ने भी तुलसीदास के ज़रिये तसनीफ़ की गयी रामायण को उर्दू का क़ालिब में बहुस्नो ख़ूबी ढाला है और अहले ज़ौक़ ने इसकी ख़ातिरख़्वाह पज़ीराई की है। लेकिन 'उफ़ुक़' लखनवी का शाहकार और इंतिहाई गिरां क़द्र कारनामा "रामायण एक क़ाफ़िया" है। एक ही क़ाफ़िये में मुकम्मल रामायण को मंज़ूम कर देना लायक़े दाद व तहसीन है। यह पहली बार 1885 ई. में और दूसरी बार 'मुंशी नवल किशोर प्रेस, लखनऊ' से 1914 में तबअ हुआ। इसमें 31 ज़ेली सुर्ख़ियां क़ायम की गयी हैं। 'उफ़ुक़' लखनवी 1864 ई. में लखनऊ के मोहल्ला नौबस्ता में पैदा हुए थे और 1913 ई. में राही मुल्के अदम हुए थे। रामायण के सात काण्डों को 'उफ़ुक़' ने बड़ी चाबुकदस्ती से शेअरी पैकर अता किया है। फ़रमाते हैं–

हैं जो रामायण के मशहूरे ज़माना सात काण्ड
सात पर्दे हैं वह चश्मे इन्सो जिन के बेगुमां

'उफ़ुक़' के रामायण यक क़ाफ़िया में उर्दू शेरो अदब की रिवायात का एहतिमाम व इन्सिराम मिलता है। तशबीहात व इस्तेआरात के खुशनुमा पैकर नज़र आते हैं। सनाए लफ़्ज़ी और सनाए मानवी की गुलकारियां अपनी फबन दिखाती हैं। संस्कृत और हिंदी शायरी के नादिर और नायाब नमूने अपनी रंगीनियां और रानाईयां समोए हुए हैं। रीतिकाल के हिंदी शायरों की दिलकश और दिलफ़रेब मंज़रनिगारी ने इस नज़्म को मुन्फ़रिद और दिलनशीं बना दिया है।

सीताजी के नख शिख रूप दर्शन में 'उफ़ुक़' ने अपनी तमामतर शायराना नज़ाकतों को साहेराना अंदाज़ में पेश किया है। ज़ेवरात और मलबूसात का ज़िक्र इसको तारीख़ी अहमियत के साथ तहज़ीबी और सक़ाफ़ती रूप में ढाल देता है।

इसमें हिंदू धर्म से मुताल्लिक़ पुराणों में बयानकर्दा विष्णु जी के दस अवतारों को अड़तीस शेरों में नज़्म किया है। विष्णु जी, मच्छ, कश्यप, वाराह, नरसिंह, वामन, परशुराम, कृष्ण, बुद्ध और कल्कि हैं। 'उफ़ुक़' फ़रमाते हैं–

हर घड़ी हर आन हर लहज़ा रहे विर्दे ज़बां
राम, रघुकुल, केतु, रघुकुल भानु, रघुकुल चंद्रमां

'उफ़ुक़' ने सरापानिगारी में भी अपने फ़न का कमाल पेश किया है। मुलाहिज़ा हो-

दिल को ख़्वाहिश है कि रघुबर का सरापा हो बयां
खींचता है राम की तस्वीर यूं किल्के रवां
नूर की तस्वीर सर से पांव तक है राम चंद्र
सांवली सूरत पे सब को मर्दुमक का है गुमां

यक क़ाफ़िया रामायण में 'उफ़ुक़' ने सभी रसों को बख़ूबी नज़्म किया है। उन्हें जमालियाती, नफ़्सियाती और मनाज़िरे क़ुदरत को नज़्म करने में कमाल हासिल है। 'उफ़ुक़' ने श्रीराम कथा को यक क़ाफ़िया रामायण में बहुत ख़ूबसूरती से समोने की कोशिश की है। उनका यह कारनामा उर्दू शायरी की तारीख़ में नाक़ाबिले फ़रामोश है और तारीख़ी हैसियत का हामिल है।

लखनऊ, 4 जनवरी, 2020 ई.

प्रोफ़ेसर सय्यद फ़ज़ले इमाम रिज़वी
साबिक़ सदर शोबए उर्दू,
इलाहाबाद यूनिवर्सिटी, इलाहाबाद

पेश लफ़्ज़

यक क़ाफ़िया रामायण मलिकुश्शोअरा द्वारका प्रशाद 'उफ़ुक़' लखनवी का ऐसा शाहकार है जिस पर सदियां नाज़ करेंगी। इसकी रवानगी बरजस्तगी कमाले फ़न का नमूना और मिसाल है। शायर ने एजाज़ व इख़्तिसार के लिये मोजज़ाना अंदाज़े बयान इख़्तियार किया है। यह मसनवी भी फ़न पारा है बिल्कुल उसी तरह जिस तरह मसनवी सेहरूल बयान, मसनवी गुलज़ार नसीम और मसनवी ज़हरे इश्क़ हैं। बदक़िस्मती से इस का फ़न्नी व तनक़ीदी जायज़ा इस तरह नहीं लिया गया जिस तरह उर्दू की तीन मशहूरे ज़माना मसनवियों के फ़न पर ख़ामा फ़रसाई की गयी है। इसको मज़हबी मसनवी समझ कर नज़रअंदाज़ किया गया है। बिल्कुल उसी तरह से जिस तरह अल्लामा शिबली से पहले रसाई अदब का अदबी व फ़न्नी जायज़ा नहीं लिया गया। अल्लामा शिबली ने जब मवाज़ना अनीस व दबीर लिखा तो रसाई अदब पर फ़न्नी व तनक़ीदी बहस शुरू हो गयी और मवाज़ना अनीस व दबीर के बाद रसाई अदब पर कई किताबें मआरिज़ वजूद में आ गयीं और एक सिलसिला चल निकला। उर्दू में ज़्यादातर मसनवियों में दास्तान सराई होती है। यक क़ाफ़िया रामायण में भी दास्तान है, एक ऐसे मज़हबी किरदार का जो हिंदुस्तान में बहुत मुक़द्दस है जिसकी तक़दीस का आलम यह है कि हिंदुस्तान की सारी ज़बानों में इस दास्तान को बयान किया गया है। सबसे पहले महर्षि वाल्मीकि ने इसको संस्कृत ज़बान का क़ालिब अता किया। याद रहे संस्कृत ज़बान दुनिया की अज़ीमतरीन ज़बान है। एक ख़ूबसूरत बात बताता चलूं। मौलाना मोहम्मद हुसैन आज़ाद फ़ारसी व संस्कृत को सगी बहनें क़रार देते हुए रक़मतराज़ हैं-

> ''संस्कृत और असल फ़ारसी यानी सिन्दवास्ता की ज़बान एरियन के रिश्ते से एक दादा की औलाद हैं मगर ज़माने के इत्तिफ़ाक़ देखें कि खुदा जाने कैसे सौ बरस या कहिये हज़ार बरस की बिछड़ी हुई बहनें इस हालत में आकर मिली हैं कि एक दूसरी की शक्ल नहीं पहचान सकती।''

आबे हयात, स. 10

ज़बान अवधी में तुलसीदास के शाहकार रामचरित मानस के बाद उर्दू अदब में रामायण यक क़ाफ़िया की दूसरी मिसाल न अदबी व फ़न्नी एतबार से मिलती है और न ही बयान के एतबार से। यक क़ाफ़िया रामायण के अंदाज़े बयान में रवानगी व बरजस्तगी का वह सिहर है जो इसको मसनवी सेहरूल बयान, मसनवी गुलज़ार नसीम, मसनवी ज़हरे इश्क़ के मद मुक़ाबिल ला खड़ा करता है। 'उफ़ुक़' जब मंज़रनिगारी पर आते हैं ऐसे मंज़र पेश कर देते हैं कि लफ़्ज़ों के इंतिख़ाब तराकीब के अंदाज़ में पूरा मंज़र नज़रों के

सामने रक़्सां हो जाता है। मकामला निगारी में ज़बानो बयान का हसीन गुलदस्ता मसनवी का तरह इम्तियाज़ है। बाज़ मक़ामात पर लफ़्ज़ियात व तलमीहात के ऐसे मंज़र आते हैं जहां नातिया शायरी का एहसास होता है। मसनवी रामायण यक क़ाफ़िया के इतने औसाफ़े हसीना हैं जिनको लफ़्ज़ों के क़ालिब में बयान कर देना मुमकिन नहीं है। हां यह ज़रूर है कि नक़्क़ाद हज़रात इस तरफ़ मुतवज्जा हों और उर्दू की दूसरी मसनवियों से मवाज़ना करके मसनवी यक क़ाफ़िया का फ़न्नी व तनक़ीदी जायज़ा लिया जाये तो इसके महास अदब उसी तरह उभर कर सामने आयेंगे जिस तरह दूसरी मसनवियों के आये हैं। खुशी की बात है डा. कोमल भटनागर की काविशों से यह उर्दू अदब का शाहकार देवनागरी रस्मुल ख़त और उर्दू में एक बार फिर मंज़रेआम पर आ रहा है जो अदब के शायक़ीन के लिये एक ख़ूबसूरत तोहफ़ा है। उम्मीद है अदबी व तनक़ीदी मुबाहिस का नया दौर शुरू होगा जो उर्दू ज़बानो अदब के लिये खुश आइंद क़दम होगा और जो यह साबित करेगा कि उर्दू ज़बान मादरे हिंद की वह ख़ूबसूरत दुख़्तर है जिसके दामन में बिला मज़हब व मिल्लत के तफ़रीक़ के हज़ारहा फूल मुस्कुरा रहे हैं जिनका अपना रंग है, अपना आहंग है। मलिकुश्शोअरा द्वारका प्रशाद 'उफ़ुक़' लखनवी का भी अपना रंग व आहंग है जिसका फ़न्नी, अदबी व तनक़ीदी जायज़ा लिया जाना ज़रूरी है।

11 रबीउस्सानी 1661 हि.
9 दिसंबर 2020

डॉ. मोहम्मद नसीमुद्दीन नदवी
एडिटर रोज़नामा गुज़रा ज़माना
लखनऊ

रामायण यक क़ाफ़िया

मंज़ूम

लब[1] सिया रघुबर दहन[2] दन्दाँ[3] भरत लछमन ज़बां।
शत्रुघन जी नुत्क़[4], लव आवाज़, कुश हुस्ने बयां।।
नग़माज़न[5] हर वक़्त रहते हैं इन्हीं के वस्फ़[6] में।
यम, बरून, संकादि नारद, शेष, सूरज, चन्द्रमा।।
हफ़्त दोज़ख़[7], हफ़्त अख़्तर[8], हफ़्त जोशो हफ़्त कोह।
करते हैं ज़ाहिर इन्हीं सातों की क़ुदरत का निशां।।
क़ुदरते कामिल दिखाते हैं इन्हीं के हफ़्त रंग।
हफ़्त किश्वर[9], हफ़्त कुलज़ुम[10] हफ़्त ख़त[11] हफ़्त आसमां[12]।।
बन्दगी उनकी कि जो दुनिया में रौशन दिल हुए।
ज़र्रा[13], बर्क़[14], अंजुम[15], क़मर[16], सैय्यारे[17], सूरज, कहकशां[18]।।
सात चीज़ें आदमी पाता है इनके ध्यान से।
ज़िन्दगी, ऐश, अम्न, आसाइश[19], तरब[20] फ़रहत[21] अमां[22]।।
हैं जो रामायण के मशहूरे ज़माना सात काण्ड।
सात पर्दे हैं वो चश्मे[23] इन्सो[24] जिन के बेगुमां।।

---

1. होंठ 2. मुख 3. दन्त पंक्ति 4. वाणी 5. स्तुतिगान 6. प्रशंसारत 7. सात लोक 8. सातों ग्रह 9. सातों महाद्वीप 10. सातों सागर 11. सातों भाषाएं 12. सातों गगन 13. अणु 14. तड़ित 15. उद्गण 16. चन्द्रमा 17. नक्षत्र 18. आकाश गंगा 19. सुख सुविधा 20. अह्लाद 21. आनन्द 22. सुरक्षा 23. आंख 24. इन्सान।

رامائن
یک قافیہ منظوم

لب سیا رگھبر دہن دنداں بھرت لچھمن زباں
شترگھن جی نطق، لو آواز، کش حسنِ بیاں

نغمہ زن ہر وقت رہتے ہیں انہیں کے وصف میں
جم، برن، سنکاد نارد، شیش، سورج، چندرماں

ہفت دوزخ، ہفت اختر، ہفت جوش و ہفت کوہ
کرتے ہیں ظاہر انھیں ساتوں کی قدرت کا نشاں

قدرتِ کامل دکھاتے ہیں انھیں کے ہفت رنگ
ہفت کشور، ہفت قلزم ہفت خط ہفت آسماں

بندگی ان کی کہ جو دنیا میں روشن دل ہوئے
ذرّہ، برق، انجم، قمر، سیارے، سورج، کہکشاں

سات چیزیں آدمی پاتا ہے ان کے دھیان سے
زندگی عیش امن آسائش طرب فرحت اماں

ہیں جو رامائن کے مشہورِ زمانہ سات کانڈ
سات پردے ہیں وہ چشمِ انس و جن کے بے گماں

अलग़रज़ बात उनकी करते हैं जिनकी सिफ़त।
लक्ष्मी, बिशन, इन्द्र, ब्रह्मा, सरस्वती, शंकर, उमां।।
बस बस अब ख़ामोश ख़ामोश ए लबे किलके[1] उफ़ुक़।
मदह[2] कर उनकी भला ये तुझ में गोयाई[3] कहां।।
रोशनी पहुंचायेगा किस तरह साया धूप को।
क्या ज़िया[4] ख़ुरशीद[5] को बख़शेगा माहे[6] आसमां।।
मैल[7] सुरमए चश्मे ज़ोहरा को बनेगा क्या क़लम।
आस्मां से किस तरह तारे उतारेगी ज़बां।।
है मुनासिब पेश कर कुछ नज़्रे[8] मौज़ूने तब्अ[9]।
अरमुग़ाने[10] ख़ुश बयानी, तोहफ़ये हुस्ने बयां।।

*****

1. लेखनी के होंठ 2. प्रशंसा 3. वाक्शक्ति 4. प्रकाश 5. सूर्य 6. चन्द्रमा 7. आकर्षण 8. उपहार 9. श्रेष्ठ कविता 10. सौग़ात।

الغرض بات ان کی کرتے ہیں جن کی صفت
لچھمیں، بشن، اندر، برہما، سرستی، شنکر، اُماں
بس بس اب خاموش خاموش اے لبِ کلکِ افق
مدح کر ان کی بھلا یہ تجھ میں گویائی کہاں
روشنی پہونچائے گا کس طرح سایہ دھوپ کو
کیا ضیا خورشید کو بخشے گا ماہِ آسماں
میل سرمہ چشم زہرہ کو بنے گا کیا قلم
آسماں سے کس طرح تارے اُتارے گی زباں
ہے مناسب پیش کر کچھ نذرِ موزونے طبع
ارمغانِ خوش بیانی تحفہ حسن بیاں

☆☆☆☆

श्री राम चन्द्रजी के दस अवतारों का मुख़्तसर तज़किरा

हर घड़ी, हर आन हर लहज़ा रहे विर्दे[1] ज़बां।
राम रघुकुल केतु, रघुकुल भानु, रघुकुल चन्द्रमा।।
क्षीर सागर के मुआविन[2] शेष जी के ताजे सर।
लक्ष्मी जी को मिसी, सिन्दूर सुरमा, रंगे पां।।
मरकज़े[3] चश्मे सिफ़त होता नहीं वह नूरे पाक[4]।
क्या नगीने नज़्म पर हो उसकी कुदरत का निशां।।
एक हाले मुख़्तसर हो, कीजिए उसको रक़म।
वां हज़ारों कुदरते यां एक ख़ामा[5] की ज़बां।।
जब ज़रूरत जैसी देखी वैसे दिखलाये चरित्र।
हस्बे मौक़ा एक नई सूरत से की कुदरत अयां।।
नक़्श पाये भृगु को दी अपने सीने में जगह।
ख़ुद बसे बैकुन्ठ में, आबाद की दिल में रमाँ।।
दम में बृहमा को किया पैदा कमल के फूल से।
ऋग, यजुर, साम, अथरवेद ज़ाहिर किये बहरे जहां[6]।।
रख के मच्छ अवतार शंखासुर से छीने चार वेद।
सर किया राक्षस नहंगे कुलज़मे[7] ताबो तुवां[8]।।
शक्ल में कच्छप बने फ़रमाया मघुकैटभ को क़त्ल।
कर दिये ज़ाहिर समुन्दर मथ के शबदेज़ो[9] कमां।।
कल्प वृक्ष, एरावत, अमृत, मधु, धनन्तर, कामधेनु।
लक्ष्मी, विष, संख, रम्भा, कौस्तुभ मणि, चन्द्रमा।।

---

1. रटा हुआ 2. सहायक 3. केन्द्र 4. पवित्र प्रकाश 5. अनुभवहीन 6. संसार के लिये 7. समुद्र के घड़ियाल 8. सामर्थ्य 9. मुश्की घोड़ा

شری رام چندر جی کے دس
اوتاروں کا مختصر تذکرہ

ہر گھڑی ہر آن ہر لحظہ رہے وردِ زباں
رام رگھ کُل کیتو، رگھ کُل بھانو، رگھ کُل چندرماں
چھیر ساگر کے معاون شیش جی کے تاجِ سر
لچھمیں جی کو مِسی سیندور سُرمہ رنگِ پاں
مرکزِ چشم صفت ہوتا نہیں وہ نورِ پاک
کیا نگینِ نظم پر ہو اُس کی قدرت کا نشاں
ایک حالِ مختصر ہو کیجیے اُس کو رقم
واں ہزاروں قُدرتیں یاں ایک خامہ کی زباں
جب ضرورت جیسی دیکھی ویسے دِکھلائے چرتر
حسبِ موقع اک نئی صورت سے کی قدرت عیاں
نقشِ پاے بھرگ کو دی اپنے سینے میں جگہ
خود بسے بیکنٹھ میں آباد کی دِل میں رماں
دم میں برہما کو کیا پیدا کنول کے پھول سے
رِگ یجر سام اتھروید ظاہر کیے بہرِ جہاں
رکھ کے مچھ اوتار سنکھاسُر سے چھینے چار وید
سر کیا راچھس نہنگِ قُلزُمِ تاب و تواں
شکل میں کچھپ بنے فرمایا مدہ کیٹب کو قتل
کر دیے ظاہر سمندر متھ کے شبدِیز و کماں
کلپ برکش، ایراوت، امرت مدھو، دھنن تر، کام دھین
لکشمی، وِش، سنکھ، رمبھا، کوستب مُنی، چندرماں

भेष में वाराह के बेदम किया हरनाछ को।
दांत पर रोकी ज़मीं, की कुदरते कामिल अयां।।
शेर नर बन कर हुए ज़ाहिर सुतूने संग[1] से।
ली हिरन कश्यप की जां, प्रहलाद को बख़्शी अमां।।
तीन पग धरती का मांगा दान वामन रूप में।
क़द्रदानी की बने एवाने बलि के पासबां[2]।।
लेके फरसा हाथ में मारा सहस्त्रा बाहु को।
क्षत्री लोगों की बरबादी हुई आरामे जां।।
बादहू खुद क्षत्रियों के कुल में फ़रमाया ज़हूर[3]।
राजा दशरथ को बनाया बाप, कौशल्या को मां।।
जैसे जैसे की हैं लीलायें वह तश्त-अज़-बाम[4] हैं।
कुल मुफ़स्सल[5] हाल रामायण से होता है अयां।।
नंद के फिर लाल कहलाये जसोदा के किशोर।
जाने जां बसुदेव जी के देवकी के नूरे जां।।
रुक्मणी के ज़ेवरेतन, राधिका जी के सिंगार।
गोपियों के नाज़ परवर, कूबरी के क़द्रदां।।
कुव्वते बाज़ू श्री हलधर के, ग्वालों के रफ़ीक़[6]।
दोस्त ऊधो के, सुदामा के शफ़ीक़ो[7] मेहरबां।।
द्वारिका, बरसाना, मधुबन, बिन्द्रावन के चराग़।
बृज के सूरज, श्री मथुरापुरी के चन्द्रमां।।
रास मन्डल में दिखाया, रक़्स लूलीये[8] फ़लक[9]।
बोल बंसी के सुनाये, लहने[10] तूतिये[11] ज़ुबां।।
ख़ाक पर लोटे मचल कर चांद लेने के लिए।
त्रिभुवन मां को दिखाये खोलकर दुरजो दहां[12]।।

1. प्रस्तर स्तंभ 2. द्वारपाल 3. अर्विभाव 4. स्पष्ट 5. सम्पूर्ण 6. साथी 7. मित्र 8. प्रकाशमान 9. आसमान 10. स्वर 11. मैना के स्वर 12. मुख मंजूषा।

بھیس میں باراہ کے بیدم کیا ہرناچھ کو
دانت پر روکی زمیں، کی قدرتِ کامل عیاں
شیر نر بن کر ہوئے ظاہر ستونِ سنگ سے
لی ہرن کشب کی جاں، پہلاد کو بخشی اماں
تین پگ دھرتی کا مانگا دان باون روپ میں
قدردانی کی بنے ایوانِ بلی کے پاسباں
لے کے پرسا ہاتھ میں مارا سہسترا باہ کو
چھتری لوگوں کی بربادی ہوئی آرامِ جاں
بعدہٗ خود چھتری کے کُل میں فرمایا ظہور
راجہ دسرت کو بنایا باپ کوشلیا کو ماں
جیسی جیسی کی ہیں لیلائیں وہ طشت از بام ہیں
کُل مُفصّل حال رامائن سے ہوتا ہے عیاں
نند کے پھر لال کہلائے، جسودھا کے کشور
جانِ جاں بسدیو جی کے دیوکی کے نورِ جاں
رُکمنی کے زیورِ تن، رادھکا جی کے سنگار
گوپیوں کے ناز پرور، گوبری کے قدرداں
قوتِ بازو سری ہلدھر کے، گوالوں کے رفیق
دوست اودھو کے سداماں کے شفیقِ مہرباں
دوارکا، برسانا، مدھو بن، برندابن کے چراغ
برج کے سورج سری متھراپوری کے چندرماں
راس منڈل میں دکھایا، رقص لولیِ فلک
بول بنسی کے سنائے، لحنِ طوطیِ زباں
خاک پر لوٹے مچل کر، چاند لینے کے لیے
تربھون ماں کو دکھائے کھول کر دُرجو دہاں

कुदरतें दिखलायीं, मारा पूतना को पी के दूध।
हाथ की चुटकी से मल डाली श्रीधर की ज़बां।।
सूरते जौज़ा किया इन्द्राम कागासुर दुनीम।
जिस्म का दिखलाया तर्णावर्त को बारे गिरां।।
तोड़ डाला पांव की ठोकर के सदमे से सकट।
हाथ बन्धवा कर बढ़ाई आबरूये रेशमां।।
मुक्ति दी यमलार्जुन को कर के पैदा नख़्ल से।
जान वृत्रासुर की ली, मारा बकासुर ख़स्मे जां[1]।।
की जो गुम बृहमा ने गायें, आज़माइश के लिए।
कर दिया नेमल बदल[2] क़ुदरत का देकर इम्तिहां।।
नाग काली दह में नाथा, नागिनें क़ाबू में कीं।
नाच कर फन पर किये क़ायम कफ़े पां[3] के निशां।।
बारे[4] गोवर्धन उठाया खिंसरे[5] शहज़ोर पर।
था सरे नाख़ुन हिना का रंग या कोहेगिरां[6]।।
नन्द को इक आन में लाये वरुण के लोक से।
चीर चोरी से किए उल्फ़त[7] के पर्दे में निहाँ।।
सूरते नाक़ूस[8] शोर अफ़ग़न हुआ जब शंखचूड़।
ज़र्ब मुश्ते दस्त, से की चूर सारी अस्तुख़्वां[9]।।
ख़ाक पर पटका पकड़ कर जोद राजा कंस को।
पहलवां मारे, पछाड़े फ़ील[10], पटके फ़ीलबां[11]।।
बन गये रश्के हुमाये[12] सर बराये उग्रसेन।
कर दिया हर्फ़े ग़लत[13] शिशुपाल का नामो निशां।।
त्रिभुवन की दी सुदामा जी को पदवी हो के ख़ुश।
कर दिया कुब्जा को माशूक़े हसीं ओ नौजवां।।

1. शत्रु 2. बिल्कुल वैसी ही वस्तु 3. तलवों 4. भार 5. छोटी उंगली 6. भारी पर्वत 7. प्रेम 8. शंख 9. हड्डियां 10. हाथी 11. महावत 12. एक कल्पित पक्षी जिसकी छाया पड़ने से मनुष्य राजा हो जाता है 13. ग़लत अक्षर की तरह मिटाया।

قدرتیں دکھلائیں، مارا پوتنا کو پی کے دودھ
ہاتھ کی چٹکی سے مل ڈالی شریدھر کی زباں
صورتِ جوزا کیا اندرام کاگاسُر دونیم
جسم کا دکھلایا ترناورت کو بارِ گراں
توڑ ڈالا پانوٗں کی ٹھوکر کے صدمہ سے سکٹ
ہاتھ بندھوا کر بڑھائی آبروے ریشماں
مکتی دی جملارجن کو کر کے پیدا تحمّل سے
جان ورتراسُر کی لی، مارا بکاسُر خصمِ جاں
کیں جو گم برہما نے گائیں آزمائش کے لیے
کر دیا نعم البدل قُدرت کا دے کر امتحاں
ناگ کالی دہ میں ناتھا، ناگنیں قابو میں کیں
ناچ کر پھن پر کیئے قائم کفِ پا کے نشاں
بارِ گوبردھن اُٹھایا خنصرِ شہ زور پر
تھا سرِ ناخن حنا کا رنگ یا کوہِ گراں
نند کو اک آن میں لائے برن کے لوک سے
چیر چوری سے کیئے اُلفت کے پردے میں نہاں
صورتِ ناقُوس شور افگن ہوا جب سنکھ چوڑ
ضرب مُشتِ دست سے کیں چُور ساری استخواں
خاک پر پٹکا پکڑ کر جُعد راجہ کنس کو
پہلواں مارے پچھاڑے فیل، پٹکے فیلباں
بن گئے رشکِ ہُماے سربراے اُگرسین
کر دیا حرفِ غلط سِسپال کا نام و نشاں
تربھون کی دی سُداماں جی کو پدوی ہو کے خوش
کر دیا کُبجا کو معشوقِ حسیں و نوجواں

द्रोपदी की आबरू रख ली, छुड़ाये गज के फंद।
मेहरबानी की विदुर के घर में बन कर मेहमां।।
चेहरए कुदरत दिखाया सब को रख कर बोधरूप।
बाग़े दीं[1] के साथ फ़रमाया सुलूके बाग़बां[2]।।
इख़्तितामे[3] दौरे कलयुग में हैं फिर आसारे अम्न।
नह कलंगी होंगे बहरे रफ़ए तकलीफ़े जहां[4]।।

श्री रामचन्द्र जी का सरापा

दिल को ख़्वाहिश है कि रघुवर का सरापा[5] हो बयां।
खींचता है राम की तस्वीर यूँ किल्के रवां[6]।।
नूर[7] की तस्वीर सर से पांव तक हैं राम चन्द्र।
सांवली सूरत पे सबको मरदुमक[8] का है गुमां।।
विष्णु, सालिगराम, काली, कृष्ण, शिव का रंगे हुस्न।
ख़ालो ख़त[9] से है नुमायां हर रगो पै[10] से अयां।।
कान में कुण्डल, मुकुट सर पर, तिलक ज़ेबे[11] जबीं[12]।
माल बैजन्ती गले में, हाथ में तीरो कमां।।
क़द वो बावन बन के दिखलाया जो बलि को बिश्नु ने।
क़द वह मच्छ अतवार ने की कुदरतें जिसकी अयां।।
सर वह जिस पर देवता फूलों का बरसाते हैं मेंह।
मोरछल झलते हैं जिस पर विक्रम, अहले इज़्ज़ो शां[13]।
सर वो जिस पर मोर के पर का मुकुट था जलवागर।
मौर था जिस पर सिया के ब्याह में जलवा कुनाँ[14]।।

1. धर्म का उद्यान 2. उद्यानपाल 3. समाप्ति 4. सांसारिक कष्टों के निवारक 5. नखशिख वर्णन 6. लेखनी का प्रवाह 7. प्रकाश 8. आंख की पुतली 9. प्रत्येक बिन्दु और रेखा 10. सारा शरीर 11. शोभित 12. ललाट 13. प्रभुत्व वाले 14. शोभायमान।

دروپدی کی آبرو رکھ لی، چھڑائے گج کے پھند
مہربانی کی بِدُر کے گھر میں بن کر مہماں
چہرۂ قدرت دکھایا سب کو رکھ کر بودھ روپ
باغِ دیں کے ساتھ فرمایا سُلوکِ باغباں
اختتامِ دورِ کلجُگ میں ہیں پھر آثار امن
نہ کلنکی ہوں گے بہرِ رفعِ تکلیفِ جہاں

سری رام چندر جی کا سراپا

دل کو خواہش ہے کہ رگھبر کا سراپا ہو بیاں
کھینچتا ہے رام کی تصویر یوں کِلکِ رواں
نور کی تصویر سر سے پاؤں تک ہیں رام چندر
سانولی صورت پہ سب کو مَردُمک کا ہے گماں
بشن، سالگ رام، کالی، کرشن، شِو کا رنگِ حسن
خال وخط سے ہے نمایاں ہر رگ و پے سے عیاں
کان میں کنڈل، مکٹ سر پر تلک زیبِ جبیں
مال بیجنتی گلے میں، ہاتھ میں تیر و کماں
قد وہ باون بن کے دکھلایا جو بلی کو بشن نے
قد وہ مچھ اوتار نے کیں قدرتیں جس کی عیاں
سر وہ جس پر دیوتا پھولوں کا برساتے ہیں مینھ
مورچھل جھلتے ہیں جس پر بکرم اہلِ عزّو شاں
سر وہ جس پر مور کے پر کا مکٹ تھا جلوہ گر
مور تھا جس پر سیا کے بیاہ میں جلوہ کناں

जोद[1] वो सहरा में बांधा जिसका जूड़ा राम ने।
मूए मुश्कीं[2] वह जो बढ़ बढ़ कर बने मूए मियां[3]।।
वह जबीं जिससे है चन्दन के तिलक की आबरू।
वह जबीं जिसने बढ़ाई खोर[4] की तौक़ीरे शां[5]।।
वह भवें जिसके इशारे से लखन ने दश्त में।
सुर्पनखा की नाक काटी लेके शमशीरे रवां[6]।।
वह पलक जो जानकी के वास्ते रहती है फ़र्श।
मरदुमक[7] वह जिसमें हम आग़ोश रहती हैं रमां।।
आंख वह जिनसे श्री सीता को देखा बाग़ में।
जानकी के हिज्र[8] में जिससे रहे आंसू रवां[9]।।
कान वह जिसने सुनी प्रह्लाद की आवाज़े दर्द।
द्रोपदी की टेर, गज की आह फ़रियादो फ़ुग़ां[10]।।
नाक वह जिसको सुंघाती है हर एक दम लक्ष्मी।
बूए इत्रो ऊदो[11] मुश्के[12] गेसुए[13] अंबर फ़िशां[14]।।
वह ख़दे[15] रोशन जो कौशल्या ने चूमे प्यार से।
गाल वह जिनको समझती हैं सिया आइना साँ[16]।।
वह दहन[17] जिसने किये चावल सुदामा जी के नोश[18]।
आलमे तिफ़्ली[19] में खाई जिसने मिट्टी, वह दहां[20]।।
वह दहन जिसमें जसोदा जी ने देखे तीन लोक।
अग्नि, जल, पृथ्वी, पवन, आकाश, सूरज, चन्द्रमा।।
वह दहन जिसको विदुर के घर का साग आया पसन्द।
वह दहन जिसने किये शबरी के मेवे नोशे जाँ।।
वह दहन जिसका लड़कपन में रहा माखन पे दांत।
वह दहन ली दूध पीकर पूतना की जिसने जां।।

---

1. चोटी 2. सुगन्धित केश 3. लहराते लंबे बाल 4. शिरस्त्राण 5. प्रतिष्ठा 6. धारदार तलवार 7. आंख की पुतली 8. विरह 9. प्रवाहित 10. आर्तनाद 11. सुगन्धित अगरू 12. कस्तूरी 13. केशराशि 14. अंबर की सुगन्ध बिखेरने वाला 15. कपोल 16. दर्पण की तरह 17. मुख 18. खाये 19. बचपन 20. मुख।

جعد وہ صحرا میں باندھا جس کا جوڑا رام نے
موئے مشکیں وہ جو بڑھ بڑھ کر بنے موئے میاں
وہ جبیں جس سے ہے چندن کے تلک کی آبرو
وہ جبیں جس نے بڑھائی کھور کی توقیر و شاں
وہ بھویں جس کے اشارے سے لکھن نے دشت میں
سُپ نکھا کی ناک کاٹی لے کے شمشیرِ رواں
وہ پلک جو جانکی کے واسطے رہتی ہے فرش
مردمک وہ جس سے ہم آغوش رہتی ہیں رماں
آنکھ وہ جس نے سری سیتا کو دیکھا باغ میں
جانکی کے ہجر میں جس سے رہے آنسو رواں
کان وہ جس نے سنی پرہلاد کی آوازِ درد
دروپدی کی ٹیر، گج کی آہ و فریاد و فغاں
ناک وہ جس کو سنگھاتی ہیں ہر اک دم مجھمیں
بوئے عطر و عودُ و مشکِ گیسوِ عنبر فشاں
وہ خدِ روشن جو کوشلیا نے چومے پیار سے
گال وہ جنکو سمجھتی ہیں سیا آئینہ ساں
وہ دہن جس نے کیے چانول سُداماں جی کے نوش
عالمِ طفلی میں کھائی جس نے مٹی وہ دہاں
وہ دہن جس میں جسودھا جی نے دیکھے تین لوک
اگن، جل، پرتھوی، پون، آکاش، سورج، چندرماں
وہ دہن جس کو بدُر کے گھر کا ساگ آیا پسند
وہ دہن جس نے کیے شبری کے میوے نوشِ جاں
وہ دہن جس کا لڑکپن میں رہا ماکھن پہ دانت
وہ دہن لی دودھ پی کر پوتنا کی جس نے جاں

होंठ वह बन्सी से जो रहते थे हरदम लब बलब।
लब वह हंगामे सुखन संजी[1] जो थे शुक्रे फ़िशां[2]।।
दांत वह सतयुग में पृथ्वी जिस पे रोकी विष्णु ने।
वो ज़बां हर वक़्त कहती थी जो कौशल्या को मां।।
वो ज़बां की जिसने क़ायम चार वेदों की बिना।
पूछती थी जो हर एक से जानकी जी का निशां।।
वह गला जयमाल सीता जी ने पहनाई जिसे।
दोश[3] जो हैं बाइसे ख़ाना बदोशीये कमां[4]।।
दंड वह जिसने पछाड़े कंस, केशी, संखचूड़।
ज़ोरे बाजू वह कि जिससे ली हिरन कश्यप की जां।।
हाथ वह बाँधे जसोदा ने जो कृष्ण अवतार में।
जिसने तोड़ी जानकी जी के स्वंयबर में कमां।।
हाथ वह चोटी पकड़ कर जिसने पटका कंस को।
जिसमें हैं संखो, गदा, चक्रो, पदम जलवा कुनां[5]।।
वह कलाई जिसका कंगन जानकी जी से खुला।
वह हथेली जिससे हरि ने गेंद को दीं थपकियां।।
वह अंगूठा है दिया जिसने विभीषण को तिलक।
ख़िन्सर[6] ऐसी जिसपे रोका कृष्ण ने कोहे गिराँ[7]।।
नाख़ुन ऐसे हैं कि फाड़ा जिसने हिरना कुश का पेट।
राम ने जिस पर उठाई दूंदली की अस्तुख़्वां[8]।।
हाथ की चुटकी वह जिसके तीर से रावण मरा।
जिसे से द्वापर में मली हरि ने श्रीधर की ज़बाँ।।
सीनये शफ़्फ़ाफ़[9] वह बसती है जिसमें लक्ष्मी।
भृगु जी के पांव का जिस पर नुमायां है निशां।।
पुश्त[10] वह सतयुग में रोका जिसपे मंदराचल पहाड़।
वह बग़ल, मानिन्द दिल, आबाद हैं जिसमें रमां।।

1. काव्य मर्मज्ञ 2. मधुरभाषी 3. कन्धे 4. कमान का घर 5. शोभित 6. छोटी उंगली, कनिष्ठा 7. भारी पर्वत 8. हड्डियां 9. उज्जवल 10. पीठ।

ہونٹھ وہ ہنسی سے جو رہتے تھے ہر دم لب بلب
لب وہ ہنگامِ سُخن سنجی جو تھے شکر فشاں
دانت وہ ست جگ میں پرتھی جس پہ روکی بشن نے
وہ زباں ہر وقت کہتی تھی جو کوشلیا کو ماں
وہ زباں کی جس نے قائم چار بیدوں کی بِنا
پوچھتی تھی جو ہر اک سے جانکی جی کا نشاں
وہ گلا جیمال سیتا جی نے پہنائی جسے
دوش جو ہیں باعثِ خانہ بدوشی کماں
ونڈ وہ جس نے پچھاڑے کنش کیشی سنکھ چوڑ
زورِ بازو وہ کہ جس سے لی ہرن کشپ کی جاں
ہاتھ وہ باندھے جسودھا نے جو کرشن اوتار میں
جس نے توڑی جانکی جی کے سوبمر میں کماں
ہاتھ وہ چوٹی پکڑ کر جس نے پٹکا کنس کو
جس میں ہیں سنکھ و گدا چکر و پدم جلوہ کناں
وہ کلائی جس کا کنگن جانکی جی سے کھلا
وہ ہتھیلی جس سے ہری نے گیند کو دیں تھپکیاں
وہ انگوٹھا ہے دیا جس نے وبھیشن کو تِلک
خِنصر ایسی جس پہ روکا کرشن نے کوہِ گراں
ناخن ایسے ہیں کہ پھاڑا جس نے ہرناکش کا پیٹ
رام نے جس پر اُٹھائیں دوندلی کی استخواں
ہاتھ کی چٹکی وہ جس کے تیر سے راون مرا
جس سے دواپر میں مَلی ہری نے شری دھر کی زباں
سینہ شفاف وہ بستی ہیں جس میں لچھمیں
بھرگ جی کے پاتوں کا جس پر نمایاں ہے نشاں
پشت وہ ست جگ میں رُوکا جس پہ مندراچل پہاڑ
وہ بغل مانندِ دِل آباد ہیں جس میں رماں

वह शिकम[1] निकला कंवल का फूल जिसकी नाफ़[2] से।
नाफ़ वह जिससे हुए दम में श्री ब्रहमा अयां[3]।।
वह कमर जिसने बढ़ाई काछनी की आबरू।
जिसने इज़्ज़त तीरो तरकश की बढ़ाई वह मयां[4]।।
दाबती हैं लक्ष्मी जी जिनको वह चरनार बिन्दु।
जिसने नापी जिस्मे बलि, तहतुस्सराए आस्माँ[5]।।
भरत ने पूजी खड़ाऊं जिनकी, वह कोमल चरण।
वह क़दम केवट ने जो धोये बराए इम्तिहां।।
वह क़दम है जिसके चरनामृत का नाम आबे गंग[6]।
जो फिरे सहरा ब सहरा[7] बोस्तां दर बोस्तां[8]।।
वह क़दम जिसमें रची मेंहदी सिया के ब्याह में।
पाये नाज़ुक[9] वह जटायु गिद्ध ने दी जिसपे जां।।
वह क़दम छूने को जिनके बढ़ गया आबे जमन[10]।
जिसने कुब्जा को बनाया गुलबदन[11] गुन्चा दहां[12]।।
एक ठोकर से सकट को जिसने तोड़ा वह क़दम।
वह क़दम जिसका है काली नाग के फन पर निशां।।
ख़ाके पा[13] वह जिसने अपने फ़ैज़[14] से तारी शिला।
जो मरीज़ाने जहां को है सुफ़ूफ़े हिफ़्ज़े जां[15]।।
मरहबा[16] सद मरहबा, शाबाश ऐ फ़िक्रे बुलन्द[17]।
आफ़रीं[18] सद आफ़रीं ऐ तेज़िये तबए[19] रवां।।
वाह किस अन्दाज़ से लिक्खा सरापा क्यों न हो।
कैसी ख़ूबी से दिखाये जौहरे हुस्ने बयां।।
ज़िक्रे आज़ा में नई लीलायें की हैं मुन्ज़बित।
एक मिसरे में बयां की दास्तां की दास्तां।।
क्या अजब खुश हो जो पढ़कर इसको हर नाज़ुक ख़्याल।
क्या तअज्जुब साद[20] फ़रमाये जो इस पर क़द्र दां।।

---

1. उदर 2. नाभि 3. प्रकट 4. कमर 5. आकाश से पाताल तक 6. गंगाजल 7. जंगल, बियाबान 8. उद्यान उद्यान 9. कोमल चरन 10. यमुना का जल 11. पुष्प जैसे शरीर वाली 12. कली जैसे मुखवाली 13. चरण धूलि 14. उपकार 15. जीवन दायिनी औषधि 16. बहुत ख़ूब 17. श्रेष्ठ कल्पना शक्ति 18. धन्य धन्य 19. रचना क्षमता 20. श्रेष्ठ।

وہ شکم نکلا کنول کا پھول جس کی ناف سے
ناف وہ جس سے ہوئے دم میں سری برہما عیاں
وہ کمر جس نے بڑھائی کاچھنی کی آبرو
جس نے عزت تیر و ترکش کی بڑھائی وہ میاں
داہتی ہیں تجھمیں جی جن کو وہ چرنار بندو
جس نے ناپی جسم بلی تحت الثریٰ و آسماں
بھرت نے پوجی کھڑاؤں جن کی وہ کومل چرن
وہ قدم کھیوٹ نے جو دھوئے برائے امتحاں
وہ قدم ہے جس کے چرنامرت کا نام آبِ گنگ
جو پھرے صحرا بصحرا، بوستاں در بوستاں
وہ قدم جس میں رچی مہندی سیا کے بیاہ میں
پاے نازک وہ جٹایو گدھ نے دی جس پہ جاں
وہ قدم چھونے کو جن کے بڑھ گیا آبِ جمن
جس نے کبجا کو بنایا گلبدن غنچہ دہاں
ایک ٹھوکر سے سکٹ کو جس نے توڑا وہ قدم
وہ قدم جس کا ہے کالی ناگ کے پھن پر نشاں
خاکِ پا وہ جس نے اپنے فیض سے تاری شِلا
جو مریضانِ جہاں کو ہے سفوفِ حفظِ جاں
مرحبا صد مرحبا شاباش اے فکرِ بلند
آفریں صد آفریں اے تیزیِ طبعِ رواں
واہ کس انداز سے لکھا سراپا کیوں نہ ہو
کیسی خوبی سے دکھائے جوہر حُسنِ بیاں
ذکرِ اعضا میں نئی لیلائیں کی ہیں مُنضبط
ایک مصرع میں بیاں کی داستاں کی داستاں
کیا عجب خوش ہو جو پڑھ کر اس کو ہر نازک خیال
کیا تعجب صاد فرمائیں جو اس پر قدرداں

डर यह लेकिन है कहीं शायद न मज़मूं आफ़रीं।
इसमें हुस्ने नज़्म की मोजिज़ नुमाई[1] है कहां।।
इस्तआरे[2] की न कुछ ख़ूबी न तशबीहों[3] के लुत्फ़।
फिर भला ज़ोरे तबीयत[4] का हो क्यों कर इम्तिहां।।
है मुनासिब फिर नये सिर से दिखाऊं सिहरे तबअ[5]।
फिर करे मोजिज़ नुमाई[6] ख़ामए[7] मोजिज़ बयां।।
क़द वह है त्रिशूल शिव का, जोद[8] मुश्कीं[9] है ब्रह्म फांस।
है सुदर्शन चक्र पेंचे गेसुए अम्बर फ़िशां[10]।।
विष्णु की क़ुदरत का उक़दा[11] है गिरह उस जोद की।
कृष्ण जी के पांव का काली के फन पर है निशां।।
इस सिफ़त को जान कर मायूब[12] फिर बोली यह फ़िक्र।
शेष के फन पर जनाबे विष्णु हैं जलवाक़ुनां।।
शेर चोटी का हुआ एक और वस्फ़े जोद में।
फिर हुआ हल उक़दए पेचीदए हुस्ने बयाँ।।
जोद काली नाग, चोटी की गिरह हैं कृष्ण चन्द्र।
नागिनें काली की हैं दो गेसूए अम्बर फ़िशां।।
लौहे पेशानी[13] है तुलसी कृत रामायण की लौह[14]।
ख़त जबीं[15] पर हैं कि रामायण की हैं चौपाइयां।।
है सरे पेशानिये[16] पुरनूर[17] चन्दन का तिलक।
या सदाशिव की जबीने साफ़[18] पर है चन्द्रमा।।
फिर हुआ ज़ाहिर कि वह माथा है सीना विष्णु का।
क़श्क़ये रोशन[19] है पाये भृगु का जिस पर निशां।।
अब्रुए पुरख़म[20] हैं या मचले हुए हैं कृष्ण चन्द्र।
चाहते हैं हाथ आ जाये तिलक का चन्द्रमा।।
जुम्बिशे मिज़्गां[21] नहीं, कहती हैं रानी नन्द की।
चांद आ, तुझ को कन्हैया जी बुलाते हैं यहां।।

---

1. चमत्कार 2. रूपक 3. उपमाओं 4. रचना क्षमता 5. उष्णता का जादू 6. चमत्कार पूर्ण वर्णन 7. लेखनी 8. चोटी 9. कस्तूरी सी सुगन्धित 10. सुगन्ध बिखेरने वाला 11. जटिल समस्या 12. निकृष्ट 13. ललाट की रेखाएं 14. तख़्ती पट्टिका 15. ललाट की रेखाएँ 16. मस्तक पर 17. प्रकाशमान 18. उज्जवल ललाट पर 19. प्रकाशमान तिलक 20. वक्र भौंहे 21. पलकों का झपकना।

ڈر یہ لیکن ہے کہیں شاید نہ مضموں آفریں
اس میں حسنِ نظم کی معجز نمائی ہے کہاں

استعارہ کی نہ کچھ خوبی نہ تشبیہوں کے لُطف
پھر بھلا زورِ طبیعت کا ہو کیوں کر امتحاں

ہے مناسب پھر نئے سر سے دکھاؤں سحرِ طبع
پھر کرے مُعجز نُمائی خامہء معجز بیاں

قد وہ ہے ترشول شیو کا جعد مُشکیں ہے برہمہ بھانس
ہے شودرشن چکر پیچ گیسوِ عنبر فشاں

بشن کی قدرت کا عُقدہ ہے گرہ اُس جعد کی
کرشن جی کے پانوؤں کا کالی کے پھن پر ہے نشاں

اس صفت کو جان کر معیوب پھر بُولی یہ فکر
شیش کے پھن پر جنابِ بشن ہیں جلوہ کناں

شیر چوٹی کا ہوا اور ایک وصفِ جعد میں
پھر ہوا حل عُقدۂ پیچیدۂ حُسنِ بیاں

جعد کالی ناگ چوٹی کی گرہ ہیں کرشن چندر
ناگنیں کالی کی ہیں دو گیسوے عنبر فشاں

لوحِ پیشانی ہے تلسی کرت رامائن کی لوح
خط جبیں پر ہیں کہ رامائن کی ہیں چوپائیاں

ہے سرِ پیشانیِ پُر نور چندن کا تلک
یا سدا شیو کی جبینِ صاف پر ہے چندرماں

پھر ہوا ظاہر کہ وہ ماتھا ہے سینہ بشن کا
قشقہء روشن ہے پائے بھرگ کا جس پر نشاں

ابروے پُرخم ہے یا مچلے ہوئے ہیں کرشن چندر
چاہتے ہیں ہاتھ آجائے تلک کا چندرماں

جنبشِ مژگاں نہیں کہتی ہیں رانی نند کی
چاند آتجھ کو کنھیّا جی بلاتے ہیں یہاں

आंख के पानी से चश्मे पाक है पानी का थाल।
जिसमें तिल बनकर है अक्स अफ़ग़न[1] तिलक का चन्द्रमा।।
दोनों अब्रुए हमीदा[2] की सिफ़त लिखती है फ़िक्र।
एक है काली की तलवार, एक शिव जी की कमां।।
अब्रुओ[3] चश्मो[4] मिज़ा[5] की है सिफ़त पुतली के साथ।
एक जगह हैं मुज्तमा[6] धनु, मीन, वृश्चिक, कन्यां।।
मूए मिज़गां[7] गिर्द दीदा[8] इस तरह हैं हल्क़ा ज़न[9]।
कृष्ण को घेरे हुए गोया खड़ी हैं गोपियां।।
वस्ल[10] होती है झपकने में पलक से यूँ पलक।
दाबती हैं विष्णु के कोमल चरण गोया रमां।।
हाथ यह तशबीह आई मूए मिज़गां[11] के लिए।
ज़ोर करते हैं धनुक पर दस हज़ार अहले तुवां[12]।।
यह गुमां है ज़ेरे अब्रू चश्मे रोशन देख कर।
राम जी ने सेतु बांधा है सरे बह्रे रवां[13]।।
ख़ूबिए चश्मे सियह को अक़्ल कहती है समुद्र।
जिसके चौदह रत्न की तफ़सील[14] करता हूँ बयां।।
है पलक रम्भा, निगाहे परवरिश है काम धेनु।
कौस्तुभ मणि आंख का तिल, संख पुतली का दहां[15]।।
ज़हर ग़ैज़ो क़हर ग़ुस्सा, आंख का पानी अमृत।
मधु निगाहे मस्त, आंखों की सफ़ेदी चन्द्रमां।।
लक्ष्मी पुतली है, कद्दे मर्दुमक[16] है कल्प वृक्ष।
है धनन्तर वैद वह चश्मे शिफ़ा बख़्शे जहां[17]।।
आंख की गर्दिश[18] है ऐरावत, निगाहे तेज़ अस्प[19]।
है धनुक मूए मिज़ा ख़जलत दहे[20] चश्मे कमां।।

---

1. विजेता 2. प्रशंसा योग्य 3. भौंह 4. आंख 5. पलक 6. एकत्रित 7. पलकें 8. आंख के चारों तरफ़ 9. घेरा डाले हुए हैं 10. मिलन 11. पलकों 12. वीर 13. समुद्र पर 14. विस्तृत वर्णन 15. मुख 16. आंख की पुतली 17. संसार को रोग मुक्त करने वाली आंख 18. घूमना, चलायमान होना 19. अश्व 20. लज्जित करने वाला।

آنکھ کے پانی سے چشمِ پاک ہے پانی کا تھال
جس میں تِل بن کر ہے عکس افگن تلک کا چندرماں

دونوں ابروے حمیدہ کی صفت لکھتی ہے فکر
ایک ہے کالی کی تلوار، ایک شیو جی کی کماں

ابرو و چشم و مژہ کی ہے صفت پتلی کے ساتھ
اک جگہ ہیں مجتمع دھنو، مین، ورشچک، چندرماں

موے مژگاں گرد دیدہ اس طرح ہیں حلقہ زن
کرشن کو گھیرے ہوئے گویا کھڑی ہیں گوپیاں

وصل ہوتی ہے جھپکنے میں پلک سے یوں پلک
دابتی ہیں بشن کے کومل چرن گویا رماں

ہاتھ یہ تشبیہ آئی موئے مژگاں کے لیئے
زور کرتے ہیں دھنک پر دس ہزار اہلِ تواں

یہ گماں ہے زیر ابرو چشمِ روشن دیکھ کر
رام جی نے سیت باندھا ہے سرِ بحرِ رواں

خوبئ چشم سیہ کو عقل کہتی ہے سمندر
جس کے چودہ رتن کی تفصیل کرتا ہوں بیاں

ہے پلک رمبھا، نگاہِ پرورش ہے کامدھین
کوستب منی آنکھ کا تِل سنکھ پتلی کا دہاں

زہر غیظ و قہر غصہ، آنکھ کا پانی امرت
مدھو نگاہِ مست آنکھوں کی سفیدی چندرماں

لکشمی پتلی ہے، قدِ مردمک ہے کلپ برکش
ہے دھنن تر بید وہ چشمِ شفا بخشِ جہاں

آنکھ کی گردش ہے ایراوت نگاہِ تیز اسپ
ہے دھنک موے مژہ مجلت دہِ چشم کماں

आंख में पुतली है, या हैं जानकी सुखपाल में।
विष्णु के दिल में रमां, शंकर के पहलू में उमां।।
मरदुमो दीदा[1] नहीं, वामन हैं राजा बलि के पास।
मांगने आये हैं धरती तीन पग बहे मकां।।
आंख का पानी है जल, चावल बयाज़े चश्म[2] है।
तिल सुपारी, मूए मिज़गां हैं कुशाँ[3], पलके हैं पां।।
दक्षिणा नक़्दे नज़र है अग्यारी नूरे चश्म।
चश्मे रौशन पढ़ती है संकल्प बनकर बेदख़्वाँ।।
मुनज़बित[4] यकजा[5] हैं तशबीहे निगाहो मरदुमक।
यह हैं काली जी, वह काली जी की शमशीरे रवाँ।।
ढूँढने को गेंद उतरे हैं जमन[6] में कृष्ण चन्द्र।
या हैं ख़ालो मरदुमक[7] चश्मे सियह के दरमियां।।
है सवादे चश्म[8] या मूरत है सालिगराम की।
जिनको अस्तुत कर रही है मूए मिज़गां[9] की ज़बां।।
वस्फ़ लिखता हूँ सफ़ेदीओ[10] सवादे[11] चश्म का।
रूप अर्द्धांगी है जिसमें निस्फ़[12] शिव हैं, निस्फ़ उमां।।
नाक है कुरबे दहन[13] या राम सरजू जी पे हैं।
या हैं जमुना के किनारे कृष्ण जी जल्वा कुनां।।
ज़म[14] हुई यूँ एक साथ अब्रूओ बीनी की सिफ़त।
बज़्म में रघुबर खड़े हैं तोड़ कर शिव की कमां।।
बीनिए रौशन नहीं, ताबाँ मियाने हर दो चश्म।
राम दायें, बायें लछमन, जानकी हैं दरमियाँ।।
आरती कान आरती की लौ है लौ उस कान की।
दोनों आरिज़[15] हैं सिया पति के चराग़े खान्दां[16]।।
एक को बलराम कहिये एक को श्री कृष्ण चन्द्र।
एक को सूरज समझिये, दूसरे को चन्द्रमां।।
जुम्बिशे लब से हैं पैदा कृष्ण की बन्सी के बोल।
वेद के श्लोक हैं एक शम्मए[17] हुस्ने बयां।।

---

1. आंख की पुतलियां 2. आंख की सफ़ेदी 3. कुश 4. तरतीब से 5. एक जगह 6. यमुना 7. पुतली के तिल 8. आंख की कालिमा 9. पलकों 10. श्वेत 11. श्याम 12. अर्द्ध भाग 13. मुख के पास 14. संबद्ध 15. कपोल 16. कुल दीपक 17. दीपक।

آنکھ میں پتلی ہے یا ہیں جانکی سکھپال میں
بشن کے دل میں رماں، شنکر کے پہلو میں اُماں
مردُم و دِیدہ نہیں، باون ہیں راجہ بلی کے پاس
مانگنے آئے ہیں دھرتی تین پگ بہرِ مکاں
آنکھ کا پانی ہے جل، چانول بیاضِ چشم ہے
تِل سُوپاری، موے مژگاں ہے کُشا، پلکیں ہیں پاں
دیکھنا نقدِ نظر ہے اکیتاری نورِ چشم
چشمِ روشن پڑھتی ہے سنکلپ بن کر بیدخواں
منضبط یکجا ہیں تشبیہِ نگاہ و مردمک
یہ ہے کالی جی وہ کالی جی کی شمشیرِ رواں
ڈھونڈھنے کو گیند اُترے ہیں جمن میں کرشن چندر
یا ہیں خال و مردمک چشمِ سیہ کے درمیاں
ہے سوادِ چشم یا مورت ہے سالکرام کی
جن کو استت کر رہی ہے مُوے مژگاں کی زباں
وَصف لکھتا ہوں سفیدی و سوادِ چشم کا
روپ اردھانگی ہے جس میں نصف شیو ہیں نصف اُماں
ناک ہے قربِ دہن یا رام سرجو جی پہ ہیں
یا ہیں جمنا کے کنارے کشن جی جلوہ کناں
ضم ہوئی یوں ایک ساتھ ابرو و بینی کی صفت
بزم میں رگھبر کھڑے ہیں توڑ کر شیو کی کماں
بینی روشن نہیں تاباں میانِ ہر دو چشم
رام دائیں، بائیں لچھمن جانکی ہیں درمیاں
آرتی کان آرتی کی لو ہے لو اُس کان کی
دونوں عارض ہیں سیاہت کے چراغِ خانداں
ایک کو بلرام کہیئے ایک کو شری کرشن چندر
ایک کو سورج سمجھیے دوسرے کو چندرماں
جنبش لب سے ہیں پیدا کرشن کی بنسی کے بول
بید کے اشلوک ہیں اک شمّہ حسنِ بیاں

है दहन[1] बैकुन्ठ, सुर्ख़िये लबे रंगीं हैं बिशन।
दोनों लब हैं जय विजय बैकुन्ठ के दो पासबां[2]।।
दांत हैं या मुंह में दाबा मिह्र[3] को बजरंग ने।
है महावीर अंजनी नन्दन की मूरत या ज़बां।।
राम के भक्तों को अमृत फल है नारंजे ज़क़न।
सेब ग़बग़ब है फल इन्द्रायन का बद्दे दुश्मनां।।
रिश्तए हस्तीए आलम है वो ज़ुन्नारे गुलू।
सिल्क मरवारीद है मालाए उम्रे जाविदां।।
राम लक्ष्मण हैं श्री विक्रम बली के दोश[4] पर।
या है शानों[5] पर बहारे गेसुए अम्बर फ़िशां।।
भरत, लक्षमण, शत्रुघन बाज़ू हैं, लवकुश हाथ हैं।
साइदे[6] सीमीं[7] बईना[8] दूज का है चन्द्रमां।।
माहिए[9] दरियाये क़ुदरत मछलियां बाज़ू[10] की हैं।
एक माहिये ज़मीं और एक हूते[11] आस्मां।।
बाज़ुओं के बीच में सीने पे होता है ये शक।
कृष्ण जी हैं रुक्मिनीओ राधिका के दरमियां।।
पांच मुख से करते हैं शिव पन्जये रौशन[12] का वस्फ़[13]।
पांच अन्गुश्ते[14] हिना आलूदा[15] हैं पंच कन्यां।।
ख़त[16] हथेली के नहीं अश्लोक रामायण के हैं।
संख का हर एक को होता है मुट्ठी पर गुमां[17]।।
हैं वह नाख़ुन, या उठाया कृष्ण ने उंगुली पे कोह[18]।
है सरे नाख़ुन कि सीता ने उठाई है कमां।।
नाफ़[19] हुस्न अफ़ज़ा शिकम[20] की है कि सूरज कुंड है।
या जबीने शिव[21] पे है चश्मे सुमे[22] जल्वा कुनां।।
पाये नाज़ुक उंगलियों से पांच मुख के शंभु हैं।
जिनका पंचामृत अमृत है पये अहले जहां[23]।।
ऐ क़लम ख़ामोश हासिल हो चुका नक़्दे मुराद[24]।
हो चुका ज़ाहिर बख़ूबी शम्मए हुस्ने बयां।।

---

1. मुख 2. जय विजय विष्णु ज़ी के दो द्वारपाल 3. सूर्य 4. कन्धों 5. कन्धा 6. कलाइयां 7. चांदी जैसी 8. निमित्त 9. मछली 10. भुजाओं 11. मीन राशि 12. प्रकाश युक्त पंजा 13. स्तुति 14. अंगुलियां 15. मेंहदी लगी हुई 16. रेखाएं 17. भ्रम 18. पर्वत 19. नाभि 20. उदर 21. शिव के ललाट पर 22. तीसरी आंख 23. संसार हेतु 24. इच्छा रूपी धन।

ہے دہن بیکنٹھ سرخیِ لب رنگیں ہے بشن
دونوں لب ہیں جے بجے بیکنٹھ کے دو پاسباں
دانت ہیں یا منھ میں دابا مہر کو بجرنگ نے
ہے مہابیر انجنی نندن کی مورت پازباں یا زباں
رام کے بھگتوں کو امرت پھل ہے نا رنجِ ذقن
سیب غبغب ہے پھل اندرائن کا بہرِ دشمناں
رشتہ ہستیِ عالم ہے وہ زُنّارِ گلو
سِلک مروارید ہے مالائے عمرِ جاوِداں
رام و لچھمن ہیں شری بکرم بلی کے دوش پر
یا ہے شانوں پر بہارِ گیسوے عنبر فشاں
بھرت، لچھمن، شتروگھن بازو ہیں، لو کُش ہاتھ ہیں
ساعدِ سیمیں بعینہ دُوج کا ہے چندرماں
ماہیِ دریاے قدرت مچھلیاں بازو کی ہیں
ایک ماہیِ زمیں اور ایک حوتِ آسماں
بازوؤں کے بیچ میں سینے پہ ہوتا ہے یہ شک
کرشن جی ہیں رکمنی و رادھکا کے درمیاں
پانچ مکھ سے کرتے ہیں شیو پنجہ روشن کا وصف
پانچ انگشتِ حنا آلودہ ہیں پنچ کنیاں
خط ہتھیلی کے نہیں اشلوک رامائن کے ہیں
سنکھ کا ہر ایک کو ہوتا ہے مٹھی پر گماں
ہیں وہ ناخن یا اٹھایا کرشن نے انگلی پہ کوہ
ہے سرِ ناخن کہ سیتا نے اٹھائی ہے کماں
ناف حسن افزا شکم کی ہے کہ سورج کنڈ ہے
یا جبینِ شیو پہ ہے چشمِ سُمِ جلوہ کناں
پاے نازک انگلیوں سے پانچ مکھ کے شمبھو ہیں
جن کا پنچہ مرت امرت ہے پےَ اہلِ جہاں
اے قلم خاموش حاصل ہو چکا نقدِ مراد
ہو چکا ظاہر بخوبی شمہ حسنِ بیاں

ख़ूब मारे हाथ बढ़ कर कुल्ज़ुमे[1] ज़ख़्ख़ार[2] में।
ख़ूब मज़मूँ आफरीनी[3] के किए जौहर अयां।।
अब श्री रघुनाथ जी से तालिबे उम्मीद[4] हो।
जिसमें सीता की निछावर पा के दिल हो शादमां[5]।।
दें तसद्दुक़[6] मुझ को अपने हुस्न आलमगीर[7] का।
तन्दुरुस्ती, ज़िन्दगी, नाम आवरी, फ़रहत[8], अमां[9]।।
राम, सीता की जुगल जोड़ी निगाहों में बसे।
रश्क खाये देखकर हर मरदुमे चश्मे जहां[10]।।
आंख सिंहासन, सियाही आंख की हो आसनी।
मोरछल हो बाल मिज़गां[11] के, पुजारी पुतलियां।।
हो जनेऊ चश्मे अख़ज़र[12] के लिए तारे नज़र[13]।
क़श्क़ये[14] सन्दल बने कहता है जिसको तिल जहां।।
प्रेम के अश्कों की जिसको जानते हैं सब लड़ी।
हो पये दस्ते मिज़ा[15] तुलसी का माला बेगुमां।।
या दरूय:[16] पाक में निकलें जो आँसू प्रेम के।
चश्मे अख़ज़र[17] पर हो सब को क्षीर सागर का गुमां।।
धोए सीता के चरण आंखों के पानी से ''उफ़ुक़''।
प्रेम के अश्कों से धोए राम पद यह नातुवां[18]।।
सात परदों से फ़िदाये राम की चश्मे हक़ीर।
जिल्द रामायण के सातों कांड की हो बेगुमाँ।।

---

1. सागर 2. निनाद करने वाला 3. साधुवाद 4. कृपाकांक्षी 5. प्रसन्न 6. अनुकम्पा 7. विश्वव्यापी 8. आनन्द 9. शांति 10. संसार के मनुष्यों की आंखें 11. पलकों 12. गहरे हरे रंग का 13. दृष्टि का रश्मि समूह 14. तिलक 15. पलकों के हाथ की 16. दोनों तरफ़ 17. आँख की हरीतिमा 18. निर्बल।

خوب مارے ہاتھ بڑھ کر قلزمِ زخار میں
خوب مضموں آفرینی کے کیے جوہر عیاں
اب شری رگھناتھ جی سے طالب امید ہو
جس میں سیتا کی نچھاور پا کے دل ہو شادماں
دیں تصدق مجھ کو اپنے حسنِ عالمگیر کا
تندرستی، زندگی، نام آوری، فرحت، اَماں
رام، سیتا کی جُگل جوڑی نگاہوں میں بسے
رشک کھائے دیکھ کر ہر مردمِ چشمِ جہاں
آنکھ سِنگاسن، سیاہی آنکھ کی ہو آسنی
مور چھل ہوں بال مژگاں کے، پوجاری پتلیاں
ہو جنیؤ چشمِ اخضر کے لیے تارِ نظر
قشقہ صندل بنے کہتا ہے جس کو تِل جہاں
پریم کے اشکوں کی جس کو جانتے ہیں سب لڑی
ہو پئے دشتِ مژہ تلسی کا مالا بیگماں
یا دروے پاک میں نکلیں جو آنسو پریم کے
چشم احقر پر ہو سب کو چھیرساگر کا گماں
دھوئے سیتا کے چرن آنکھوں کے پانی سے اتق
پریم کے اشکوں سے دھوئے رام پد یہ ناتواں
سات پردوں سے فدائے رام کی چشمِ حقیر
جلد رامائن کے ساتوں کانڈ کی ہو بیگماں

श्री राम अवतार

नज़्म उर्दू कर रही है सैरे एज़ाज़े बयां[1]।
ख़ामये[2] रंगी है तुलसीदास जी का हमज़बां[3]।।
मुल्क अवध है एक मियाने[4] किश्वरे[5] हिन्दोस्तां।
सजदा गाहे मह्रो मह[6] उम्मीदगाहे दो जहां[7]।।
आबरू सब तीर्थों की देव स्थानों का फ़ख़्र।
हर परस्तिशगाह[8] की हुरमत[9] हर इक माबद[10] की शां।।
द्वारिका, मथुरा पुरी, प्रयाग, काशी, हरिद्वार।
है हर एक कूचा हर एक बाज़ार बरज़र[11] हर मकां।।
ब्रहमपुर, अमरावती, कैलाश, बैकुन्ठ, इन्द्रलोक।
हैं ख़ियाबां दर ख़ियाबां[12] बोस्तां दर बोस्तां[13]।।
नर्मदा, भागीरथी, त्रिवेनी, सरजू, क्षीर सिन्धु।
हर नदी, हर हौज़ हर एक कुन्ड हर जूए[14] रवां।।
नेम, तीर्थयात्रा, सन्ध्या, भजन, पुन, दान, व्रत।
यां के बाशिन्दों को है मतबूए[15] दिल मरग़ूबे[16] जां।।
शास्त्र अज़बर[17] सब को हैं, हैं हिफ़्ज़[18] अठारह पुराण।
रहते हैं कुल वेद हम शीराज़ए जिल्दे[19] ज़बाँ।।
आंख है ठाकुर द्वारा सद्र पहलू सर नवास[20]।
दिल शिवाला है, कलेजा मंदिर, देवस्थान जां।।
ज़र्रे ज़र्रे के तसर्रुफ़[21] में है क़तआते[22] ज़मीं।
बूटा-बूटा ज़र[23] से हैं आसूदा[24] हाले शादमां[25]।।
अलग़रज़[26] हैं ख़ुर्रमो ख़न्दां[27] यहां सब गुल की तरह।
इस गुलिस्तां में बहम है लुत्फ़े किश्ते[28] ज़ाफ़रां[29]।।

---

1. वर्णन की श्रेष्ठता 2. लेखनी 3. एक भाषा भाषी 4. मध्य 5. राष्ट्र 6. जिसे चन्द्र सूर्य नमन करें 7. दोनों लोकों की आशाओं का केन्द्र 8. पूजा स्थल 9. प्रतिष्ठा 10. मन्दिर 11. समृद्धि युक्त 12. क्यारी-क्यारी 13. उद्यान-उद्यान 14. बहता पानी 15. अनुसरणीय 16. मनवांछित 17. मुखाग्र 18. कंठस्थ 19. जिह्वा पर रहते हैं 20. ध्यान 21. चमत्कार 22. भूमि के टुकड़े 23. धन सम्पदा 24. समृद्ध 25. आनंदित 26. सारांश 27. अत्यन्त प्रसन्न 28. कस्तूरी केसर 29. जाफ़रान।

سری رام اوتار

نظم اردو کر رہی ہے سیرِ اعجازِ بیاں
خامۂ رنگیں ہے تلسی داس جی کا ہمزباں
ملک اودھ ہے اِک میانِ کشورِ ہندوستاں
سجدہ گاہِ مہر و مہ اُمیدگاہِ دوجہاں
آبرو سب تیرتھوں کی دیواستھانوں کا فخر
ہر پرستشگاہ کی حرمت ہر اک معبد کی شاں
دوارکا، متھراپوری، پریاگ، کاشی، ہرِدوار
ہے ہر اک کوچہ ہر اک بازار و برزر ہر مکاں
برہمہ پور، امراوتی، کیلاش، بیکنٹھ، اندرلوک
ہیں خیاباں در خیاباں بوستاں در بوستاں
نربدا، بھاگیرتھی، تربینی، سرجو، چھیر سندھو
ہر ندی ہر حوض ہر اک کنڈ ہر جوۓ رواں
نیم تیرتھ جاترا سندھیا بھجن پُن دان برت
یاں کے باشندوں کو ہیں مطبوعِ دل مرغوبِ جاں
شاستر ازبر سب کو ہیں، ہیں حفظ اٹھارہ پران
رہتے ہیں کُل بید ہمشیرازۂ جلدِ زباں
آنکھ ہے ٹھاکر دُوارہ صدر پہلو سرنواس
دل شوالہ ہے، کلیجہ مندر، دیواستھان جاں
ذرّہ ذرّہ کے تصرّف میں ہیں قطعاتِ زمیں
بوٹہ بوٹہ زر سے ہے آسودہ حال و شادماں
الغرض ہیں خرّم و خنداں یہاں سب گل کی طرح
اس گلستاں میں بہم ہے لطفِ کِشتِ زعفراں

ज़र्राहाए ख़ाक हैं अफ़शाने पेशानीए मेह्र[1]।
हर सड़क अपनी सफ़ाई में है रश्के कहकशां[2]।।
ख़ूबिये आबो हवा से जुज़ो कुल[3] हैं तन्दुरुस्त।
नाम को बीमार देखे मरदुमे चश्मे बुतां।।
आबे सरजू[4] फ़ैज़[5] में रघुबर का चरनामृत है।
पाक गंगा जल से, आबे ज़र[6] से क़ीमत में गरां[7]।।
मुफ़लिसों[8] को आबे गौहर[9], मुफ़सिदों[10] को आबे तेग़[11]।
ओस फूलों के लिए, अमृत बराये नीम जां[12]।।
रेनुका सरजू की है ख़ाके शिफ़ा[13] बह्रे मरीज़।
कुश्तये[14] कुव्वत[15] है जो हर दिल सुफ़ूफ़े हिफ़्ज़ो जां[16]।।
खोर पेशानीए नारद का सदा शिव का भभूत।
सैक़ले आइनए दिल सुरमए चश्मे जहाँ।।
ग़ैरते अक्सीरे आज़म[17], रश्क ख़ाके कीमिया[18]।
मिस्ले शक्कर बह्रे शीरे[19] आबे दरियाए रवां।।
थे श्री दशरथ यहां के हुक्मराने नामवर।
मर्दे मैदांओ[20] तवानाओ[21] शुजाओ[22] पहलवां।।
अहले जुर्अत[23], अहले हिम्मत, अहले ताक़त अहले ज़ोर।
बबरो ज़िरगामो[24] हज़ीरो[25] ज़ैग़मो[26] शेरे ज़ियां[27]।।
आदिलो[28] फ़रयादरस[29] निस्फ़त शियारो[30] दादगर[31]।
मुल्कगीरो[32] मुल्क बख़्शो खुसरुओ[33] किशवर सितां[34]।।
रज़्मगह[35] में शह[36] के इस्तिक़बाल[37] को तसलीम को।
क़ौस[38] हो जाती थी नाविक[39] तीर होते थे कमां।।
पन्जए[40] बख़्शिश[41] मिसाले अब्र[42] गौहरबार[43] था।
दामने दौलत बरंगे बर्गे गुल[44] था ज़र फ़िशां[45]।।

---

1. सूर्य के ललाट की अफ़शां 2. जिससे आकाश गंगा को रश्क हो 3. सब लोग 4. सरयू का जल 5. लाभकारी 6. सोने के पानी 7. महंगा 8. निर्धनों 9. मोती का पानी 10. उत्पाती लोगों को 11. तलवार का पानी 12. मृतप्राय 13. स्वास्थ्यप्रद 14. भस्म 15. शक्ति 16. जीवन सुरक्षा के लिये चूर्ण 17. अचूक औषधि 18. सोने की भस्म जिससे रश्क करे 19. दूध 20. महारथी 21. शक्तिशाली 22. शूरवीर 23. समर्थ 24. शेर वंश 25. बुद्धिमान 26. व्याघ्र 27. हिंसक शेर 28. न्यायनिष्ठ 29. फ़रयाद सुनने वाला 30. न्यायप्रिय 31. न्यायकर्ता 32. विजेता 33. सम्राट 34. संसार विजेता 35. युद्ध स्थल 36. सम्राट 37. स्वागत 38. धनुष 39. तीर 40. प्रहस्त 41. दानशील 42. बादल 43. मोती बरसाना 44. फूल की पंखड़ियां 45. स्वर्ण बिखेरता हुआ।

ذرّہ ہاے خاک ہیں افشانِ پیشانی مہر
ہر سڑک اپنی صفائی میں ہے رشکِ کہکشاں
خوبیِ آب و ہوا سے جز و کُل ہیں تندرست
نام کو بیمار دیکھے مردُمِ چشمِ بتاں
آبِ سرجو فیض میں رکھبر کا چرنامرت ہے
پاک گنگاجل سے آبِ زر سے قیمت میں گراں
مفلسوں کو آبِ گوہر، مفسدوں کو آبِ تیغ
اوس پھولوں کے لیے، امرت براے نیم جاں
رینوکا سرجو کی ہے خاکِ شفا بہرِ مریض
گشتۂ قوت ہے جو ہر دل سفوفِ حفظ جاں
کھور پیشانیِ نارد کا سدا شیو کی بھبوت
صیقلِ آئینۂ دل سرمۂ چشمِ جہاں
غیرتِ اکسیرِ اعظم، رسکِ خاکِ کیمیا
مثلِ شکّر بہرِ شیرِ آبِ دریاے رواں
تھے سری دسرت یہاں کے حکمرانِ نامور
مردِ میداں و توانا و شجاع و پہلواں
اہل جراءت، اہل ہمت، اہل طاقت، اہل زور
ببر و ضِرغام و ہزیر و ضیغم و شیرِ ژِیاں
عادل و فریادرس، نصفت شعار و دادگر
ملک گیر و ملک بخش و خسر و کشور ستاں
رزم گہ میں شہ کے استقبال کو، تسلیم کو
قوس ہو جاتی تھی ناوک، تیر ہوتے تھے کماں
پنجۂ بخشش مثالِ ابر گوہر بار تھا
دامنِ دولت برنگِ برگِ گُل تھا زرفشاں

भर दिया दामन सदफ़[1] का गौहरे शहवार[2] से।
ज़र[3] दिया गुन्चों[4] को, फूलों को लिबासे ज़र फ़िशां।।
ख़ाक[5] को काने जवाहर[6], बह्र[7] को मोती दिये।
संग[8] को लाल[9], अज़दरे ख़ूँख़्वार[10] को गंजे निहां[11]।।
आब थी सोने का पानी, नावको शमशीर को[12]।
हर सलाहे आहनी[13] को संग पारस था फ़सां[14]।।
आंख चिकनाती थी ख़ंजर को तिलों के तेल से।
सैफ़[15] थी चश्मक[16] ज़ने तेग़े निगाहे महविशां[17]।।
जब सिफ़त करता बयां दरियादिलीए शाह की।
मांगता था अब्र लब[18], साहिल के मौजों[19] की ज़बां।।
शुक्र जब करते ख़ज़ाने बख़्शने का बाग़ में।
पहले कर लेते थे फ़व्वारे ग़रारे कुल्लियां।।
रानियां थीं तीन कौशल्या, सुमित्रा, केकई।
गुल बदन, गुल पैरहन, नाज़ुक मिज़ा अब्रू कमां।।
ज़र, ज़मीं, ज़न[20], मालो दौलत, सल्तनत था सब बहम।
लेकिन ऐवां[21] में न था रोशन चराग़े ख़ान्दां[22]।।
इस अलम[23] से दिल तपां था, माइले ग़म था जिगर।
नाक में दम, अश्क आंखों में, लबों पर थी फ़ुग़ां[24]।।
थे वशिष्ठ एक मुनि, निहायत नामवर मशहूरे ख़ल्क़[25]।
एक दिन की उनसे शह ने आरज़ूए दिल बयां।।
मुनि ने फ़रमाया शिरगीं ऋषि जो कृपा सिन्धु हैं।
वह अगर चाहें तो मतलब हाथ आये बेगुमां[26]।।
अप्सरा एक शह ने भेजी मुनि को लाने के लिए।
सरो क़ामत[27], संबुली मू[28], गुलबदन, गुन्चा दहां[29]।।
दश्त[30] में देखा जो ऋषि ने आहुए चश्मे परी[31]।
पड़ गईं पीछे नज़र का ले के फन्दा पुतलियां।।

---

1. सीपी 2. सम्राटों के योग्य मोती 3. स्वर्ण 4. कलियों 5. भूमि 6. जवाहरों की खान 7. नदी 8. पत्थर 9. माणिक 10. हिंसक सर्प 11. गुप्त खजाना 12. तीर तलवार पर सोने के पानी की आब थी 13. लोहे की तरह अटूट निश्चय वाली 14. वह पत्थर जिस पर सान रक्खी जाती है 15. तलवार 16. आंख का संकेत 17. चांद जैसी शोभा वाली 18. होंठों की नमी 19. किनारे की लहरों 20. स्त्रियां 21. महल 22. कुल दीपक 23. दुख 24. आर्तनाद 25. विश्व प्रसिद्ध 26. नि:संदेह 27. सरो वृक्ष जैसी लम्बे क़द वाली 28. सुगन्धित संबुल घास जैसे बाल वाली 29. कली के समान मुख 30. वन 31. हिरनी जैसी आंखों वाली।

بھر دیا دامن صدف کا گوہرِ شہوار سے
زر دیا غنچوں کو، پھولوں کو لباسِ زرفشاں
خاک کو کانِ جواہر، بحر کو موتی دیے
سنگ کو لعل، اژدرِ خونخوار کو گنجِ نہاں
آب تھی سونے کا پانی ناوک و شمشیر کو
ہر سلاحِ آہنی کو سنگ پارس تھا فساں
آنکھ چکناتی تھی خنجر کو تلوں کے تیل سے
سیف تھی چشمک زنِ تیغِ نگاہِ مہوشاں
جب صفت کرتا بیاں دریادلیِ شاہ کی
مانگتا تھا ابر لب، ساحل کے موجوں کی زباں
شکر جب کرتے خزانے بخشنے کا باغ میں
پہلے کر لیتے تھے فوارے غرارے کُلیاں
رانیاں تھیں تین، کوشلیا، سمترا، کیکئی
گلبدن، گل پیرہن، ناوک مژہ، ابروکماں
زر، زمین، زن، مال، دولت، سلطنت تھا سب بہم
لیکن ایواں میں نہ تھا روشن چراغِ خانداں
اس الم سے دل طپاں تھا، مائلِ غم تھا جگر
ناک میں دم، اشک آنکھوں میں، لبوں پر تھی فغاں
تھے بشسٹ اک مُنی نہایت نامور مشہورِ خلق
ایک دن کی ان سے شہ نے آرزوے دل بیاں
مُنی نے فرمایا شرنگی رکھ جو کرپا سندھو ہیں
وہ اگر چاہیں تو مطلب ہاتھ آئے بیگماں
اپسرا اک شہ نے بھیجی مُنی کو لانے کے لیے
سرو قامت، سُنبلیں مو، گلبدن، غنچہ دہاں
دشت میں دیکھا جو رکھ نے آہوِ چشمِ پری
پڑ گئیں پیچھے، نظر کا لے کے پھندا پُتلیاں

हँस के फ़रमाया कि ऐ ग़ारतगरे सब्र[1] आ इधर।
बन गये हैं मरदुमाने चश्म तेरे मेज़बां[2]।।
दस्ते मिज़गां[3] से बलायें लूं गुज़ारिश हो क़ुबूल।
नाविके क़द[4] को तेरे आग़ोश[5] मेरी हो कमां।।
अप्सरा बोली कि दशरथ के अगर फ़रज़न्द[6] हो।
आपके हाथों में दूं शब्देज़ो वसलत की एनां[7]।।
आये ऋंगी रिख अवध में, यज्ञ किया, दी शह को खीर।
बारवर[8] जिससे हुई राजा की तीनों रानियां।।
बत्ने[9] कौशल्या से, माहे चैत में नौमी के रोज़।
हो गये रघुनाथ जी ज़ीनत दहे कौनो मकां[10]।।
भरत जी ने नूर बख़्शा केकई की आंख को।
दो खिले बाग़े सुमित्रा में गुले फ़ख़्रे जहां[11]।।
एक लक्ष्मण जी ज़िया बख़्शे[12] चराग़े माहो नज्म[13]।
शत्रुघन एक आफ़ताबे[14] आस्माने इज़्ज़ोशां।।
राजा दशरथ जी ने चूमा शहिदे इशरत[15] का मुंह।
हो गया वाबस्तये दामाने दौलत शादमां[16]।।
देवताओं ने उरूजे अर्श[17] से बरसाये फूल।
सूरते बुलबुल चहक उठ्ठे उक़ाबे[18] आसमां।।
थे इलाजे चश्म बद[19] आंखों के तिल शक्ले सिपन्द[20]।
दस्त मिज़गाने पिदर[21] हर वक़्त था साया कुनां[22]।।
परवरिश मां उनकी करती थी, यह माँ की परवरिश।
दूध यह पीते थे, उनका शरबते दीदार[23] मां।।

1. धैर्य का विनाश करने वाली 2. आतिथेय 3. पलकों के हाथों से 4. तीर के समान क़द 5. गोद 6. बेटा 7. मिलन के मुश्की घोड़े की लगाम 8. संतान वाली 9. गर्भ 10. जगत को शोभायमान करने वाले 11. संसार के गौरव 12. प्रकाशित करने वाले 13. चांद तारों को 14. सूर्य 15. आनंद का साक्षी 16. सुख समृद्धि का आंचल हर्षित हुआ 17. ऊँचे गगन से 18. गरूड़ 19. कुदृष्टि 20. नज़र उतारने के लिये काले दाने 21. पिता की पलकें 22. साया रखती थीं 23. दृष्टि रस।

ہنس کے فرمایا، کہ اے غارت گرِ صبر آادھر
بن گئے ہیں مردمانِ چشم تیرے تیر یاں
دستِ مژگاں سے بلائیں لوں گذارش ہو قبول
ناوکِ قد کو ترے، آغوش میری ہو کماں
اپسرا بولی کہ دسرت کے اگر فرزند ہو
آپ کے ہاتھوں میں دوں شبدیزِ وصلت کی عِناں
آئے شرنگی رکھ اودھ میں، جگ کیا، دی شہ کو کھیر
بارور جس سے ہوئیں راجہ کی تینوں رانیاں
بطنِ کوشلیا سے، ماہِ چیت میں، نومی کے روز
ہو گئے رگھناتھ جی زینت دہِ کون و مکاں
بھرت جی نے نور بخشا کیکئی کی آنکھ کو
دو کھلے باغِ سُمِترا میں گلِ فخرِ جہاں
ایک لچھمن جی ضیا بخشِ چراغ ماہ و نجم
شتروگھن ایک آفتابِ آسمانِ عز و شاں
راجہ دسرت جی نے چوما شاہدِ عشرت کا منھ
ہو گیا وابستہ دامانِ دولت شادماں
دیوتاؤں نے عروجِ عرش سے برسائے پھول
صورتِ بلبل چہک اٹھے عقابِ آسماں
تھے علاجِ چشم بد آنکھوں کے تل شکلِ سِپند
دست ہمو گانِ پدر ہر وقت تھا سایہ کناں
پرورش ماں ان کی کرتی تھی، یہ ماں کی پرورش
دودھ یہ پیتے تھے، ان کا شربتِ دیدار ماں

रुबए मस्कूं[1] में थे अर्बे[2] अनासिर[3] चार तत्व।
चार मिसराये[4] रूबाईए बयाज़े दो जहां।।
चार फल के देने वाले, चार जग में सरफ़राज़[5]।
चार वेदों के मुसन्निफ़[6], चार अतराफ़े जहां[7]।।
इनसे चार आंखें करे सूरज की यह ताक़त नहीं।
चार मुंह से करते हैं वस्फ़[8] उनका ब्रह्मा जी बयां।।

* * * *

विश्वामित्र की अवध में तशरीफ़ आवरी और राम लक्ष्मण को हमराह लेकर रवानगी

थे किसी सहरा में विश्वामित्र मुनि जलवा कुनां।
काशिफ़े असरार ग़ैबी[9], वाक़िफ़े राज़े निहां[10]।।
उनको मारीचो, सुबाहो, ताड़का करते थे तंग।
थे बलाये आसमानी की तरह ईज़ा रसां[11]।।
मुनि तपे काहिश[12] से मुज़्तर[13], थे किसे तप का था होश।
वेद क्या पढ़ते, कि मिस्ले वेद[14] लरज़ां[15] थी ज़बां।।
आतिशे रंजो मिहन[16] से तापते थे पंच अग्नि[17]।
करते थे जल शयन, आंसू करके आंखों से रवां।।
काटते थे होठ दांतों से, मला करते थे हाथ।
बन में यूं थे जिस तरह बत्तीस दांतों में ज़बां।।
जब सुना अवतार अयोध्या में लिया है राम ने।
की मुसीबत अपनी बिलतस्रीह[18] दशरथ से बयां।।

---

1. चारों दिशाएँ 2. चार 3. पंचभूत 4. आधार शेर, एक चरण 5. सर्वोत्तम 6. रचयिता 7. विश्वव्यापी 8. प्रशस्ति 9. नियति के रहस्यों को जानने वाले 10. गुप्त रहस्यों के जानकार 11. आसमानी बला के समान कष्ट दायक 12. तप की क्षीणता 13. व्याकुल 14. बेंत 15. थरथराती 16. कष्ट और प्रयास की अग्नि से 17. चारों ओर आग जलाकर धूप में की जाने वाली तपस्या 18. विस्तार पूर्वक।

رُبع مَسکوں میں تھے، اربع عناصر، چار تھو
چار مصراعِ رباعیِ بیاضِ دو جہاں
چار پھل کے دینے والے، چار جگ میں سرفراز
چار بیدوں کے مصنف، چار اطرافِ جہاں
ان سے چار آنکھیں کرے سورج کی یہ طاقت نہیں
چار منھ سے کرتے ہیں وصف ان کا برہما جی بیاں

☆☆☆☆

بسوامتر کی اودھ میں تشریف آوری اور رام و لچھمن کو ہمراہ لے کر روانگی

تھے کسی صحرا میں بسوامتر مُنی جلوہ کناں
کاشفِ اسرارِ غیبی، واقفِ رازِ نہاں
ان کو ماریچ و سباہ و تاڑکا کرتے تھے تنگ
تھے بلائے آسمانی کی طرح ایذا رساں
مُنی تپ کاہش سے مضطر تھے، کسے تپ کا تھا ہوش
بید کیا پڑھتے، کہ مثلِ بید لرزاں تھی زباں
آتشِ رنج و محن سے تاپتے تھے پنچ اگن
کرتے تھے جل شَین، آنسو کر کے آنکھوں سے رواں
کاٹتے تھے ہونٹھ دانتوں سے، ملا کرتے تھے ہاتھ
بن میں یوں تھے جس طرح بتیس دانتوں میں زباں
جب سنا اوتار اجودھیا میں لیا ہے رام نے
کی مصیبت اپنی بالتصریح دشرتھ سے بیاں

तालिबे[1] मरहम हुए ज़ख़्मे जिगर के वास्ते।
राम लक्ष्मण की मदद चाही बराये हिफ़्ज़े जां[2]।।
शाह बोले हैं बहुत कमसिन अभी रामो लखन।
रज़्मगह[3] में क्या करेंगे तेग़ के जौहर अयां।।
ख़ुश्क होगा इनके जाने से मेरे दिल का कमल।
बोस्ताने ज़िन्दगी में दख़्ल पायेगी ख़िज़ां।।
आपको सरकोबिए[4] आदा[5] अगर मंज़ूर है।
लीजिये मुझसे कुमक[6] के वास्ते फ़ौजे गरां।।
मुनक़ता[7] जब हो गई उम्मीद विश्वामित्र की।
राजा दशरथ से हुए गोया[8] वशिष्ठ इसरार दां।।
शाद विश्वामित्र को कर दो क़ुबूले अर्ज़ से।
भेज दो रामो लखन को बह्रे क़त्ले सरकशां।।
हैं जनाबे बिश्नु के अवतार राजा रामचन्द्र।
सालिके राहे हक़ीक़त[9], मालिके कौनो मकां[10]।।
पुरज़े पुरज़े दामने कोहसार[11] कर दें फाड़ कर।
चादरे महताबे गर्दूं की उड़ाएं धज्जियां।।
गर ज़रूरत रज़्मगह में हो सलाहे[12] जंग की।
माहे नौ[13] शमशीर दे, क़ौसे फ़लक[14] तीरो कमां।।
बुर्ज़ मीज़ां[15] दे कटोरी क़ब्ज़ये शमशीर को।
चांद बन जाये सिपर[16] का माहताबे आस्मां।।
बानिये शर[17] आप ही ग़ैरत से कट कट जायेंगे।
इनके क़ब्ज़े में नज़र आयेगी जब तेग़े रवां।।
राजा दशरथ सुन के यह तक़रीर राज़ी हो गये।
मुनि को सौंपे अपने फ़रज़न्दे गरामी ख़ान्दां[18]।।

---

1. इच्छुक 2. प्राणों की रक्षा के लिये 3. युद्ध स्थल 4. सर कुचलना 5. शत्रु का 6. युद्ध में सहायता 7. कट गई 8. बोले 9. सत्य की राह के साधक 10. जगत के स्वामी 11. पर्वत माला 12. परामर्श 13. नव चन्द्र 14. इन्द्र धनुष 15. तुला राशि (सातवां बुर्ज़) 16. ढाल 17. उपद्रवियों के समर्थक 18. श्रेष्ठ परिवार के पुत्र।

طالب مرہم ہوئے زخمِ جگر کے واسطے
رام و لچھمن کی مدد چاہی برائے حفظِ جاں
شاہ بولے ہیں بہت کمسن ابھی رام و لکھن
رزمگہ میں کیا کریں گے تیغ کے جوہر عیاں
خشک ہوگا ان کے جانے سے مرے دل کا کنول
بوستانِ زندگی میں دخل پائے گی خزاں
آپ کو سرکوبیِ اعدا اگر منظور ہے
لیجیے مجھ سے کمک کے واسطے فوج گراں
مُنقطع جب ہو گئی امید بسوامتر کی
راجہ دشرتھ سے ہوئے گویا بششٹ اسرار داں
شاد بسوامتر کو کر دو قبولِ عرض سے
بھیج دو رام و لکھن کو بہرِ قتلِ سر کشاں
ہیں جنابِ بشن کے اوتار راجہ رام چندر
سالکِ راہِ حقیقت، مالکِ کون و مکاں
پُرزے پُرزے دامنِ کہسار کر دیں پھاڑ کر
چادرِ مہتابِ گردوں کی اُڑائیں دھجیاں
گر ضرورت رزمگہ میں ہو سلاحِ جنگ کی
ماہِ نو شمشیر دے، قوسِ فلک تیر و کماں
بُرج میزاں دے کٹوری قبضۂ شمشیر کو
چاند بن جائے سپر کا ماہتابِ آسماں
بانیِ شر آپ ہی غیرت سے کٹ کٹ جائینگے
اِن کے قبضے میں نظر آئے گی جب تیغ رواں
راجہ دشرتھ سُن کے یہ تقریر راضی ہو گئے
مُنی کو سونپے اپنے فرزندِ گرامی خانداں

बन में विश्वामित्र ने जाकर इबादत[1] की शुरू।
बन गये रघुबर पये साज़े परस्तिश[2] पासबां[3]।।
आये मारीचो, सुबाहो ताड़का जब बह्रे जंग।
सर किया रघुनाथ जी ने नाविके आतिश फ़िशां[4]।।
रोये चिल्लाये सुबाहो ताड़का बेजाँ हुए।
जा गिरा मारीच ग़श खाकर लबे बह्रे रवां[5]।।
सब के दिल से मिट गई ख़ारे मुसीबत[6] की ख़लिश[7]।
हो गया पेशेनज़र आइनये[8] अमनो अमां[9]।।
दस्ते नुसरत[10] से पुछे आंसू जो विश्वामित्र के।
राम लक्ष्मण को बनाया मरदुमे चश्मे मकां[11]।।

* * * *

जानकी जन्म

थे जनकपुर के शहन्शाहे जनक एक हुक्मरां।
पायेमर्दी[12] में ग़ज़नफ़र[13], ज़ोर में पीले दमां[14]।।
इत्तफ़ाक़न एक दिन जंगल में पहुंचे सैर को।
ख़ुश्क पाये प्यास के मारे लबे बह्रे रवां[15]।।
तिश्नगी[16] से दुर्रे ग़ल्तां[17] लोटते थे ख़ाक पर।
हर सदफ़[18] थी माहिये बे आब[19] की सूरत तपां[20]।।
ख़ुश्क होकर कुलज़ुमे ज़ख़्ख़ार[21] रेगिस्तां हुए।
सूख कर कांटा हुई माहिये दरिया[22] की ज़बां।।
प्यास का चटका था, पानी की नदी को चाह थी।
चश्मये दरिया थे प्यासे, हौज़ थे तश्ना दहां[23]।।

---

1. पूजा 2. उपासना 3. रक्षक 4. अग्निबाण 5. समुद्र के तट पर 6. कष्ट के कांटे 7. चुभन 8. नियम कानून 9. शांति एवं सुरक्षा 10. सहायता के हाथ 11. आंख की पुतली 12. शूरता 13. हिंसक व्याघ्र 14. क्रोधोन्मत्त चिंघाड़ता हाथी 15. नदी के होंठ 16. प्यास 17. लुढ़कते हुए मोती (अश्रु) 18. सीपी 19. जल बिन मछली 20. व्याकुल 21. लहरें उठते हुए सागर 22. नदी रूपी मछली 23. तृषित मुख।

بن میں بسوامتر نے جا کر عبادت کی شروع
بن گئے رگھبر پئے سازِ پرستش پاسباں
آئے ماریچ و سباہ و تاڑکا جب بہرِ جنگ
سر کیا رگھناتھ جی نے ناوکِ آتش فشاں
روئے چلّائے سباہ و تاڑکا بیجاں ہوئے
جا گرا ماریچ غش کھا کر لبِ بحرِ رواں
سب کے دل سے مٹ گئی خارِ مصیبت کی خلش
ہو گیا پیشِ نظر آئینہ امن و اماں
دستِ نصرت سے پنچھے آنسو جو بسوامتر کے
رام و لچھمن کو بنایا مردمِ چشمِ مکاں

☆☆☆☆

جانکی جنم

تھے جنک پُر کے شہنشاہِ جنک اک حکمراں
پارے مردی میں غضنفر، زور میں پیلِ دماں
اتفاقاً ایک دن جنگل میں پہونچے سیر کو
خشک پائے پیاس کے مارے لبِ بحرِ رواں
تشنگی سے دُرِ غلطاں لوٹتے تھے خاک پر
ہر صدف تھی ماہیِ بے آب کی صورت طپاں
خشک ہو کر قلزمِ زخّار ریگستاں ہوئے
سوکھ کر کانٹا ہوئی ماہیِ دریا کی زباں
پیاس کا چسکا تھا، پانی کی ندی کو چاہ تھی
چشمہ دریا تھے پیاسے، حوض تھے تشنہ دہاں

सब्ज़ये गुलज़ार की प्यास ओस से बुझती न थी।
करते थे सैरे सराबे दश्त[1] नख़्ले बोस्तां[2]।।
याद फ़रमाये नुजूमी[3] शाहे आली जाह ने।
अन्जुमे क़िस्मत[4] की गर्दिश[5] की सुनाई दास्तां।।
दस्त बस्ता[6] शाह से गोया[7] सितारादां[8] हुए।
हल चलायें आप अगर हल हो यह उक़दा[9] बेगुमां[10]।।
हल चलाया जब शहे वालानसब[11] ने दश्त में।
शक्ल सीता की हुई आइनये[12] ख़ुम[13] से अयां।।
पुतलियों की खुल गई आंखें, फड़क उठ्ठी नज़र।
चश्म ने खोली दुआ को मूए मिज़गां की ज़बां[14]।।
आ के घर रानी को वह तस्वीर नूरे पाक[15] दी।
जिससे रोशन हो गई ऐवां[16] में शमए ख़ान्दां[17]।।
ख़ुश हुई दिल में दुलारी विष्णु जी की लक्ष्मी।
सरसुती ब्रह्मा की प्यारी, लाडली शिव की उमां।।
लक्ष्मी, इन्द्रानी, ब्रह्माणी, सती गाने लगीं।
दादरे, ध्रुपद, भजन, सारंग, टप्पे, ठुमरियां।।
गिटकिरी[18] सुर ताल लय से छीनती थीं सबके दिल।
बीन नारद का दहन था, कृष्ण की बंसी ज़बां।।
हो के ख़ुश रंग अप्सराओं ने जमाया नाच का।
राजा इन्द्र का अखाड़ा कर दिखाया आस्मां।।
नाच वह नाचीं के जिससे रक़्स ज़ुहृ:[19] गर्द[20] हो।
वह रहस जिस पर कन्हैया के रहस का हो गुमां[21]।।

1. जंगल में मृग तृष्णा 2. उद्यान के वृक्ष 3. ज्योतिषी 4. भाग्य के सितारों 5. दुर्भाग्य 6. हाथ जोड़कर 7. बोले 8. ज्योतिषी 9. समस्या 10. निस्संदेह 11. उच्च वंश 12. स्पष्ट 13. कुम्भ 14. पलकों की जिह्वा 15. पवित्र प्रकाश 16. महल 17. कुल दीपिका 18. तान लेते समय विशेष प्रकार से स्वर का काँपना 19. शुक्र ग्रह का नृत्य 20. मद्धिम 21. भ्रम।

سبزۂ گلزار کی پیاس اوس سے بجھتی نہ تھی
کرتے تھے سیرِ سرابِ دشت نخلِ بوستاں
یاد فرمائے نجومی شاہِ عالی جاہ نے
انجمِ قسمت کی گردش کی سنائی داستاں
دست بستہ شاہ سے گویا ستارہ داں ہوے
ہل چلائیں آپ اگر حل ہو یہ عُقدہ بیگماں
ہل چلایا جب شہِ والا نسب نے دشت میں
شکل سیتا کی ہوئی آمینہ مُخم سے عیاں
پتلیوں کی کھل گئیں آنکھیں، پھڑک اُٹھی نظر
چشم نے کھولی دعا کو موے مژگاں کی زباں
آکے گھر، رانی کو وہ تصویر نورِ پاک دی
جس سے روشن ہو گئی ایواں میں شمعِ خانداں
خوش ہوئیں دل میں دلاری بشن جی کی لچھمیں
سرستی برہما کی پیاری، لاڈلی شیو کی اُماں
لچھمیں، اندرانی، برھمانی، ستی، گانے لگیں
دادرے، دُھرپد، بھجن، سارنگ، ٹپے، ٹھمریاں
کِلکری، سُر، تال، لے سے چھینتی تھیں سب کے دل
بین نارد کا دہن تھا، کشن کی بنسی زباں
ہو کے خوش، رنگ اپسراوں نے جمایا ناچ کا
راجہ اندر کا اکھاڑا کر دِکھایا آسماں
ناچ وہ ناچیں کہ جس سے رقص زہرہ گرد ہو
وہ رہس جس پر کنھیا کے رہس کا ہو گماں

शाद[1] थे राजा जनक दीदार[2] नूरे पाक से।
विष्णु के दिल में जो बसती थीं, हुईं ज़ेबे मकां[3]।।
परवरिश से काम रक्खा, नाम रक्खा जानकी।
गोशाये हर चश्म[4] था आग़ोशे मादर[5] बेगुमां।।

* * * *

अहल्या तारन

जानकी जी जब हुई तक़्दीर[7] की सूरत जवां।
फ़िक्रे शादी में हुआ माइल[8] शहे आली मकां।।
ज़ीनते ज़ेबे शबिस्तां[9] था सदा शिव का धनुष।
वज़्न में कोहे गिरां[10], ख़म[11] में हिलाले आस्मां[12]।।
इस तरह था जिस्म माहीये[13] तहे ग़ुबरा[14] को बार[15]।
रात भारी जैसे हो बद्दे मरीज़े नीम जां[16]।।
टूटना कैसा, न हिलता था किसी शहज़ोर से।
ज़ाग़[17] जिसके थे उक़ाबे चर्ख़[18], नाविक कहकशां[19]।।
अहद सुलतां ने किया, जो तोड़ डाले यह धनुष।
ब्याह ले जाये ख़ुशी से दुख़्तरे[20] अब्रू कमां[21]।।
मुनअक़िद[22] बज़्मे स्वयंबर[23] की जो शाहंशाह ने।
आये सुनकर तिफ़्लको पीरो जवां ख़ुर्दो कलां[24]।।
जानिबे मिथला नगर रघुनाथ जी आज़िम[25] हुए।
थे लखन हमराह, विश्वामित्र मुनि थे हमइनाँ[26]।।

---

1. आह्लादित 2. दर्शन 3. गृह की शोभा 4. आंख का हर कोना 5. माँ की गोद 6. नि:संदेह 7. भाग्य 8. प्रवृत्त 9. शयनागार की शोभा 10. भारी पर्वत 11. झुकाव 12. नवचन्द्र 13. वास्तविकता 14. रज धूल 15. भार 16. मृतप्राय रोगी 17.सींग के काले टुकड़े जो धनुष के दोनों किनारों पर लगाये जाते हैं 18. आकाश के गरूड़ 19. तीर आकाश गंगा के हों 20. बेटी 21. कमान जैसी भौंहों वाली 22. आयोजित की 23. स्वयंवर सभा 24. बच्चे, वृद्ध, युवा, छोटे बड़े 25. मिथलानगर जाने का इरादा किया 26. साथ में।

شاد تھے راجہ جنک دیدار نورِ پاک سے
بشن کے دل میں جو بستی تھیں، ہوئیں زیبِ مکاں
پرورش سے کام رکھا نام رکھا جانکی
گوشۂ ہر چشم تھا آغوشِ مادر بیگماں

☆☆☆☆

اہلیاتارن

جانکی جی جب ہوئیں تقدیر کی صورت جواں
فکرِ شادی میں ہوا مائل شہِ عالی مکاں
زینتِ زیبِ شبستاں تھا سدا شیو کا دھنش
وزن میں کوہِ گراں، خم میں ہلالِ آسماں
اس طرح تھا جسمِ ماہیِ تہِ غبرا کو بار
رات بھاری جیسے ہو بہرِ مریضِ نیم جاں
ٹوٹنا کیسا، نہ ہلتا تھا کسی شہ زور سے
زاغ جس کے تھے عقابِ چرخ، ناوکِ کہکشاں
عہد سلطاں نے کیا، جو توڑ ڈالے یہ دھنش
بیاہ لے جائے خوشی سے دُخترِ ابرو کماں
منعقد بزمِ سومبر کی جو شاہنشاہ نے
آئے سن کر طفلک و پیر و جواں خرد و کلاں
جانبِ متھلا نگر رگھناتھ جی عازم ہوئے
تھے لکھن ہمراہ، بسوامتر مُنی تھے ہم عناں

रास्ते में शक्ल संगे[1] रह पड़ी थी एक सिल[2]।
उड़ गई सूए फ़लक[3] बन कर ज़ने ग़ुन्चा दहां[4]।।
थी अहल्या स्त्री गौतम रिखीश्वर की यही।
बद्दुआ से थी यही उस राह की संगे निशां।।
राम के ख़ाके कफ़े पा[5] ने दिखाया मोजिज़ा[6]।
संग वह पारस बना, वह बुत ज़ने[7] अब्रू कमां।।
ग़ुस्ल फ़रमाकर जनाबे राम लक्ष्मण गंग में।
हो गये काशानये चश्मे[8] जनक में मेहमां।।

* * * *

श्री राम चन्द्र जी की बाग़ में रौनक अफ़रोज़ी और सीता जी से चार चश्मी

नूर का तड़का हुआ जब बोले मुर्ग़[9] नग़्मा ख़्वां[10]।
नूरे क़ुदरत की तजल्ली[11] देख ऐ चश्मे जहां।।
वक़्त आ पहुंचा तुलूए आफ़ताबे[12] शर्क़[13] का।
जानकी बत्ने[14] सुबू[15] से होने वाली है अयां।।
फूलने को है कमल का फूल नाफ़े[16] विष्णु से।
होने वाले हैं कमल के फूल से ब्रह्मा अयां।।
जलवये ख़ुरशीद[17] होने को है बालाए फ़लक[18]।
मौर रखने को हैं सर पर राम फ़ख़्रे ख़ानदां[19]।।
है किरन होने को रोशन चश्मये ख़ुरशीद[20] पर।
बांधने वाले हैं सेहरा राम रघुकुल चन्द्रमां।।

---

1. रास्ते का पत्थर 2. शिला 3. आकाश की ओर 4. कली के समान मुख वाली स्त्री 5. चरण रज 6. चमत्कार 7. स्त्री 8. जनक की आंख के घर में 9. पक्षी 10. गीत गाने वाले 11. तेज 12. सूर्योदय 13. पूरब 14. उदर 15. कुंभ 16. नाभि 17. सूर्य आभा सहित 18. गगन पर 19. परिवार के गौरव 20. सूर्य के नेत्रों से।

راستہ میں شکلِ سنگِ رہ پڑی تھی ایک سِل
اُڑ گئی سوئے فلک بن کر زنِ غنچہ دہاں
تھی اہلیا استری گوتم رکھیشر کی یہی
بد دعا سے تھی یہی اُس راہ کی سنگِ نشاں
رام کے خاکِ کفِ پا نے دکھایا معجزہ
سنگ وہ پارس بنا، وہ بُت زنِ ابرو کماں
غسل فرما کر جنابِ رام و لچھمن گنگ میں
ہو گئے کاشانہ چشمِ جنک میں میہماں

☆☆☆☆

سری رام چندر جی کی باغ میں رونق افروزی اور سیتا جی سے چار چشمی

نور کا تڑکا ہوا جب بولے مرغِ نغمہ خواں
نورِ قدرت کی تجلی دیکھ اے چشمِ جہاں
وقت آ پہونچا طلوعِ آفتابِ شَرق کا
جانکی بطنِ شبو سے ہونے والی ہیں عیاں
پھولنے کو ہے کنول کا پھول نافِ بشن سے
ہونے والے ہیں کنول کے پھول سے برہما عیاں
جلوۂ خورشید ہونے کو ہے بالائے فلک
مَور رکھنے کو ہیں سر پر رام فخرِ خانداں
ہے کرن ہونے کو روشن چشمہ خورشید پر
باندھنے والے ہیں سہرا رام رگھ کُل چندرماں

है नसीमे सुब्ह चलने को सुहाना वक़्त है।
जानकी हैं आने वाली बह्रे सैरे बोस्तां।।
यह सदा सुनकर जो फ़र्शे गुल[1] से उठ्ठे राम चन्द्र।
आरती करने को उठ्ठा दस्त मेह्रे आस्मां[2]।।
बर्ग अश्जारे गुलिस्तां[3] ने बजाये झांझो दफ़।
खोल कर पढ़ने लगे भौरे कंवल की पोथियां।।
संख बजता था चटकती थी जो सरबस्ता[4] कली।
था सरे क़तराते शबनम[5] से क़दमबोस[6] आस्माँ[7]।।
राम लक्ष्मण जी ने विश्वामित्र के चूमे क़दम।
फूल लेने को हुए रौनक़ फ़िज़ाए बोस्ताँ।।
डबडबाये दीदये नरगिस में आंसू प्रेम के।
मोरछल झलने लगे ताऊसे[8] बाग़े बेख़िज़ां[9]।।
फूल नख़लों[10] ने चढ़ाये हाथ जोड़े बर्ग[11] ने।
गुन्चये सौसन[12] ने अस्तुत के लिये खोली ज़बां।।
देखकर दीदार परिक्रमा फिरी ख़ुशबूए गुल।
साया बन बन कर गिरे क़दमों पे नख़्ले बोस्तां[13]।।
बन गया हर नख़्ल तर फ़ैज़े क़दम[14] से कल्पवृक्ष।
बाग़ अयोध्या हो गया सरजू बनी जूए रवां।।
बाग़ में थी एक श्री गौरी की मूरत जलवागर।
राफ़ए हाजाते आलम[15], जुर्म बख़्शे आसियां[16]।।
किश्वरे मिथला नगर में था यह दस्तूरे क़दीम[17]।
लड़कियां शादी के पहले सर झुकाती थीं यहां।।

---

1. पुष्प शैय्या 2. आकाश के सूर्य का हाथ 3. उद्यान के वृक्षों के पत्ते 4. अधखिली कलियां 5. ओस बिन्दु 6. चरण स्पर्श करता हुआ 7. आकाश 8. मोर 9. सदाबहार 10. वृक्ष 11. पल्लव 12. सौसन फूल के गुच्छे (सौसन पुष्प की पंखुड़ियाँ जो जिहवा की आकृति की होती है)13. द्रुमदल 14. चरणों के प्रताप से 15. सबकी मनोकामना पूर्ण करने वाली 16. अपराधी 17. प्राचीन समय से।

ہے نسیمِ صبح چلنے کو سہانا وقت ہے
جانکی ہیں آنے والی بہرِ سیرِ بوستاں

یہ صدا سن کر جو فرشِ گل سے اٹھے رام چندر
آرتی کرنے کو اٹھا دست مہرِ آسماں

برگِ اشجارِ گلستاں نے بجائے جھانجھ و دف
کھول کر پڑھنے لگے بھونرے کنول کی پوتھیاں

سنکھ بجتا تھا چٹکتی تھی جو سربستہ کلی
تھا سرِ قطراتِ شبنم سے قدمبوس آسماں

رام و لچھمن جی نے بسوامتر کے جوے قدم
پھول لینے کو ہوئے رونق فزاے بوستاں

ڈبڈبائے دیدۂ نرگس میں آنسو پریم کے
مورچھل جھلنے لگے طاؤسِ باغِ بیجزاں

پھول نخلوں نے چڑھائے ہاتھ جوڑے برگ نے
غنچۂ سوسن نے اسٹت کے لیے کھولی زباں

دیکھ کر دیدار پرکرماں پھری خوشبوئے گل
سایہ بن بن کر گرے قدموں پہ نخلِ بوستاں

بن گیا ہر نخل تر فیضِ قدم سے کلپ برکش
باغ اجودھیا ہو گیا، سرجو بنی جوے رواں

باغ میں تھی اس سری گوری کی مورت جلوہ گر
رافعِ حاجاتِ عالم، جُرمِ بخشِ عاصیاں

کشورِ متھلا میں تھا یہ دستورِ قدیم
لڑکیاں شادی کے پہلے سر جھکاتی تھیں یہاں

जबींसाई[1] की बदौलत जाग उठते थे नसीब।
मांग का सिन्दूर थी मंदिर की ख़ाके आस्तां[2]।।
जानकी जी भी इसी मतलब से आयीं बाग़ में।
पाकदामानी[3] जुलू[4] में थी, हया[5] थी हमइनां[6]।।
हमनशीं[7], हमजोलियां, सखियां ख़वासें[8] साथ थीं।
सब की सब खुरशीद तलअत[9] सब की सब अब्रू कमां।।
यासमीं रुख़[10], यास्मीं बर, सुंबुलीं मू[11], सरो क़द[12]।
नरगिसीं दीदा[13], समन लब[14], गुलबदन[15], गुन्चादहां[16]।।
हर तरफ़ फिरती थीं हाथों में लिए मेंहदी का दिल।
आंख में देकर जगह सुरमे को हरसूं[17] थी रवां।।
वस्फ़[18] सौसन[19] की सुख़न बनती थी दांतों को मिसी।
कलमये तारीफ़ गुल बनते थे लब को रंगे पां।।
इत्रे गुल सूंघा नज़र की पोशिशे[20] ताऊस[21] पर।
पाये गुलशन की हिना[22] देखी, लबे तूती[23] का पाँ।।
सुरमा चश्मे गुन्चये नरगिस का, सौसन की मिसी।
तौक़े क़मरी[24], ग़ाज़ए बर्गे निहाले बोस्तां[25]।।
नूर अफ़शाँने ज़रेगुल ज़ेवरे हर शाख़े गुल।
सुम्बुले पुर पेचो ख़म को गेसुए अम्बर फ़िशाँ।।
मंदिर में सीता गईं गौरी की पूजा के लिए।
खोर[26] की सूरत मली माथे पे ख़ाके आस्तां[27]।।
यां हवाख़्वाहें[28], जो मिस्ले गुल[29] हवा खाने लगीं।
राम लक्ष्मण जी नज़र आये मियाने बोस्तां[30]।।
दूदो[31] आतिश[32] एक जा थे, थे चराग़ो[33] गुल[34] बहम[35]।
रोज़ो शब[36], शामो सहर[37], एक वक़्त थे जलवा कुनां[38]।।

---

1. सर झुकाना 2. मंदिर की धूल 3. सदाचार 4. साथ 5. लज्जा 6. सहचर 7. सहेलियां 8. दासियां 9. सूर्य के समान आभायुक्त 10. चमेली के फूल जैसा सफ़ेद 11. सुम्बुल की घास जैसे केश 12. सरोवृक्ष की तरह लम्बी 13. नर्गिस के फूल जैसी आंखें 14. चमेली के पंखड़ियों जैसे होंठ 15. फूल जैसा शरीर 16. पुष्प गुच्छा जैसा मुंह 17. हर ओर 18. प्रशस्ति 19. एक फूल 20. वस्त्र 21. मोर 22. मेंहदी 23. मैना 24. चांद का हाला 25. उद्यान के छोटे पौधों के फूलों से बनाया अंगराग 26. स्नान करने की तरह 27. मंदिर की रज 28. शुभ चिन्तक 29. फूल की तरह 30. उद्यान के मध्य 31. धुआं 32. अग्नि 33. दीपक 34. दिये की लौ 35. साथ साथ 36. दिन और रात 37. शाम और सुबह 38. शोभित।

جبیں سائی کے بدولت جاگ اُٹھتے تھے نصیب
مانگ کا سیندور تھی مندر کی خاکِ آستاں
جانکی جی بھی اسی مطلب سے آئیں باغ میں
پاک دامانی جلو میں تھی، حیا تھی ہمعناں
ہمنشیں، ہمجولیاں، سکھیاں، خواصیں ساتھ تھیں
سب کی سب خورشید طلعت سب کی سب ابرو کماں
یاسمیں رُخ، یاسمیں بر، سُنبلیں مو، سَر و قد
نرگسیں دیدہ، سَمن لب، گُلبدن غُنچہ دہاں
ہر طرف پھرتی تھیں ہاتھوں میں لیے مہندی کا دِل
آنکھ میں دے کر جگہ سُرمہ کو ہر سُو تھیں رواں
وصفِ سوسن کی سخن بنتی تھی دانتوں کو مسی
کلمۂ تعریفِ گل بنتے تھے لب کو رنگِ پاں
عطرِ گل سونگھا، نظر کی پوششِ طاؤس پر
پاے گلشن کی حنا دیکھی، لبِ طوطی کا پاں
سُرمہ جشمِ غنچۂ نرگس کا، سُوسَن کی مسی
طوقِ قمری، غازۂ برگِ نہالِ بوستاں
نور افشانِ زرِ گل، زیورِ ہر شاخِ گل
سنبلِ پُر پیچ و خم کو گیسوِ عنبر فشاں
مندر میں سیتا گئیں گوری کی پوجا کے لئے
کھور کی صورت ملی ماتھے پہ خاکِ آستاں
یاں ہواخواہیں، جو مثلِ گل ہَوا کھانے لگیں
رام و لچھمن جی نظر آئے میانِ بوستاں
دُود و آتش ایک جا تھے، تھے چراغ و گل بہم
روز و شب، شام و سحر، اک وقت تھے جلوہ کناں

कोई समझी दोनों आंखें, कोई समझी जानो जिस्म।
कोई समझी मिह्रो मह[1], कोई ज़मीनो आस्मां।।
दौड़ कर आईं श्री सीता से यूँ की इल्तिमास[2]।
तुरफ़ातर[3] गुल आज फूला है मियाने बोस्तां।।
दो जवां कमसिन चमन में तोड़ने आये हैं फूल।
जिनके चेहरे से ख़िजल[4] है आफ़ताबे आस्मां।।
ख़ुश ख़िरामो[5] ख़ुश गुलू[6], कबुको[7] अनादिल[8] की तरह।
सूरते ताऊसो[9] तूती[10], ख़ुश लिबासो ख़ुश बयां।।
मंदिर से निकलीं सिया, आई नज़र शक्ले उम्मीद।
हो गईं इस तरह बेबस जैसे मंदिर में उमां।।
सांवली सूरत जो आंखों में हुई परतो फ़िगन[11]।
बन गईं रघुनाथ की तस्वीर अक्सी[12] पुतलियां।।
हाथ को मेंहदी बनी, चश्मे मुहब्बत की निगाह।
रुख़ को ग़ाज़ा, आंख को सुरमा, लबों को रंगे पां।।
ज़ुल्फ़ को ख़ुश्बू, निगह को शर्म, माथे को तिलक।
नग अंगूठी को, नगीं के वास्ते नामो निशां।।
राम से बोले लखन, यह कौन है रश्के चमन[13]।
जिसका क़द है सर्व[14], सुंबुल गेसुए अम्बर फ़िशां[15]।।
आंख नरगिस[16], आरिज़े रोशन, तुरंज[17], अंगूर लब[18]।
सेब ग़बग़ब[19], गुन्चये नौरस दहन[20], सौसन ज़बां[21]।।
राम जी बोले, यह है अब्रू कमां शायद वही।
हुस्न जिसका देख कर है जांबलब[22] शिव की कमां।।

---

1. सूरज और चन्द्रमा 2. निवेदन 3. दोनों तरफ़ 4. लज्जित 5. सुन्दर चाल 6. भिष्टभाषी 7. चकोर 8. बुलबुल 9. मोर की तरह सुन्दर वस्त्र 10. शुक की तरह मीठा बोलने वाले 11. छाया पड़ी 12. प्रतिबिम्ब 13. जिससे उद्यान ईर्ष्या करे 14. सर्व वृक्ष की तरह लम्बा क़द 15. संबुल की तरह सुगन्धित केश राशि 16. नर्गिस के फूल की तरह आंख 17. रसीले नींबू की तरह चमकीले कपोल 18. रसीले अंगूर जैसे होंठ 19. चिबुक सेब जैसी 20. नये पके फल के गुच्छे जैसा मुख 21. सौसन फूल की पंखड़ी जैसी जिह्वा 22. होंठों पर जान है।

کوئی سمجھی دونوں آنکھیں، کوئی سمجھی جان و جسم
کوئی سمجھی مہر و مہ، کوئی زمین و آسماں
دوڑ کر آئیں سری سیتا سے یوں کی التماس
طُرفہ تر گُل آج پھولا ہے میانِ بوستاں
دو جواں کمسن چمن میں توڑنے آئے ہیں پھول
جن کے چہرے سے خجل ہے آفتابِ آسماں
خوش خرام و خوش گلو کبک و عنادل کی طرح
صورتِ طاؤس و طوطی خوش لباس و خوش بیاں
مندر سے نکلیں سیا، آئی نظر شکلِ اُمید
ہو گئیں اس طرح بےبس جیسے مندر میں اُماں
سانولی صورت جو آنکھوں میں ہوئی پرتو فگن
بن گئیں رگھناتھ کی تصویر عکسی پتلیاں
ہاتھ کو مہندی بنی چشمِ محبت کی نگاہ
رخ کو غازہ، آنکھ کو سرمہ، لبوں کو رنگِ پاں
زُلف کو خوشبو، نِگہ کو شرم، ماتھے کو تِلک
نگ انگوٹھی کو، نگیں کے واسطے نام و نشاں
رام سے بولے لکھن، یہ کون ہے رشکِ چمن
جس کا قد ہے سرو، سُنبل گیسُوِ عنبر فشاں
آنکھ نرگس، عارضِ روشن، تُرنج، انگور لب
سیب غبغب، غُنچۂ نورس دہن، سُوسَن زباں
رام جی بولے، یہ ہے ابرو کماں شاید وہی
حسن جس کا دیکھ کر ہے جاں بلب شیو کی کماں

कर के दिल क़ाबू में, सीता वां गई मंदिर में फिर।
दिल में शक्ले राम, वस्फ़े[1] भगवती विर्दे ज़बां[2]।।
खुद शिवाले में थीं, लेकिन दिल था महवे सोज़े इश्क[3]।
देखती थीं दमबदम फिर फिर के सूए बोस्तां[4]।।
हार फूलों का जो मूरत पर चढ़ाया पूज कर।
गिर पड़ा रूए ज़मीं[5] पर छुट के माला नागहां[6]।।
मुस्कुराईं भगवती इस बेखुदी[7] को देख कर।
जानकी ने सहम कर की आरज़ूए दिल बयां।।
जय श्री कैलाश दीपक, जय हिमांचल कुल दिनेश।
जय सदा शिव शम्भु, श्यामल रूप खन दामन उमां।।
पूरन इच्छा कीजिए, मुझ पर दया की दृष्टि हो।
दुख का अंधियारा मिटे, सुख का उदय हो चन्द्रमां।।
भगवती बोलीं, फलो फूलो मनोरथ सिद्ध हो।
हो अटल इस तरह जैसे विष्णु की प्यारी रमां।।
नक़्दे दिल[8] पाकर उधर सीता गईं रनिवास में।
राम लक्ष्मण फूल लेकर, मुनि के पास आये यहां।।

* * * *

धनुष यज्ञ

पन्जये ख़ुरशीद[9] ने जब ली कमाने आस्मां[10]।
हो गया पेशे नज़र[11] बज़्मे स्वयमबर का समां[12]।।
देवता आये, सितारे आये, आये माहो मिह्र[13]।
शहरयार[14] आये, क़वी बाज़ू[15], तवाना[16] पहलवां।।

1. स्तुति 2. रटती हुई 3. प्रेम में तल्लीन 4. उद्यान की ओर 5. धरातल 6. अकस्मात 7. अचैतन्य 8. इच्छा रूपी धन 9. सूर्य के हाथों ने 10. आकाश की कमान 11. आंखों के समक्ष 12. स्वयंवर सभा का दृश्य 13. सूरज चांद 14. नृपति 15. बलिष्ट भुजाओं वाले 16. शक्तिशाली।

کر کے دل قابو میں سیتا واں گئیں مندر میں پھر
دل میں شکلِ رام، وصفِ بھگوتی وردِ زباں
خود شوالے میں تھیں، لیکن دل تھا محوِ سوزِ عشق
دیکھتی تھیں دمبدم پھر پھر کے سوے بوستاں
ہار پھولوں کا جو مورت پر چڑھایا پوج کر
گر پڑا روے زمیں پر ٹُھٹ کے مالا ناگہاں
مسکرائیں بھگوتی، اس بیخودی کو دیکھ کر
جانکی نے سہم کر کی آرزوے دل بیاں
جے سری کیلاش دیپک، جے ہماچل کُل دنیش
جے سدا شیو شمبھو شیامل رُوپ کھن دامن اُماں
پُورن اچھیا کیجیے، مجھ پر دیا کی ورشٹ ہو
دُکھ کا اندھیارا مٹے، سکھ کا اودے ہو چندرماں
بھگوتی بولیں، پھلو پھولو، منورتھ سِدّہ ہو
ہو اٹل اس طرح جیسے بشن کی پیاری رماں
نقدِ دل پا کر اُدھر سیتا گئیں رنواس میں
رام و لچھمن پھول لے کر مُنی کے پاس آئے یہاں

☆☆☆☆

دھنش جگ

پنجۂ خورشید نے جب لی کمانِ آسماں
ہو گیا پیشِ نظر بزمِ سوئمبر کا سماں
دیوتا آئے، ستارے آئے، آئے ماہ و مہر
شہریار آئے، قوی بازو، توانا، پہلواں

राम लक्षमण साथ विश्वामित्र के वारिद[1] हुए।
क़ुव्वतो ताक़त जुलू[2] में थी शुजाअत[3] हमइनां[4]।।
क़ौस[5] पर ज़ोर आज़माई ख़ूब की एक एक ने।
हो गये शल सब क़वी हैकल[6] क़वी बाज़ू जवां।।
दस हज़ार एक बार उठ्ठे ज़ोर करने के लिए।
तीर के मानिन्द लेकिन छोड़ कर भागे कमां।।
थक के बैठा दिल हर एक का, दस्ते क़ुव्वत[7] शल हुए।
रावणे ख़ुदसर[8] से भी उठ्ठी न वह क़ौसे गिरां[9]।।
देख कर यह हाल आज़ुर्दा[10] हुए राजा जनक।
यूँ दिखाये तैश खाकर जौहरे तेग़े ज़बां[11]।।
ऐ जवानों, जाये ग़ैरत[12] है, न टूटा यह धनुष।
आज ताक़त है कहां, जोशे तवानाई कहां।।
ख़ूब देखी ताबो ताक़त, ख़ूब अहले ज़ोर हो।
बस चलो काफ़ूर[13] हो, भागो, करो ख़ाली मकां।।
होके बरहम[14], अर्ज़ की लक्षमण जती ने राम से।
हुक्म अगर हो तोड़ डालूँ उठ के यह क़ौसे गिरां।।
आपके सदक़े[15] से वह ताक़त बहम[16] है जिस्म में।
पीस डालूँ जिस्म जल्लादे फ़लक[17] की अस्तुख़्वां[18]।।
दी जगह पहलूए उल्फ़त में लखन को राम ने।
कर दिये तेग़े तवानाई के जौहर[19] ख़ुद अयां।।
जब धनुष को तोड़ कर नौ खण्ड रघुवर ने किए।
ख़ुश हुईं सीता, हुए राजा जनक जी शादमां[20]।।
राम को जयमाल सीता ने पिन्हाई बज़्म में।
गूंज उठे शोरे मसर्रत[21] से ज़मींनो आस्मां।।
परसराम एक ब्रह्मण, जमदग्नि के फ़रज़ंद[22] थे।
इस ख़बर से पाई आगाही उन्होंने नागहां[23]।।

---

1. आगत 2. साथ 3. वीरता 4. सहचर 5. धनुष 6. बलिष्ट शरीर वाले 7. भुजाओं की शक्ति 8. उद्दंड 9. भारी धनुष 10. खिन्न 11. वाणी की तलवार के गुण 12. लज्जा की बात 13. कपूर की तरह उड़ जाओ 14. गुस्से में आकर 15. आप पर न्योछावर 16. पूरी तरह से 17. निर्दयी आकाश 18. हड्डियां 19. शक्ति रूपी तलवार के गुण 20. हर्षित 21. प्रसन्नता के शोर में 22. पुत्र 23. अकस्मात।

رام و لچھمن ساتھ بسوامتر کے وارد ہوئے
قوت و طاقت جلو میں تھی شجاعت ہمعناں
قوس پر زور آزمائی خوب کی ایک ایک نے
ہو گئے شل سب قوی ہیکل قوی بازو جواں
دس ہزار اک بار اُٹھے زور کرنے کے لیے
تیر کے مانند لیکن چھوڑ کر بھاگے کماں
تھک کے بیٹھا دِل ہر اک کا دست قوت شل ہوئے
راونِ خدسر سے بھی اُٹھی نہ وہ قوسِ گراں
دیکھ کر یہ حال آزردہ ہوے راجہ جنک
یوں دکھائے طیش کھاکر جوہرِ تیغ زباں
اے جوانوں جاے غیرت ہے، نہ ٹوٹا یہ دھنش
آج طاقت ہے کہاں، جوشِ توانائی کہاں
خوب دیکھی تاب و طاقت، خوب اہلِ زور ہو
بس چلو، کافور ہو، بھاگو، کرو خالی مکاں
ہو کے برہم عرض کی لچھمن جتی نے رام سے
حکم اگر ہو توڑ ڈالوں اٹھ کے یہ قوسِ گراں
آپ کے صدقے سے وہ طاقت بہم ہے جسم میں
پیس ڈالوں جسم جلاّدِ فلک کی استخواں
دی جگہ پہلوے اُلفت میں لکھن کو رام نے
کر دیے تیغِ توانائی کے جوہر خود عیاں
جب دھنش کو توڑ کر نو کھنڈ رگھبر نے کیے
خوش ہوئیں سیتا، ہوئے راجہ جنک جی شادماں
رام کو جیمال سیتا نے پنھائی بزم میں
گونج اُٹھے شورِ مسرت سے زمین و آسماں
پرسرام اک برہمن جمدگن کے فرزند تھے
اس خبر سے پائی آگاہی انھوں نے ناگہاں

बज़्म में आए गिराई इस तरह बर्क़े कलाम[1]।
क़ौस[2] तोड़े किसका मुंह, किसका जिगर, किस में है जां।।
मर्द मैदां है तो आ जाये तबर[3] के सामने।
मुंह दिखाये, है कमां का तोड़ने वाला कहां।।
यूँ परसधर से तबस्सुम[4] करके बोले रामचन्द्र।
मैं ख़तावार आपका हूँ, मुझसे टूटी है कमां।।
बोल उठे लक्ष्मण, ख़तावार इस जगह कोई नहीं।
खुद दो पारा[5] हो गई छूने से क़ौसे नातवां[6]।।
कीजिए शुक्र, आज क़ैदे ग़म[7] से बेचारी छुटी।
थी नक़ाहत[8] के सबब से क़ौस के होठों पे जां।।
सुनके लक्ष्मण के सुख़न बोले जनक से परसराम।
मुंह तो छोटा इस का है, लेकिन है गज़ भर की ज़बां।।
तिफ़्ल[9] क्या है, फल है इन्द्रायन का, विष की गांठ है।
संखिया, हर ताल, सम, ज़ह्र इसका है तर्ज़े बयां[10]।।
चाहते हो ख़ैर अगर ले जाओ महफ़िल से इसे।
वरना इसका ढूँढने से भी न पाओगे निशां।।
इस तबर ने हाथ काटे हैं सहस्त्राबाहु के।
क्षत्री का हूँ अदू[11], लाशों से पाटे हैं मकां।।
बोले लक्ष्मण क्या ज़रूरत इस क़दर तकलीफ़ की।
कीजिए बन्द आंख, जिससे मैं नज़र से हूँ निहां[12]।।
आपके इज़हारे ताक़त[13] की कोई हाजत[14] नहीं।
जौहरे क़ुव्वत है ख़ूंरेज़ीए मादर[15] से अयां।।
राम से बोले परसराम, आप ही का है क़ुसूर।
वरना क्या ताक़त थी जो करता लखन गुस्ताख़ियां।।
राम बोले क्यों न हो क्या अक़्ल है क्या फ़हम[16] है।
कौन मुजरिम हो, ग़ज़ब की तेग़[17] हो किस पर रवां।।

---

1. वाणी की बिजली 2. धनुष 3. फ़रसा 4. मुस्कराकर 5. दो टुकड़े 6. कमज़ोर धनुष 7. दुख की क़ैद से 8. निर्बलता 9. बच्चा 10. बात करने का ढंग 11. शत्रु 12. छुप जाऊँ 13. शक्ति प्रदर्शन 14. आवश्यकता 15. माँ की हत्या करने से 16. विवेक 17. क्रोध की तलवार।

بزم میں آئے گرائی اس طرح برقِ کلام
قوس توڑے، کس کا منھ، کس کا جگر کس میں ہے جاں

مرد میداں ہے تو آجائے تبر کے سامنے
منھ دکھائے، ہے کماں کا توڑنے والا کہاں

یوں پرسدھر سے تبسم کر کے بولے رام چندر
میں خطاوار آپ کا ہوں، مجھ سے ٹوٹی ہے کماں

بول اُٹھے لچھمن، خطاوار اس جگہ کوئی نہیں
خود دوپارہ ہو گئی چھونے سے قوسِ ناتواں

کیجیے شکر، آج قیدِ غم سے بیچاری چُھٹی
تھی نقاہت کے سبب سے قوس کے ہونٹوں پہ جاں

سن کے لچھمن کے سخن بولے جنک سے پرسرام
منھ تو چھوٹا اس کا ہے، لیکن ہے گز بھر کی زباں

طفل کیا ہے، پھل ہے اندراین کا ڈس کی گانٹھ ہے
سنکھیا، ہر تال، سَم، زہر اس کا ہے طرزِ بیاں

چاہتے ہو خیر اگر لے جاؤ محفل سے اِسے
ورنہ اس کا ڈھونڈھنے سے بھی نہ پاؤ گے نشاں

اِس تبر نے ہاتھ کاٹے ہیں سہستراباہ کے
چھتری کا ہوں عدو لاشوں سے پاٹے ہیں مکاں

بولے لچھمن کیا ضرورت اس قدر تکلیف کی
کیجیے بند آنکھ، جس سے میں نظر سے ہوں نہاں

آپ کے اظہارِ طاقت کی کوئی حاجت نہیں
جوہرِ قوت ہے خونریزیِ مادر سے عیاں

رام سے بولے پرسرام آپ ہی کا ہے قصور
ورنہ کیا طاقت تھی جو کرتا لکمن گستاخیاں

رام بولے کیوں نہ ہو، کیا عقل ہے کیا فہم ہے
کون مجرم ہو، غضب کی تیغ ہو کس پر رواں

मैं सज़ावारे[1] ग़ज़ब हरगिज़ नहीं हरगिज़ नहीं।
म्यान क्या जाने अगर मुजरिम हो तेग़े ख़ूंफ़िशां[2]।।
यह असर पैदा किया इस गुफ़्तगूए नर्म[3] ने।
परसराम अवतार समझे राम जी को बेगुमां[4]।।
एक कमां दे कर कहा, यह क़ौस अगर तुमसे झुके।
रफ़ा[5] शक हो जाये, ठण्डी हों ग़ज़ब[6] की गरमियां।।
की ख़ामीदा[7] क़ौस छूते ही श्री रघुनाथ ने।
परसराम उठ्ठे, क़दम छूकर गये सूए मकां[8]।।
चल दिए हुज़्ज़ारे महफ़िल[9] महवे ख़िजलत[10] बज़्म से।
राम, बिश्वामित्र, लक्षमण ने बसाया बोस्तां।।

* * * *

राम विवाह

जब श्री रघुनाथ जी ने बज़्म में तोड़ी कमां।
हो गये राजा जनक जी अपने दिल में शादमां[11]।।
राजा दशरथ को लिखा ख़त आइये लेकर बरात।
जिस में हो शादिए दुख़्ते[12] गुल रुख़ो गुन्चा दहां[13]।।
जानिबे मिथला नगर दशरथ गये लेकर जुलूस।
थे जुलू[14] में जुज़ो कुल[15], पीरो जवां ख़ुर्दो कलां।।
राम लक्षमण जी सवारे तौसने गुलगूं[16] हुए।
आ के विश्वामित्र जी बैठे, सरे तख़्ते रवां।।
जब बरात आई जनक जी पहुंचे इस्तिक़बाल[17] को।
लाये साथ अपने दरे दौलत[18] पे अम्बोहे गिरां[19]।।

---

1. दोषी 2. रक्त रंजित तलवार 3. मृदु वार्ता 4. निःसंदेह 5. दूर 6. क्रोध 7. झुका दी 8. निवास स्थान की ओर 9. सभा में उपस्थित जन 10. लज्जित होकर 11. आह्लादित 12. बेटी 13. फूल जैसे मुख वाली 14. साथ में 15. सारे लोग 16. लाल रंग के घोड़े पर 17. स्वागत 18. दौलतख़ाने पर 19. भारी भीड़।

میں سزاوارِ غضب ہرگز نہیں، ہرگز نہیں
میان کیا جانے اگر مجرم ہو تیغ خوں فشاں
یہ اثر پیدا کیا اس گفتگوے نرم نے
پرسرام اوتار سمجھے رام جی کو بیگماں
اک کماں دے کر کہا، یہ قوس اگر تم سے جھکے
رفع شک ہو جائے، ٹھنڈی ہوں غضب کی گرمیاں
کی خمیدہ قوس چھوتے ہی سری رگھناتھ نے
پرسرام اُٹھے، قدم چھو کر گئے سوے مکاں
چل دیے حضّارِ محفل محوِ خجلت بزم سے
رام و بسوامتر و لچھمن نے بسایا بوستاں

☆☆☆☆

رام بواہ

جب سری رگھناتھ جی نے بزم میں توڑی کماں
ہو گئے راجہ جنک جی اپنے دل میں شادماں
راجہ دشرتھ کو لکھا خط آیئے لے کر برات
جس میں ہو شادیِ دُختِ گل رخ و غنچہ دہاں
جانبِ متھلا نگر دشرتھ گئے لے کر جلوس
تھے جلو میں جز و کُل، پیرو جواں خرد و کلاں
رام و لچھمن جی سوارِ توسنِ گلگوں ہوئے
آکے بسوامتر جی بیٹھے سرِ تختِ رواں
جب برات آئی جنک جی پہونچے استقبال کو
لائے ساتھ اپنے درِ دولت پہ انبوہِ گراں

शिव, वरुण, सन्कादि, ब्रह्मा, थे शरीके बज़्म ऐश।
माहताबो[1] मिह्रो[2] अन्जुम[3] से ज़मीं थी आस्मां।।
जानकी माई की शादी की श्री रघुनाथ से।
लक्ष्मण के साथ ब्याही दूसरी दुख़्ते जवां।।
कुव्वते बाज़ूए[4] शाहनशाह जो कुशकेतु थे।
उनकी थीं गुल पैरहन[5] गुन्चा दहां[6] दो लड़कियां।।
भरत के साथ एक ब्याही, शत्रुघन के साथ एक।
चर्ख़[7] ने बह्रे दुआ[8] खोली महे नौ[9] की ज़बां।।
राजा दशरथ आये वापस जानिबे मुल्के अवध।
बस गया बूए मसर्रत[10] से दिमाग़े दो जहां[11]।।

* * * *

राम वनवास

एक दिन आइना दशरथ ने जो देखा नागहां[12]।
ज़ुल्फ़े शबगूं[13] ने दिखाया सुब्ह पीरी[14] का समां[15]।।
ध्यान आया दिल में लुत्फ़े हुक्मरानी[16] कुछ नहीं।
अब करूँ गोशे[17] में यादे मालिके कौनो मकां[18]।।
यूँ मुशीरों[19] से कहा कल हो तिलक का साज़ जमा।
राम को दूंगा समंदे हुक्मरानी[20] की इनां[21]।।
आये हर तीर्थ का जल, हर बाग़ के फल फूल हों।
मेहमानों के लिए मुझको बना दो मेज़बां[22]।।
कर दिया अरकाने दौलत[23] ने तिलक का साज़ जमा।
देवता आये, हुए शाहाने आलम[24] मेहमां।।

---

1. चांद 2. सूरज 3. सितारों 4. भाई 5. फूल जैसे शरीर वाली 6. कली जैसे मुख वाली 7. आकाश 8. आशीर्वाद के लिये 9. नवचन्द्र 10. प्रसन्नता की सुगन्ध से 11. सारे संसार का दिमाग़ 12. अकस्मात 13. श्याम वर्ण केशों ने 14. वृद्धावस्था 15. दृश्य 16. शासन करने का आनन्द 17. एकान्त 18. संसार के स्वामी का ध्यान 19. सलाहकारों 20. शासन के अश्व की 21. लगाम 22. आतिथेय 23. महल वालों ने 24. संसार भर के राजा।

شیو، برن، سنکاد، برہما تھے شریکِ بزم عیش
ماہتاب و مہر و انجم سے زمیں تھی آسماں
جانکی مائی کی شادی کی سری رگھناتھ سے
لچھمن کے ساتھ بیاہی دوسری دخترِ جواں
قوتِ بازوے شاہنشاہ جو کش کیت تھے
ان کی تھیں گل پیرہن، غنچہ دہن دو لڑکیاں
بھرت کے ساتھ ایک بیاہی شترگھن کے ساتھ ایک
چرخ نے بہرِ دعا کھولی مہِ نو کی زباں
راجہ دشرتھ آئے واپس جانبِ ملکِ اودھ
بس گیا بوے مسرت سے دماغِ دو جہاں

☆☆☆☆

رام بنواس

ایک دن آئینہ دشرتھ نے جو دیکھا ناگہاں
زلفِ شبگوں نے دکھایا صبحِ پیری کا سماں
دھیان آیا دل میں، لطفِ حکمرانی کچھ نہیں
اب کروں گوشے میں یادِ مالکِ کون و مکاں
یوں مشیروں سے کہا کل ہو تلک کا ساز جمع
رام کو دونگا سمندِ حکمرانی کی عناں
آئے ہر تیرتھ کا جل، ہر باغ کے پھل پھول ہوں
میہمانوں کے لیے مجھ کو بنا دو میزباں
کر دیا ارکانِ دولت نے تلک کا ساز جمع
دیوتا آئے، ہوے شاہانِ عالم میہماں

मंथरा थी केकेई की एक कनीज़े[1] फ़ित्ना जू[2]।
सख़्त रंजीदा हुई क़श्क़ा[3] की सुनकर दास्तां।।
केकई से अर्ज़ की, दशरथ हुए गोशा नशीं[4]।
होंगे अब रघुनाथ जी मुल्के अवध में हुक्मरां[5]।।
भरत को देखा न सुलतां ने निगाहे लुत्फ़[6] से।
खुल गया है कुछ न कुछ आपस में चश्मक बेगुमां[7]।।
दोस्तीए शाह[8] पर तुमको निहायत नाज़ था।
अब कहो वह दिन कहां हैं, वह मोहब्बत है कहां।।
हो गया ज़ाहिर कि थे अन्दाज़े उल्फ़त ज़ाहिरी।
वरना क्यों रहते भरत मोहताज तख़्ते ख़ान्दां।।
यह न समझो सल्तनत पाकर रहेंगे राम, राम।
देखना आखों को दिखलाता है क्या क्या आस्मां।।
दह्‌र में भाई का दुश्मन बढ़ के भाई से नहीं।
ताज़ियाना[9] हो बराए तौसने उम्रे रवां[10]।।
ज़र को गुल बन जाये, फव्वारा ख़ज़ाने के लिए।
ग़ुन्चये दिल को सुखाने को बने बादे ख़िज़ां[11]।।
शाह से ईफ़ाये वादा[12] के लिये तुम हठ करो।
जांनशीं[13] हों भरत, हों रघुनाथ जी बन को रवां।।
मुझ को समझाने से मतलब था, तुम्हें समझा दिया।
चाहे मानो या न मानो, सोच लो सूदो[14] ज़ियां[15]।।
यह सुख़न सुन कर हुआ, महवे हसद[16] रानी का दिल।
महवे हैरानी हुई ख़ाक उफ़तादा[17] ज़र्र:[18] साँ[19]।।

---

1. दासी 2. षड्यंत्रकारी 3. राजतिलक 4. एकान्तवासी 5. शासक 6. प्यार की दृष्टि से 7. नि:संदेह 8. राजा के प्रेम पर 9. कोड़ा 10. आयु के अश्व के लिये 11. पतझड़ की हवा 12. प्रण को पूरा करने के लिये 13. उत्तराधिकारी 14. लाभ 15. हानि 16. ईर्ष्याग्रस्त 17. दुखित 18. सौतन 19. समान।

منتھرا تھی کیکئی کی اِک کنیز فتنہ جو
سخت رنجیدہ ہوئی قشقہ کی سن کر داستاں
کیکئی سے عرض کی، دشرتھ ہوے گوشہ نشیں
ہوگئے اب رگھناتھ جی ملکِ اودھ میں حکمراں
بھرت کو دیکھا نہ سلطاں نے نگاہِ لطف سے
کُھل گیا ہے کچھ نہ کچھ آپس میں چشمک بیگماں
دوستیِ شاہ پر تم کو نہایت ناز تھا
اب کہو وہ دن کہاں ہے، وہ محبت ہے کہاں
ہو گیا ظاہر کہ تھے اندازِ الفت ظاہری
ورنہ کیوں رہتے بھرت محتاج تختِ خانداں
یہ نہ سمجھو سلطنت پا کر رہیں گے رام، رام
دیکھنا آنکھوں کو دکھلاتا ہے کیا کیا آسماں
دہر میں بھائی کا دشمن بڑھ کے بھائی سے نہیں
تازیانہ ہو برائے توسنِ عمرِ رواں
زر کو گُل بن جائے، فوّار خزانے کے لیے
غنچۂ دل کے سکھانے کو بنے بادِ خزاں
شاہ سے ایفاے وعدہ کے لیے تم ہٹ کرو
جانشیں ہوں بھرت، ہوں رگھناتھ جی بن کو رواں
مجھ کو سمجھانے سے مطلب تھا، تمھیں سمجھا دیا
چاہے مانو یا نہ مانو، سوچ لو سود و زیاں
یہ سخن سن کر ہوا محوِ حسد رانی کا دل
محوِ حیرانی ہوئی خاک اوفتادہ ذرّہ ساں

जब शाहे दशरथ शबिस्तां[1] में गये हंगामे शब।
केकई रानी को पाया, माइले आहो फ़ुग़ां[2]।।
प्यार से उल्फ़त से पूछा क्यों परेशांहाल हो।
फ़िक्र क्या है, दर्द क्या है, क्या है ईज़ाए निहां[3]।।
सच कहो क्या है तमन्ना, किस की ख़्वाहिश है तुम्हें।
क्या हवस, क्या आरज़ू, क्या चाह है ऐ जाने जां।।
किस को मालामाल कर दे, माल से दस्ते करम[4]।
बांकपन किस को दिखाये, जौहरे तेग़े रवां[5]।।
किस को दूँ औरंगे शाही[6], किस को बख़्शूं ताजो तख़्त।
किस की दामाने जवानी की उड़ा दूं धज्जियां।।
केकई बोली मिले तख़्ते हुकूमत भरत को।
राम चौदह साल तक बन को बनायें बोस्तां[7]।।
अहदे[8] साबिक़[9] था जो यह, दिल की यही है आरज़ू।
कीजिए ईफ़ाए वादे[10] से मुझे अब शादमां।।
मर्द को फिरना नहीं लाज़िम है अपने क़ौल से।
अह्द पैमां[11] जो हैं, उनकी एक होती है ज़बां।।
शाह बोले, केकई कैसा ख़्याले ख़ाम[12] है।
है कहां अक़्ले रसा[13], फ़हमो[14] फ़िरासत[15] है कहां।।
राम अभी कमसिन हैं, क्यों कर उनको भेजूं सूए दश्त[16]।
यह जुदा होंगे तो होगा, मुर्ग़े जां[17] बे आशियां[18]।।
मैं अगर उनको करूंगा दीदये रौशन से दूर।
टूट जायेगी इनाने तौसने उम्रे रवां[19]।।

1. शयनागार 2. आर्तनाद 3. छिपा हुआ कष्ट 4. दानशील हाथ 5. धारदार तलवार 6. राज सिंहासन 7. आश्रय 8. प्रण 9. पिछला 10. प्रतिज्ञापालन 11. प्रण पालक 12. अपरिपक्व मति 13. बुद्धि की पहुंच 14. विवेक 15. चतुराई 16. जंगल की ओर 17. जीवन पक्षी 18. नीड़ रहित 19. जीवन रूपी अश्व की लगाम।

جب شہِ دشرتھ شبستاں میں گئے ہنگامِ شب
کیکئی رانی کو پایا مائلِ آہ و فغاں
پیار سے الفت سے پوچھا کیوں پریشاں حال ہو
فکر کیا ہے، درد کیا ہے، کیا ہے ایذاے نہاں
سچ کہو کیا ہے تمنّا، کس کی خواہش ہے تمھیں
کیا ہوس، کیا آرزو کیا چاہ ہے اے جانِ جاں
کس کو مالامال کر دے مال سے دستِ کرم
بانکپن کس کو دکھائے جوہرِ تیغِ رواں
کس کو دوں اورنگِ شاہی، کس کو بخشوں تاج و تخت
کس کی دامانِ جوانی کی اُڑا دوں دھجیاں
کیکئی بولی، ملے تختِ حکومت بھرت کو
رام چودہ سال تک بن کو بنائیں بوستاں
عہد سابق تھا جو یہ، دل کی یہی ہے آرزو
کیجیے ایفاے وعدہ سے مجھے اب شادماں
مرد کو پھرنا نہیں لازم ہے اپنے قول سے
عہد پیما جو ہیں، اُن کی ایک ہوتی ہے زباں
شاہ بولے، کیکئی کیسا خیالِ خام ہے
ہے کہاں عقلِ رسا، فہم و فراست ہے کہاں
رام ابھی کمسن ہیں کیوں کر اُن کو بھیجوں سُوے دشت
یہ جدا ہوں گے تو ہوگا مُرغِ جاں بے آشیاں
میں اگر ان کو کرونگا دیدۂ روشن سے دور
ٹوٹ جائے گی عِنانِ توسنِ عمرِ رواں

भरत हों फ़रमां रवा[1] मुल्के अवध में शौक़ से।
राम को जाने न दूंगा सूए दश्ते बे निशां[2]।।
राम को तख़्ते हुकूमत की ज़रा परवा नहीं।
उनके कब्ज़े में है, औरंगे[3] ज़मीनो आस्मां।।
मुंह से जो कुछ कह दिया नक़्शे मुक़द्दर[4] हो गया।
बात क्या जो अह्द[5] टूटे, जिस्म में ज़ब तक है जां।।
केकई बोली, नहीं हैं आप अगर पैमाँ शिकन[6]।
फिर तअम्मुल[7] है अबस[8], तकरारो हुज्जत रायगां[9]।।
अलग़रज़[10] वक़्ते सहर आये जो राजा राम चन्द्र।
सरगुज़श्ते[11] अह्दे साबिक़[12], केकई ने की बयां।।
फिर यह फ़रमाया कि तुम चौदह बरस बन में रहो।
भरत जी होंगे सरे तख़्ते हुकूमत हुक्मरां।।
सुन के यह रघुनाथ ने रुख़सत तलब[13] की शाह से।
बह्रे ख़िदमत[14], जोशे उल्फ़त[15] से हुए लक्ष्मण रवां।।
जानकी आंसू बहाती आईं कौशल्या के पास।
अर्ज़ की जाऊंगी मैं भी राम जी के हमइनां[16]।।
पांव छूती हूँ मुझे अब हुक्म रुख़सत दीजिए।
जिसमें पाऊं राम की ख़िदमत से लुत्फ़े जाविदां[17]।।
रोईं कौशल्या, कहा सीता न हो आंखों से दूर।
दश्ते ग़ुर्बत[18] में नहीं वह लुत्फ़ है, जो है यहां।।
तुम हो नाज़ुक तुम से उठ्ठेगी न तकलीफ़े सफ़र।
ज़ोफ़[19] से हालत बतर[20] होगी नसीबे दुश्मनां[21]।।

---

1. शासक 2. अज्ञात वन की ओर 3. साम्राज्य 4. भाग्य का आलेख 5. प्रण 6. वादा तोड़ने वाले 7. विलम्ब 8. निरर्थक 9. व्यर्थ 10. संक्षेप में, सारांश 11. वृत्तांत 12. पिछले प्रण का 13. मांगी 14. सेवा के लिये 15. प्रेम के आवेग में 16. साथ में 17. शाश्वत आनन्द 18. परदेस 19. निर्बलता 20. ख़राब 21. जो दुश्मन के भाग्य में हो।

بھرت ہوں فرمانروا ملکِ اودھ میں شوق سے
رام کو جانے نہ دونگا سوے دشتِ بے نشاں
رام کو تختِ حکومت کی ذرا پروا نہیں
ان کے قبضے میں ہیں اورنگِ زمین و آسماں
منھ سے جو کچھ کہ دیا نقشِ مقدر ہو گیا
بات کیا جو عہد ٹوٹے، جسم میں جب تک ہے جاں
کیکئی بولی، نہیں ہیں آپ اگر پیماں شکن
پھر تامّل ہے عبث، تکرار و حجت رائگاں
الغرض وقتِ سحر آئے جو راجہ رام چندر
سرگذشتِ عہدِ سابق کیکئی نے کی بیاں
پھر یہ فرمایا کہ تم چودہ برس بن میں رہو
بھرت جی ہوں گے سرِ تختِ حکومت حکمراں
سن کے یہ رگھناتھ نے رخصت طلب کی شاہ سے
بہرِ خدمت جوشِ الفت سے ہوئے لچھمن رواں
جانکی آنسو بہاتی آئیں کوشلّیا کے پاس
عرض کی، جاؤنگی میں بھی رام جی کے ہمعناں
پاؤں چھوتی ہوں مجھے اب حکم رخصت دیجیے
جس میں پاؤں رام کی خدمت سے لطفِ جاوداں
روئیں کوشلّیا، کہا سیتا نہ ہو آنکھوں سے دور
دشتِ غربت میں نہیں وہ لطف ہے، جو ہے یہاں
تم ہو نازک تم سے اُٹھے گی نہ تکلیفِ سفر
ضعف سے حالت بتر ہوگی نصیبِ دشمناں

राम को जाने दो बन में अपने घर में तुम रहो।
वह बहारे दश्त[1] देखें तुम ख़िज़ाये बोस्तां[2]।।
एक सीता ने न मानी सब ने समझाया बहुत।
राम के हमराह सहरा को चलीं नाला कुनां[3]।।
मच गया कोहराम हरसू[4], रो दिये सब जिन्नो इन्स[5]।
हर बशर था महवे शेवन[6], माइले आहो फ़ुगां[7]।।
डबडबाये अश्क चश्मे अब्र[8] के, चिल्लाई रा'द[9]।
बर्क़[10] तक इस रंज के मारे फ़लक पर थी तपां[11]।।
कौन दिल था जो न मछली की तरह बेताब था।
कौन थी चश्मे बशर[12], जिससे न आंसू थे रवां।।
वह ज़बां थी कौन, जिस पर क़िस्सए मातम न था।
कौन वह लब था न जिस पर थी अलम[13] की दास्तां।।
कौन सीना था न जिसको कूटती थी ज़र्बे मुश्त[14]।
कौन था सर तोड़ता था जो न दीवारें मकां।।
कौन थी ज़ुल्फे दुता[15], जिसको परेशानी न थी।
था कलेजा कौन, जिसमें थी न ईज़ाए निहां[16]।।
इस तरफ़ बाहर मकां के राम ने रक्खा क़दम।
गिर पड़ा रावण के सर से, ताजे सुल्तानी वहां।।
अपने बेगाने हज़ारों थे रिकाबे[17] राम में।
जानिबे सहराये बेपायां[18] रवां था कारवां।।
जाते जाते एक दश्ते पुरबुला[19] में शब हुई।
दुर्जे लब[20] से वां हुए रघुनाथ जी गौहर फ़िशां[21]।।

---

1. वन की बहार 2. उद्यान का पतझड़ 3. रोती कलपती 4. हर ओर 5. जिन और इंसान 6. विलापरत 7. आर्तनाद की ओर प्रवत्त 8. बादल 9. बिजली की कड़क 10. बिजली 11. उत्तप्त 12. व्यक्ति की आंख 13. दुख 14. मुट्ठी की चोट 15. झुकी हुई लटें 16. छिपा हुआ दर्द 17. चलने को बिल्कुल तैय्यार 18. असीम 19. फलों से लदे पेड़ों का जंगल 20. मुख मंजूषा 21. मोती बिखेरे।

رام کو جانے دو بن میں اپنے گھر میں تم رہو
وہ بہارِ دشت دیکھیں تم فضاے بوستاں

ایک سیتا نے نہ مانی سب نے سمجھایا بہت
رام کے ہمراہ صحرا کو چلیں نالہ کناں

مچ گیا کہرام ہر سو، رو دیے سب جن و انس
ہر بشر تھا محوِ شیون، مائلِ آہ و فغاں

ڈبڈبائے اشک چشمِ ابر کے، چلّائی رعد
برق تک اس رنج کے مارے فلک پر تھی طپاں

کون دل تھا جو نہ مچھلی کی طرح بیتاب تھا
کون تھی چشمِ بشر، جس سے نہ آنسو تھے رواں

وہ زباں تھی کون جس پر قِصّۂ ماتم نہ تھا
کون وہ لب تھا نہ جس پر تھی الم کی داستاں

کون سینہ تھا، نہ جس کو کوٹتی تھی ضربِ مشت
کون تھا سر توڑتا تھا جو نہ دیوارِ مکاں

کون تھی زلفِ دوتا جس کو پریشانی نہ تھی
تھا کلیجہ کون، جس میں تھی نہ ایذاے نہاں

اس طرف باہر مکاں کے رام نے رکھا قدم
گر پڑا راون کے سر سے تاجِ سلطانی وہاں

اپنے بیگانے ہزاروں تھے رکابِ رام میں
جانبِ صحراے بے پایاں رواں تھا کارواں

جاتے جاتے ایک دشتِ پُر بلا میں شب ہوئی
دُرجِ لب سے واں ہوے رگھناتھ جی گوہر فشاں

अब न मेरे साथ उठाये कोई तकलीफ़े सफ़र।
अपने अपने घर को वापस जायें सब ख़ुर्दो कलां[1]।।
हाथ में रक्खें एनाने सब्र[2] को चौदह बरस।
गर रहे ज़िन्दा तो वापस आयेंगे सूए मकां।।
गुफ़्तगूए पंद ने कुछ भी न जब तासीर की।
राम ने बेसाख़्ता की क़ुदरते ताज़ा अयां।।
जितने हमराही थे, ग़ाफ़िल हो गये सब नींद में।
सूरते तक़दीर सोये तिफ़्लको पीरो जवां।।
आंख मलते जब उठे मरदुम[3], न राम आये नज़र।
रोते चिल्लाते सिसकते फिर गये सूए मकां।।
बेक़रारी में थे सब सीमाबो नब्ज़े[4] जां बलब[5]।
मुर्ग़े बिस्मिल[6], माहिये बेआब[7], बर्क़े आस्मां[8]।।

* * * *

श्री राम चन्द्र जी का चित्रकूट पर क़याम

था निषाद एक मर्दे सहराई[9] जख़ीमो पहलवां[10]।
राम के चूमे क़दम हमराहे अहले ख़ान्दां[11]।।
वाक़फ़ीयत थी जो कामिल, बन की राहों से उसे।
रहनुमाई को हुआ रघुनाथ जी के हमइनाँ[12]।।
कर दिया रुख़सत सुमंते नुक्तावर[13] को राम ने।
ख़ाक से तन को जिला[14] बख़्शी मली रेगे रवां[15]।।
चेहरये आइनए ज़ानू[16] दिखाया ज़ुल्फ़ को।
जिस्म में पहना लिबासे ज़ाफ़रानी[17] ज़रफ़िशां[18]।।
पाक फ़रमा कर बदन को ग़ुस्ल[19] आबे गंग[20] से।
की तलब मल्लाह से कश्ती लबे बह्रे रवां[21]।।

---

1. छोटे बड़े 2. धैर्य की लगाम 3. मनुष्य 4. पारे की तरह अस्थिर नब्ज़ 5. होंठों पर जान 6. घायल पक्षी 7. जल बिन मीन 8. आकाश की बिजली 9. जंगल का रहने वाला 10. हृष्ट पुष्ट 11. परिवार सहित 12. साथ 13. बुद्धिमान सुमंत को 14. आभा 15. रेत 16. घुटने 17. केसरिया 18. सोने की आभा बिखेरने वाला 19. स्नान 20. गंगा के पानी में 21. नदी के किनारे।

اب نہ میرے ساتھ اُٹھائے کوئی تکلیفِ سفر
اپنے اپنے گھر کو واپس جائیں سب خرد و کلاں
ہاتھ میں رکھیں عنانِ صبر کو چودہ برس
گر رہے زندہ تو واپس آئینگے سوے مکاں
گفتگوئے پند نے کچھ بھی نہ جب تاثیر کی
رام نے بیساختہ کی قدرتِ تازہ عیاں
جتنے ہمراہی تھے غافل ہو گئے سب نیند میں
صورتِ تقدیر سوئے طفلک و پیر و جواں
آنکھ ملتے جب اٹھے مرُدم نہ رام آئے نظر
روتے چلّاتے سسکتے پھر گئے سوے مکاں
بیقراری میں تھے سب سیماب و نبضِ جاں بلب
مُرغِ بسمل، ماہیِ بے آب، برقِ آسماں

سری رام چندر جی کا چترکوٹ پر قیام

تھا نکھاد اک مردِ صحرائی جسیم و پہلواں
رام کے پکڑے قدم ہمراہِ اہلِ خانداں
واقفیت تھی جو کامل بن کی راہوں سے اُسے
رہنمائی کو ہوا رگھناتھ جی کے ہمعناں
کر دیا رُخصت سومنتِ نکتہ ور کو رام نے
خاک سے تن کو جلا بخشی، مَلی ریگِ رواں
چہرۂ آئینۂ زانو دکھایا زلف کو
جسم میں پہنا لباسِ زعفرانی زرفشاں
پاک فرما کر بدن کو غُسل آبِ گنگ سے
کی طلب ملاح سے کشتی لبِ بحرِ رواں

दस्तबस्ता[1] अर्ज़ की मल्लाह ने कहते हैं लोग।
फ़ैज़े पा[2] से उड़ते हैं मिस्ले शरर[3] संगे गरां[4]।।
मुझ को डर है मेरी कश्ती भी न उड़ जाये कहीं।
हुक्मे अक़दस[5] हो, तो धोकर पांव कर लूँ इम्तिहां।।
जब इजाज़त मिल गई, धोए क़दम मल्लाह ने।
वह्म दिल से मिट गया हक[6] हो गया हर्फ़े गुमां[7]।।
बैठे कश्ती पर श्री रघुनाथ, लक्ष्मण, जानकी।
मंज़िले मक़सूद[8] तै की, सूरते मौजे रवां।।
करके तै सहरा किया दरियाये त्रिवेनी में ग़ुस्ल।
जा के भारद्वाज के घर में हुए फिर मेहमां।।
रह के शब भर सुबह को पहुंचे लबे बह्रे जमन[9]।
हुक्म रघुबर से हुआ रुख़्सत निषादे नुक्तादां[10]।।
राम ने देखी जो ज़ुल्फ़े शाम रुए मिह्र[11] पर।
बाल्मीकि अहले करामत[12] को बनाया मेज़बां[13]।।
नज़्र देकर मेवए शीरीं[14] रिखीश्वर ने कहा।
कीजिए इस बन को बस कर ग़ैरते बाग़े जिनां[15]।।
इस जगह है चित्रकूट एक कोह रश्के[16] कोहक़ाफ़[17]।
जिसके पहलू में है बह्रेगंग[18] की धारा रवां।।
जुमला[19] सामाने तरब[20] मौजूद हैं बालाए कोह[21]।
सैकड़ों नामी रिखीश्वर हैं रियाज़त[22] कश वहां।।
है मुनासिब आप चन्दे[23] इस जगह रक्खें क़याम।
अपने क़दमों से जगा दें क़िस्मते कोहे गरां।।
सुब्ह को मुनि से हुए रुख़्सत श्री रामो लखन।
कोह को जाकर बनाया अपना संगे आस्तां[24]।।

* * * *

---

1. हाथ जोड़ कर 2. चरण स्पर्श के प्रभाव से 3. चिंगारी की तरह 4. भारी पत्थर 5. कल्याणकारी 6. मिट गया 7. संदेह 8. इच्छित लक्ष्य 9. जमुना के किनारे 10. बुद्धिमान 11. सूर्य के मुख पर 12. चमत्कारी 13. आतिथेय 14. मीठे फल 15. स्वर्ग का उद्यान 16. ईर्ष्या करने योग्य पर्वत 17. सुन्दर पर्वत 18. गंगा नदी 19. समग्र 20. सुख सामग्री 21. पर्वत पर 22. तपस्यारत 23. कुछ समय 24. आश्रय स्थल।

دست بستہ عرض کی ملاح نے کہتے ہیں لوگ
فیضِ پا سے اُڑتے ہیں مثلِ شرر سنگِ گراں
مجھ کو ڈر ہے میری کشتی بھی نہ اڑ جائے کہیں
حکمِ اقدس ہو، تو دھو کر پانوٴں کر لوں امتحاں
جب اجازت مل گئی، دھوئے قدم ملاح نے
وہم دل سے مٹ گیا، حک ہو گیا حرفِ گماں
بیٹھے کشتی پر سری رگھناتھ، لچھمن، جانکی
منزلِ مقصود طے کی، صورتِ موجِ رواں
کر کے طے صحرا، کیا دریاے تربینی میں غسل
جا کے بھاردواج کے گھر میں ہوئے پھر میہماں
رہ کے شب بھر، صبح کو پہونچے لبِ بحرِ جمن
حکمِ رہبر سے ہوا رخصت نکھادِ نکتہ داں
رام نے دیکھی جو زلفِ شام روے مہر پر
بالمیک اہلِ کرامت کو بنایا میزباں
نذر دے کر میوۂ شیریں رکھیشر نے کہا
کیجیے اس بن کو بس کر غیرتِ باغِ جناں
اس جگہ ہے چترکوٹ اک کوہ رشکِ کوہ قاف
جس کے پہلو میں ہے بحرِ گنگ کی دھارا رواں
جملہ سامانِ طرب موجود ہیں بالاے کوہ
سیکڑوں نامی رکھیشر ہیں ریاضت کش وہاں
ہے مناسب سب آپ چندے اس جگہ رکھیں قیام
اپنے قدموں سے جگا دیں قسمتِ کوہِ گراں
صبح کو مُنی سے ہوے رخصت سری رام و لکھن
کوہ کو جاکر بنایا اپنا سنگِ آستاں

दशरथ जी का इन्तिक़ाल

जब फिरा सूए अवध ख़ाली सुमंते नुक्तादाँ।
शाह से सहरानवर्दों का किया क़िस्सा बयाँ।।
रोये दशरथ इस क़दर रघुनाथ जी के रंज में।
ग़र्क़[1] दरियाए फ़ना[2] में हो गई कश्तीए जां[3]।।
मच गया कोहराम अइज़्ज़ा[4] अक़्रिबा[5] रोने लगे।
हर मकां में मुर्ग़े कुल्फ़त[6] ने बनाया आशियां[7]।।
थे हुबाबे दीदएतर अश्क क़े चश्मों में ग़र्क़।
शीशए दिल नालए सोज़ाँ से थे आतिश फ़िशां।।
लोटते थे ख़ाक पर पारे की सूरत तिफ़्ले अश्क[8]।
चश्मे तर पथरा गयी थीं, फिर गई थीं पुतलियां।।
हाल सुनकर इन्तिक़ाले शाह का आये वशिष्ठ।
आस्तीने पन्द[9] से पोछे सिरिश्के[10] ख़ान्दां।।
अपने नाना के मकां में थे भरत और शत्रुघन।
आए क्रिया करम करने के लिए महवे फ़ुगां[11]।।
मां से पूछा किस तरह शह ने पिया जामे अजल[12]।
हैं कहां राम और लक्ष्मण, जानकी जी हैं कहां।।
कैकई बोली हुए रामो लखन सहरानशीं[13]।
जिनके ग़म में जान दी सुल्तां ने हो हो कर तपां[14]।।
सूरते गुल[15] भरत ने चाक[16] अपना पैराहन[17] किया।
ज़ख़्म की सूरत किया चश्मे सियह[18] को ख़ूँ फ़िशां[19]।।
ले के लाशा राजा दशरथ का लबे सरजू गये।
जिस्मे मुर्दा को जलाया शम्मा की सूरत वहां।।

---

1. डूब गई 2. मृत्यु की नदी में 3. जीवन नैय्या 4. परिवारजन 5. सम्बन्धी 6. दुख के पक्षी 7. नीड़ 8. अश्रु बिन्दु 9. उपदेश 10. आंसू 11. रोते चिल्लाते 12. मृत्यु का प्याला 13. बनवासी 14. व्याकुल 15. फूल की तरह 16. फाड़े 17. वस्त्र 18. काला 19. रक्त रंजित।

دشرتھ جی کا انتقال

جب پھرا سوے اودھ خالی سومنتِ نکتہ داں
شاہ سے صحرانوردوں کا کیا قصّہ بیاں

روئے دشرتھ اس قدر رگھناتھ جی کے رنج میں
غرق دریاے فنا میں ہو گئی کشتیِ جاں

مچ گیا کہرام اعزا اقربا رونے لگے
ہر مکاں میں مرغِ کلفت نے بنایا آشیاں

تھے حبابِ دیدۂ تر اشک کے چشموں میں غرق
شیشۂ دل نالۂ سوزاں سے تھے آتش فشاں

لوٹتے تھے خاک پر پارے کی صورت طفلِ اشک
چشمِ تر پتھرا گئی تھی، پھر گئی تھیں پتلیاں

حال سن کر انتقالِ شاہ کا آئے بشسٹ
آستینِ پند سے پونچھے سرشکِ خانداں

اپنے نانا کے مکاں میں تھے بھرت اور شترگھن
آئے کِریا کرم کرنے کے لیے محوِ فغاں

ماں سے پوچھا کس طرح شہ نے پیا جامِ اجل
ہیں کہاں رام اور لچھمن، جانکی جی ہیں کہاں

کیکئی بولی ہوے رام و لکھن صحرا نشیں
جن کے غم میں جان دی سلطاں نے ہو ہو کر طپاں

صورتِ گل بھرت نے چاک اپنا پیراہن کیا
زخم کی صورت کیا چشمِ سیہ کو خونفشاں

لے کے لاشہ راجہ دشرتھ کا لبِ سرجو گئے
جسمِ مردہ کو جلایا شمع کی صورت وہاں

भरत मिलाप

सुबह को उठकर भरत जी माइले आहो फ़ुगां।
रामो लक्ष्मण के मनाने को हुए घर से रवां।।
साथ अइज़्ज़ा[1] थे वशिष्ठो शत्रुघ्न हमराह थे।
थी जुलू[2] में राजाए दशरथ की तीनों रानियां।।
पेशो[3] पस[4] थे अपने बेगाने, जनक थे हम रिक़ाब[5]।
जुमला थे वाबस्तए दामने दौलत[6] हमइनां[7]।।
जानिबे मंज़िल रवां रौ जब चला वह क़ाफ़िला।
पाई आगाही निखादे सफ़ शिकन[8] ने नागहां।।
दिल में समझा भरत जी हैं माइले[9] जौरो सितम[10]।
हमलाआवर[11] होंगे रामो लक्ष्मण पर बेगुमां[12]।।
ख़ानदाँ के जिस क़दर थे लोग, हुक्म उनको दिया।
हों भरत पर हमलाआवर तिफ़लको पीरो जवां।।
हाथापाई करके मुंह चूमें अरूसे तेग़[13] का।
ज़ख़्म से माशूक़ए शमशीर[14] की चूसें ज़बां।।
लश्कर उस सहरानशीं का जब चला ख़ंजर बकफ़[15]।
जानिबे बाज़ूए चप छींका किसी ने नागहां[16]।।
बोल उठा एक पीर[17] अच्छी छींक की तासीर है।
हम बग़ल होंगे अरूसे फ़तह से ख़ुर्दो कलां।।
अब तअम्मुल[18] रायगां[19] है बह्रे ख़ूंरेज़ी[20] चलो।
तेग़ बरगश्ता[21] भरत से है, कशीदा[22] है कमां।।

---

1. परिवार वाले 2. साथ में 3. आगे 4. पीछे 5. घोड़े पर सवार 6. सभी महल वाले 7. साथ में 8. युद्ध में सेना की पंक्ति को चीर डालने वाला 9. प्रवत्त 10. अनीति, अत्याचार 11. आक्रमणकारी 12. निःसंदेह 13. खड्गवधू 14. प्रेमिका तलवार 15. खंजर हाथ में लेकर 16. अकस्मात 17. वयो वृद्ध 18. विलम्ब 19. व्यर्थ 20. रक्तपात के लिये 21. प्रतिकूल 22. अप्रसन्न।

بھرت ملاپ

صبح کو اُٹھ کر بھرت جی مائلِ آہ و فغاں
رام و لچھمن کے منانے کو ہوئے گھر سے رواں
ساتھ اعزا تھے بشسٹ و شترگھن ہمراہ تھے
تھیں جلو میں راجۂ دشرتھ کی تینوں رانیاں
پیش و پس تھے اپنے بیگانے جنک تھے ہمرِکاب
جملہ تھے وابستۂ دامانِ دولت ہمعناں
جانبِ منزل رواں رو جب چلا وہ قافلہ
پائی آگاہی نکھادِ صف شِکن نے ناگہاں
دل میں سمجھا، بھرت جی ہیں مائلِ جور و سِتم
حملہ آور ہوں گے رام و لچھمن پر بیگماں
خانداں کے جس قدر تھے لوگ، حکم ان کو دیا
ہوں بھرت پر حملہ آور طفلک و پیر و جواں
ہاتھا پائی کر کے منھ چومیں عُروسِ تیغ کا
زخم سے معشوقۂ شمشیر کی چوسیں زباں
لشکر اُس صحرا نشیں کا جب چلا خنجر بکف
جانبِ بازوے چپ چھینکا کسی نے ناگہاں
بول اُٹھا اک پیر اچھی چھینک کی تاثیر ہے
ہم بغل ہوں گے عروسِ فتح سے خرد و کلاں
اب تامّل رائگاں ہے بہرِ خونریزی چلو
تیغ برگشتہ بھرت سے ہے، کشیدہ ہے کماں

कोई बोला अक़्ल से मालूम होता है मुझे।
राम के लेने को जाता है ये अम्बोहे गिरां[1]।।
ज़ाहिरा होता है ज़ाहिर सब परेशां हाल हैं।
कोई गिरियां[2] है, किसी के लब पे है आहो फ़ुगां।।
सुनके ये तक़रीरे माक़ूल, इस तरह बोला निखाद।
मैं पये तफ़्तीश[3] हाले जंग जाता हूँ वहां।।
गर ज़रा भी बल मैं अब्रूए कमां में पाऊंगा।
काट दूंगा तेग़ से हर रिश्तए उम्रे रवां[4]।।
अलग़रज़[5] पहुंचा जो लश्कर में तो सब गिरियां मिले।
कोई भी ख़न्दां[6] न था मानिन्द ज़ख़्मे खूं फ़िशां।।
भरत जी के पांव को चूमा लबे दामन की तरह।
रहनुमाई की, बताकर, रामो लछमन का निशां।।
रफ़्ता रफ़्ता जब भरत पहुंचे क़रीबे चित्रकूट।
पेश रामो लक्ष्मनो सीता निखाद आया दवां[7]।।
की गुज़ारिश ले के अम्बोहे गिरां आते हैं भरत।
चश्मो सर[8] से चूमने वाले हैं संगे आस्तां[9]।।
सुन के आमद भरत की लक्ष्मन हुए महवे ग़ज़ब[10]।
बोले ख़ूँरेज़ी[11] को हो तैय्यार ए तीरो कमां।।
सल्तनत क्या हाथ आई, सरकशी[12] करने लगे।
ये जिगर, ये दम, ये दिल, ये जोश, ये ताबो तुवां[13]।।
गर उठाया सर तो मल डालूंगा पश्शाँ[14] की तरह।
सूरते हर्फ़े ग़लत[15] दम में मिटा दूंगा निशां।।

---

1. भारी समूह 2. रोता है 3. जांच पड़ताल 4. उम्र की डोर 5. सारांश यह 6. मुस्कराता 7. दौड़ता हुआ 8. सर आंखों से 9. आश्रम का पत्थर 10. क्रोधित 11. रक्तपात 12. स्वेच्छाचारिता 13. सामर्थ्य 14. मच्छर 15. अशुद्ध अक्षर की तरह।

کوئی بولا عقل سے معلوم ہوتا ہے مجھے
رام کے لینے کو جاتا ہے یہ انبوہِ گراں
ظاہرا ہوتا ہے ظاہر سب پریشاں حال ہیں
کوئی گریاں ہے کسی کے لب پہ ہے آہ و فغاں
سن کے یہ تقریرِ معقول، اس طرح بولا نکھاد
میں پے تفتیشِ حالِ جنگ جاتا ہوں وہاں
گر ذرا بھی بل میں ابروے کماں میں پاؤنگا
کاٹ دونگا تیغ سے ہر رشتۂ عمرِ رواں
الغرض پہونچا جو لشکر میں تو سب گریاں ملے
کوئی بھی خنداں نہ تھا مانند زخمِ خونفشاں
بھرت جی کے پانؤں کو چوما لبِ دامن کی طرح
رہنمائی کی، بتاکر، رام و لچھمن کا نشاں
رفتہ رفتہ جب بھرت پہونچے قریبِ چترکوٹ
پیش رام و لچھمن و سیتا نکھاد آیا دواں
کی گذارش لے کے انبوہِ گراں آتے ہیں بھرت
چشم و سر سے چومنے والے ہیں سنگِ آستاں
سن کے آمد بھرت کی لچھمن ہوے محوِ غضب
بولے خونریزی کو ہو تیار اے تیر و کماں
سلطنت کیا ہاتھ آئی، سرکشی کرنے لگے
یہ جگر، یہ دم، یہ دل، یہ جوش یہ تاب و تواں
گر اٹھایا سر تو مل ڈالوں گا پشہ کی طرح
صورتِ حرفِ غلط دم میں مٹا دونگا نشاں

राम बोले भरत महवे दुश्मनी[1] हर्गिज़ नहीं।
जान मैं हूं, वह हैं क़ालिब[2], मैं हूँ क़ालिब, वो हैं जां।।
आतिशो जोशे हरारत[3] ऐ लखन तुम गुल करो।
बेगुमां ज़ेरे बग़ल[4] है शाहिदे[5] अम्नो[6] अमां[7]।।
सामने रघुनाथ के आए इसी अर्से में भरत।
गिर पड़े क़दमों पे मिस्ले गेसुए अम्बर फ़िशां।।
हर बशर ने अपने सीने से लगाया राम को।
तिफ़्ले अश्के तर[8] गिरे क़दमों पे हो हो कर तपां[9]।।
तख़्लिये[10] में राम से बोले भरत जी और वशिष्ठ।
आप चलकर हों बस अब मुल्के अवध में हुक्मरां।।
आप के ग़म में श्री दशरथ ने ली सुरपुर[11] की राह।
ख़ाक बरसर रंज से रहती हैं तीनों रानियां।।
ऐसी फैली है अजुध्या में वबाए[12] दर्दे हिज्र[13]।
आज़मे[14] शहरे ख़मोशां[15] हैं सब अहले ख़ान्दां।।
हाल सुनकर मर्गे[16] शह का राम रोए इस क़दर।
अश्क से मिस्ले ज़मीं पानी पे ठहरा आस्मां।।
यूँ कहा हुक्मे पिदर[17] को मैं न टालूंगा कभी।
घर न वापस जाऊँगा चौदह बरस के दरमियां।।
तुम करो फ़रमारवाई[18] शौक़ से मेरे एवज़[19]।
अद्ल[20] से रक्खो हर एक पीरो जवां को शादमां।।
कह के ये नालैन[21] सौंपी, दी निशानी के लिए।
गिर के क़दमों पे भरत रुख़सत हुए नाला कुनां[22]।।

---

1. शत्रुता करने वाला 2. शरीर 3. आवेश की उष्णता की ज्वाला 4. समीप 5. साक्षी 6. शांति 7. निर्भयता 8. अश्रु बिन्दु 9. उत्तप्त 10. एकान्त 11. स्वर्ग 12. संक्रामक रोग 13. विरह व्यथा 14. मूक 15. शमशान 16. मृत्यु 17. पिता 18. शासन 19. मेरे स्थान पर 20. न्याय 21. खड़ाऊँ 22. रोते हुए।

رام بولے بھرت محوِ دشمنی ہرگز نہیں
جان میں ہوں وہ ہیں قالب، میں ہوں قالب وہ ہیں جاں
آتشِ جوش و حرارت اے لکھن تم گل کرو
بیگماں زیرِ بغل ہے شاہدِ امن و اماں
سامنے رگھناتھ کے آئے اسی عرصہ میں بھرت
گر پڑے قدموں پہ مثلِ گیسوِ عنبر فشاں
ہر بشر نے اپنے سینے سے لگایا رام کو
طفلِ اشکِ تر گرے قدموں پہ ہو ہو کر طپاں
تخلیے میں رام سے بولے بھرت جی اور بشسٹ
آپ چل کر ہوں بس اب ملکِ اودھ میں حکمراں
آپ کے غم میں سری دشرتھ نے لی سُرپُر کی راہ
خاک برسر رنج سے رہتی ہیں تینوں رانیاں
ایسی پھیلی ہے اجودھیا میں وبائے دردِ ہجر
عازمِ شہرِ خموشاں ہیں سب اہلِ خانداں
حال سن کر مرگِ شہ کا رام روئے اس قدر
اشک سے مثلِ زمیں پانی پہ ٹھہرا آسماں
یوں کہا حکمِ پدر کو میں نہ ٹالونگا کبھی
گھر نہ واپس جاؤنگا چودہ برس کے درمیاں
تم کرو فرمانروائی شوق سے میرے عوض
عدل سے رکھو ہر اک پیر و جواں کو شادماں
کہ کے یہ نعلین سونپی، دی نشانی کے لیے
گر کے قدموں پر بھرت رخصت ہوے نالہ کناں

ख़ानए दिल[1] में बसाई याद सीता राम की।
तख़्त पर रक्खी खड़ाऊं राम की बह्रे निशां।।
शत्रुघ्न के हाथ में सौपीं इनाने सल्तनत[2]।
ख़ुद हुए मशग़ूल यादे मालिके कौनो मकां[3]।।

* * * *

श्री राम चन्द्र जी की राजा इन्द्र के बेटे को चश्मनुमाई

राम लक्ष्मण जानकी एक दिन सरे कोहे गिरां।
थे ज़िबस[4] महवे तमाशाए[5] बहारे बेख़िज़ां[6]।।
जानकी जी को पिन्हाया ज़ेवरे गुल[7] राम ने।
तौक़, झूमर, पात, कंगन, हार, बिद्धी बालियां।।
जयंत इक फ़रज़न्द[8] राजा इन्द्र का था बदसरिश्त[9]।
बदगुहर[10], बदज़ात[11], बद किरदार[12] नंगे ख़ानदां[13]।।
बन के ज़ाग़े[14] बूम ख़सलत[15] जादूओ नैरंग[16] से।
चोंच मारी पाए सीता पर बराए इम्तिहां।।
जब श्री रघुबर ने देखी यह शरारत ज़ाग की।
सर किया जोशे ग़ज़ब[17] से उस पे तीरे जाँ सिताँ[18]।।
ज़ाग़ ने मांगी महादेव, इन्द्र, ब्रह्मा से मदद।
ज़ोरे जिस्मानी से की दरख़्वास्ते अम्नो अमां।।
तीर ने पीछा न तीनों लोक में छोड़ा मगर।
शक्ल कोई भी नज़र आई न बह्रे हिफ़्ज़े जां[19]।।

1. मन मंदिर 2. शासन की लगाम 3. संसार के स्वामी (ईश्वर) 4. अत्यधिक 5. कौतुक से देख रहे थे 6. वह बहार जिसमें पतझड़ न हो 7. फूलों के गहने 8. पुत्र 9. दुष्प्रकृति 10. अकुलीन 11. नीच 12. कदाचारी 13. कुल कलंक 114. कौआ 15. उल्लू के स्वभाव वाला 16. मायाजाल 17. अत्यन्त क्रोधित होकर 18. प्राण घातक 19. प्राण रक्षा की।

خانۂ دل میں بسائی یاد سیتا رام کی
تخت پر رکھی کھڑاؤں رام کی بہرِ نشاں
شترگھن کے ہاتھ میں سونپی عِنانِ سلطنت
خود ہوئے مشغول یادِ مالکِ کون و مکاں

☆☆☆☆

سری رام چندر جی کی راجہ اندر کے بیٹے کو چشم نمائی

رام لچھمن، جانکی اک دن سرِ کوہِ گراں
تھے زبس محوِ تماشائے بہارِ بیخزاں
جانکی جی کو پنہایا زیورِ گُل رام نے
طوق، جھومر، پات، کنگن، ہار بدھی بالیاں
جینت اک فرزند راجہ اندر کا تھا بدسرشت
بدگہر، بدذات، بدکردار، ننگِ خانداں
بن کے زاغِ بُوم خصلت جادو و نیرنگ سے
چونچ ماری پائے سیتا پر برائے امتحاں
جب سری رگھبر نے دیکھی یہ شرارت زاغ کی
سر کیا جوشِ غضب سے اس پہ تیرِ جانستاں
زاغ نے مانگی مہادیو، اندر، برھما سے مدد
زورِ جسمانی سے کی درخواستِ امن و اماں
تیر نے پیچھا نہ تینوں لوک میں چھوڑا مگر
شکل کوئی بھی نظر آئی نہ بہرِ حفظِ جاں

हो के तंग आख़िर गिरा रघुनाथ जी के पांव पर।
अर्ज़ की अफ़ूव[1] ख़ाता हो ए मुइने[2] बेकसां[3]।।
मैं ख़ुद अपने जुर्म संगी से हुआ हूँ बदनसीब[4]।
अब हो मुझ पर दामने लुत्फ़ो करम साया कुनां[5]।।
राम ने एक आंख उसकी की पये तंबीह[6] कोर[7]।
ज़ाग़ उड़ा सरदर गिरीबां[8] हो के सूए आस्मां।।

* * * *

सूर्पनखा की गोशमाली

रामो लछमन सैर करते करते जा पहुंचे वहां।
सुपनखा हमशीरए[9] रावन का मस्कन[10] था जहां।।
शक्ल देखी सुपनखा ने जब श्री रघुबीर की।
हाथ से जाती रही सब्रो तहम्मुल[11] की इनां।।
बनके एक माशूक़ए तन्नाज़[12] बोली राम से।
मैं बहन रावन की हूँ नाज़ुक बदन अब्रू कमां।।
मेरे तालिब सैकड़ों शाहाने ख़ुश इक़बाल[13] हैं।
कर दिया मुझ पर निछावर सैकड़ों ने नक़्दे जां[14]।।
गो हज़ारों ख़ूबसूरत भी हुए शैदाए हुस्न[15]।
मैं हुई लेकिन न अपने तालिबों[16] पर मेहरबां।।
आपकी सूरत पे शैदा[17] हो गया है आज दिल।
कीजिए नक़्दे तमन्ना[18] दे के मुझको शादमां।।
राम बोले, यां है दामाने तअल्लुक़[19] हाथ में।
कर श्री लक्ष्मण से जाकर मुद्दाए दिल[20] बयां।।

---

1. क्षमा 2. सहायक 3. दुखीजनों 4. अभागा 5. कृपा के आंचल का साया हो 6. सज़ा के तौर पर 7. दृष्टिहीन 8. सोच में पड़ा हुआ 9. बहन 10. रहने का स्थान 11. धैर्य 12. नाज़ दिखाने वाली प्रेयसी 13. प्रतापी राजा 14. जीवन धन 15. सौंदर्य पर मोहित 16. चाहने वालों 17. आसक्त 18. इच्छा रूपी धन 19. स्त्री का आंचल 20. मनोकामना।

ہو کے تنگ آخر گرا رگھناتھ جی کے پاؤں پر
عرض کی عفوِ خطا ہو اے مُعینِ بیکساں
میں خود اپنے جرم سنگیں سے ہوا ہوں بدنصیب
اب ہو مجھ پر دامنِ لطف و کرم سایہ کناں
رام نے اک آنکھ اسکی کی پئے تنبیہ کور
زاغ اُڑا سرور گریاں ہو کے سُوے آسماں

☆☆☆☆

سُپ نکھا کی گوشمالی

رام و لچھمن سیر کرتے کرتے جا پہونچے وہاں
سُپنکھا، ہمشیرۂ راون کا مسکن تھا جہاں
شکل دیکھی سپنکھا نے جب سری رگھبیر کی
ہاتھ سے جاتی رہی صبر و تحمل کی عناں
بن کے اک معشوقۂ طنّاز بولی رام سے
میں بہن راون کی ہوں نازک بدن ابرو کماں
میرے طالب سیکڑوں شاہانِ خوش اقبال ہیں
کر دیا مجھ پر نچھاور سیکڑوں نے نقدِ جاں
گو ہزاروں خوبصورت بھی ہوے شیداے حسن
میں ہوئی لیکن نہ اپنے طالبوں پر مہرباں
آپ کی صورت پہ شیدا ہو گیا ہے آج دل
کیجیے نقدِ تمنا دے کے مجھ کو شادماں
رام بولے، یاں ہے دامانِ تعلق ہاتھ میں
کر سری لچھمن سے جا کر مدعاے دل بیاں

सुर्पनखा लक्ष्मण के पास आई, कहा मंशाए दिल।
बातों बातों में सुनाए लहने तूतीए ज़बां[1]।।
दिल श्री लक्ष्मण का था लज़्ज़ाते दुनियां[2] से बरी।
पांव में पहनी तअल्लुक़[3] की न ज़ंजीरे गिरां[4]।।
अपनी असली शक्ल बदली जब हुई मायूस वो।
क़द बढ़ा कर ताड़ सा, सर पर उठाया आस्मां।।
राम लक्ष्मण को फ़ने नैरंग[5] दिखलाने लगी।
जानकी की सिम्त[6] लपकी सूरते बर्क़े तपां[7]।।
राम का पाकर इशारा ग़ैज़[8] से लछमन उठे।
गोशो[9] बीनी[10] को दिखाई तेज़िए तेग़े रवां।।
दो थे खर दूषण शहे लंका के भाई उस जगह।
उनके पास आई वो महवे आहो फ़रयादो फ़ुग़ां।।
राम लक्ष्मन के निशानो नाम से बख़्शी ख़बर।
सरगुज़श्तो[11] वारदाते गोशो बीनी की बयां।।
जानिबे दश्त[12] उठ के खर दूषण चले ख़ंजर बकफ़[13]।
बह्रे ख़ूँरेज़ी[14] लिये चौदह हज़ार अफ़सर जवां।।
देख कर ये रंग लछमन जी से बोले राम चन्द्र।
जानकी जी को करो पिनहां[15] सरे कोहे गिरां।।
हुक्म सुनकर राम का रुख़्सत हुए लक्ष्मन जती।
कोह पर जाकर किया सीता को नज़रों से निहां।।
यां हुज़ूरे[16] राम खर दूषण ने भेजा नामाबर[17]।
कह दिया, कहना कि हम लाये हैं फ़ौजे जांसितां[18]।।

---

1. मैना जैसे बोल 2. सांसारिक आनन्द 3. सम्बन्धों 4. भारी ज़ंजीर 5. माया का जादू 6. ओर 7. उत्तप्त बिल्ली की तरह 8. क्रोध 9. कान 10. नाक 11. वृत्तांत 12. बन 13. खंजर हाथ में लेकर 14. रक्तपात के लिये 15. छुपा दो 16. समक्ष 17. दूत 18. जान ले लेने वाला।

سپنکھا لچھمن کے پاس آئی، کہا منشاء دل
باتوں باتوں میں سنائے لحنِ طوطیِ زباں
دل سری لچھمن کا تھا لذّاتِ دنیا سے بری
پاؤں میں پہنی تعلق کی نہ زنجیرِ گراں
اپنی اصلی شکل بدلی جب ہوئی مایوس وہ
قد بڑھا کر تاڑ سا، سر پر اٹھایا آسماں
رام لچھمن کو فنِ نیرنگ دکھلانے لگی
جانکی کے سمت لپکی صورتِ برقِ طپاں
رام کا پاکر اشارہ غیظ سے لچھمن اٹھے
گوش و بینی کو دکھائی تیزیِ تیغ رواں
دو تھے کھر دوکھن شہِ لنکا کے بھائی اس جگہ
ان کے پاس آئی وہ محوِ آہ و فریاد و فغاں
رام و لچھمن کے نشان و نام سے بخشی خبر
سرگذشت و وارداتِ گوش و بینی کی بیاں
جانبِ دشت اُٹھ کے کھر دوکھن چلے خنجر بکف
بہرِ خونریزی لیے چودہ ہزار افسر جواں
دیکھ کر یہ رنگ لچھمن جی سے بولے رام چندر
جانکی جی کو کرو پنہاں سرِ کوہِ گراں
حکم سن کر رام کا رخصت ہوے لچھمن جتی
کوہ پر جاکر، کیا سیتا کو نظروں سے نہاں
یاں حضورِ رام کھر دوکھن نے بھیجا نامہ بر
کہ دیا، کہنا کہ ہم لائے ہیں فوجِ جانستاں

सफ़ शिकन[1] गर हो तो आओ रज़्मगह[2] में जंग को।
मोरचा छीनो, दिखाओ तेज़िये तेग़े रवां।।
गोशो बीनी जिसके लक्ष्मण जी ने काटे तेग़ से।
वह बहन रावन की है, गुल पैरहन ग़ुन्चा दहां।।
हों अगर पहलूए रावन के लिए दिल जानकी।
सुलह की सूरत नज़र आए बराए हिफ़्ज़े जां[3]।।
गो तुम अपने ज़ोर में एकताए आलम[4] क्यों न हो।
हम समझते हैं, नहीं तुमसा जहां में नातुवां[5]।।
जब सुनाया ऐलची[6] ने आके पैग़ामे अदू[7]।
राम ने हंसकर दिखाई बुर्रिशे तेग़े ज़बां[8]।।
नाम है रामो लखन, दशरथ के हम फ़रज़न्द हैं।
जान पड़ जाए, छुएं गर हाथ से ज़ागे़ कमां[9]।।
दम हमारा देखकर, खुद दम बखुद[10] होती है तेग़।
टूटता है अपने डर से रिश्तए उम्रे रवां।।
हम दिखायें गर फ़रोग़[11] अपनी सिपर[12] के चांद का।
पुर्ज़े पुर्ज़े दामने ख़ांजर हो मानिन्दे कतां[13]।।
हाकिमे लंका जो अपने ज़ोर पर करता है नाज़।
एक दिन वीरां करूंगा मुर्ग़े जां[14] का आशियां।।
जान देने के लिये बांधी तो है तुमने कमर।
फिर मिलेगा मादरे गेती[15] का गहवारा[16] कहां।।
दुश्मनों से जब कहा क़ासिद ने बरजस्ता जवाब।
तीर बरसाने लगा रघुबर पे अम्बोहे गिरां[17]।।

---

1. सेना की पंक्ति तोड़ने वाला 2. युद्ध स्थल 3. जीवन की सुरक्षा के लिये 4. संसार में अकेले 5. कमज़ोर 6. दूत 7. शत्रु 8. वाणी की तलवार की तीक्ष्णता 9. तीर कमान 10. मौन 11. रौनक़ 12. ढाल 13. अलसी के पेड़ के रेशे से बना कमज़ोर कपड़ा 14. जीवन रूपी पक्षी 15. मातृभूमि 16. हिंडोला 17. भारी फ़ौज।

صف شکن گر ہو، تو آؤ رزمگہ میں جنگ کو
مورچہ چھینو، دکھاؤ تیزیِ تیغِ رواں
گوش و بینی جس کے لچھمن جی نے کاٹے تیغ سے
وہ بہن راون کی ہے گل پیرہن غنچہ دہاں
ہوں اگر پہلوے راون کے لیے دل جانکی
صلح کی صورت نظر آئے برائے حفظِ جاں
گو تم اپنے زور میں یکتائے عالم کیوں نہ ہو
ہم سمجھتے ہیں، نہیں تم سا جہاں میں ناتواں
جب سنایا ایلچی نے آ کے پیغامِ عدو
رام نے ہنس کر دکھائی بُرشِ تیغِ زباں
نام ہے رام و لکھن، دشرتھ کے ہم فرزند ہیں
جان پڑ جائے، چھوئیں گر ہاتھ سے زاغِ کماں
دم ہمارا دیکھ کر، خود دم بخود ہوتی ہے تیغ
ٹوٹتا ہے اپنے ڈر سے رشتۂ عمرِ رواں
ہم دکھائیں گر فروغ اپنی سپر کے چاند کا
پُرزے پُرزے دامنِ خنجر ہو مانندِ کتاں
حاکمِ لنکا جو اپنے زور پر کرتا ہے ناز
ایک دن ویراں کرونگا مرغِ جاں کا آشیاں
جان دینے کے لیے باندھی تو ہے تم نے کمر
پھر ملے گا مادرِ گیتی کا گہوارہ کہاں
دشمنوں سے جب کہا قاسد نے برجستہ جواب
تیر برسانے لگا رگھبر پہ انبوہِ گراں

इस क़दर रघुबर ने मारे नाविके[1] लश्कर शिकन[2]।
रोंगटे[3] बढ़े तने आदा[4] बने तीरे रवां।।
दीदए ज़ख़्मे बदन से जुज़ो कुल[5] खूँबार थे।
कोई बिस्मिल, कोई बेदम था, कोई था नीम जां[6]।।
अहले ख़ंजर पर हुई तासीर चश्मे ज़ख़्म की।
फिर गया ख़ंजर गले पर कट गई शमशीरे जां।।
बोलता क्यों कर न रन तेज़ीए नाविक देख कर।
था न कोई भी वहाँ ज़ख़्म ख़न्दां बेज़बां।।
हो के फ़ारिग़ जंग से मस्कन पे आए राम चन्द्र।
कोह से लाए श्री सीता को लक्ष्मन शादमाँ।।

* * * *

सीता हरन

सुपनखा पहुँची जो मैदाने वग़ा[7] में नागहां।
पाए मुर्दा दोनों भाई ज़ोर आवर पहलवां।।
रोई, वावैला[8] मचाई, सर धुना, नाले[9] किये।
पेशे रावन जा के लंका में हुई महवे फ़ुगां[10]।।
ऐ बिरादर तुझको दुनिया की ख़बर असलन[11] नहीं।
देख तो क्या जुल्म सहते हैं दिले अहले जहां[12]।।
तेरे होते ग़ैर मेरी नाक काटें ज़ोफ़[13] है।
तू रहे मस्ते मएगुलगूँ[14], मनाए शादियां[15]।।

---

1. तीर 2. उलझाकर 3. रोएं 4. शत्रु के शरीर 5. सब लोग 6. मृतप्राय 7. युद्ध स्थल 8. कोहराम 9. बैन 10. आर्तनाद 11. वास्तव में 12. दुनियां वाले 13. बेबसी 14. गुलाबी रंग की शराब 15. आनन्द।

اس قدر رگھبر نے مارے ناوکِ لشکر شکن
رونگٹے بھرِ تنِ اعدا بنے تیرِ رواں
دیدۂ زخمِ بدن سے جو و گُل خونبار تھے
کوئی بسمل، کوئی بیدم تھا، کوئی تھا نیم جاں
اہلِ خنجر پر ہوئی تاثیر چشمِ زخم کی
پھر گیا خنجر گلے پر، کٹ گئی شمشیر جاں
بولتا کیونکر نہ رن تیزیِ ناوک دیکھ کر
تھا نہ کوئی بھی وہاں زخم خنداں بیزباں
ہو کے فارغ جنگ سے مسکن پہ آئے رام چندر
کوہ سے لائے سری سیتا کو لچھمن شادماں

☆☆☆☆

سیتا ہَرن

سپنکھا پہونچی جو میدانِ وغا میں ناگہاں
پائے مردہ دونوں بھائی زورآور پہلواں
روئی، واویلا مچائی، سر دُھنا، نالے کیئے
پیشِ راون جا کے لنکا میں ہوئی محوِ فغاں
اے برادر تجھ کو دنیا کی خبر اصلاً نہیں
دیکھ تو کیا ظلم سہتے ہیں دلِ اہلِ جہاں
تیرے ہوتے غیر میری ناک کاٹیں زوف ہے
تو رہے مستِ مۂ گلگوں، منائے شادیاں

रामो लक्ष्मन शाहज़ादे हैं अवध के ज़ी हिशाम[1]।
सफ़ शिकन[2], सफ़दर[3], सफ़आरा[4], ज़ोरआवर, नौजवां।।
मैं जो पहुंची इत्तफ़ाक़न उनके मस्कन के क़रीब।
गोशो[5] बीनी[6] काट कर ली आबरूए ख़ान्दां।।
दूखनो खर लेके जब चौदह हज़ार अफ़सर गये।
कुश्तए[7] मिज़्गाने नाविक[8] हो गये सब पहलवां।।
उनके साथ एक है अरूसे[9] ख़ुश गुलू[10] ख़ुश गुफ़्तगू[11]।
अरबिदा जू[12], ख़ूबरू[13], मरगूला मू[14], अब्रू कमां[15]।।
पर्दादार ऐसी है वह देखा न लब तक़रीर[16] ने।
रहती है पोशीदा[17] चश्मे नाफ़[18] से उसकी मियां[19]।।
जोद[20] वह मू[21] बाफ़[22] ने, देखी न गर्दन हार ने।
आरसी[23] ने रुख़[24], मिसी[25] ने वो दहाने बेनिशां[26]।।
अब्रुए पुरख़म[27] शिकन[28] ने चैन[29] ने लौहे जबीं[30]।
चश्मे ख़म[31] ने ज़ुल्फ़, आंख आंसू ने, तालू[32] ने ज़बां।।
घर के बाहर आंख की पुतली क़दम रखती नहीं।
वो नज़र सुरमे की नज़रों से भी रहती है निहां।।
जो बने ग़ाज़ा[33] वह देखे आरिज़े रोशन[34] का नूर[35]।
हाथ वह देखे जो हो बर्गे हिनाए बोस्तां[36]।।
जो महावर हो, वो देखे पाए रंगीं का ख़िराम[37]।
जो बने रंगे मिसी देखे वो तंगीए दहां[38]।।
जो बने सुरमा वो देखे जादुए चश्मे सियह[39]।
देखे एजाज़े[40] लबे जां बख़्शा[41], जो हो रंगे पां[42]।।

---

1. प्रतापी 2. युद्ध में पहली सैनिक पंक्ति को चीर देने वाला 3. महारथी 4. युद्ध में अग्रणी 5. कान 6. नाक 7. मर गए 8. तीरों से 9. दुल्हन 10. मधुर कंठ वाली 11. भिष्टभाषी 12. प्रेमपात्र 13. रूपसी 14. घुंघराले बाल वाली 15. कमान जैसी भृकुटि वाली 16. वाणी 17. छुपी हुई 18. नाभि की आंख से 19. कमर 20. चोटी 21. केश 22. गूंथने वाली ने 23. अंगूठे में पहनने वाली दर्पण जड़ित मुंदरी 24. मुख 25. दांत की मिस्सी 26. बेपता मुंह 27. कटावदार भौंहे 28. घुंघराले उलझे बाल 29. माथे के बल 30. ललाट पटल 31. कटीली आंखें 32. तालू 33. अंगराग 34. चमकते कपोलों 35. प्रकाश 36. उद्यान की मेंहदी के पत्ते 37. कोमल चाल 38. थोड़ा खुलने वाला मुंह 39. कजरारी आंखों का जादू 40. चमत्कार 41. जीवन देने वाले होंठ 42. पान का रंग।

رام و لچھمن شاہزادے ہیں اودھ کے ذی حِشم
صف شکن، صفدر، صف آرا، زورآور نوجواں
میں جو پہونچی اتفاقاً ان کے مسکن کے قریب
گوش و بینی کاٹ کر، لی آبروے خانداں
دوکھن و کھر لے کے جب چودہ ہزار افسر گئے
کشتۂ مژگانِ ناوک ہو گئے سب پہلواں
ان کے ساتھ اک ہے عروسِ خوش گلو خوش گفتگو
غرہدہ جو، خوبرو، مرغولہ مو، ابروکماں
پردہ دار ایسی ہے وہ دیکھا نہ لب تقریر نے
رہتی ہے پوشیدہ چشمِ ناف سے اُس کی میاں
جعد وہ مو باف نے دیکھی، نہ گردن ہار نے
آرسی نے رخ، مسی نے وہ دہانِ بے نشاں
ابروے پُرخم شکن نے، چین نے لوحِ جبیں
چشمِ خم نے زلف، آنکھ آنسو نے، تالُو نے زباں
گھر کے باہر آنکھ کی پتلی قدم رکھتی نہیں
وہ نظر سُرمہ کی نظروں سے بھی رہتی ہے نہاں
جو بنے غازہ وہ دیکھے عارضِ روشن کا نور
ہاتھ وہ دیکھے جو ہو برگِ حنائے بوستاں
جو مہاور ہو، وہ دیکھے پاے رنگیں کا خرام
جو بنے رنگِ مسی، دیکھے وہ تنگیِ دہاں
جو بنے سُرمہ، وہ دیکھے جادوِ چشمِ سیہ
دیکھے اعجازِ لبِ جاں بخش، جو ہو رنگِ پاں

मिस्ले शाना[1] जिसका दिल सदचाक[2] हो देखे वो ज़ुल्फ।
जो बने संदल वो पेशानी[3] को देखे बेगुमां।।
पारसा[4] ऐसी कि ताक़त क्या जो शाना[5] सर चढ़े।
आइने से आंख लड़ जाए ये मुम्किन है कहां।।
जिस्म को पोशाक बेशर्मी से तन पोशी है नंग[6]।
है पए चश्म[7] आरसी को मुंह लगाना कस्रे शां[8]।।
मर्दुमे दीदा[9] की सूरत आंख ने देखी नहीं।
रहती हैं पर्दानशीं पलकों से हरदम पुतलियां।।
नाज़ुकी से बार है पेशानिए ताबां[10] को चीं[11]।
ख़त[12] हथेली को गिरां है, नुत्क़[13] को हर्फ़े बयां[14]।।
हुस्ने सूरत को मलाहत[15], ख़ाले मुश्कीं[16] को नमक।
बूए अम्बर[17] बेज़[18] बहे गेसुए अम्बर फ़िशां[19]।।
हार को गुल[20], हार गर्दन को, गुलों को रंगोबू।
ख़ातम[21] उंगली को, नगीं को जलवए नामो निशां[22]।।
मांग को सिन्दूर, ख़म अब्रू[23] को, चेहरे को नक़ाब[24]।
दांत को रंगे मिसी, अफ़शां[25] जबीं को है गिरां।।
रुख़ को ग़ाज़ा, हाथ को मेंहदी, महावर पांव को।
ज़ुल्फ को पेंच, आंख को सुरमा, लबों को रंगे पां।।
मूए मिज़्गां[26] को स्याही, जोद मुश्कीं[27] को शिकन[28]।
ख़ामशी बहे दहन[29], तर्जे सुख़न बहे ज़बां[30]।।
बोझ उठा सकती नहीं पोशाक बूए इत्र की।
गोट घूंघट को गिरां[31] संजाब[32] आंचल को गिरां।।

1. कंघी 2. सौ टुकड़े हुआ 3. माथा 4. संयमी 5. कंधा 6. लज्जित 7. आंख के लिये 8. अपमान 9. आंख की पुतली 10. आभा युक्त ललाट 11. ललाट की रेखाएं 12. रेखाएं 13. वाणी 14. शब्द 15. लावण्य 16. सुगन्धित तिल 17. इत्र 18. फैलाने वाला 19. सुगन्धित केश राशि 20. फूल 21. अंगूठी 22. नगीने को प्रदर्शन 23. भौहों को झुकाव 24. घूंघट 25. अभ्रक 26. पलकों की अनी 27. सुगन्ध बिखेरने वाली चोटी 28. केश के घुंघराले बल 29. मुख को मौन रहना 30. जिह्वा को बोलने का ढंग 31. भारी 32. पोस्तीन का क़ीमती कपड़ा।

مثلِ شانہ جس کا دل صد چاک ہو دیکھے وہ زلف
جو بنے صندل وہ پیشانی کو دیکھے بیگماں
پارسا ایسی کہ طاقت کیا جو شانہ سر چڑھے
آئینہ سے آنکھ لڑ جائے یہ ممکن ہے کہاں
جسم کو پوشاک بے شرمی سے تن پوشی ہے ننگ
ہے پے چشم آرسی کو منھ لگانا کسرِ شاں
مردُمِ دیدہ کی صورت آنکھ نے دیکھی نہیں
رہتی ہیں پردہ نشیں پلکوں سے ہر دم پتلیاں
نازکی سے بار ہے پیشانیِ تاباں کو چیں
خط ہتیلی کو گراں ہے، نطق کو حرفِ بیاں
حسنِ صورت کو ملاحت، خالِ مشکیں کو نمک
بُوے عنبر بیز بہرِ گیسُوے عنبر فشاں
ہار کو گل، ہار گردن کو، گلوں کو رنگ و بو
خاتم اُنگلی کو، نگیں کو جلوۂ نام و نشاں
مانگ کو سیندور، خم ابرو کو، چہرہ کو نقاب
دانت کو رنگِ مسی، افشاں جبیں کو ہے گراں
رُخ کو غازہ، ہاتھ کو مہندی، مہاور پاؤں کو
زُلف کو پیچ، آنکھ کو سُرمہ، لبوں کو رنگِ پاں
موے مژگاں کو سیاہی، جعد مشکیں کو شکن
خامشی بہرِ دہن، طرزِ سُخن بہرِ زباں
بوجھ اُٹھا سکتی نہیں پوشاک بوے عطر کی
گوٹ گھونگھٹ کو گراں، سنجاب آنچل کو گراں

जुज़[1] है सिन्दूर के, रंगे शफ़क़[2], शंजर्फ़ गुल[3]।
जौहरे लाले यमन[4], सुर्ख़ीए मिह्रे आस्मां[5]।।
ग़ाज़ा[6] में पड़ता है नूरे मह[7], ज़ियाए आफ़ताब[8]।
रोशनीए बर्क़ बारां[9], ताबिशे बर्क़े यमां[10]।।
जुज़ो सुरमा[11] मरदुमाने चश्म के दिल का सवाद[12]।
चश्मे आहू की स्याही[13], रंग रूए आस्मां[14]।।
है सवेदाए ज़बाने सौसन[15] उस गुल की मिसी[16]।
है शफ़क़[17] के ज़ख़्म का फाया महावर बेगुमां[18]।।
शाहे रावन ने सुनी जब सुपनखा की सरगुज़श्त[19]।
बहरे खूँरेज़ी[20] कमर बस्ता[21] हुआ शक्ले कमां।।
उठ के हंगामे सहर[22] जाकर कहा मारीच से।
दे मुहिमे सख़्त में मुझको मदद[23] ए मेहरबां।।
सुपनखा की नाक काटी है श्री रघुबीर ने।
उनसे लेना है एवज़ मुझको ज़रा चल हमइनाँ[24]।।
राम का नामे मुबारक जब सुना मारीच ने।
की गुज़ारिश मैं बख़ूबी ले चुका हूँ इम्तिहां।।
ये वही हैं राम, मारे हैं जिन्होंने अहले ज़ोर।
मारकर तीरे फ़लक[25] पर मुझको फेंका था यहां।।
फ़तेह हासिल उनसे हो ये हश्र[26] तक मुम्किन नहीं।
उनकी पामर्दी[27] के आगे सरकशी[28] है रायगां[29]।।
शाहे रावन ये सुख़न सुनकर हुआ महवे ग़ज़ब[30]।
दीं ज़बाने ख़ंजरे बुर्रा[31] से उसको धमकियां।।

---

1. भाग 2. उषा की लालिमा 3. ईंगुर 4. अरब का माणिक 5. सूर्य की लालिमा 6. अंगराग 7. चांद का प्रकाश 8. सूर्य की ज्योति 9. वर्षा ऋतु की बिजली की चमक 10. बिजली की नदी की उष्णता 11. सुरमे के भाग 12. आंख की पुतली की कालिमा 13. हिरन की आंख का कालापन 14. आ. काश की नीलिमा 15. सौसन फूल की पंखड़ी की कालिमा 16. दांत की मिसी 17. उषा की लालिमा 18. निःसंदेह 19. वृतांत 20. रक्तपात के लिये 21. कटिबद्ध 22. प्रातःकाल 23. सहायता 24. मिलकर प्रयास करने के लिये 25. आकाश 26. महाप्रलय 27. वीरता 28. स्वेच्छाचारिता 29. व्यर्थ 30. क्रोधित 31. धारदार खड्ग।

جز ہیں سیندور کے، رنگِ شفق، شنجرف گل
جوہرِ لعلِ یمن، سرخیِ مہرِ آسماں
غازہ میں پڑتا ہے نورِ مہ، ضیاے آفتاب
روشنیِ برق باراں، تابش برقِ یماں
جزو سرمہ مردمانِ چشم کے دل کا سواد
چشمِ آہو کی سیاہی، رنگ روے آسماں
ہے سویداے زبانِ سوسَن اُس گل کی مِسی
ہے شفق کے زخم کا پھایا مہاور بیگماں
شاہِ راون نے سنی جب سپنکھا کی سرگذشت
بہرِ خونریزی کمربستہ ہوا شکلِ کماں
اٹھ کے ہنگامِ سحر جا کر کہا ماریچ سے
دے مہمِ سخت میں مجھ کو مدد اے مہرباں
سپنکھا کی ناک کاٹی ہے سری رگھبیر نے
ان سے لینا ہے عوض مجھ کو ذرا چل ہمعناں
رام کا نامِ مبارک جب سنا ماریچ نے
کی گذارش میں بخوبی لے چکا ہوں امتحاں
یہ وہی ہیں رام مارے ہیں جنھوں نے اہلِ زور
مار کر تیرِ فلک پر مجھ کو پھینکا تھا یہاں
فتح حاصل ان سے ہو، یہ حشر تک ممکن نہیں
ان کی پامردی کے آگے سرکشی ہے رائگاں
شاہِ راون یہ سخن سن کر ہوا محوِ غضب
دیں زبانِ خنجرِ براں سے اس کو دھمکیاں

ख़ौफ़ से राशा[1] पड़ा नख़्ले तने मारीच में।
रूहो दिल सहमे, कलेजा कांप उठा, थर्राई जां।।
दिल में ये सोचा कि जां इससे बचाना चाहिए।
राम को तोहफ़े में देना चाहिये उम्रे रवां।।
ये फल इन्द्रायण का, अमृत फल वो, ये विष, वो अमृत।
दूत ये यमराज का, वो बिश्न जाँ बख़्शे जहां।।
जान वो लेंगे तो जां आएगी मेरी जान में।
पाप कट जाएंगे मारेंगे जो वो तीरे रवां।।
सोच कर यह साथ रावन के गया वह उस तरफ़।
यां गये लछमन तलाशे गुल में सूए बोस्तां।।
जानकी से राम बोले तुम समाओ आग में।
आस्तीं जिस में चढ़ाऊँ बह्रे क़त्ले सरकशां[2]।।
अपना असली नूर सीता जी ने सौंपा आग को।
सिर्फ माया रह गई रघुनाथ जी के हमइनाँ।।
गो श्री लछमन जती[3] थे वाक़िफ़े[4] राज़ो नियाज़[5]।
लेकिन उन पर भी हुआ ज़ाहिर न वह राज़े निहां।।
अलग़रज़ पहुंचे जो वो बदख़ू क़रीबे राम चन्द्र।
खा के ग़श रावन गिरा ज़ाइल[6] हुई ताबो तुवां।।
दुश्मनी की आंख से देखा जो वह उनकी तरफ़।
शेर उन्हें पाया बराये आहुए[7] रूहे रवां।।
अपने साथी से कहा अब किस लिये ताख़ीर[8] है।
कर कोई तदबीर जिससे शक्ल मतलब हो अयां।।

---

1. कंपकंपी 2. स्वेच्छाचारी 3. यती 4. जानकार 5. गुप्त रहस्यों के 6. समाप्त 7. हिरन 8. विलम्ब।

خوف سے رعشہ پڑا نخلِ تنِ ماریچ میں
روح و دل سہمے، کلیجا کانپ اٹھا، تھرّائی جاں
دل میں یہ سوچا کہ جاں اس سے بچانا چاہیے
رام کو تحفہ میں دینا چاہیے عمرِ رواں
یہ پھل اندرائن کا، امرت پھل وہ، یہ بِس، وہ امرت
دوت یہ جمراج کا، وہ بشن جاں بخشِ جہاں
جان وہ لینگے تو جاں آئیگی میری جان میں
پاپ کٹ جائینگے مارینگے جو وہ تیرِ رواں
سوچ کر یہ ساتھ راون کے گیا وہ اُس طرف
یاں گئے لچھمن تلاشِ گل میں سوئے بوستاں
جانکی سے رام بولے تم سماؤ آگ میں
آستیں جس میں چڑھاؤں بہرِ قتلِ سرکشاں
اپنا اصلی نور سیتا جی نے سونپا آگ کو
صرف مایا رہ گئی رگھناتھ جی کے ہمعناں
گو سری لچھمن جتی تھے واقفِ راز و نیاز
لیکن اُن پر بھی ہوا ظاہر نہ وہ رازِ نہاں
الغرض پہونچے جو وہ بدخو قریبِ رام چندر
کھا کے غش راون گرا، زائل ہوئی تاب و تواں
دشمنی کی آنکھ سے دیکھا جو وہ ان کی طرف
شیر اُنھیں پایا برائے آہوِ روحِ رواں
اپنے ساتھی سے کہا اب کس لیے تاخیر ہے
کر کوئی تدبیر جس سے شکلِ مطلب ہو عیاں

उठ के शौक़े सैद[1] में जायें श्री रामो लखन।
भाग जाऊँ जानकी को ले के मैं सूए मकाँ।।
बन गया मारीच आहू जादुओ नैरंग[2] से।
चौकड़ी भर-भर के दिखलाने लगा अठखेलियां।।
दौड़ने में धूप, उड़ने में रुख़े आशिक़ का रंग[3]।
था ग़ज़ाले चश्म[4] फिरने में, लचकने में कमां[5]।।
जानकी जी की नज़र उठ्ठी जो सहरा[6] की तरफ़।
चार आंखें हो गई उस बदनज़र[7] से नागहां[8]।।
राम से बोलीं कि यह आहू[9] पकड़ ला दो मुझे।
जिसमें तिफ़्ले दिल[10] के बहलाने की सूरत हो अयां।।
राम बोले, क्या तुम्हें इसकी असीरी[11] से ग़रज़।
दश्त[12] में आबाद रहता है गिरोहे सरकशां[13]।।
हो हिरन, या हो छलावा, सिहर[14] हो, नैरंग[15] हो।
क्या किसी को इल्म, किस की फ़ितनासाज़ी[16] हो यहाँ।।
जानकी जी ने जो फिर हठ की, तो उठ्ठे राम चन्द्र।
सर किया आहू पे मजबूरी से तीरे जांसितां[17]।।
ख़ाक पर गिर-गिर हुआ जौलां[18] ग़ज़ाले फ़ितनाज़ू[19]।
राम ने एक और मारा नाविके आतिश फ़िशां[20]।।
जब निशाना फिर गया ख़ाली, तो मारा तीर और।
जिससे ज़ख़्मी हो के आहू गिर पड़ा नाला कुनां[22]।।
राम की आवाज़ से चिल्लाया वक़्ते जांकनीं[22]।
आओ ऐ लछमन, ख़बर लो, रूह होती है रवां।।

---

1. आखेट 2. माया के जादू 3. प्रेमी की मुख की रंगत 4. हिरन की आंख 5. कमान 6. जंगल 7. बुरी नज़र वाले 8. अकस्मात 9. हिरन 10. बालमन 11. क़ैद करने से 12. जंगल 13. स्वेच्छाचारी झुंड 14. जादू 15. माया 16. षड्यंत्र 17. प्राणघातक तीर 18. दौड़ा भागा 19. षड्यंत्रकारी हिरन 20. अग्नि बरसाने वाला तीर 21. चीखता हुआ 22. प्राण निकलते समय।

اُٹھ کے شوقِ صید میں جائیں سری رام و لکھن
بھاگ جاؤں جانکی کو لے کے میں سوے مکاں
بن گیا ماریچ آہو جادو و نیرنگ سے
چوکڑی بھر بھر کے دکھلانے لگا اٹکھیلیاں
دوڑنے میں دھوپ، اڑنے میں رُخِ عاشق کا رنگ
تھا غزالِ چشم پھرنے میں، لچکنے میں کماں
جانکی جی کی نظر اٹھی جو صحرا کی طرف
چار آنکھیں ہو گئیں اُس بدنظر سے ناگہاں
رام سے بولیں کہ یہ آہو پکڑ لادو مجھے
جس میں طفلِ دل کے بہلانے کی صورت ہو عیاں
رام بولے، کیا تمھیں اس کی اسیری سے غرض
دشت میں آباد رہتا ہے گروہِ سرکشاں
ہو ہرن، یا ہو چھلاوا، سحر ہو، نیرنگ ہو
کیا کسی کو علم، کس کی فتنہ سازی ہو یہاں
جانکی جی نے جو پھر ہٹ کی، تو اٹھے رام چندر
سر کیا آہو پہ مجبوری سے تیرِ جانستاں
خاک پر گر گر ہوا جولاں غزالِ فتنہ جو
رام نے اک اور مارا ناوکِ آتش فشاں
جب نشانہ پھر گیا خالی، تو مارا تیر اور
جس سے زخمی ہو کے آہو گر پڑا نالہ کناں
رام کی آواز سے چلّایا وقتِ جاں کنی
آؤ اے لچھمن، خبر لو، روح ہوتی ہے رواں

जानकी लछमन से बोलीं सुन के यह आवाज़े दर्द।
जा के देखो हाल क्या है, कौन है महवे फुग़ां[1]।।
राम की ग़मगीं सदा[2] मालूम होती है मुझे।
आफ़ते ताज़ा न आई हो नसीबे दुश्मनां[3]।।
अर्ज़ की लछमन ने भाई को ज़रा खटका नहीं।
चीख़ता है दर्द के मारे ग़ज़ाले नीम जाँ[4]।।
जानकी बोलीं, करो हीला न हंगामे मदद[5]।
जाओ देखो, क्या अलम[6] है, क्या है ईज़ाए निहां[7]।।
उठ के मजबूरी से जंगल को चले लछमन जती।
ख़त[8] मुदव्वर[9] ख़ाक पर खींचा पये अम्नो अमां।।
जानकी को नक़्श में बिठला के यह ताक़ीद की।
पाये मुस्तहकम[10] रहे इस दायरे के दरमियां।।
इस तरह समझा बुझा कर वह उधर रुख़सत हुए।
बन के रावन बिरहमन पेशे सिया[11] आया वहां।।
अर्ज़ की, हूँ शिद्दते फ़ाक़ाकशी[12] से जां बलब[13]।
हो जो कुछ मौजूद, बख़्श ऐ चारा साज़े बेकसां[14]।।
जब श्री सीता महारानी समर[15] देने लगीं।
ब्रहमचारी ने दुआयें दे के यूँ खोली ज़बां।।
दायरे के आ के बाहर दीजिए मुझ को समर।
जिसके फल से आप ख़ुद भी पा के फल हों शादमां[16]।।
ज्यों ही सीता जी ने रक्खा नक़्श से बाहर क़दम।
गोद में लेकर सूए लंका[17] हुआ रावन रवां।।

* * * *

---

1. आर्तनाद करता हुआ 2. दुख भरी आवाज़ 3. जो दुश्मनों के भाग्य में हो 4. मृतप्राय हिरन 5. सहायता के समय 6. दुख 7. आन्तरिक कष्ट 8. लकीर 9. वृत्ताकार 10. दृढ़ता से 11. सीता के सामने 12. भूख की तीव्रता 13. मरने के समीप हूं 14. दुखियों की सहायक 15. सूखे फल 16. हर्षित 17. लंका की ओर।

جانکی لچھمن سے بولیں سن کے یہ آوازِ درد
جا کے دیکھو حال کیا ہے، کون ہے محوِ فغاں
رام کی غمگیں صدا معلوم ہوتی ہے مجھے
آفتِ تازہ نہ آئی ہو، نصیبِ دشمناں
عرض کی لچھمن نے بھائی کو ذرا کھٹکا نہیں
چیختا ہے درد کے مارے غزالِ نیم جاں
جانکی بولیں، کرو حیلہ نہ ہنگامِ مدد
جاؤ دیکھو، کیا الم ہے، کیا ہے ایذائے نہاں
اُٹھ کے مجبوری سے جنگل کو چلے لچھمن جتی
خطِ مدوّر خاک پر کھینچا پے امن و اماں
جانکی کو نقش میں بٹھلا کے یہ تاکید کی
پاے مستحکم رہے اس دائرے کے درمیاں
اس طرح سمجھا بجھا کر وہ اُدھر رخصت ہوئے
بن کے راون برہمن پیشِ سیا آیا وہاں
عرض کی، ہوں شدتِ فاقہ کشی سے جاں بلب
ہو جو کچھ موجود، بخش اے چارہ سازِ بیکساں
جب سری سیتا مہارانی ثمر دینے لگیں
برہمچاری نے دعائیں دے کے یوں کھولی زباں
دائرے کے آ کے باہر دیجیے مجھ کو ثمر
جس کے پھل سے آپ خود بھی پا کے پھل ہوں شادماں
جوہیں سیتا جی نے رکھا نقش کے باہر قدم
گود میں لے کر سُوۓ لنکا ہوا راون رواں

☆☆☆☆

जटायू का क़त्ल

कर्गस[1] एक था अर्श[2] पर रश्के उक़ाबे आस्मां[3]।
क़ालिबे नख़्ले कुहन के वास्ते था मुर्गे़ जां[4]।।
जानकी जी क़ब्ज़ये रावण में जब आई नज़र।
जिस्मे दुश्मन पर, परों से अपने मारीं क़मचियां।।
देख कर कर्गस को रावन ने फ़िदाये सरकशी[5]।
जंग को छोड़े मुक़ाबिल तायरे तीरो कमां[6]।।
शहपर[7] अपने ऐसे मारे कर्गसे जर्रार[8] ने।
हाथ के तोते उड़ाये, करके बे ताबो तुवां[9]।।
जा के सीता को तहे नख़्ले कुहन[10] पिन्हां[11] किया।
चोंच से लेने लगा फिर कारे शमशीरो सिनां[12]।।
होश में आकर अदू[13] ने इस क़दर बरसाये तीर।
कर दिया बे जुम्बिश उसको सूरते ज़ागे़ कमां[14]।।
फ़तह पाकर किश्वरे लंका[15] की जानिब राह ली।
जानकी को क़ैद में रक्खा मियाने बोस्तां[16]।।
ज़ेवर अपने कुछ श्री सीता ने फेंके राह में।
ख़ैले मैमूं[17] देख कर फेंका लिबासे ज़र फ़िशां[18]।।
वां जो राम आहू[19] को लेकर वापस आये शाम को।
राह में लछमन मिले, पूछा कि सीता हैं कहां।।
रंज दूर अज़हाल हो बाईं फड़कती आंख है।
सानिहाँ[20] कोई न दिल पर हो, नसीबे दुश्मनां[21]।।

---

1. गिद्ध 2. आकाश 3. गरूड़ जिससे रश्क करे 4. पुरातन वृक्ष जैसे शरीर का पक्षी 5. स्वेच्छाचारिता पर उद्यत 6. तीर कमान रूपी पक्षी 7. डैने 8. अपनी ओर खींचने वाला 9. अशक्त 10. पुराने पेड़ के नीचे 11. छिपा दिया 12. तलवार बर्छी का कार्य 13. शत्रु 14. धनुष के दोनों किनारों पर लगाये जाने वाले सींग के टुकड़े 15. लंका राज्य 16. वाटिका के मध्य 17. वानरों का झुंड 18. सोने से चमकीले वस्त्र 19. हिरन 20. दुर्घटना 21. दुश्मनों के भाग्य योग्य।

جٹایوکاقتل

کرگس اک تھا، عرش پر، رشکِ عقابِ آسماں
قالبِ نخلِ کہن کے واسطے تھا مرغِ جاں
جانکی جی قبضۂ راون میں جب آئیں نظر
جسمِ دشمن پر پروں سے اپنے ماریں قمچیاں
دیکھ کر کرگس کو راون نے فدائے سرکشی
جنگ کو چھوڑے مقابل طائرِ تیر و کماں
شہپر اپنے ایسے مارے کرگسِ جرّار نے
ہاتھ کے طوطے اُڑائے، کر کے بے تاب و تواں
جا کے سیتا کو تہ نخلِ کُہن پنہاں کیا
چونچ سے لینے لگا پھر کارِ شمشیر و سِناں
ہوش میں آکر، عدو نے اس قدر برسائے تیر
کر دیا بے جنبش اُس کو صورتِ زاغِ کماں
فتح پاکر کشورِ لنکا کی جانب راہ لی
جانکی کو قید میں رکھا میانِ بوستاں
زیور اپنے کچھ سری سیتا نے پھینکے راہ میں
خیلِ میموں دیکھ کر، پھینکا لباسِ زرفشاں
واں جو رام آہو کو لے کر واپس آئے شام کو
راہ میں لچھمن ملے، پوچھا کہ سیتا ہیں کہاں
رنج دور ازحال ہو بائیں پھڑکتی آنکھ ہے
سانحہ کوئی نہ دل پر ہو، نصیبِ دشمناں

अर्ज़ की लछमन जती ने, जाये रंजो ग़म नहीं[1]।
जानकी जी हैं फ़िरोकश[2] नक़्श ख़त के दरमियां[3]।।
काट कर यों राह बातों में, जो मस्कन पर गये।
उस महे उम्मीद[4] का पाया न हाले[5] में निशां।।
अश्कबार आंखें हुईं, लोटे ज़मीं पर तिफ़्ले अश्क[6]।
हर तरफ़ दौड़ी नज़र, घूमीं हर एक सू पुतलियां।।
हाल पूछा जानकी जी का वहूशोतैर[7] से।
शाख़ से, गुल[8] से, समर[9] से, नख़्ल[10] से पूछा निशां।।
चौकड़ी भूला था हर एक, नशा सबका था हिरन।
क्या बयां करते हिरन, सीता हरन की दास्तां।।
जब बढ़े आगे तो ख़ूं[11] पाया सरे दामाने दश्त[12]।
पर कहीं पाये, कहीं तरकश, कहीं तीरो कमां।।
मिस्ले माही[13] एक कर्गस मुज़्तरिब[14] आया नज़र।
उससे पूछा किस लिये है माइले आहो फ़ुग़ां।।
क्यों परे माही बने हैं, बालो पर परवाज़ को।
ख़ाक पर लोटन कबूतर की तरह क्यों है तपां[15]।।
मुर्गे़ बिस्मिल[16] ने कहा, मेरा जटायू नाम है।
राजा दशरथ मुझ पर रहते थे हमेशा मेहरबां।।
जब वह ज़ोरे तीर से सुरलोक लेने को गये।
आस्मां से बर्क़ वश[17] गिरने लगे होकर तपां[18]।।
मैं उड़ा लाया यहां बालाये शहपर[19] जब उन्हें।
हो गई क़ायम मुहब्बत मेरे उनके दरमियां।।

---

1. रंज ग़म की आवश्यकता नहीं 2. सुरक्षित हैं 3. खींची लकीर के भीतर 4. आशा के चन्द्रमा 5. घेरे 6. अश्रु बिन्दु 7. जंगली पशु पक्षियों 8. फूलों 9. फल 10. द्रुमदल 11. रक्त 12. जंगल के आंचल पर 13. मछली की तरह 14. व्याकुल 15. उद्विग्न 16. घायल पक्षी 17. बिजली की तरह 18. व्याकुल 19. डैनों पर।

عرض کی لچھمن جتی نے، جاے رنج و غم نہیں
جانکی جی ہیں فروکش نقشِ خط کے درمیاں
کاٹ کر یوں راہ باتوں میں، جو مسکن پر گئے
اُس مہِ امید کا پایا نہ ہالے میں نشاں
اشکبار آنکھیں ہوئیں، لوٹے زمیں پر طفلِ اشک
ہر طرف دوڑی نظر، گھومیں ہر اک سو پتلیاں
حال پوچھا جانکی جی کا وحوش و طیر سے
شاخ سے، گل سے، ثمر سے، نخل سے، پوچھا نشاں
چوکڑی بھولا تھا ہر اک، نشہ سب کا تھا ہرن
کیا بیاں کرتے ہرن سیتا ہَرن کی داستاں
جب بڑھے آگے تو خوں پایا سرِ دامانِ دشت
پر کہیں پائے، کہیں ترکش، کہیں تیر و کماں
مثلِ ماہی ایک کرگس مضطرب آیا نظر
اُس سے پوچھا کس لیے ہے مائلِ آہ و فغاں
کیوں پرِ ماہی بنے ہیں بال و پر پرواز کو
خاک پر لوٹن کبوتر کی طرح کیوں ہے طپاں
مرغِ بسمل نے کہا، میرا جٹایو نام ہے
راجہ دشرتھ مجھ پہ رہتے تھے ہمیشہ مہرباں
جب وہ زورِ تیر سے سُرلوک لینے کو گئے
آسماں سے برق وش گرنے لگے ہو کر طپاں
میں اُڑا لایا یہاں بالاے شہپر جب اُنھیں
ہو گئی قائم محبت میرے ان کے درمیاں

रावण आज आया जो सीता जी को लेकर इस तरफ़।
मुझ को तैश आया, लड़ा, लेकिन गिरा महवे फुग़ां।।
थी जो मरते वक़्त पाबोसीये अक़्दस[1] की हवस।
रूह थी क़ालिब[2] में, दम आंखों में था, होठों पे जां।।
सिर्फ़ इतना कह के जामे मौत[3] कर्गस ने पिया।
महवसे क़ालिब[4] से निकला, तायरे रूहे रवां[5]।।
उस हुमा ख़सलत[6] की किरया कर्म करके राम चन्द्र।
जुस्तुजूए जानकी[7] में फिर हुए गर्मे रवां।।
रहज़नी[8] करने लगा आकर कमन्ड एक राक्षस।
राम यूँ बोले लखन से कौन है यह बदगुमां।।
मना कर दो जा के दिखलाये न ज़ोर अपना मुझे।
बाज़ आये फ़ितनासाज़ी[9] से अगर हो ख़ौफ़े जां[10]।।
लाख समझाया बुझाया जाके लछमण ने उसे।
शीशए जोशे अदू लेकिन रहा आतिश फ़िशां[11]।।
राम ने मारा जो तीर, आंखें हुईं दुश्मन की बन्द।
लेकिन इंसां बन के यूँ अफ़शां[12] किया राज़े निहां[13]।।
अर्ज़ की गन्धर्व था मैं अपने अगले जन्म में।
था दुआये बद से बदकिरदारो बदज़न, बदगुमां।।
तीर खाकर बद्दुआ का आज असर जाता रहा।
शुक्रो अहसां आपने बैकुण्ठ में बख़्शां मकां।।
हाल पिन्हां[14] करके ज़ाहिर, वह गया सुरलोक में।
यां हुए रघुनाथ जी शबरी के घर में मेहमां।।

---

1. पवित्र चरणों को स्पर्श करने की 2. शरीर 3. मृत्यु का प्याला 4. शरीर रूपी कारागार 5. आत्मा का पक्षी 6. हुमा पक्षी की विशेषताओं वाला (हुमा एक कल्पित पक्षी जिसकी छाया पड़ने से मनुष्य राजा हो जाता है) 7. जानकी जी की तलाश में 8. लूटपाट 9. षडयंत्र 10. मृत्यु का भय 11. आग बरसाता रहा 12. स्पष्ट किया 13. छिपा हुआ भेद 14. गुप्त भेद।

راون آج آیا جو سیتا جی کو لے کر اس طرف
مجھکو طیش آیا، لڑا، لیکن گرا محوِ فغاں
تھی جو مرتے وقت پابوسیِ اقدس کی ہوس
روح تھی قالب میں، دم آنکھوں میں تھا، ہونٹوں پہ جاں
صرف اتنا کہہ کے جامِ موت کرگس نے پیا
محبسِ قالب سے نکلا طائرِ روحِ رواں
اُس ہما خصلت کی کریا کرم کر کے رام چندر
جستجوے جانکی میں پھر ہوے گرمِ رواں
رہزنی کرنے لگا آکر کمنڈ اک راچھس
رام یوں بولے لکھن سے کون ہے یہ بدگماں
منع کر دو جا کے، دکھلائے نہ زور اپنا مجھے
باز آئے فتنہ سازی سے اگر ہو خوفِ جاں
لاکھ سمجھایا بجھایا جا کے لچھمن نے اُسے
شیشۂ جوشِ عدو لیکن رہا آتش فشاں
رام نے مارا جو تیر، آنکھیں ہوئیں دشمن کی بند
لیکن انساں بن کے یوں افشا کیا رازِ نہاں
عرض کی گندھرو تھا میں اپنے اگلے جنم میں
تھا دعاے بد سے بد کردار و بدظن، بدگماں
تیر کھا کر بددعا کا آج اثر جاتا رہا
شکر و احساں آپ نے بیکنٹھ میں بخشا مکاں
حال پنہاں کر کے ظاہر، وہ گیا سُرلوک میں
یاں ہوے رگھناتھ جی، شبری کے گھر میں میہماں

शादमां शबरी हुई, फूले ख़ुशी से हाथ पांव।
धोये चरनामृत से कानो, लबो, नुत्क़ो[1] दहां[2]।।
खुल गई आंखें, निगाहे इज्ज़[3] परकरमा[4] फिरी।
आरती करने लगी हर मूए मिज़गां की ज़बां[5]।।
सर निकाला आंख से पुतली ने दर्शन के लिए।
लब पे आये इश्तियाक़े दीद[6] में हर्फ़े बयां[7]।।
ला के मेवे अर्ज़ की मक़बूल[8] हो यह बर्गे सब्ज़[9]।
नज़्र[10], हदिया[11], पेशकश[12], सौग़ात, तोहफ़ा, अर्मुग़ाँ[13]।।
राम ने उसको फलों के बदले बख़्शे चार फल[14]।
कर दिया फ़ैज़े करम[15] से बिश्नुयोग उसका मकां।।
दे के ख़ातिर ख़्वाह यों ही मेहमानी का सिला[16]।
राम ने पूछा जनाबे जानकी जी का निशां।।
अर्ज़ की शबरी ने यां दश्त एक पंपापूर है।
क्या तअज्जुब गर पता सीता का मिल जाये वहां।।
राम लछमन फिर हुए महवे तलाशे जानकी।
तेज़ थीं बड़े अदू[17] नोके मिज़ह की बरछियां[18]।।

* * * *

श्री हनुमान जी की
श्री राम चन्द्र से मुलाक़ात

जब श्री रामो लखन आगे बढ़े महवे फ़ुग़ां।
दश्ते पंपापूर[19] को पाया फ़रेबे बोस्तां[20]।।

---

1. वाणी 2. मुख 3. नम्रता पूर्ण दृष्टि 4. परिक्रमा 5. पलकों की अनी की वाणी 6. दर्शन की उत्कण्ठा 7. शब्द 8. स्वीकार हों 9. हरे फल 10. उपहार 11. भेंट 12. नज़राना 13. उपहार 14. शुभ कर्मों के चार परिणाम धर्म, अर्थ, काम, मोक्ष 15. दयालुता 16. बदला 17. शत्रु 18. पलकों के नोंक की बर्छियां 19. पवम्पापुर के जंगल को 20. उद्यान का धोखा देने वाला।

شادماں شبری ہوئی، پھولے خوشی سے ہاتھ پاؤں
دھوئے چرنامرت سے کان و لب و نطق و دہاں
کھل گئیں آنکھیں، نگاہِ عجز پرکرماں پھری
آرتی کرنے لگی ہر موے مژگاں کی زباں
سر نکالا آنکھ سے پتلی نے درشن کے لیے
لب پہ آئے اشتیاقِ دید میں حرفِ بیاں
لا کے میوے عرض کی مقبول ہو یہ برگ سبز
نذر، ہدیہ، پیشکش، سوغات، تحفہ، ارمغاں
رام نے اُس کو پھلوں کے بدلے بخشے چار پھل
کر دیا فیضِ کرم سے بشن یوگ اُس کا مکاں
دے کے خاطر خواہ یوں ہی میہمانی کا صلہ
رام نے پوچھا جنابِ جانکی جی کا نشاں
عرض کی شبری نے یاں وشت ایک پنپاپور ہے
کیا تعجب گر پتا سیتا کا مل جائے وہاں
رام و لچھمن پھر ہوے محوِ تلاشِ جانکی
تیز تھیں بہرِ عدو نوکِ مژہ کی برچھیاں

☆☆☆☆

سری ہنومان جی کی

سری رام چندر سے ملاقات

جب سری رام و لکمن آگے بڑھے محوِ فغاں
دشتِ پنپاپور کو پایا فریبِ بوستاں

हर निहाले सब्ज़ो तर[1] ने सरो क़द ताज़ीम[2] दी।
शाख़े नख़्ले बारवर[3] ने दीं फलों की डालियां।।
शाहे मैमूनाने[4] ज़ोर आवर कोई सुग्रीव था।
कोह पैकर[5], पीलतन[6], सफ़दर[7], दिलावर, पहलवां।।
बालि से डर कर छिपा था जाके उस कोहसार[8] पर।
थे महाबीर अंजनी नन्दन अनीसो[9] मेहरबां।।
उसने देखा राम लछमन को जो महवे जुस्तजू[10]।
मुखबिराने बालि सफ़दर[11] का हुआ दिल को गुमां।।
अंजनी नन्दन से बोला जा के पूछो इन से हाल।
कौन हैं यह, जुस्तुजू में किस के आये हैं यहां।।
बालि के जासूस अगर हों मुझ को दे देना ख़बर।
जिसमें ढूंढूं और जाये अम्न[12] बह्रे हिफ़्ज़े जाँ।।
ब्राह्मण बन कर श्री विक्रम ने पूछा राम से।
आपका क्या नाम है, कौन आप हैं, घर है कहां।।
खुल गई चश्मे हक़ीक़त[13] रूये अक़्दस[14] देख कर।
देवता कहने को फख़्र अपना समझती है जबां।।
देते हैं कांटों को चरनामृत छाले फोड़ कर।
आपको किस भक्त की क़िस्मत बुला लाई यहां।।
क्या लिये चोरी से शंखासुर ने चारों वेद फिर।
क्या हुई फिर ग़ोश ज़द[15] प्रहलाद की आहो फ़ुग़ां[16]।।
क्या अज़ीयत[17] अज़ सरे नौ[18] गज को दी फिर ग्राह ने।
क्या ज़रूरत फिर हुई लेने को बलि का इम्तिहां।।

---

1. हरे भरे पौधों ने 2. झुककर प्रणाम किया 3. फलों से लदे पेड़ों की शाखों ने 4. वानरों का राजा 5. भीमकाय 6. हाथी जैसे शरीर वाला 7. शूरवीर 8. पर्वतमाला 9. सहायक, मित्र 10. तलाश 11. बलवान बालि का जासूस 12. शांति की जगह 13. ज्ञान चक्षु 14. पवित्र मुखाकृति 15. कानों में पड़ी 16. आर्तनाद 17. यातना 18. नये सिरे से।

هر نہالِ سبز و تر نے سرو قد تعظیم دی
شاخِ نخلِ بارور نے دیں پھلوں کی ڈالیاں
شاہِ میمونانِ زورآور کوئی سگریو تھا
کوہ پیکر، پیلتن، صفدر، دلاور، پہلواں
بالی کے ڈر سے چھپا تھا جا کے اُس کہسار پر
تھے مہابیر انجنی نندن انیس و مہرباں
اُس نے دیکھا رام و لچھمن کو جو محوِ جستجو
مخبرانِ بالی صفدر کا ہوا دل کو گماں
انجنی نندن سے بولا جا کے پوچھو اِن سے حال
کون ہیں یہ، جستجو میں کس کے آئے ہیں یہاں
بالی کے جاسوس اگر ہوں مجھ کو دے دینا خبر
جس میں ڈھونڈھوں اور جائے امن بہرِ حفظِ جاں
برہمن بن کر سری بکرم نے پوچھا رام سے
آپ کا کیا نام ہے، کون آپ ہیں، گھر ہے کہاں
کھُل گئی چشمِ حقیقت روے اقدس دیکھ کر
دیوتا کہنے کو فخر اپنا سمجھتی ہے زباں
دیتے ہیں کانٹوں کو چرنامرت چھالے پھوٹ کر
آپ کو کس بھگت کی قسمت بُلا لائی یہاں
کیا لیے چوری سے سنکھاسُر نے چاروں بید پھر
کیا ہوئی پھر گوش زد پہلاد کی آہ و فغاں
کیا اذیت ازسرِ نو گج کو دی پھر گراہ نے
کیا ضرورت پھر ہوئی لینے کو بلی کا امتحاں

क्या सहस्त्राबाहु[1] से फिर छीनना है कामधेनु[2]।
शिव ने क्या ज़िच[3] हो के भस्मासुर से फिर चाही अमां।।
राम बोले राजा दशरथ जी के हम फ़रज़ंद हैं।
राम लछमन नाम है, मुल्के अवध में है मकां।।
क्या बतायें क्यों हैं सहरानवर्दी[4] हमको ख़ार।
क्या कहें गूंगे का सपना है हमारी दास्तां।।
जानकी जी खो गईं निकले जो हम बनवास को।
दिल हमारा जानता है जो है ईज़ाए निहां[5]।।
हम हैं आवारा उन्हीं की जुस्तुजू में रात दिन।
कूबकू[6], सहरा ब सहरा[7], बोस्तां दर बोस्तां[8]।।
अंजनी नन्दन बदल कर शक्ल, क़दमों पर गिरे।
बालि, सुग्रीवो दिलावर की बयाँ की दास्तां।।
ले के जब रामो लखन को अपने मस्कन पर गये।
आ के यूँ सुग्रीव ने की सरगुज़श्त[9] अपनी बयां।।
मेरा भाई बालि शाहनशाहे पम्पापूर है।
पील[10] ताक़त में, जवां मर्दी में है शेरे ज़ियां[11]।।
जंग में ज़ोरे दुआ[12] से छीनता है निस्फ़ ज़ोर[13]।
है यही बाइस मुक़ाबिल उसके हैं सब नातुवां[15]।।
क़ुव्वते बाज़ू[16] वह मुझ को जानता था, मैं उसे।
रब्त[17] अज़ल[18] से दरमियां में था मिसाले जिस्मो जां[19]।।
कोई राक्षस दूंदली था पायमर्दी[20] शेर दिल।
मर्दे मैदांओ[21] क़वी बालो[22] जरीओ[23] पहलवां।।

---

1. कार्तवीर्यास्रजुन जो हैहय जाति के क्षतियों के राजा कृतवीर्य का पुत्र था 2. कामधेनु गाय 3. त्रस्त 4. जंगल-जंगल भटकना 5. अव्यक्त दुख 6. गली गली 7. जंगल-जंगल 8. उद्यान-उद्यान 9. वृतांत 10. हाथी 11. शेर के समान हिंसक 12. वरदान के बल से 13. आधी शक्ति 14. कारण 15. कमज़ोर 16. बाहुबल 17. सम्बन्ध 18. प्रारम्भ से ही 19. शरीर और प्राण की तरह 20. शूरवीर 21. महारथी 22. जांबाज़ 23. साहसी।

کیا سہستراباہ سے پھر چھینتا ہے کامدھینو

شیو نے کیا زِچ ہو کے بھسمائر سے پھر چاہی اماں

رام بولے راجہ دشرتھ جی کے ہم فرزند ہیں

رام و چھمن نام ہے، ملکِ اودھ میں ہے مکاں

کیا بتائیں، کیوں ہیں صحرانوردی ہم کو خار

کیا کہیں، گونگے کا سپنا ہے ہماری داستاں

جانکی جی کھو گئیں، نکلے جو ہم بن باس کو

دل ہمارا جانتا ہے، جو ہے ایذاے نہاں

ہم ہیں آوارہ اُنھیں کی جستجو میں رات دن

کوبکو، صحرا بصحرا، بوستاں در بوستاں

انجنی نندن بدل کر شکل، قدموں پر گرے

بالی، سگریو و دِلاور کی بیاں کی داستاں

لیکے جب رام و لکھن کو اپنے مسکن پر گئے

آکے یوں سگریو نے کی سرگذشت اپنی بیاں

میرا بھائی بالی، شاہنشاہِ پنپاپور ہے

پیل طاقت میں، جوانمردی میں ہے شیرِ ژیاں

جنگ میں زورِ دعا سے چھینتا ہے نصف زور

ہے یہی باعث مقابل اُس کے ہیں سب ناتواں

قوتِ بازو وہ مجھ کو جانتا تھا، میں اُسے

ربط ازل سے درمیاں میں تھا مثالِ جسم و جاں

کوئی راچھس دوندلی تھا پایمرد و شیردِل

مردِ میداں و قوی بال و جری و پہلواں

दी शिकस्त उसको जो इमदादे ज़फ़र[1] से बालि ने।
हो के पस्पा[2] दामने कोहसार[3] में पाई अमां[4]।।
बालि ने मुझ से कहा जाते हैं बह्रे जंग हम।
पन्द्रह दिन तुम हमारे मुन्तज़िर[5] रहना यहां।।
बालि उधर यह कह के मुझ से कोह[6] के अन्दर गया।
यां महीना ख़त्म होने पर हुआ मुझ को गुमां[7]।।
बालि को मारा अदूए सरबकफ़[8] ने करके ज़ेर।
मुझ को दिखलाये न ज़ोरे ज़र्बते गुर्ज़े गरां[9]।।
इस सबब से रौज़ने कोहे गरां[10] को करके बन्द।
अपने घर वालों से जाकर की वह कैफ़ियत बयां।।
सुन के अहले ख़ान्दां ने सरगुज़श्ते[11] रंजो ग़म।
दश्त पंपापूर का मुझ को बनाया हुक्मरां[12]।।
कुछ दिनों के बाद बालि आया मकां पर फ़तहमंद[13]।
जल गया देखा जो मेरे सर पे ताजे ज़रफ़िशां[14]।।
तायरे आरामो इशरत[15] को किया बे बालो पर[16]।
ज़ौजये गुलफ़ाम[17] छीनी बन के मेरा ख़स्मेजां[18]।।
मैं हुआ इस दश्त में रूपोश[19] वां से भाग कर।
है मुक़ामे शुक्र, यां मुतलक़ नहीं ख़ौफ़े ज़ियां[20]।।
है दुआ रिख[21] की जो इस दारुलअमां[22] में बालि आये।
जिस्म जल जाये कुछ ऐसा कोह हो आतिश फ़िशां[23]।।
हो जो मुम्किन आप से कुछ मुशिगाफ़ी[24] कीजिए।
बालि पर मूए सरे आतिश का जिस में हो गुमां।।

---

1. सफ़लता 2. पराजित 3. पहाड़ की गुफ़ा में 4. शरण ली 5. प्रतीक्षारत 6. गुफ़ा 7. संदेह 8. मरने को उद्यत शत्रु 9. गदा की चोट 10. गुफ़ा का मुंह 11. वृतांत 12. शासक 13. विजेता होकर 14. सुनहरा ताज 15. ऐश आराम के पक्षी 16. पर और डैने विहीन 17. सुन्दर पत्नी 18. जानी दुश्मन 19. छुप गया 20. अनिष्ट 21. ऋषि 22. शांति स्थल 23. आग बरसाने वाला 24. सूक्ष्म आलोचना।

دی شکست اس کو جو امدادِ ظفر سے بالی نے
ہو کے پسپا دامنِ کہسار میں پائی اماں
بالی نے مجھ سے کہا جاتے ہیں بہرِ جنگ ہم
پندرہ دن تم ہمارے منتظر رہنا یہاں
بالی اُدھر یہ کہ کے مجھ سے کوہ کے اندر گیا
یاں مہینا ختم ہونے پر ہوا مجھکو گماں
بالی کو مارا عدوے سربکف نے کر کے زیر
مجھکو دکھلائے نہ زورِ ضربتِ گرزِ گراں
اس سبب سے روزنِ کوہِ گراں کو کر کے بند
اپنے گھر والوں سے جا کر کی وہ کیفیت بیاں
سُن کے اہلِ خانداں نے سرگذشتِ رنج و غم
دشتِ پنپاپور کا مجھ کو بنایا حکمراں
کچھ دنوں کے بعد بالی آیا مکاں پر فتح مند
جل گیا دیکھا جو میرے سر پہ تاجِ زرفشاں
طائرِ آرام و عشرت کو کیا بے بال و پر
زوجۂ گلفام چھینی بن کے میرا خصمِ جاں
میں ہوا اس دشت میں روپوش واں سے بھاگ کر
ہے مقامِ شکر، یاں مطلق نہیں خوفِ زیاں
ہے دعا رِکھ کی جو اس دارالاماں میں بالی آئے
جسم جل جائے کچھ ایسا کوہ ہو آتش فشاں
ہو جو ممکن آپ سے کچھ موشگافی کیجیے
بالی پر موے سرِ آتش کا ہو جس میں گماں

राम बोले बालि को बेदम करूँगा कल ज़रूर।
तुम को तख़्ते सल्तनत दे कर करूँगा शादमां।।
अर्ज़ की सुग्रीव ने मैं एक दिन था कोह पर।
एक अरूसे महजबीं[1] औजे हवा पर थी रवां।।
शर्मगीं[2] नैसां[3] था जिसके चश्मे गौहर बार[4] से।
जिसके रोने की सदा थी ख़न्दये बर्क़े तपां[5]।।
मजमये मैंमूं[6] को महवे सैर सहरा[7] देख कर।
एक लिबासे ज़रफ़िशां[8] फेंका सरे कोहे गिरां।।
आज ज़ाहिर हो गया सीता महामाई थीं वह।
खुल गया औजे[9] हवा पर थीं वही नाला कुनां।।
ख़ैर अब आप अपने दिल से कीजिए हक[10] हर्फ़ रंज[11]।
ढूँढ लाऊँगा श्री सीता को मैं होंगी जहां।।
राम बोले तुम पये क़त्ले अदू[12] बांधो कमर।
मुक्तफ़ी[13] मेरी मदद समझो बराये हिफ़्ज़े जां।।
अर्ज़ की सुग्रीव ने गो ज़ोर में कुछ शक नहीं।
है मगर मद्देनज़र तीर अफ़गनी[14] का इम्तिहां।।
दूंदली राक्षस जो भाई से हुआ था लड़ के ज़ेर।
ओफ़तादा[15] हैं सरे कोहसार[16] उसकी अस्तुख़्वां[17]।।
उनको जो शहज़ोर उठाये, बालि को मारे वही।
हो उसी के हाथ से हल उक़दये[18] अम्नो अमां।।
है सिवा इसके बराये इम्तिहां एक और बात।
सात ताड़ों के शजर[19] बाहम मुसल्सल[20] हैं यहां।।

---

1. चन्द्रमा के समान सुन्दर दुल्हन 2. लज्जित 3. स्वाति बूंद 4. मोती बरसाती आंखों से 5. उत्तप्त बिजली का अदृहास 6. वानरों का झुंड 7. जंगल में घूमते हुए 8. सुनहरी आभा वाला वस्त्र 9. ऊँचाई पर 10. मिटा दीजिये 11. दुख के अक्षर 12. शत्रु के वध के लिये 13. पीछे से आने वाली 14. धनुर्विधा 15. गिरी पड़ी हैं 16. पर्वत पर 17. हड्डियां 18. जटिल समस्या 19. ताड़ों के वृक्ष 20. क्रम से।

رام بولے بالی کو بے دم کرونگا کل ضرور
تم کو تختِ سلطنت دے کر کرونگا شادماں
عرض کی سگریو نے میں ایک دن تھا کوہ پر
اِک عروسِ مہ جبیں اوجِ ہوا پر تھی رواں
شرمگیں نیساں تھا جس کے چشمِ گوہر بار سے
جس کے رونے کی صدا تھی خندۂ برقِ طپاں
مجمعِ میموں کو محوِ سیر صحرا دیکھ کر
اک لباسِ زرفشاں پھینکا سرِ کوہِ گراں
آج ظاہر ہو گیا سیتا مہامائیؔ تھیں وہ
کُھل گیا اوجِ ہوا پر تھیں وہی نالہ کناں
خیر اب آپ اپنے دل سے کیجیے حک حرفِ رنج
ڈھونڈھ لاؤنگا سری سیتا کو میں، ہونگی جہاں
رام بولے تم پے قتلِ عدو باندھو کمر
مکتفی میری مدد سمجھو برائے حفظِ جاں
عرض کی سگریو نے گو زور میں کچھ شک نہیں
ہے مگر مدِّنظر تیر افگنی کا امتحاں
دوندلی راچھس جو بھائی سے ہوا تھا لڑ کے زیر
اوفتادا ہیں سرِ کہسار اُس کی استخواں
اُن کو جو شہ زور اُٹھائے، بالی کو مارے وہی
ہو اُسی کے ہاتھ سے حل عقدۂ امن و اماں
ہے سِوا اس کے برائے امتحاں اک اور بات
سات تاڑوں کے شجر باہم مسلسل ہیں یہاں

उनका सीना गर कोई छेदे फ़क़त एक तीर से।
रज़्मगह[1] में बालि को बेजाँ[2] करे वह बेगुमां।।
नोके नाविक से शजर ताड़ों के छेदे राम ने।
सर सर ज़ोरे आवरी[3] ने ख़स[4] बना दी अस्तुख़्वां[5]।।
क़ुव्वते बाज़ू[6] दिखायी बालि को सुग्रीव ने।
हो के शल[7] लेकिन श्री रघुवर के पास आया दवां[8]।।
अर्ज़ की, ख़ूब आपने मेरी मदद की वक़्ते जंग।
वाह साहब वाह दी ख़ूब आपने अम्नो अमां।।
राम बोले शक्ल पहचानी न तेरी आंख ने।
इस सबब से सर किया मैंने न तीरे जांसितां[9]।।
फूल का माला पहन कर वह निशानी के लिए।
माइले कुश्ती हुआ मस्ते मये ताबो तुवां।।
ज़ेर जब देखा श्री रघुवीर ने सुग्रीव को।
बालि को फ़ौरन किया ज़ख़्मीये तीरे जांसितां।।
दीदये ज़ख़्मे जिगर[10] से रो दिया बालि अश्क ख़ूँ[11]।
कर दिया गुल[12] बाद नाविक[13] ने चराग़े रूहो जाँ[14]।।
मर्गे शौहर[15] के अलम से मुज़्तरिब[16] तारा हुई।
बाप के मरने की ईज़ा[17] से हुआ अंगद तपां[18]।।
दी तसल्ली सब को समझाया बुझाया राम ने।
दामने तस्कीं[19] से पोंछे अश्क अहले ख़ानदां।।
दश्त की फ़रमारवाई[20] की अता सुग्रीव को।
ब्याह तारा से किया हस्बे रिवाज़े ख़ान्दां[21]।।

---

1. युद्ध स्थल 2. प्राणहीन 3. बलशाली तेज़ हवा के झोकों 4. सूखी घास 5. हड्डियां 6. भुजाओं की शक्ति 7. पस्त 8. भागता हुआ 9. प्राणघातक तीर 10. जिगर के ज़ख़्म से 11. खून के आंसू 12. बुझा दिया 13. तीर की हवा से 14. आत्मा के चराग़ को 15. पति की मृत्यु 16. अति व्याकुल 17. कष्ट 18. तड़पने लगा 19. सान्तवना 20. शासनाधिकार 21. परिवार की परम्परा के अनुसार।

ان کا سینہ گر کوئی چھیدے فقط اک تیر سے
رزمگہ میں بالی کو بیجاں کرے وہ بیگماں
نوکِ ناوک سے شجر تاڑوں کے چھیدے رام نے
صر صر زورِآوری نے خس بنا دیں استخواں
قوتِ بازو دکھائی بالی کو سگریو نے
ہو کے شل لیکن سری رگھبر کے پاس آیا دواں
عرض کی، خوب آپنے میری مدد کی وقتِ جنگ
واہ صاحب واہ دی خوب آپ نے امن و اماں
رام بولے شکل پہچانی نہ تیری آنکھ نے
اس سبب سے سر کیا میں نے نہ تیرِ جانستاں
پھول کا مالا پہن کر وہ نشانی کے لیے
مائلِ کُشتی ہوا مستِ مَے تاب و تواں
زیر جب دیکھا سری رگھبیر نے سگریو کو
بالی کو فوراً کیا زخمیِ تیرِ جانستاں
دیدۂ زخمِ جگر سے رو دیا بالی اشک خوں
کر دیا گل باد ناوک نے چراغِ روح و جاں
مرگِ شوہر کے الم سے مضطرب تارا ہوئی
باپ کے مرنے کی ایذا سے ہوا انگد طپاں
دی تسلی سب کو سمجھایا بُجھایا رام نے
دامنِ تسکین سے پوچھے اشک اہلِ خانداں
دشت کی فرماروائی کی عطا سگریو کو
بیاہ تارا سے کیا حسبِ رواجِ خانداں

राम लछमन की जो अंगद ने इताअत[1] की कुबूल।
हो गया ओहदा[2] वली अहदी[3] का पाकर शादमां।।
जुस्तजूए[4] जानकी के वास्ते ले के क़सम।
राम लछमनजी रहे जाकर सरे कोहे गिरां।।
देखते थे मौसमे बारिश में सैरे बर्क़[5] आह।
अब्र दीदा[6] से रहा बरसात भर दरिया रवां।।
उनकी रिक़्क़त[7] देख कर फटता था सीना अब्र[8] का।
उनको मुज़्तर[9] देख कर कहती थी बिजली अलअमां[10]।।

* * * *

जानकी जी की सुराग़याबी और लंका में आतिशफ़िशानी

जब हुआ सुग्रीव ज़ीनत बख़्श[11] तख़्ते ख़ान्दां।
जानकी की जुस्तजू में की रवां फ़ौजे गिरां।।
ख़ैले मैमूं[12] ने तलाशे जानकी हर सिम्त की।
ख़ूब की पैमाइशे[13] फ़र्शे ज़मीनो आस्मां[14]।।
थक गये लेकिन न शक्ले मुद्दआ[15] आई नज़र।
शल[16] हुए, लेकिन न पाया जानकी जी का निशां।।
आख़िरश आकर कहा महवे नदामत[17] राम से।
हो गई क़िस्मत से अपनी जांफ़िशानी[18] रायगां[19]।।
हर तरफ ढूँढा, हर एक गोशे[20] को देखा क्या कहें।
यह नहीं मालूम होता है कि सीता हैं कहां।।

---

1. आज्ञाकारिता 2. पद 3. युवराज 4. तलाश 5. बिजली की चमक 6. आँखों के बादल 7. रोना 8. बादल 9. बेचैन 10. त्राहि त्राहि 11. शोभायमान 12. वानरों के झुंड 13. नापी 14. भूतल और आसमान 15. उद्देश्यपूर्ति की सम्भावना 16. पस्त 17. लज्जित होकर 18. जी तोड़ कोशिश 19. व्यर्थ 20. कोना

رام و لچھمن کی جو انگد نے اطاعت کی قبول
ہو گیا عہدہ ولی عہدی کا پاکر شادماں
جستجوے جانکی کے واسطے لیکر قسم
رام و لچھمن جی رہے جا کر سرِ کوہِ گراں
دیکھتے تھے موسمِ بارش میں سیرِ برق آہ
ابر دیدہ سے رہا برسات بھر دریا رواں
ان کی رقت دیکھ کر پھٹتا تھا سینہ ابر کا
اُن کو مضطر دیکھ کر کہتی تھی بجلی الاماں

☆☆☆☆

جانکی جی کی سراغیابی اور لنکا میں آتشفِشانی

جب ہوا سگریو زینت بخش تختِ خانداں
جانکی کی جستجو میں کی رواں فوجِ گراں
خیلِ میموں نے تلاشِ جانکی ہر سمت کی
خوب کی پیمائشِ فرشِ زمین و آسماں
تھک گئے لیکن نہ شکلِ مدعا آئی نظر
شل ہوے، لیکن نہ پایا جانکی جی کا نشاں
آخرش آکر کہا محوِ ندامت رام سے
ہو گئی قسمت سے اپنی جانفشانی رائگاں
ہر طرف ڈھونڈھا ہر اک گوشہ کو دیکھا کیا کہیں
یہ نہیں معلوم ہوتا ہے کہ سیتا ہیں کہاں

राम जी अफ़सुर्दा[1] ख़ातिर, मुज़्तरिब[2] ग़मगीं[3] हुए।
अंजनी सुत[4] से कहा, अब तुम हो मंज़िल पर रवां।।
दी निशानी को अंगूठी, अपने दस्तेपाक[5] की।
हाथ में अस्पे दुआये पुरअसर की दी इनां[6]।।
अंजनी नन्दन कमर बस्ता[7] हुए बह्रे सफ़र।
जामवंत, अंगद हुए राहे अलम[8] में हमइनां।।
कूबकू[9] सहरा बसहरा[10] की तलाशे जानकी।
चार सू फिर कर हुए वारिद लबे बह्रे रवां[11]।।
था वहां संपाति कर्गस[12] उफ़्तादा[13] ख़ाक पर।
जां बलब[14], बेताब, ग़मगीं, मुज़्महिल[15] मुज़्तर[16] तपां[17]।।
उसने जब देखा उन्हें, बोला बहुत भूखा था मैं।
आज तुमको सूरते लुक़्मा[18] करूँगा नोशे जां।।
सुन के यह तक़रीर उड़े सहरानवर्दों[19] के हवास।
रह गया दब कर, सिमटकर, आशियां में मुर्ग़ेजां[20]।।
अर्ज़ की रामो लखन रौनक़ फ़िज़ाए दश्त थे।
ले गया सीता महारानी को कोई नागहां।।
जंग की कर्गस जटायू ने, मगर बिस्मिल[21] हुआ।
राम ने दी आग उसे, परॉं हुआ जब मुर्ग़े जाँ[22]।।
तुझ से अब यह इल्तजा है रहज़नी से दर गुज़र।
हम को जाने दे कि ढूँढे जानकी जी का निशां।।
जब सुनी संपात कर्गस ने जटायू की ख़बर।
रो के अपनी नौजवानी की रिवायत की बयां।।

---

1. उदास 2. व्याकुल 3. दुखी 4. हनुमान 5. पवित्र हाथ 6. प्रभावकारी दुआ रूपी अश्व की लगाम 7. कमर कस कर 8. कष्टप्रद मार्ग 9. गली गली 10. जंगल जंगल 11. सागर तट पर 12. गिद्ध 13. लोटा हुआ 14. होंठों पर जान 15. क्लान्त 16. व्याकुल 17. तड़पता हुआ 18. निवाला 19. जंगल की खाक छानने वालों के 20. प्राण रूपी पक्षी 21. घायल 22. प्राण पखेरू उड़ गया।

رام جی افسردہ خاطر، مضطرب، غمگیں ہوئے
انجنی سُت سے کہا، اب تم ہو منزل پر رواں
دی نشانی کو انگوٹھی اپنے دستِ پاک کی
ہاتھ میں اسپ دعائے پُر اثر کی دی عناں
انجنی نندن کمربستہ ہوئے بہرِ سفر
جاموَنت، انگد ہوئے راہِ الم میں ہمعناں
کوبکو صحرا بصحرا کی تلاشِ جانکی
چار سو پھر کر ہوئے وارد لبِ بحرِ رواں
تھا وہاں سمپات کرگس اُوفتادہ خاک پر
جاں بلب، بیتاب، غمگیں، مضمحل مضطر طپاں
اُس نے جب دیکھا انھیں، بولا بہت بھوکا تھا میں
آج تم کو صورتِ لقمہ کرونگا نوشِ جاں
سُن کے یہ تقریر، اُڑے صحرانوردوں کے حواس
رہ گیا دب کر، سمٹ کر، آشیاں میں مرغِ جاں
عرض کی رام و لکھن رونق فزائے دشت تھے
لے گیا سیتا مہارانی کو کوئی ناگہاں
جنگ کی کرگس جٹایو نے، مگر بسمل ہوا
رام نے دی آگ اُسے، پرّاں ہوا جب مرغِ جاں
تجھ سے اب یہ التجا ہے رہزنی سے درگذر
ہم کو جانے دے کہ ڈھونڈھیں جانکی جی کا نشاں
جب سُنی سمپات کرگس نے جٹایو کی خبر
رو کے اپنی نوجوانی کی روایت کی بیاں

यूं कहा, था क़ुव्वते बाज़ू[1] मेरा वह मुश्ते पर[2]।
एक दिन परां[3] हुए सूए फ़लक जब थे जवां।।
गिर पड़ा वह शबनम आसा[4] तेज़ीए ख़ुरशीद[5] से।
ले गई जुर्अत मेरी मुझ को क़रीबे आस्मां।।
जल गये पर, ताक़ते परवाज़[6] ज़ाइल[7] हो गई।
बाज़ुए हिम्मत हुए शल, गिर पड़ा हो कर तपां[8]।।
एक ऋषि ने दी दुआ पाकर मुझे बे बालो पर[9]।
पर जमेंगे आयेंगे जब राम के क़ासिद[10] यहां।।
शुक्र है आज आपने दर्शन दिये, अहसां किया।
आयगी क़ब्ज़े में तेग़े ताक़तो ताबो तुवां[11]।।
जानकी का हाल सुनिये, मुल्के लंका में है वह।
सह रही हैं ज़ुल्म ज़ालिम के मियाने बोस्तां[12]।।
दूर गो हैं मुझसे लेकिन हैं नज़र के सामने।
उनका शहबाज़े[13] नज़र मेरे लिए है मुर्ग़े जां[14]।।
जिसकी ताक़त हो समुन्दर पार जाकर देख ले।
लाये मतलब की ख़बर, पाये सियाजी का निशां।।
अंजनी नन्दन सवारे कश्तिये हिम्मत हुए।
मौज वश[15] करने लगे तै मंज़िले बह्रे रवां[16]।।
था मियाने बह्र एक राक्षस अदूए[17] जिन्नो इन्स।
कोह पैकर[18], क़दो क़ामत में नज़ीरे आस्मां[19]।।
जिस का साया देखता था, खींच लेता था उसे।
ख़ूँ से कर देता था गुलगूं[20] चादरे आबे रवां[21]।।

1. हिम्मती 2. नन्हीं सी जान वाला 3. उड़े 4. ओस के सदृश 5. सूर्य की गर्मी से 6. उड़ने की क्षमता 7. नष्ट 8. व्याकुल 9. बिना पंख और पर के 10. दूत 11. शक्ति 12. वाटिका में 13. वीरतापूर्ण दृष्टि 14. जीवन रूपी पक्षी15. लहर की तरह 16. सागर 17. इंसान का शत्रु 18. पहाड़ जैसे शरीर 19. आसमान जैसे क़द वाला 20. रक्त रंजित 21. बहता पानी।

یوں کہا، تھا قوتِ بازو مرا وہ مُشتِ پر
ایک دن پرّاں ہوے سوے فلک، جب تھے جواں
گر پڑا وہ شبنم آسا تیزیِ خورشید سے
لے گئی جُرات مری مجھ کو قریبِ آسماں
جل گئے پر، طاقتِ پرواز زائل ہو گئی
بازوے ہمت ہوے شل، گر پڑا ہو کر طپاں
ایک رِکھ نے دی دعا پاکر مجھے بے بال و پر
پر جمینگے آئینگے جب رام کے قاصد یہاں
شکر ہے آج آپنے درشن دیے، احساں کیا
آئے گی قبضے میں تیغِ طاقت و تاب و تواں
جانکی کا حال سُنیے، مُلکِ لنکا میں ہیں وہ
سہ رہی ہیں ظلم ظالم کے میانِ بوستاں
دور گو ہیں مجھ سے لیکن ہیں نظر کے سامنے
اُن کا شہبازِ نظر میرے لیے ہے مرغِ جاں
جس کی طاقت ہو سمندر پار جاکر دیکھ لے
لائے مطلب کی خبر، پاے سیا جی کا نشاں
انجنی نندن سوارِ کشتیِ ہمّت ہوے
موج وش کرنے لگے طے منزلِ بحرِ رواں
تھا میانِ بحر اک راچھس عدوے جن و انس
کوہ پیکر، قد و قامت میں نظیرِ آسماں
جس کا سایہ دیکھتا تھا، کھینچ لیتا تھا اُسے
خوں سے کر دیتا تھا گُلگوں چادرِ آبِ رواں

अंजनी नन्दन ने उस बेख़ानोमां[1] की जान ली।
पार उतर कर पार[2] से पहुंचे सरे कोहे गरां।।
उस जगह से किश्वरे लंका[3] की सैर[4] आई नज़र।
थे तिलाई[5] सक़्फ़ो दर[6] सोने से पीले थे मकां।।
जब इनाने अज़्म[7] उठाई मुल्के लंका की तरफ़।
आई सुरसा अज़्दहों[8] की मां बराये इम्तिहां।।
डाँट कर बोली, किधर जाता है बे ख़ौफ़ो ख़तर।
आ के मेरे सामने कर जौहरे ताक़त अयां।।
बस न अब आगे क़दम रख, मैं तुझे खा जाऊँगी।
हूँ वफ़ूरे[9] इश्तिहा[10] से दिलफ़िगारो[11] नीम जां[12]।।
अंजनी सुत ने कहा रघुनाथ का क़ासिद[13] हूँ मैं।
जानकी जी की ख़बर लेने को आया हूं यहां।।
रोकती क्यों है मुझे, जाने दे, लाने दे ख़बर।
वापस आकर दूंगा अपने बांकपन का इम्तिहां।।
लाख समझाया मगर माना न उस बदज़ात ने।
सिहर[14] दिखलाने लगी मानिन्द चश्मे महविशां[15]।।
चार योजन का बनाया उसने जब अपना दहन[16]।
सर पे रक्खी अंजनी सुत ने कुलाहे आस्मां[17]।।
और भी अर्ज़े दहन[18] को जब तवालत[19] उसने दी।
घुस गये मुंह में श्री विक्रम बली मिस्ले ज़बां[20]।।
कान का परदा उलट कर मुंह दिखाया सामने।
जानिबे सुरपुर[21] किया उस कोरबातिन[22] को रवां।।

1. बेघर, भाग्यहीन 2. किनारे 3. लंका राज्य 4. कौतुक 5. सोने के 6. छत और दरवाज़े 7. संकल्प की लगाम 8. सर्पों 9. अत्यधिक 10. भूख 11. दुखित 12. अधमरी 13. दूत 14. जादू 15. चन्द्रमा जैसी सुन्दर स्त्री के नेत्रों से 16. मुख 17. आकाश की टोपी रख ली 18. मुख के विस्तार को 19. कष्ट दिया 20. जिह्वा की तरह 21. सुरलोक 22. काले दिलवाली।

انجنی نندن نے اس بے خانماں کی جان لی
پار اتر کر پار سے پہونچے سرِ کوہِ گراں
اُس جگہ سے کشورِ لنکا کی سیر آئی نظر
تھے طِلائی سقف و در سونے سے پیلے تھے مکاں
جب عنانِ عزم اُٹھائی ملکِ لنکا کی طرف
آئی سُرسا اژدہوں کی ماں برائے امتحاں
ڈانٹ کر بولی، کدھر جاتا ہے بیخوف و خطر
آ کے میرے سامنے کر جوہرِ طاقت عیاں
بس نہ اب آگے قدم رکھ، میں تجھے کھا جاؤنگی
ہوں وفورِ اشتہا سے دِلفگار و نیم جاں
انجنی سُت نے کہا رگھناتھ کا قاصد ہوں میں
جانکی جی کی خبر لینے کو آیا ہوں یہاں
روکتی کیوں ہے مجھے، جانے دے، لانے دے خبر
واپس آکر دونگا اپنے بانکپن کا امتحاں
لاکھ سمجھایا، مگر مانا نہ اُس بدذات نے
سحر دکھلانے لگی مانند چشمِ مہوشاں
چار یوجَن کا بنایا اُس نے جب اپنا دہن
سر پہ رکھی انجنی سُت نے کُلاہِ آسماں
اور بھی عرضِ دہن کو جب طوالت اُس نے دی
گھُس گئے منہ میں سری بکرم بلی مثلِ زباں
کان کا پردہ اُلٹ کر منھ دکھایا سامنے
جانبِ سُرپُر کیا اُس کورباطن کو رواں

लंकिनी एक देवनी तारीक मंज़र[1] बद सरिश्त[2]।
किश्वरे लंका की थी दरबां, निगहबां[3], पासबां[4]।।
उसने जब रोका, डराया, धमकियां दीं, ज़िच किया।
अंजनी सुत ने तमाचा मार कर ली उसकी जां।।
जानकी की जुस्तुजू पर फिर जो आमादा हुए।
आग सूरज की हुई गुल, शाम का छाया धुआं।।
अंजनी नन्दन वफ़ूरे[5] शौक़ से फिरने लगे।
दर बदर, ख़ाना बख़ाना[6], बोस्तां दर बोस्तां[7]।।
जुस्तजू ही में थे यह, नागह[8] सहर[9] ख़न्दां[10] हुई।
हरि भजन गाने लगी मिनक़ारे मुर्ग़े नग़्मा ख़्वां[11]।।
आरती ईश्वर की कर के दी श्री सूरज को धूप।
ध्यान में भगवान के गोशे[12] में बैठे चन्द्रमां।।
पानी सूरज को दिया गुल ने बनाकर ओस में।
पोथियां पढ़ने लगे बर्गे निहाले बोस्तां[13]।।
था जो भाई शाहे रावन का विभीषण राम भक्त।
राम सीता पति का नाम उसने किया विर्दे ज़बां[14]।।
अंजनी नन्दन को ध्यान आया यहां ऐसा है कौन।
नाम जो रघुनाथ जी का ले के है अज़बुल बयां[15]।।
यूँ कहा आहिस्ता, आ ऐ राम के तालिब[16] इधर।
मुझ को दे कर दौलते दीदार[17], कर दे शादमां[18]।।
ज़ेरे बाम[19] आकर विभीषण ने कहा कौन आप हैं।
नाम क्या है, काम क्या है, आपका घर है कहां।।

---

1. दुष्टात्मा 2. बुरी आदत वाली 3. संरक्षक 4. निरीक्षक 5. अत्यधिक 6. घर घर 7. उद्यान उद्यान 8. यकायक 9. सुबह 10. मुस्कुराई 11. गाने वाले पक्षियों के चोंच 12. एकान्त कोने में 13. उद्यान के पत्ते और पौधे 14. रटना शुरू किया 15. मीठा बोलने वाला 16. चाहने वाले 17. दर्शन धन 18. प्रसन्न 19. छज्जे के नीचे।

لنکنی اک دیونی تاریک منظر بدسرِشت
کشورِ لنکا کی تھی درباں، نگہباں، پاسباں
اُس نے جب روکا، ڈرایا، دھمکیاں دیں، زِچ کیا
انجنی سُت نے طپانچہ مار کر لی اُس کی جاں
جانکی کی جستجو پر پھر جو آمادہ ہوے
آگ سورج کی ہوئی گُل، شام کا چھایا دھواں
انجنی نندن وفورِ شوق سے پھرنے لگے

دربدر، خانہ بخانہ، بوستاں در بوستاں
جستجو ہی میں تھے یہ، ناگہ سحر خنداں ہوئی
ہری بھجن گانے لگی مِنقارِ مرغِ نغمہ خواں
آرتی ایشر کی کر کے دی سری سورج کو دھوپ
دھیان میں بھگوان کے گوشے میں بیٹھے چندرماں
پانی سورج کو دیا گُل نے بنا کر اُوس میں
پوتھیاں پڑھنے لگے برگِ نہالِ بوستاں
تھا جو بھائی شاہِ راون کا وِبھیشن رام بھگت
رام سیتا پتی کا نام اس نے کیا وردِ زباں
انجنی نندن کو دھیان آیا یہاں ایسا ہے کون
نام جو رگھناتھ جی کا لے کے ہے عذب البیاں
یوں کہا آہستہ، آ اے رام کے طالب ادھر
مجھ کو دے کر دولتِ دیدار کر دے شادماں
زیرِ بام آکر وِبھیشن نے کہا، کون آپ ہیں
نام کیا ہے، کام کیا ہے، آپ کا گھر ہے کہاں

अंजनी सुत ने कहा, विक्रम हमारा नाम है।
जानकी की जुस्तजू हम को बुला लाई यहां।।
दे मदद, गर भक्ति तुझ को है श्री रघुनाथ की।
दे निशां सीता महामाई फ़िरोकश[1] हैं कहां।।
की विभीषण ने गुज़ारिश जानकी हैं बाग़ में।
जिस जगह हैं सैंकड़ों दरबां हज़ारों पासबां[2]।।
पार पायें आप सीता तक, ख़्याले ख़ाम[3] है।
वो चमन वो है, नहीं जिस में कभी दख़्ले ख़िज़ां[4]।।
अंजनी नन्दन ने फ़रमाया हमें कुछ डर नहीं।
यां फ़क़त हरि नाम काफ़ी है बराये हिफ़्ज़े जां[5]।।
कह के यह गुलज़ार[6] में दाख़िल हुए शबनम की तरह।
हो गये मानिन्द बू[7], पैराहने गुल[8] में निहां[9]।।
ख़ुसस्ये लंका[10] इसी अरसे में आया उस जगह।
साथ थीं माशूक़ए नाज़ुक बदन गुन्चा दहां[11]।।
जानकी जी से लजाजत[12] कर के यूं की गुफ़्तगू।
अब तो हो शाख़े निहाले उल्फ़ते दिल गुलफ़िशां[13]।।
याद भूलो राम की, मुझ पर करो लुत्फ़ो करम[14]।
हाथ से अब निकली जाती है तहम्मुल की इनां[15]।।
जानकी जी ने कहा ख़ामोश रह, ख़ामोश रह।
इस क़दर तर्के अदब[16], यह बददिमाग़ी अल्‌अमां[17]।।
डर अरे ज़ालिम, श्री रघुनाथ से कुछ ख़ौफ़ कर।
जान ले औरंग[18] यह होगा, न ताजे ज़र फ़िशां[19]।।

1. ठहरी हुई हैं 2. निरीक्षक 3. ग़लत सोच 4. पतझड़ का समावेश 5. जीवन रक्षा के लिये 6. उद्यान 7. खुश्बू की तरह 8. फूलों के आवरण में 9. छुप गये 10. लंकेश 11. पुष्प गुच्छों जैसी मुख वाली 12. गिड़गिड़ाकर 13. हृदय रूपी पौधे की डाल पुष्पित हो 14. कृपा दृष्टि 15. धैर्य की लगाम 16. अशिष्टता 17. त्राहि त्राहि 18. राज्य सिंहासन 19. सोने का ताज।

انجنی سُت نے کہا، بکرم ہمارا نام ہے
جانکی کی جستجو ہم کو بُلا لائی یہاں

دے مدد، گر بھگت تجھ کو ہے سری رگھناتھ کی
دے نشاں، سیتا مہامائی فِروکش ہیں کہاں

کی وِبھیشن نے گذارش جانکی ہیں باغ میں
جس جگہ ہیں سیکڑوں درباں، ہزاروں پاسباں

پار پائیں آپ سیتا تک، خیالِ خام ہے
وہ چمن وہ ہے، نہیں جس میں کبھی دخلِ خزاں

انجنی نندن نے فرمایا ہمیں کچھ ڈر نہیں
یاں فقط ہری نام کافی ہے برائے حفظِ جاں

کہ کے یہ گلزار میں داخل ہوے شبنم کی طرح
ہو گئے مانند بو پیراہنِ گل میں نہاں

خسروِ لنکا اسی عرصہ میں آیا اُس جگہ
ساتھ تھیں معشوقۂ نازک بدن غنچہ دہاں

جانکی جی سے لجاجت کر کے یوں کی گفتگو
اب تو ہو شاخِ نہالِ اُلفتِ دل گلفشاں

یاد بھولو رام کی، مجھ پر کرو لطف و کرم
ہاتھ سے اب نکلی جاتی ہے تحمّل کی عناں

جانکی جی نے کہا خاموش رہ خاموش رہ
اس قدر ترکِ ادب، یہ بددماغی الاماں

ڈر ارے ظالم، سری رگھناتھ سے کچھ خوف کر
جان لے اورنگ یہ ہوگا، نہ تاجِ زرفشاں

आग यह सुनते ही रावन के बदन में लग गई।
जानकी जी को ज़बाने तेग़[1] से दी धमकियां।।
अर्ज़ की मन्दोदरी ने, क्या ख़्याले ख़ाम[2] है।
हल्क़े औरत[3] पर कहीं चलती है तेग़े ख़ूंफ़िशां[4]।।
सुन के यह तक़रीर, रावण उल्टे पांवों फिर गया।
दिल दुखाने को किये लेकिन मुक़र्रर पासबां[5]।।
ग़ैज़[6] से बोला, महीने भर की मोहलत और है।
मान जायें, क़त्ल कर डालूंगा वरना बाद ईज़ां[7]।।
जानकी जी माइले दर्दो तअब[8] होने लगीं।
दुश्मनों के ज़ुल्म से रहने लगी लब पर फ़ुग़ां[9]।।
लब चबाती थीं, समझ कर उन को हीरे की कनी[10]।
अश्क पीती थीं समझ कर आब शमशीरे रवां[11]।।
दिल को जब पत्थर बनाती थीं, निकलते थे शरर[12]।
जब भड़कती थी जिगर में आग उठता था धुआं।।
तिरजटा थी एक रावण की कनीज़े ख़ुश सियर[13]।
साफ़ बातिन[14], पाक तीनत[15], नेक मन्ज़र[16] नुक्तादां[17]।।
अर्ज़ की सीता से उसने ख़्वाब देखा कल अजब।
आ के एक मैमू[18] ने लंका का उजाड़ा बोस्तां[19]।।
टट्टियाँ फूंकी, लगा दी क़िलए ज़र्री[20] में आग।
थे क़रीबे सर्द[21] आतिशबाज़े सर्वे बोस्तां[22]।।
फूल अनारों के, निगाहों में अनारों के थे फूल।
थे निहाले बोस्तां[23] मिस्ले चिनार आतिशफ़िशां[24]।।

---

1. तलवार की धार से 2. मिथ्या विचार 3. स्त्री के गले पर 4. खून भरी तलवार 5. निरीक्षक नियुक्त किये 6. गुस्से से 7. यातना के बाद 8. दुखी स्वभाव की 9. आर्तनाद 10. हीरे की किर्च 11. तलवार की धार 12. चिंगारियां 13. नेक स्वभाव 14. साफ़ दिल 15. निर्मल स्वभाव 16. सुन्दर 17. बुद्धिमती 18. वानर 19. उद्यान 20. सोने के क़िले 21. ठंडे होने के क़रीब 22. जलते हुए उद्यान के सर्व के पेड़ 23. उद्यान के छोटे पेड़ 24. चिनार के वृक्षों की तरह अंगारे वाले।

آگ یہ سنتے ہی راون کے بدن میں لگ گئی
جانکی جی کو زبانِ تیغ سے دیں دھمکیاں

عرض کی مندودری نے، کیا خیالِ خام ہے
حلقِ عورت پر کہیں چلتی ہے تیغِ خونفشاں

سن کے یہ تقریر راون، الٹے پاؤں پھر گیا
دل دکھانے کو کیے لیکن مقرر پاسباں

غیظ سے بولا، مہینے بھر کی مہلت اور ہے
مان جائیں، قتل کر ڈالونگا ورنہ بعد ازاں

جانکی جی مائلِ درد و تعب ہونے لگیں
دشمنوں کے ظلم سے رہنے لگی لب پر فغاں

لب چباتی تھیں، سمجھ کر اُن کو، ہیرے کی کنی
اشک پیتی تھیں سمجھ کر آب شمشیرِ رواں

دل کو جب پتھر بناتی تھیں، نکلتے تھے شرر
جب بھڑکتی تھی جگر میں آگ اُٹھتا تھا دھواں

ترجٹا تھی ایک راون کی کنیزِ خوش سیر
صاف باطن، پاک طینت، نیک منظر نکتہ داں

عرض کی سیتا سے اُس نے خواب دیکھا کل عجب
آ کے اک میموں نے لنکا کا اُجاڑا بوستاں

ٹٹیاں پھوکیں، لگا دی قلعۂ زرّیں میں آگ
تھے قریبِ سرد آتشبازِ سر و بوستاں

پھول اناروں کے، نگاہوں میں اناروں کے تھے پھول
تھے نہالِ بوستاں مثلِ چنار آتش فشاں

राम ने रावण को मारा तीर आतिशबार[1] से।
ताज बख़्शी की, विभीषण को बनाया हुक्मरां।।
तुम न घबराओ अयां हो जायगी ताबीरे ख़्वाब[2]।
दूर होगी जांकनी[3], मिट जायेगा दर्दे निहां।।
इतने में विक्रम ने फेंकी राम की अंगुश्तरी[4]।
जानकी जी की जुदाई का किया क़िस्सा बयां।।
जानकी हैरां हुई अंगुश्तरी को देख कर।
दिल को अन्देशा हुआ, पैदा हुए वहमो गुमां[5]।।
ध्यान था अंगुश्तरीये राम लाया कौन शख़्स।
किस में ऐसा ज़ोर है, है कौन ऐसा पहलवां।।
विक्रम आये सामने सीता को पाया फ़िक्रमन्द[6]।
की बयां सहरानवर्दीने अलम[7] की दास्तां।।
जानकी बोलीं ख़फ़ा शायद श्री रघुनाथ है।
है यही बाइस ख़बर अब तक न ली आ कर यहां।।
सच बताना याद आती है कभी मेरी उन्हें।
चश्मतर[8] होती है, रहती है कभी लब पर फ़ुग़ां[9]।।
अर्ज़ की विक्रम ने तुमसे बढ़ के ग़म है राम को।
अश्क बारी[10] से डुबो देते हैं सक़्फ़े आस्मां[11]।।
जब ख़बर ले जाऊंगा, आयेंगे लेने के लिए।
मार कर रावण को बख़्शेंगे तुम्हें नक़्दे अमां[12]।।
जानकी माई ने फिर पूछा कि फ़ौजे राम में।
तुम से बढ़ कर ज़ोरवर हैं, या तुम्हीं से पहलवां।।

---

1. आग बरसाने वाला 2. स्वप्न फल स्पष्ट हो जायेगा 3. यम यातना 4. मुद्रिका 5. भ्रम 6. चिन्ताग्रस्त 7. जंगलों जंगलों घूमने वालों का कष्ट 8. अश्रुपूर्ण आंख 9. आर्तनाद 10. रो-रो कर 11. आसमान की छत 12. संतोष धन।

رام نے راون کو مارا تیر آتشبار سے
تاج بخشی کی، وِبھیشن کو بنایا حکمراں
تم نہ گھبراؤ، عیاں ہو جائیگی تعبیرِ خواب
دور ہوگی جاں کنی، مٹ جائیگا دردِ نہاں
اتنے میں بکرم نے پھینکی رام کی انگشتری
جانکی جی کی جدائی کا کیا قصّہ بیاں
جانکی حیراں ہوئیں انگشتری کو دیکھ کر
دل کو اندیشہ ہوا، پیدا ہوئے، وہم و گماں
دھیان تھا انگشتریِ رام لایا کون شخص
کس میں ایسا زور ہے، ہے کون ایسا پہلواں
بکرم آئے سامنے سیتا کو پاکر فکرمند
کی بیاں صحرانوردانِ الم کی داستاں
جانکی بولیں خفا شاید سری رگھناتھ ہیں
ہے یہی باعث، خبر اب تک نہ لی آکر یہاں
سچ بتانا یاد آتی ہے کبھی میری اُنھیں
چشم تر ہوتی ہے، رہتی ہے کبھی لب پر فغاں
عرض کی بکرم نے تم سے بڑھ کے غم ہے رام کو
اشکباری سے ڈبو دیتے ہیں سقفِ آسماں
جب خبر لے جاؤنگا، آئینگے لینے کے لیے
مار کر راون کو بخشیں گے تمھیں نقدِ اماں
جانکی مائی نے پھر پوچھا کہ فوجِ رام میں
تم سے بڑھ کر زورور ہیں، یا تمھیں سے پہلواں

अंजनी नन्दन ने क़द अपना बढ़ाया इस क़दर।
तूल[1] में कम थीं शुआए आफ़ताबे[2] आस्माँ।।
की गुज़ारिश, फ़ौज में हर एक अहले ज़ोर है।
मूर[3] के मानिन्द मैं हूँ जिनके आगे नातुवां[4]।।
फिर कहा दिल को है फ़र्ते[5] इश्तिहा[6] से बेकली।
गर इजाज़त हो, तो फल खाऊँ मियाने बोस्तां।।
जानकी जी ने कहा, मुश्किल है गुलशन में गुज़र।
वां हिफ़ाज़त को मुक़र्रर हैं हज़ारों पहलवां।।
अंजनी सुत ने कहा इसका मुझे खटका नहीं।
है क़वीतर[7] नाम रघुबर, गर क़वी[8] है पासबां[9]।।
कह के यह दाख़िल हुए उस गुलशने सर सब्ज़ में।
नख़्ल उखाड़े[10], फूल तोड़े, मार डाले बाग़बां।।
पायमाली[11] का दिया ग़म मिस्ल सब्ज़ा[12] बाग़ को।
खाये चुन चुन कर समर[13], पटके झपट के पहलवां।।
जो बचे ज़िन्दा गये रावन के आगे चश्म तर[14]।
पायमालीये गुलिस्तां[15] की हिकायत[16] की बयां।।
था अछै, रावन का फ़रज़न्द[17] अहले ताक़त अहले ज़ोर।
उस से रावन ने कहा जा तू मियाने बोस्तां।।
हिकमतो तदबीर से विक्रम बली को क़ैद कर।
चश्मे गुलशन को दिखा आइनये अम्नो अमां[18]।।
ले के एक फ़ौजे गरां[19] पहुंचा अछै गुलज़ार में।
अंजनी नन्दन पे मारे नाविके आतिश फ़िशां[20]।।

---

1. लम्बाई 2. सूर्य की किरणें 3. चींटी 4. अशक्त 5. आधिक्य 6. भूख 7. अत्यधिक शक्तिशाली 8. शक्तिवान 9. निरीक्षक 10. वृक्ष उखाड़े 11. रौंदे जाने का दुख 12. घास की तरह 13. फल 14. रोते हुए 15. बाग़ के रौंदे जाने की 16. वृत्तांत 17. अक्षय, रावण का पुत्र 18. शान्ति का नियम 19. भारी फौज 20. अग्नि वर्षक बाण।

انجنی نندن نے قد اپنا بڑھایا اس قدر
طول میں کم تھی شعاعِ آفتابِ آسماں
کی گذارش، فوج میں ہر اک اہلِ زور ہے
مور کے مانند میں ہوں جن کے آگے ناتواں
پھر کہا دل کو ہے فرطِ اشتہا سے بیکلی
گر اجازت ہو، تو پھل کھاؤں میانِ بوستاں
جانکی جی نے کہا، مشکل ہے گلشن میں گذر
واں حفاظت کو مقرر ہیں ہزاروں پہلواں
انجنی سُت نے کہا اس کا مجھے کھٹکا نہیں
ہے قوی تر نام رگھبر، گر قوی ہیں پاسباں
کہ کے یہ داخل ہوے اُس گلشنِ سرسبز میں
نخل اُکھاڑے، پھول توڑے، مار ڈالے باغباں
پائمالی کا دیا غم مثل سبزہ باغ کو
کھائے چُن چُن کر ثمر، پٹکے چھپکے پہلواں
جو بچے زندہ گئے راون کے آگے چشم تر
پائمالیِ گلستاں کی حکایت کی بیاں
تھا اچھے راون کا فرزند اہلِ طاقت اہلِ زور
اُس سے راون نے کہا جا تو میانِ بوستاں
حکمت و تدبیر سے بکرم بلی کو قید کر
چشم گلشن کو دکھا آئینۂ امن و اماں
لے کے اِک فوجِ گراں پہونچا اچھے گلزار میں
انجنی نندن پہ مارے ناوکِ آتش فِشاں

कोह की सूरत[1] पवन सुत ने उखाड़ा एक दरख़्त।
फ़ौज को मारा, कुचल डालीं अछै की अस्तुख़्वां[2]।।
वह शजर ब्रहमा की शक्ति था बराये अहले ज़ोर।
था परसधर[3] जी का फरसा, राम का तीरे रवां।।
शम्भु का त्रिशूल था, बज्र इन्द्र का, अर्जुन का बान।
विष्णु जी का चक्र, काली जी की तेग़े ख़ूंफ़िशां[4]।।
था श्री नरसिंह का नाखुन, श्री विक्रम का गुर्ज़[5]।
आतिशे सोज़ां[6], बलाये आस्मां, बर्क़े तपां[7]।।
यंशे अक़्रब[8] या दमे अज़्दर था या दन्दाने मार[9]।
ग़ैरते ख़ुर्तूमे फ़ीलो[10] पंजए शेरे ज़ियाँ।।
मेघनाथ अपने पिसर[11] को फिर दिया रावन ने हुक्म।
जा के विक्रम को करे पाबन्द ज़ंजीरे गिरां[12]।।
था वह राक्षस पीलतन, पहुंचा पये जंगो जदल[13]।
की श्री विक्रम बली पर बारिशे तीरे रवां।।
सूरते तक़्दीर लड़ते थे श्री विक्रम बली।
पीस डालीं पहलवानाने जरी[14] की अस्तुख़्वाँ।।
हार कर हिम्मत मुख़ालिफ़ ने निकाली ब्रह्म फांस।
गर्दने विक्रम में डाली सूरते तौक़े गिरां[15]।।
अंजनी नन्दन ने सोचा मैंने गर तोड़ी कमन्द[16]।
क़ौल ब्रह्मा का असर जाता रहेगा बेगुमां।।
सोच कर ये दीदओ दानिस्ता[17] फन्दे में फंसे।
पांव से लिपटी रगे पा[18] बन के ज़ंजीरे गिरां।।
लाये राक्षस जब सरे महफ़िल श्री बजरंग को।
देने को ताज़ीर[19] उठी रावन की शमशीरे रवां।।

---

1. पहाड़ सा 2. हड्डियां 3. परसराम 4. रक्त रंजित तलवार 5. गदा 6. जलती हुई अग्नि 7. उत्तप्त बिजली 8. बिच्छू का डंक 9. साँप का दाँत 10. हाथी की सूंड़ 11. पुत्र 12. भारी ज़ंजीरों में जकड़ दो 13. मार काट 14. बहादुर 15. भारी हंसली 16. पाश, रस्सी 17. जानबूझ कर 18. पांव की नस 19. दंड।

کوہ کی صورت پون سُت نے اُکھاڑا اک درخت
فوج کو مارا، کچل ڈالیں اچھے کی استخواں

وہ شجر برہما کی شکتی تھا برائے اہلِ زور
تھا پرسدھر جی کا پرسا، رام کا تیرِ رواں

شمبھو کا ترشول تھا، بجر اندر کا، ارجن کا بان
بشن جی کا چکر، کالی جی کی تیغِ خُونفشاں

تھا سری نرسنگھ کا ناخُن، سری بکرم کا گُرز
آتشِ سوزاں، بلائے آسماں، برقِ طپاں

نیشِ عقرب یا دمِ اژدر تھا یا دندانِ مار
غیرتِ خَرطُومِ فیل و پنجۂ شیرِ ژیاں

میگھناد اپنے پسر کو پھر دیا راون نے حکم
جا کے بکرم کو کرے پابند زنجیرِ گراں

تھا وہ راچھس پیلتن، پہونچا پَے جنگ و جدل
کی سری بکرم بلی پر، بارشِ تیرِ رواں

صورتِ تقدیر لڑتے تھے سری بکرم بلی
پیس ڈالیں پہلوانانِ جری کی استخواں

ہار کر ہمّت مخالف نے نکالی برہمہ بھانس
گردنِ بکرم میں ڈالی صورتِ طوقِ گراں

انجنی نندن نے سوچا میں نے گر توڑی کمند
قول برھما کا اثر جاتا رہے گا بیگماں

سوچ کر یہ دیدہؑ و دانستہ پھندے میں پھنسے
پانوؑں سے لپٹی رگِ پا بن کے زنجیرِ گراں

لائے راچھس جب سرِ محفل سری بجرنگ کو
دینے کو تعزیر اُٹھی راون کی شمشیرِ رواں

की विभीषण ने गुज़ारिश बाढ़ पर है तेग़े फ़तह।
पेश क़ासिद सैफ़[1] में क्या दम, चलाये जो ज़बाँ।।
हुक्म रावन ने दिया सब इस क़दर मारें इसे।
ख़ून थूके दीदये तर[2], मग़्ज़ उगल दे अस्तुख़्वाँ[3]।।
दस्त बदअत[4] जब उठाया मजमये शहज़ोर ने।
अंजनी नन्दन ने ली सर पर बलाये आस्माँ।।
मैल तेवर पर न आया, बल न पेशानी पे थे।
थी वही जुर्अत, वही हिम्मत, वही ताबो तुवां।।
कर चुके जब दस्तो पा सब शल, दिया रावन ने हुक्म।
दुम जला दो इसकी, मिस्ले रिश्तए शमए मकां।।
इस क़दर पंब:[5] हुई विक्रम बली की दुम में सर्फ़।
था लिहाफ़े चश्म में बाक़ी न रूई का निशां।।
पारचे[6] की क़िस्म में बाक़ी यह दो चीज़ें रहीं।
चांदनी माहे फ़लक[7] की, चादरे आबे रवां[8]।।
जब लगाई आग दुम में तेल सर्फ़ इतना हुआ।
फिर हुए रोशन न बुझ-बुझ कर चराग़े ख़ान्दां।।
आतिशे दुम से हुए बेदम हज़ारों मर्दो ज़न[9]।
जल गये क़स्रे[10] विभीषण के सिवा लाखों मकां।।
आतिशे दुम की समुन्दर में श्री विक्रम ने गुल।
जानकी के पास आकर की वह कैफ़ीयत बयां।।
जानकी जी ने दिया चूड़ामणि अपना खोल कर।
अंजनी नन्दन हुए रुख़्सत फिरे सूए मकाँ।।

---

1. तलवार 2. आंखों से ख़ून टपकने लगे 3. हड्डियां मज्जा (गूदा) उगल दें 4. दुराचारियों का हाथ 5. रूई 6. कपड़े 7. आसमान के चांद की चांदनी 8. बहते पानी की चादर 9. स्त्री पुरूष 10. भवन।

کی وِبھیشن نے گذارش باڑھ پر ہے تیغ فتح
پیش قاصد سیف میں کیا دم، چلائے جو زباں
حکم راون نے دیا سب اس قدر ماریں اسے
خون تھوکے دیدۂ تر، مغز اُگل دے استخواں
دستِ بدعت جب اُٹھایا مجمع شہ زور نے
انجنی نندن نے لی سر پر بلائے آسماں
میل تیور پر نہ آیا، بل نہ پیشانی پہ تھے
تھی وہی جُرائت، وہی ہمت، وہی تاب و تواں
کر چکے جب دست و پا سب شل، دیا راون نے حکم
دُم جلا دو اس کی، مثلِ رشتۂ شمعِ مکاں
اس قدر پنبہ ہوئی بکرم بلی کی دُم میں صرف
تھا لحافِ چشم میں باقی نہ روئی کا نشاں
پارچے کی قسم میں باقی یہ دو چیزیں رہیں
چاندنی ماہِ فلک کی، چادرِ آبِ رواں
جب لگائی آگ دُم میں، تیل صرف اتنا ہوا
پھر ہوے روشن نہ بجھ بجھ کر چراغِ خانداں
آتشِ دُم سے ہوے بیدم ہزاروں مرد و زن
جل گئے قصرِ وِبھیشن کے سوا لاکھوں مکاں
آتشِ دُم کی سمندر میں سری بکرم نے گُل
جانکی کے پاس آکر کی وہ کیفیت بیاں
جانکی جی نے دیا چوڑا منی اپنا کھول کر
انجنی نندن ہوے رخصت، پھرے سوے مکاں

जामवंत अंगद को ले कर राम के दर्शन किये।
दे के चूड़ामणि बताया जानकी जी का निशां।।
राम बोले, क्यों न हो, विक्रम बली क्या बात है।
फ़र्द[1] अपनी पायमर्दी[2] में हो ज़ेरे आस्मां[3]।।

* * * *

विभीषण की लंका से जिलावतनी

जब सुना विक्रम से रघुवर ने सिया जी का निशां।
हुक्म फ़रमाया पये तैय्यारिये फ़ौजे गिरां।।
फ़ौज मैमू[4] को मुसल्लह[5] कर दिया सुग्रीव ने।
हो गये लैस अफ़सराने लश्करे, लश्कर सितां[6]।।
फ़ौज ले कर आज़िमे लंका[7] हुए दशरथ किशोर।
कोह[8] सहरा[9] कर के तै, पहुंचे लबे बह्रे रवां।।
गुल मचा लंका में सीता जीवन आये लेके फ़ौज।
ख़ौफ से लरज़े सिपह सालार, कांपे पहलवां।।
शाह रावण से विभीषण ने कहा कुछ होश है।
राम, लछमन ले के आ पहुंचे एक अम्बोहे गिरां[10]।।
आक़िबत बीनी[11] से काम इस वक़्त करना चाहिए।
सोच लेना चाहिए अच्छी तरह सूदो ज़ियां[12]।।
भेजना सीता का लाज़िम है मेरी दानिस्त[13] में।
जोशे ख़ूरेज़ी[14] हिमाक़त, सरकशी[15] है रायगां[16]।।

1. अकेले, अद्वितीय 2. वीरता 3. आसमान के नीचे 4. वानरों की फ़ौज 5. अस्त्रों से सुसज्जित 6. फ़ौज वाले 7. लंका की ओर जाने का संकल्प 8. पहाड़ 9. जंगल 10. भारी समूह 11. परिणाम का ध्यान रख कर 12. लाभ हानि 13. विचार में 14. रक्तपात 15. स्वेच्छाचारिता 16. व्यर्थ।

جاموَنت انگد کو لے کر رام کے درشن کیے
دے کے چوڑا منی بتایا جانکی جی کا نشاں
رام بولے، کیوں نہ ہو، بکرم بلی کیا بات ہے
فرد اپنی پائمردی میں ہو زیرِ آسماں

☆☆☆☆

وِبھیشن کی لنکا سے جِلا وطنی

جب سنا بکرم سے رگھبر نے سیا جی کا نشاں
حکم فرمایا پئے تیاریِ فوجِ گراں
فوج میموں کو مسلح کر دیا سگریو نے
ہو گئے لیس افسرانِ لشکرِ لشکر سِتاں
فوج لے کر عازمِ لنکا ہوئے دشرتھ کشور
کوہ و صحرا کر کے طے، پہونچے لبِ بحرِ رواں
غُل مچا لنکا میں سیتا جیون آئے لے کے فوج
خوف سے لرزے سپہ سالار، کانپے پہلواں
شاہِ راون سے وِبھیشن نے کہا کچھ ہوش ہے
رام لچھمن لے کے آپہونچے اک انبوہِ گراں
عاقبت بینی سے کام اس وقت کرنا چاہیے
سوچ لینا چاہیے اچھی طرح سود و زیاں
بھیجنا سیتا کا لازم ہے مری دانست میں
جوشِ خونریزی، حماقت، سرکشی ہے رائگاں

फ़ायदा क्या मोल लें बैठे बिठाये दर्दे सर।
आजिज़ी[1] से पेश आना चाहिए शक्ले कमां[2]।।
सुनके यह तक़रीर वह बदकैश[3] बोला ग़ैज़[4] से।
फिर जो बात ऐसी निकाली, मुंह से काटूँगा ज़बां।।
तू नहीं वाक़िफ़ कि मैं किस दर्जा अहले ज़ोर[5] हूं।
सल्ब[6] होती है मेरी हैबत[7] से रूहे आस्मां[8]।।
अग्नि, जल, पृथ्वी, पवन चारों मुतीउल हुक्म[9] हैं।
ज़ेरे फ़रमां[10] हैं च्यवन, जम, इन्द्र, सूरज चन्द्रमां।।
मेरे सर दस, चार सर ब्रह्मा के, शिव के पांच सर।
फ़र्क़ जब ये है, तो फिर हमसर[11] बशर मेरा कहां।।
ये ज़वाले अक़्ल[12], ये कम हिम्मती, ये बुज़दिली।
ये ख़्यालात ऐसे ऐसे नस्ले इन्सां बेगुमां[13]।।
की विभीषण ने गुज़ारिश है कहां इस वक़्त होश।
अक़्ल खो बैठे कहां, फ़हमो[14] फ़िरासत[15] है कहां।।
है फ़रोग़े मिह्र ताले[16] चार दिन की चांदनी।
नक़्श बर आब[17] आप समझें जौहरे तेग़े रवां।।
मुझ को डर है ख़्वाबे ग़फ़लत से न सो जाए नसीब[18]।
ख़ौफ़ है मिस्मार[19] हो जाए न सोने का मकां।।
शाह लंका ने कहा ख़ामोश रह ख़ामोश रह।
दूर हो, हट सामने से, रोक ऐ बदख़ू[20] ज़बां।।
कह के ये मारी तने नासेह[21] पे लात एक ज़ोर से।
मुल्के लंका से निकाला, ग़म दिया, छीना मकां।।

---

1. विनम्रता 2. कमान की तरह (झुककर) 3. दुष्टात्मा 4. गुस्से 5. शक्तिशाली 6. छीन ली जाती है 7. आतंक 8. आसमान के प्राण 9. आधीन 10. आज्ञाकारी 11. बराबर 12. बुद्धि का ह्रास 13. सहसा 14. विवेक 15. चतुराई 16. भाग्य के उदय की कृपा 17. पानी पर बनाया चित्र (क्षण भंगुर) 18. भाग्य 19. ध्वस्त 20. बुरा बोलने वाला 21. उपदेश देने वाले।

فائدہ کیا مول لیں بیٹھے بٹھائے دردِ سر
عاجزی سے پیش آنا چاہیے شکلِ کماں

سن کے یہ تقریر وہ بدکیش بولا غیظ سے
پھر جو بات ایسی نکالی منھ سے، کاٹونگا زباں

تو نہیں واقف کہ میں کس درجہ اہلِ زور ہوں
سلب ہوتی ہے مری ہیبت سے رُوحِ آسماں

اگن، جل، پرتھی، پون چاروں مطیع الحکم ہیں
زیرِ فرماں ہیں پَوَن، جم، اندر، سورج، چندرماں

میرے سر دس، چار سر برھما کے، شو کے پانچ سر
فرق جب یہ ہے، تو پھر ہمسر بشر میرا کہاں

یہ زوالِ عقل، یہ کم ہمتی، یہ بزدِلی
یہ خیلات ایسے ایسے نسلِ انساں بے گماں

کی وبھیشن نے گذارش ہیں کہاں اس وقت ہوش
عقل کھو بیٹھے کہاں، فہم و فِراست ہے کہاں

ہے فروغِ مہرِ طالع چار دن کی چاندنی
نقش بر آب آپ سمجھیں جوہرِ تیغ رواں

مجھ کو ڈر ہے خوابِ غفلت سے نہ سو جائے نصیب
خوف ہے مسمار ہو جاے نہ سونے کا مکاں

شاہ لنکا نے کہا خاموش رہ خاموش رہ
دور ہو، ہٹ سامنے سے، روک اے بدخو زباں

کہ کے یہ ماری تنِ ناصح پہ لات اک زور سے
ملکِ لنکا سے نکالا، غم دیا، چھینا مکاں

राम के दर्शन किये उस ख़ानमा बरबाद[1] ने।
की जबीं साईं[2] से हासिल दौलते अम्नो अमां[3]।।
क़श्क़ए पुरनूर[4] पेशानी[5] पे खींचा राम ने।
हाथ में दी राहदारे हुक्मरानी की इनाँ।।
मुख़बिरे[6] लंका जो शुक सारंग निहां थे उस जगह।
उनको लश्कर ने किया पाबन्दे ज़ंजीरे गिरां[7]।।
जब हुए अच्छी तरह रुसवा[8] तब आज़ादी मिली।
मुल्के लंका में शहे रावन के पास आए दवां।।
अर्ज़ की ऐसा जरी लश्कर कोई देखा नहीं।
जिसका इक अदना सिपाही बल में है पीले दमां[9]।।
ख़ेमये ज़र[10] में फ़िरोकश[11] है सिरी सीता रमन।
संगे पारस[12] से सिवा है जिस का संगे आस्तां[13]।।
फ़ौज की आंखों में पाई है विभीषण ने जगह।
हर सिपहसालार के दिल में बना है मेहमां।।
हाथ आई मुल्के लंका की हुकूमत राम से।
क़द्रदानी से मिला है ख़िलअते ऐज़ाज़ो शां[14]।।

* * * *

सेतुबन्ध लीला

यूं विभीषण से हुए रघुनाथ जी पुरसिश कुनां[15]।
किस तरह लश्कर करे तै मंज़िले बह्रे रवां[16]।।

---

1. जिसका घर बर्बाद हो गया हो 2. नम्रता का प्रदर्शन 3. शांति सुरक्षा 4. चमकदार तिलक 5. माथा 6. भेदिये 7. ज़ंजीरों में क़ैद कर लिया 8. निंदित 9. चिंघाड़ता हाथी 10. सुनहरे ख़ेमे में 11. ठहरे हुए हैं 12. पारस पत्थर 13. निवास स्थल की दहलीज़ का पत्थर 14. सम्मान स्वरूप दिये जाने वाले वस्त्र 15. पूछने लगे 16. समुद्र।

رام کے درشن کیے اُس خانماں برباد نے
کی جبیں سائی سے حاصل دولتِ امن و اماں
قشقۂ پُرنور پیشانی پہ کھینچا رام نے
ہاتھ میں دی راہدارِ حکمرانی کی عناں
مخبرِ لنکا جو شُک سارنگ نہاں تھے اُس جگہ
ان کو لشکر نے کیا پابندِ زنجیرِ گراں
جب ہوئے اچھی طرح رُسوا تب آزادی ملی
ملکِ لنکا میں شہِ راون کے پاس آئے دواں
عرض کی ایسا جری لشکر کوئی دیکھا نہیں
جس کا اک ادنےٰ سپاہی بل میں ہے پیلِ دماں
خیمۂ زر میں فِروکش ہیں سری سیتا رمن
سنگِ پارس سے سِوا ہے جن کا سنگِ آستاں
فوج کی آنکھوں میں پائی ہے وِبھیشن نے جگہ
ہر سپہ سالار کے دل میں بنا ہے میہماں
ہاتھ آئی ملکِ لنکا کی حکومت رام سے
قدردانی سے ملا ہے خلعتِ اعزاز و شاں

☆☆☆☆

سیتوبندہ لیلا

یوں وِبھیشن سے ہوئے رگھناتھ جی پُرسشِ کُناں
کس طرح لشکر کرے طے منزلِ بحرِ رواں

की विभीषण ने गुज़ारिश गर समुन्दर राह दे।
पार उतर कर मुल्क लंका पर चढ़े फ़ौजे गिरां।।
राम फ़र्शे काह[1] पर बैठे लबे दरियाये शोर।
की बराबर तीन दिन अपनी मुरादे दिल बयां।।
नक़्श बरआब[2] इल्तिजाओ[3] आरज़ूए दिल हुई।
चुप लबे साहिल रहे, ख़ामोश मौजों की ज़बां।।
देख कर यह कजअदाई[4] ख़श्मगीं[5] रघुबर हुए।
बह्रे आबे तीर को पुल बन गई शाख़े कमां।।
ख़ौफ़ से ज़ह्रा[6] हुबाबे बह्र का पानी हुआ।
यूं हुआ गोया बिरहमन बन के बह्रे बेज़बां।।
नीलो नल की दस्तकारी से जो हो तय्यार पुल।
नाप डाले दम में लश्कर चादरे आबे रवां।।
क़ुदरत अफ़ज़ाले दुआ[7] से ऐसी हासिल है उन्हें।
फूल हो जाये जो डालें बह्र[8] में संगे गिरां[9]।।
पहलवाने कोह पैकर लाये पत्थर इस क़दर।
था न आराइश को भी बाक़ी पहाड़ों का निशां।।
नीलो नल ने एक पल में कर दिया तय्यार पुल।
दम में दरिया पार उतरा लश्करे किश्वर सितां[10]।।
थे सिपहसालार अठ्ठारह पदम इस फ़ौज में।
दुश्मनों के ख़ूं के प्यासे मिस्ले ख़ंजर ख़ूं फ़िशां।।
ख़ेमये ज़रकार[11] में ठहरे श्री रघुकुल दिनेश[12]।
जिसमें झालर के एवज़ टाँकी गई थी कहकशां[13]।।
आँख थी, ख़ेमा न था, जिसमें थे परदे पलक के।
रामो लछमन मरदुमक[14] ताज़े नज़र थीं दूरियां।।

* * * *

1. घास 2. पानी पर बिना चित्र 3. प्रार्थना 4. रूखापन 5. क्रोधित 6. ज़ोर की आवाज़ करने लगा 7. वरदान की श्रेष्ठता से 8. समुद्र 9. भारी पत्थर 10. दिग्विजयी 11. सोने के काम वाले ख़ेमे में 12. रघुकुल के सूर्य रामचन्द्र 13. आकाश गंगा 14. आंख की पुतली

کی وِبھیشن نے گذارش، گر سمندر راہ دے
پار اُتر کر ملکِ لنکا پر چڑھے فوجِ گراں
رام فرشِ کاہ پر بیٹھے لبِ دریاے شور
کی برابر تین دن اپنی مرادِ دل بیاں
نقش بر آب التجاؤ آرزوے دل ہوئی
چُپ لبِ ساحل رہے، خاموش موجوں کی زباں
دیکھ کر یہ کج ادائی خشمگیں رگھبر ہوے
بحرِ آبِ تیر کو پُل بن گئی شاخِ کماں
خوف سے زَہرا حُبابِ بحر کا پانی ہوا
یوں ہوا گویا برہمن بن کے بحرِ بے زباں
نیل و نل کی دستکاری سے جو ہو طیار پُل
ناپ ڈالے دم میں لشکر چادرِ آبِ رواں
قدرت افضالِ دعا سے ایسی حاصل ہے انھیں
پھول ہو جائے جو ڈالیں بحر میں سنگِ گراں
پہلوانِ کوہ پیکر لائے پتھر اس قدر
تھا نہ آرائش کو بھی باقی پہاڑوں کا نشاں
نیل و نل نے ایک پل میں کر دیا طیار پل
دم میں دریا پار اترا لشکرِ کشور ستاں
تھے سپہ سالار اٹھّارہ پدم اس فوج میں
دشمنوں کے خوں کے پیاسے مثلِ خنجر خونفشاں
خیمۂ زرکار میں ٹھہرے سری رگھ کُل دنیش
جس میں جھالر کے عوض ٹانکی گئی تھی کہکشاں
آنکھ تھی خیمہ نہ تھا جس میں تھے پردے پلک کے
رام و لچھمن مردُمک تارِ نظر تھی ڈوریاں

अंगद की लंका में साबित क़दमी

जब सुना रावन ने आई राम की फ़ौजे गिरां।
ख़न्जरे जुर्अत[1] को दिखलाया रुख़े संगे फ़सां[2]।।
हुक्म लश्कर को दिया तैय्यार बहे जंग हो।
ख़ून का दरिया करे मैदाने हैजा[3] में रवां।।
चुस्त सरदाराने जंगी बर क़दम अफ़सर हुए।
बहे ख़ूँरेज़ी बनी फ़ौजे मिज़ा[4] फ़ौजे गिरां।
यह ख़बर सुन कर हुआ रघुनाथ जी को यह ख़्याल।
फ़ायदा क्या मुफ़्त बेजां[5] हों हज़ारों पहलवां।।
भेजना अपनी तरफ़ से चाहिए पैग़ामे सुल्ह[6]।
क्या तअज्जुब हम बग़ल[7] हो शाहिदे[8] अम्नो अमां[9]।।
मशवरा कर के पयामे सुलह लिक्खा राम ने।
ख़त को लेकर जानिबे लंका हुए अंगद रवां।।
रास्ते में इब्ने[10] रावन को किया ठोकर से क़त्ल।
जा के रावन को दिया महफ़िल में ख़त्ते ज़र फ़िशां।।
हाकिमे लंका ने पढ़ कर ग़ौर से मज़मूने पन्द[11]।
जंग नामा[12] लिख के फेंका पेशे पैके नुक़्तादां[13]।।
यूं कहा अंगद ने तुझ को राम का कुछ डर नहीं।
नख़्वत[14] ऐसी, यह ग़ुरूरो ख़ुदनुमाई[15], अलअमां[16]।।
काम ले अंजाम बीनी[17] से ज़रा आ होश में।
राम दम भर में मिटा देंगे तेरा नामो निशां।।

---

1. साहस 2. वह पत्थर जिस पर सान रक्खी जाती है 3. युद्ध स्थल 4. अगली क़तार 5. मर जायें 6. संधि प्रस्ताव 7. आलिंगित 8. साक्षी 9. शांति और सुरक्षा 10. पुत्र 11. नसीहत विषयक 12. युद्ध के लिये पत्र 13. बुद्धिमान दूत के समक्ष 14. घमण्ड 15. आत्म प्रदर्शन 16. बचाओ बचाओ 17. परिणात दर्शिता।

انگد کی لنکا میں ثابت قدمی

جب سنا راون نے آئی رام کی فوجِ گراں
خنجرِ جُرأت کو دکھلایا رُخِ سنگِ فساں
حکم لشکر کو دیا تیار بہرِ جنگ ہو
خون کا دریا کرے میدانِ ہیجا میں رواں
چُست سردارانِ جنگی، برقدم افسر ہوئے
بہرِ خونریزی بنی فوجِ بِوہ فوجِ گراں
یہ خبر سن کر ہوا رگھناتھ جی کو یہ خیال
فائدہ کیا مفت بیجاں ہوں ہزاروں پہلواں
بھیجنا اپنی طرف سے چاہیے پیغامِ صلح
کیا تعجب ہم بغل ہو شاہدِ امن و اماں
مشورہ کر کے پیامِ صلح لکھا رام نے
خط کو لے کر جانبِ لنکا ہوئے انگد رواں
راستے میں ابنِ راون کو کیا ٹھوکر سے قتل
جا کے راون کو دیا محفل میں خطِ زرفشاں
حاکمِ لنکا نے پڑھ کر غور سے مضمونِ پند
جنگ نامہ لکھ کے پھینکا پیشِ پیکِ نکتہ داں
یوں کہا انگد نے تجھ کو رام کا کچھ ڈر نہیں
نخوت ایسی یہ غُرور و خودنمائی، الاماں
کام لے انجام بینی سے ذرا آ ہوش میں
رام دم بھر میں مٹا دینگے ترا نام و نشاں

कर के आंखें लाल पीली ग़ैज़[1] से बोला अदू[2]।
दूर हो, लब बन्द कर, ख़ामोश ऐ बेख़ानमां[3]।।
दश्त पैमाओं के कहने पर चला, की क़ासिदी।
आ के छोटों में डुबाया नाम अहले ख़ान्दाँ।।
कुछ नहीं परवा ख़याले इन्तिक़ामे बालि[4] की।
डूब मर, कुछ खा के सो रह, क्या लड़ाता है ज़बां।।
राम से बिलफ़र्ज़ ताक़त जंग करने की न थी।
क्यों न मुझ से ली कुमुक[5] के वास्ते फ़ौजे गिरां।।
मेरे मुंह पर इस क़दर बढ़ बढ़ के बातें मारना।
राम की ऐसी सिफ़त[6], यह लनतरानी[7] अलअमां।।
पटके अंगद ने ज़मीं पर अपने हाथ इस ज़ोर से।
ताज रावण का गिरा, थर्राई रूहे आस्मां।।
यूं कहा घर जिस तरह सुरपुर में पाया बालि ने।
तू भी एक दिन पायेगा शहरे ख़मोशां[8] में मकां।।
दून की लेता है मुझ से आज, क्या भूला वह दिन।
बालि के ज़ेरे बग़ल रहता था सरगर्मे[9] फुग़ां[10]।।
याद है कुछ किस के सिर पर रोज़ जलते थे चराग़।
कौन ऐवाने[11] सहस्त्राबाहु का था शम्मा दां[12]।।
कह के यह दाबा क़दम से अपने दामाने ज़मीं।
किश्वरे लंका में गाड़ा अपनी ताक़त का निशां।।
शर्त की अपनी जगह से गर ज़रा उट्ठे क़दम।
राम का नाविक[13] न हरगिज़ हो हमआग़ोशे कमां[14]।।
लाख सर पटका न उठ्ठा पांव अहले ज़ोर से।
था क़दम या ज़ुल्म रावन का, कि शिव जी की कमां।।

---

1. गुस्से 2. शत्रु 3. बेघर 4. बालि का बदला लेने का 5. सहायता 6. प्रशंसा 7. डींग हांकना 8. समाधि क्षेत्र 9. तल्लीन 10. आर्तनाद 11. महल 12. शमा ले के चलने वाला 13. तीर 14. कमान की गोद में।

کر کے آنکھیں لال پیلی غیظ سے بولا عدو
دور ہو، لب بند کر، خاموش اے بے خانماں
دشت پیماؤں کے کہنے پر چلا، کی قاصدی
آ کے چھوٹوں میں ڈبویا نام اہلِ خانداں
کچھ نہیں پروا خیالِ انتقامِ بالی کی
ڈوب مر، کچھ کھا کے سو رہ، کیا لڑاتا ہے زباں
رام سے بالفرض طاقت جنگ کرنے کی نہ تھی
کیوں نہ مجھ سے لی کمک کے واسطے فوج گراں
میرے منھ پر اس قدر بڑھ بڑھ کے باتیں مارنا
رام کی ایسی صفت یہ لنترانی، الاماں
پٹکے انگد نے زمیں پر اپنے ہاتھ اس زور سے
تاج راون کا گرا، تھرّائی روحِ آسماں
یوں کہا گھر جس طرح سُرپُر میں پایا بالی نے
تو بھی اک دن پائے گا شہرِ خموشاں میں مکاں
دون کی لیتا ہے مجھ سے آج، کیا بھولا وہ دن
بالی کے زیرِ بغل رہتا تھا سرگرمِ فغاں
یاد ہے کچھ کس کے سر پر روز جلتے تھے چراغ
کون ایوانِ سہستراباہ کا تھا شمعداں
کہ کے یہ دابا قدم سے اپنے دامانِ زمیں
کشورِ لنکا میں گاڑا اپنی طاقت کا نشاں
شرط کی اپنی جگہ سے گر ذرا اُٹھّے قدم
رام کا ناوک نہ ہرگز ہو ہم آغوشِ کماں
لاکھ سر پٹکا نہ اُٹھا پاؤں اہلِ زور سے
تھا قدم یا ظلم راون کا، کہ شیو جی کی کماں

हो गया ऐसा अचल शिव जी की मूरत जिस तरह।
लातजुम[1] इस तरह जैसे भृगु के पद का निशां।।
केकई की हठ, जनक का अह्द[2], दशरथ का वचन।
राम का अज़्मे सफ़र[3], रावन का शौक़े ईनो आं[4]।।
जब जवां मर्दी न काम आई कुछ इस अंबोह[5] की।
ख़ुद चढ़ा कर आस्तीं रावन झुका मिस्ले कमां।।
क़ासिदे पामर्द[6] बोला खींच कर पाये क़वी[7]।
राम के होते क़दमबोसी[8] मेरी है रायगां।।
गर क़दम ले राम के, हासिल हो नक़्दे सरवरी[9]।
सल्तनत दायम[10] रहे, क़ायम रहे नामो निशां।।
कह के यह रुख़सत हुआ, आया हुज़ूरे[11] रामचन्द्र।
नामये[12] रावन दिया, की जुमला[13] कैफ़ीयत बयां।।
तीर जोशे बरहमी पर बाढ़ रक्खी राम ने।
हो गया सीना सिपर[14] ख़ंजर, कमर बस्ता[15] कमां।।

* * * *

मेघनाद और लछमन जी की लड़ाई

आंख मलता जब उठा सोते से मिह्रे[16] आस्मां।
ले गये मैदां में लछमन जी एक अम्बोहे गिरां[17]।।
नीम दर्शन, केसरी, रिख राज, बावन साथ थे।
नील नल हमराह थे, विक्रम बली थे हमइनाँ।।
उस तरफ़ से मेघनाद आया मुसल्लह[18] सर बकफ़[19]।
ज़ैग़म अफग़न[20] साथ थे लाखों, हज़ारों पहलवां।।

---

1. स्थिर (न डिगने वाला) 2. प्रण 3. यात्रा का संकल्प 4. निरंकुशता 5. समुदाय 6. बहादुर दूत 7. बलिष्ट 8. चरण स्पर्श 9. नायकत्व की सम्पदा 10. सदा 11. समक्ष 12. पत्र 13. समस्त 14. मुक़ाबले पर डट गया 15. कटिबद्ध 16. सूर्य 17. भारी फ़ौज 18. हथियार बंद 19. मरने को उद्यत 20. शेर को परास्त करने वाले।

ہو گیا ایسا اچل شیو جی کی مورت جس طرح
لاتجم اس طرح جیسے بھرگو کے پد کا نشاں
کیکئی کی ہٹ، جنک کا عہد، دشرتھ کا بچن
رام کا عزمِ سفر راون کا شوقِ این و آں
جب جوانمردی نہ کام آئی کچھ اِس انبوہ کی
خود چڑھا کر آستیں راون جُھکا مثلِ کماں
قاصدِ پامرد بولا کھینچ کر پاے قوی
رام کے ہوتے قدم بوسی مری ہے رائگاں
گر قدم لے رام کے حاصل ہو نقدِ سروری
سلطنت دائم رہے، قائم رہے نام و نشاں
کہ کے یہ رخصت ہوا آیا حضورِ رام چندر
نامۂ راون دیا کی جملہ کیفیت بیاں
تیر جوشِ برہمی پر باڑھ رکھی رام نے
ہو گیا سینہ سپر خنجر، کمربستہ کماں

☆☆☆☆

میگھ ناد اور لچھمن جی کی لڑائی

آنکھ ملتا جب اُٹھا سوتے سے مہرِ آسماں
لے گئے میداں میں لچھمن جی اِک انبوہِ گراں
نیم درشن، کیسری، رِکھ راج، باون ساتھ تھے
نیل، نل ہمراہ تھے، بکرم بلی تھے ہمعناں
اُس طرف سے میگھ ناد آیا مُسلّح سر بکف
ضیغم افگن ساتھ تھے لاکھوں، ہزاروں پہلواں

नीमचे[1] ज़ख़्मों की आंखों में जगह पाने लगे।
बारिशे तीरे रवां करने लगी हर एक कमां।।
बर्क़ दम[2] थी सूरते ख़ंजर[3] सिपाहे[4] राम चन्द्र।
फ़ौज मैमूं[5] थी मिसाले फ़ौज मिज़गां ख़ूंफ़िशां[6]।।
सैकड़ों मारे, पछाड़े, शल किये, बेदम किये।
घाट उतारे तेग़[7] के एक एक ने लाखों जवां।।
क्वाच, घूमर, नीमराज, अंगद, सुखन, सुग्रीव, गन्द।
पीसते थे गुर्ज़[8] से फ़ौजे अदू की अस्तुख़्वां[9]।।
नील, नल, रिखराज, बावन, अंजनी नन्दन, सुकंद।
मारते थे गुर्ज़, भाले, तीर, शमशीरे रवां।।
इब्ने रावन[10] को किया सीधा लखन के तीर ने।
वक़्त पर आड़े न आये, बाँके तिरछे पहलवां।।
तरकशों ने आंख फेरी, दम चुराया सैफ़[11] ने।
तेग़ ने काटी कनाई[12] दे गई कांधा कमां।।
तीर बग़लें झांकते थे, ढाल का उतरा था मुंह।
म्यान थी तलवार से अंगुश्ते हैरत दर दहां[13]।।
दिल में कट कर रह गई फ़र्ते ख़जालत[14] से कमन्द।
मारे ग़ैरत के न उठता था सरे गुर्ज़े गरां[15]।।
पीठ दिखला कर जो भागे दुश्मने सीना सिपर[16]।
राम के पास आये लछमन फ़तह पाकर शादमां।।

* * * *

1. खड्ग 2. बिजली की तरह तेज़ 3. खंजर जैसी 4. फ़ौज 5. वानर सेना 6. ख़ून से भरी हुई 7. तलवार से मारे 8. गदा 9. हड्डियां 10. रावन के पुत्र 11. खड्ग 12. तलवार ने कन्नी काट ली 13. अचंभे के कारण दांतों में उंगली दब गई 14. अत्यधिक लज्जा से 15. भारी गदा 16. सीना सामने करके लड़ने वाले।

نیچے زخموں کی آنکھوں میں جگہ پانے لگے
بارشِ تیر رواں کرنے لگی ہر اک کماں
برق دم تھی صورتِ خنجر سپاہِ رام چندر
فوجِ میموں تھی مثالِ فوجِ مژگاں خونفشاں
سیکڑوں مارے، پچھاڑے، شل کیے، بیدم کیے
گھاٹ اُتارے تیغ کے ایک ایک نے لاکھوں جواں
کواچ، دھومر، نیمراج، انگد، شکھن، سگریو، گند
پیستے تھے گرز سے فوجِ عدو کی استخواں
نیل، نل، رِکھراج، باون، انجنی نندن، شکند
مارتے تھے گرز، بھالے، تیر، شمشیرِ رواں
ابنِ راون کو کیا سیدھا لکھن کے تیر نے
وقت پر آڑے نہ آئے، بانکے ترچھے پہلواں
ترکشوں نے آنکھ پھیری، دم چرایا سیف نے
تیغ نے کاٹی کنائی، دے گئی کاندھا کماں
تیر بغلیں جھانکتے تھے، ڈھال کا اُترا تھا منھ
میان تھی تلوار سے انگشتِ حیرت در دہاں
دل میں کٹ کر رہ گئی فرطِ خجالت سے کمند
مارے غیرت کے نہ اُٹھتا تھا سرِ گرزِ گراں
پیٹھ دکھلا کر جو بھاگے دشمنِ سینہ سپر
رام کے پاس آئے لچھمن، فتح پا کر شادماں

☆☆☆☆

मेघनाद और लक्ष्मन जी का मुहारबाए ख़ूरेज़ (परस्पर ख़ूनी युद्ध) और माया रूपी जानकी की सरतराशी

सरबकफ़[1] जिस दम हुआ मिह्रे[2] उफ़ुक़[3] से आस्मां।
ले गये मैदां में लछमन जी एक अंबोहे[4] गिरां।।
मेघनाद आया, मुक़ाबिल, जंगजू लड़ने लगे।
म्यान से बाहर हुए ख़ंजर, चले गुर्ज़े गिरां[5]।।
ज़ख़्म खा खा कर अदू की फ़ौज काम आने लगी।
बह्रे खूं होने लगा, मैदाने हैजा[6] में रवां।।
तेग़ मैमू[7] ने उड़ाया चुटकियों पर तीर को।
नाविक उंगली पर नचाती थी मुख़ालिफ़[8] की कमां।।
जब लखन हाथों में शमशीरे ज़फ़र[9] लेने लगे।
मेघनाद आगे बढ़ा मस्ते मये ताबो तुवां[10]।।
सिहर साज़ी[11] से हुए वाक़िफ़ श्री लछमन जती।
नाविके जादू शिकन[12] से हक[13] किये हर्फ़े गुमां[14]।।
ख़ानये नैरंग अफ़्सूं[15] को मिलाया ख़ाक में।
दुश्मनों के सर पे नाज़िल की बलाये आस्मां।।
मोरचा छीना, ज़बाने तीर चुटकी से मली।
तेग़ को बेदम किया, तोड़ा सरे गुर्ज़े गिरां।।
दामने शमशीर[16] वां थे परदये चश्मे अदू[17]।
थे उधर मूये मिज़ा[18] नाविक पये चश्मे कमां[19]।।

---

1. हाथ पर सर रखे हुए 2. सूर्य 3. क्षितिज 4. भारी भीड़, फ़ौज 5. भारी गदाएं 6. युद्ध स्थल 7. वानरों 8. विरोधी 9. विजयी तलवार 10. शक्ति के मद में चूर 11. मायावी करतब 12. जादू काटने वाले तीर 13. काट दिये 14. भ्रम के अक्षर 15. इन्द्रजाल के घर को 16. तलवारों के आवरण में 17. शत्रु की आंखों के पर्दे 18. पलकों के अनी 19. कमान जैसी आंखों के लिये।

میگھ ناد اور لچھمن جی کا مُحاربۂ خونریز
اور مایا روپی جانکی کی سرتراشی

سربکف جس دم ہوا مہرِ اُفق سے آسماں
لے گئے میداں میں لچھمن جی اِک انبوہِ گراں
میگھناد آیا مقابل جنگجو لڑنے لگے
میان سے باہر ہوے خنجر، چلے گُرزِ گراں
زخم کھا کھا کر عدو کی فوج کام آنے لگی
بحرِ خوں ہونے لگا میدانِ ہیجا میں رواں
تیغ میموں نے اڑایا چٹکیوں پر تیر کو
ناوک اُنگلی پر نچاتی تھی مخالف کی کماں
جب لکھن ہاتھوں میں شمشیرِ ظفر لینے لگے
میگھناد آگے بڑھا مستِ مَے تاب و تواں
سحرسازی سے ہوے واقف سری لچھمن جتی
ناوکِ جادو شکن سے حک کیے حرفِ گماں
خانۂ نیرنگ و افسوں کو ملایا خاک میں
دشمنوں کے سر پہ نازل کی بلاے آسماں
مورچا چھینا، زبانِ تیر چٹکی سے ملی
تیغ کو بیدم کیا، توڑا سرِ گُرزِ گراں
دامنِ شمشیر واں تھے پردۂ چشمِ عدو
تھے اُدھر موے مِژہ ناوک پے چشمِ کماں

मुंह न यह आदा[1] का था आते जो तलवारों के मुंह।
दम न था यह दम जो लेते ज़ेरे ख़ंजर[2] पहलवां।।
तेग़ से थी दामने अग़यार[3] की नीची निगाह।
नाविकों के सामने होती न थी चश्मे कमां।।
गिरियए आदा[4] पे ज़ख़्मे ख़ूं फ़िशां[5] हंसने लगे।
बन गई अश्के नदामत[6] आबे सूफ़ारो[7] सिनां[8]।।
पीठ ढालों ने दिखाई, फिर गया क़ौसों[9] का मुंह।
ज़ंग समझे मोरचे को तीरो तेग़े ख़ूं फ़िशां।।
अलग़रज़[10] आदा[11] हुए पसपा[12] न खाये मुंह पे ज़ख़्म।
राम के पास आया वापस, लश्करे किश्वर सितां[13]।।

* * * *

लछमन जी पर शक्तिबाण का वार

जब ख़ुमार आलूदा[14] देखी चश्मे मिह्रे[15] आस्मां।
राम ने भेजी बराये जंग फ़ौजे जांसितां[16]।।
सौंप कर लछमन जती को यूं कहा बजरंग से।
हर घड़ी रहना सिपर[17] बन कर इन्हीं के हमइनां[18]।।
शाह लंका से हुआ यूं हर्फ़ज़न[19] वां मेघनाद।
आज हमदोशे[20] अरूसे फ़तह[21] आऊंगा यहां।।
रौनक़ अफ़रोज़[22] आप हों चल कर उरूजे बाम[23] पर।
गर्दने आदा पे देखें बुर्रिशे[24] तेग़े रवां।।

1. शत्रु 2. खंजर के नीचे 3. शत्रुओं के दामन की 4. शत्रुओं के रोने चिल्लाने 5. ख़ून भरे ज़ख़्म 6. पश्चाताप 7. बाण का पिछला भाग 8. बाण की नोंक 9. धनुष 10. सारांश यह 11. शत्रु 12. पराजित 13. दिग्विजयी 14. मद भरी 15. सूर्य की आंख 16. जान लेने वाली 17. ढाल 18. सहचर 19. कहने लगा 20. कन्धे पर 21. विजय वधू 22. शोभायमान हों 23. प्रकोष्ट पर 24. तीष्ण धार।

منھ نہ یہ اعدا کا تھا آتے جو تلواروں کے منھ
دم نہ تھا یہ دم جو لیتے زیرِ خنجر پہلواں
تیغ سے تھی دامنِ اغیار کی نیچی نگاہ
ناوکوں کے سامنے ہوتی نہ تھی چشمِ کماں
گریۂ اعدا پہ زخمِ خونفشاں ہنسنے لگے
بن گئی اشکِ ندامت آبِ سوفار و سِناں
پیٹھ ڈھالوں نے دکھائی، پھر گیا قوسوں کا منھ
زنگ سمجھے مُورچے کو تیر و تیغِ خون فِشاں
الغرض اعدا ہوے پسپا نہ کھائے منھ پہ زخم
رام کے پاس آیا واپس، لشکرِ کشور سِتاں

☆☆☆☆

لچھمن جی پر شکتی بان کا وار

جب خمار آلودہ دیکھی چشمِ مہرِ آسماں
رام نے بھیجی برائے جنگ فوجِ جانِستاں
سونپ کر لچھمن جتی کو یوں کہا بجرنگ سے
ہر گھڑی رہنا سپر بن کر اِنھیں کے ہمعناں
شاہِ لنکا سے ہوا یوں حرف زن واں میگھناد
آج ہمدوشِ عروسِ فتح آؤنگا یہاں
رونق افروز آپ ہوں چل کر عروجِ بام پر
گردنِ اعدا پہ دیکھیں جنبشِ تیغِ رواں

अलग़रज़[1] तरफ़ैन[2] के लश्कर सूए मैदां गये।
तीर बरसाने लगे अब्रे कमां से पहलवां।।
अपना रंग ऐसा जमाया लड़ के फ़ौजे राम ने।
सैकड़ों की जान ली, बेदम किये लाखों जवां।।
एक को झटका दिया, पटका झपट कर एक को।
एक को तलवार मारी, एक को गुर्ज़े गिरां[3]।।
एक को ठोकर से मारा एक का चाटा लहू।
एक पर ख़न्जर लगाया एक पर ज़र्बे सिनां[4]।।
तिफ़्ले अश्क आसा हज़ारों को मिलाया ख़ाक में।
सैकड़ों बिस्मिल किये, लाखों को छोड़ा नीम जाँ।।
जां बलब[5] कोई, दम अटका था किसी की आंख में।
कुछ सिसकते थे, कोई नालां[6] था, कोई था तपां[7]।।
इब्ने रावण को नज़र आये जो आसारे शिकस्त।
सूए लछमन[8] अपना शक्ति बाण मारा नागहां[9]।।
अंजनी सुत ने जो मारा एक तमाचा ज़ोर से।
तीर ने आबाद की फिर जा के आग़ोशे कमां[10]।।
की मशीयत[11] से ख़ता[12], जिस वक़्त शक्ति बान ने।
तेज़ की रावण ने ब्रह्मा जी पे शमशीरे ज़बां[13]।।
यूं श्री नारद से ब्रह्मा जी हुए गर्मे सुख़न[14]।
वह करो हिकमत न शक्ति की हो जिसमें कस्रे शां[15]।।
नारद आये रज़्मगह[16] में हरि भजन गाने लगे।
जिनको सुन कर वज्द[17] में थे जुज़ो कुल[18] पीरो जवां[19]।।
पा के ग़ाफ़िल सब को फिर मारा अदू ने अपना तीर।
खा के ग़श लछमन गिरे ज़ाइल[20] हुई ताबो तुवां[21]।।

---

1. सारांश यह 2. दोनों पक्षों के 3. भारी गदा 4. बाण की नोंक 5. होठों पर जान 6. रोता चिल्लाता 7. तड़पता हुआ 8. लक्ष्मण की ओर 9. अकस्मात 10. कमान की गोद 11. ईश्वर की इच्छा से 12. चूक 13. वाणी रूपी तलवार 14. वार्तालाप करने 15. अपमान 16. रण क्षेत्र 17. आत्म विस्मृति 18. सब लोग 19. वृद्ध युवा 20. नष्ट हो गई 21. शक्ति सामर्थ्य।

الغرض طرفین کے لشکر سوِ میداں گئے
تیر برسانے لگے ابرِ کماں سے پہلواں
اپنا رنگ ایسا جمایا لڑکے فوج رام نے
سیکڑوں کی جان لی، بیدم کیئے لاکھوں جواں
ایک کو جھٹکا دیا، پٹکا جھپٹ کر ایک کو
ایک کو تلوار ماری، ایک کو گرزِ گراں
ایک کو ٹھوکر سے مارا ایک کا چاٹا لہو
ایک پر خنجر لگایا ایک پر ضربِ سناں
طفلِ اشک آسا ہزاروں کو ملایا خاک میں
سیکڑوں بسمل کیئے، لاکھوں کو چھوڑا نیمجاں
جاں بلب کوئی، دم اٹکا تھا کسی کی آنکھ میں
کچھ سسکتے تھے، کوئی نالاں تھا، کوئی تھا طپاں
ابنِ راون کو نظر آئے جو آثارِ شکست
سوے لچھمن اپنا شکتی بان مارا ناگہاں
انجنی سُت نے جو مارا اک طمانچہ زور سے
تیر نے آباد کی پھر جا کے آغوشِ کماں
کی مشیت سے خطا، جس وقت شکتی بان نے
تیز کی راون نے برھما جی پہ شمشیرِ زباں
یوں سری نارد سے برھما جی ہوے گرمِ سُخن
وہ کرو حکمت نہ شکتی کی ہو جس میں کسرِ شاں
نارد آئے رزمگہ میں ہری بھجن گانے لگے
جن کو سُن کر وجد میں تھے جز و کُل پیر و جواں
پا کے غافل سب کو پھر مارا عدو نے اپنا تیر
کھا کے غش لچھمن گرے زائل ہوئی تاب و تواں

अंजनी सुत लाये लछमन को हुज़ूरे रामचन्द्र[1]।
आये बिस्मिल[2] की अयादत[3] के लिए पीरो जवां।।
मच गया कोहराम हरसू, राम चिल्लाने लगे।
हर सिपह सालार की आंखों से आंसू थे रवां।।
राम कहते थे उठो लछमन, न दो तकलीफ़े हिज्र[4]।
वक़्ते मुश्किल इस क़दर बेएतनाई[5], अलअमां[6]।।
साथ आये थे न जिसमें मुझ को हो रंजे सफ़र।
छोड़े जाते हो मुझे तन्हा मुसीबत में कहां।।
बाप मां छूटे, वतन छूटा, श्री सीता छुटीं।
तुम जो थे वह भी हुए हो नज़्र क़हरे आस्मां[7]।।
तुम तो जाते हो, कहो, सीता मिलेंगी किस तरह।
जान छोड़ेगा मेरी क्यों कर गिरोहे सरकशां[8]।।
ताज बख़्शी अह्द पैमाई[9] की सूरत कौन है।
याद है कुछ, मैंने क्या दी है विभीषण को ज़बां।।
मुंह सुमित्रा को दिखाऊंगा कहो किस शक्ल से।
क्या कहेंगे मुझ को तन्हा देख कर अहले जहां।।
क्या मेरी सूरत से नफ़रत है जो आंखें बन्द हैं।
बोलना क्यों मुझ से छोड़ा, बन्द क्यों की है ज़बां।।
तुम पे मैं सदक़े, बस उठकर मेरे आंसू पोछ दो।
थक गई है शिद्दते फ़रियाद[10] से मेरी ज़बां।।
वाह क्या क़ुदरत[11] है गज को जो छुड़ाये ग्राह[12] से।
जिसकी नाफ़े पाक[13] ब्रह्मा को करे गुल से अयां[14]।।

---

1. राम के समक्ष 2. घायल 3. भलाई करने के लिये 4. विरह का दुख 5. उपेक्षा 6. त्राहि त्राहि 7. दैवी कोप 8. स्वेच्छाचारियों का समूह 9. वचन निभाने 10. दुहाई की तीव्रता 11. ईश्वर की माया 12. मगरमच्छ 13. पवित्र नाभि 14. फूल से प्रकट करें।

انجنی سُت لائے لچھمن کو حضورِ رام چندر
آئے بسمل کی عیادت کے لیے پیر و جواں
مچ گیا کہرام ہر سُو، رام چلّانے لگے
ہر سپہ سالار کی آنکھوں سے آنسو تھے رواں
رام کہتے تھے اُٹھو لچھمن، نہ دو تکلیفِ ہجر
وقتِ مشکل اس قدر بے اعتنائی، الاماں
ساتھ آئے تھے نہ جس میں مجھ کو ہو رنجِ سفر
چھوڑے جاتے ہو مجھے تنہا مصیبت میں کہاں
باپ ماں چھُوٹے، وطن چھوٹا، سری سیتا چھٹیں
تم جو تھے وہ بھی ہوے ہو ندرِ قہرِ آسماں
تم تو جاتے ہو، کہو، سیتا ملینگی کس طرح
جان چھوڑیگا مری کیوں کر گروہِ سرکشاں
تاج بخشی عہد پیمائی کی صورت کون ہے
یاد ہے کچھ، میں نے کیا دی ہے وِبھیشن کو زباں
مُنھ سمترا کو دکھاؤنگا کہو کس شکل سے
کیا کہینگے مجھ کو تنہا دیکھ کر اہلِ جہاں
کیا مری صورت سے نفرت ہے جو آنکھیں بند ہیں
بولنا کیوں مجھ سے چھوڑا بند کیوں کی ہے زباں
تم پہ میں صدقے، بس اُٹھ کر میرے آنسو پونچھ دو
تھک گئی ہے شدّتِ فریاد سے میری زباں
واہ کیا قدرت ہے گج کو جو چھڑائے گراہ سے
جس کی نافِ پاک برھما کو کرے گُل سے عیاں

जौरे आतिश[1] से बचाये जान जो प्रहलाद की।
ख़ाके पा[2] जिसकी शिला[3] को हो सुफ़ूफ़े हिफ़्ज़े जां[4]।।
जो जिलाये सात सात आरामेजाने[5] वालदैन[6]।
बालि को जो देने वाला हो हयाते जाविदाँ[7]।।
वह लखन के वास्ते रोये उसी की शान है।
वरना कैसा ज़िक्रे ग़म, कैसी अलम की दास्तां।।
सच जो पूछो, थे अमृत, आंसू वही बह्रे मरीज़[8]।
थी सजीवन मूर[9] लछमन को वही आहो फ़ुगां[10]।।
की विभीषण ने गुज़ारिश है सुशेना[11] एक तबीब[12]।
वह अगर आये तो चंगा हो मरीज़े नीम जां[13]।।
पूछ कर नामो निशां विक्रम बली राही[14] हुए।
मुल्के लंका से उठा लाये सुखेना का मकां।।
देख कर नब्ज़ इस तरह बोला वह नब्बाज़े अजल[15]।
बिस्मिले मुज़्तर[16] फ़क़त है रात भर का मेहमां।।
रात भर में गर सजीवन मूर दूनागिर से आये।
ज़ख़्म के आंसू पुछें, मिट जाये ईज़ाये निहां[17]।।
जब गये विक्रम बली बूटी को लेने के लिये।
इस ख़बर से आगही रावन ने पाई नागहां।।
रूबरूये[18] कालनेम आया, कहा कुछ फ़िक्र कर।
अंजनी सुत को न जाने दे सरे कोहे गिरां[19]।।
उस सितम गर ने जमाया सिहर अंगेज़ी[20] का रंग।
कोह को बख़्शी ज़ियाए आफ़ताबे आस्मां[21]।।

---

1. अग्नि की तीव्रता 2. चरण धूलि 3. प्रस्तर खण्ड 4. प्राण रक्षा के लिये औषधि 5. पुत्र 6. माता पिता के 7. अमरत्व 8. रोगी के लिये 9. संजीवनी बूटी 10. आर्तनाद 11. सुषेण 12. वैद्य 13. मृतप्राय रोगी 14. पथिक हुए 15. मृत्यु पर कृपा करने वाला 16. घायल, व्याकुल 17. आन्तरिक कष्ट 18. समक्ष 19. पहाड़ पर 20. जादूगरी 21. आकाश के सूर्य की चमक।

جورِ آتش سے بچائے جان جو پہلاد کی
خاکِ پا جس کی شِلا کو ہو سفوفِ حفظِ جاں
جو جلائے سات سات آرامِ جانِ والدین
بالی کو جو دینے والا ہو حیاتِ جاوداں
وہ لکھن کے واسطے روئے اُسی کی شان ہے
ورنہ کیسا ذکرِ غم، کیسی الم کی داستاں
سچ جو پوچھو، تھے امرت، آنسو وہی بہرِ مریض
تھی سجیون مور چھمن کو وہی آہ و فغاں
کی وبھیشن نے گذارش ہے سُشینا اک طبیب
وہ اگر آئے تو چنگا ہو مریضِ نیم جاں
پوچھ کر نام و نشاں بکرم بلی راہی ہوئے
مُلکِ لنکا سے اُٹھا لائے سُشینا کا مکاں
دیکھ کر نبض اس طرح بولا وہ نباضِ اجل
بسملِ مضطر فقط ہے رات بھر کا میہماں
رات بھر میں گر سجیون مور دوناگر سے آئے
زخم کے آنسو پچھیں، مٹ جائے ایذائے نہاں
جب گئے بکرم بلی بوٹی کو لینے کے لیے
اس خبر سے آگہی راون نے پائی ناگہاں
روبروے کال نیم آیا، کہا کچھ فکر کر
انجنی سُت کو نہ جانے دے سرِ کوہِ گراں
اُس ستمگر نے جمایا سحر انگیزی کا رنگ
کوہ کو بخشی ضیاے آفتابِ آسماں

बन के शक्ले मुनि, कथा पढ़ने लगा भगवान की।
जिस को सुनकर वज्द[1] में था फ़ित्ना परदाज़[2] आस्मां।।
दामने कोहसार पर विक्रम ने जब रक्खा क़दम।
फर्श कीं आंखें[3] मुख़ालिफ़[4] ने बराये मेहमां[5]।।
प्यास की शिद्दत से थे विक्रम बली के होंठ ख़ुश्क।
जा के देखा चेहरये आइनये बह्रे रवां[6]।।
एक मछली पाये अक़दस[7] खींच कर परीं[8] हुई।
जानिबे गरदूं[9] गई बन कर ज़ने ग़ुन्चा दहां[10]।।
अर्ज़ की नैरंग[11] का है कारख़ाना दश्त[12] में।
छूटने पाये न दानाई की हाथों से इनाँ[13]।।
सुन के यह विक्रम ने मुफ़सिद[14] को मिलाया ख़ाक में।
ज़ुल्फ़ के मानिन्द रक्खा दोश[15] पर कोहे गरां।।
दिल में ध्यान आया कि आज इज़हारे ताक़त कीजिए।
लीजिये चल कर अवध में भरत जी का इम्तिहां।।
सोच कर यह, जब हुए रौनक़ दहे[16] मुल्के अवध।
भरत ने देखा उन्हें औजे हवा[17] पर नागहां।।
शक हुआ पैदा कि यह कोई अदूए[18] राम है।
कोह ले जाकर कुचल डाले न अम्बोहे गिरां[19]।।
इस गुमां से फ़ौरन एक तीरे परेख़श[20] सर किया।
जिसके सदमे से गिरे विक्रम बली नाला कुनां।।
शिद्दते ईज़ा[21] से लब पर थी शिकायत दर्द की।
राम जी का नाम था तावीज़ बाज़ूए ज़बाँ।।

---

1. आत्म विस्मृति 2. षडयंत्रकारी 3. आंखें बिछा दीं 4. विरोधी 5. अतिथि के लिये 6. बहता पानी 7. निष्ठायोग्य पैर 8. उड़ गई 9. आकाश की ओर 10. फूल जैसे मुख वाली स्त्री 11. जादू 12. जंगल 13. लगाम 14. उपद्रवी 15. कन्धे पर 16. शोभा का घर 17. ऊँचाई पर हवा में 18. शत्रु 19. सारा समुदाय 20. शत्रुता से 21. कष्ट की अधिकता से।

بن کے شکلِ مُنی، کتھا پڑھنے لگا بھگوان کی
جس کو سُن کر وجد میں تھا فتنہ پرداز آسماں
دامنِ کہسار پر بکرم نے جب رکھا قدم
فرش کیں آنکھیں مخالف نے برائے میہماں
پیاس کی شدت سے تھے بکرم بلی کے ہونٹھ خشک
جا کے دیکھا چہرۂ آئینۂ بحرِ رواں
ایک مچھلی پائے اقدس کھینچ کر پرّاں ہوئی
جانبِ گردوں گئی بن کر زنِ غنچہ دہاں
عرض کی نیرنگ کا ہے کارخانہ دشت میں
چھوٹنے پائے نہ دانائی کی ہاتھوں سے عناں
سُن کے یہ بکرم نے مُفسِد کو ملایا خاک میں
زلف کے مانند رکھا دوش پر کوہِ گراں
دل میں دھیان آیا کہ آج اظہارِ طاقت کیجیے
لیجیے چل کر اودھ میں بھرت جی کا امتحاں
سوچ کر یہ، جب ہوے رونق دہِ مُلکِ اودھ
بھرت نے دیکھا انھیں اُوجِ ہوا پر ناگہاں
شک ہوا پیدا کہ یہ کوئی عدوے رام ہے
کوہ لے جا کر کچل ڈالے نہ انبوہِ گراں
اس گماں سے فوراً اک تیرِ پرِخش سر کیا
جس کے صدمے سے گرے بکرم بلی نالہ کناں
شدّتِ ایذا سے لب پر تھی شکایت درد کی
رام جی کا نام تھا تعویذِ بازوے زباں

राम का नामे मुबारक सुन के पूछा भरत ने।
कौन तुम हो, किस जगह रहते हो, क्यों आये यहां।।
हाल विक्रम ने कहा आग़ाज़ से अंजाम[1] तक।
वजह की कोहे फ़लक पाया[2] के लाने की बयां।।
भरत जी बोले कि बैठो उठ के मेरे तीर पर।
जिस जगह जाना हो, मैं दम भर में पहुंचा दूं वहां।।
जब श्री विक्रम बली ने तीर पर रक्खा क़दम।
गोद को करने लगी ख़ाली भरत जी की कमां।।
मानये[3] इज़हारे ताक़त अन्जनी नन्दन हुए।
अर्ज़ की यह सब बनावट थी बराए इम्तिहां[4]।।
कह के यह लपके सुखैना को सजीवन मूर दी।
जिस से लछमन जी ने पाई दौलते उम्रे रवां[5]।।
ख़ुश हुए पीरो जवां, ख़ुर्दो कलां[6] शादां[7] हुए।
रख के आये अंजनी सुत दश्त[8] में कोहे गिरां।।

* * * *

कुम्भकरण की मौत

जब सुना रावन ने जी उठ्ठा मरीज़े नीम जां[9]।
कारपर्दाज़ाने शाही[10] से हुआ गौहर फ़िशां[11]।।
अक़्ल आराई[12] करो, क्योंकर ज़फ़र[13] क़ब्ज़े में हो।
सुर्ख़रू[14] किस शक्ल से हो रन में तेग़े ख़ूं फ़िशां[15]।।

---

1. आरम्भ से अन्त तक 2. आकाश जैसे पहाड़ को 3. रोक दी 4. परीक्षा के लिये 5. दीर्घ आयु 6. छोटे बड़े 7. प्रसन्न 8. जंगल 9. मृतप्राय रोगी 10. राजसी प्रभाव से 11. मोती बरसाए 12. अक़्ल से राय दो 13. विजय 14. सम्मानित 15. रक्त बहाने वाली तलवार।

رام کا نامِ مبارک سن کے پوچھا بھرت نے
کون تم ہو، کس جگہ رہتے ہو، کیوں آئے یہاں
حال بکرم نے کہا آغاز سے انجام تک
وجہ کی کوہِ فلک پایہ کے لانے کی بیاں
بھرت جی بولے کہ بیٹھو اٹھ کے میرے تیر پر
جس جگہ جانا ہو، میں دم بھر میں پہونچا دوں وہاں
جب سری بکرم بلی نے تیر پر رکھا قدم
گود کو کرنے لگی خالی بھرت جی کی کماں
مانعِ اظہارِ طاقت انجنی نندن ہوے
عرض کی یہ سب بناوٹ تھی براے امتحاں
کہکے یہ لچھے سُشینا کو سجیون مور دی
جس سے لچھمن جی نے پائی دولتِ عمرِ رواں
خوش ہوے پیر و جواں خُرد و کلاں شاداں ہوے
رکھ کے آئے انجنی سُت دشت میں کوہِ گراں

☆☆☆☆

کُمبھ کرن کی موت

جب سُنا راون نے جی اُٹھّا مریضِ نیمجاں
کارپردازانِ شاہی سے ہوا گوہر فشاں
عقل آرائی کرو، کیونکر ظفر قبضے میں ہو
سُرخرو کس شکل سے ہو رن میں تیغِ خونفشاں

हर्फ़ ज़न[1] वाबस्तये दामाने दौलत[2] यूं हुए।
कुम्भ करन की ज़ात से ये मुल्क है दारुल अमां[3]।।
ख़्वाब शश मह[4] से जो वह जागे तो जाग उठ्ठे नसीब।
तैश[5] खाते ही करे फ़ौजे अदू को नोशेजां[6]।।
सुन के यह रावन ने मुश्किल से किया बेदार[7] उसे।
जुमला रूदाद[8] इब्तिदा से इन्तिहा[9] तक की बयां।।
कुम्भकरण बोला हिमाक़त दीदओ दानिस्ता[10] की।
जानकी जी से किया आबाद क्यों अपना मकां।।
मादरे गेती[11] का गहवारा[12] किया ख़ाली अबस[13]।
बेवकूफ़ी की, मिला के ख़ाक में लाखों जवां।।
मुफ़्त में अपनी बिगाड़ी बात तूने हैफ़[14] है।
अक़्ल दौड़ाई न कुछ, सोचा न कुछ सूदो ज़ियाँ[15]।।
अर्ज़ की रावन ने हां बेशक ख़ता सरज़द[16] हुई।
लेकिन अब हो जायेगी मुंह फेरने से कस्रे शां[17]।।
तुझ को मेरी आबरू इस वक़्त रखना चाहिये।
वक़्त मुश्किल दे मदद, रख आबरूए ख़ान्दां।।
करके यह बातें हुए दोनों शरीके बज़्मे ऐश[18]।
रात भर की नोश दोनों ने शराबे अरग़वां[19]।।
सुबह ने टांकी किरन जब शम्लये[20] ख़ुरशीद[21] में।
कुम्भकरन मैदां में पहुंचा ले के अम्बोहे गिरां।।
चश्मे फ़ौजे राम ने[22] नज़रों में जब तौला उसे।
उठ गया फ़र्शे ज़मीं से पल्ये हफ़्ते आस्मां[23]।।

---

1. बोले 2. दरबार वाले 3. शांति की जगह 4. छः महीने की नींद 5. क्रोध 6. शत्रु की फ़ौज को खा जाये 7. जगाया 8. कुल वृतांत 9. आरम्भ से अंत तक 10. जानबूझ कर 11. मातृभूमि 12. पालना 13. व्यर्थ 14. अफ़सोस 15. लाभ हानि 16. घटित 17. अपमान 18. राग रंग, मौज मस्ती 19. लाल रंग की शराब 20. पगड़ी में 21. सूर्य की 22. राम की फ़ौज की आंख ने 23. पल्ला सात आसमान तक उठ गया।

حرف زن وابستۂ دامانِ دولت یوں ہوے
کُمبھ کرن کی ذات سے یہ ملک ہے دارالاماں
خوابِ شش مہ سے جو وہ جاگے تو جاگ اٹھے نصیب
طیش کھاتے ہی کرے فوجِ عدو کو نوشِ جاں
سن کے یہ راون نے مشکل سے کیا بیدار اسے
جملہ رُوداد ابتدا سے انتہا تک کی بیاں
کمبھ کرن بولا حماقت دیدہ و دانستہ کی
جانکی جی سے کیا آباد کیوں اپنا مکاں
مادرِ گیتی کا گہوارہ کیا خالی عبث
بیوقوفی کی، ملا کے خاک میں لاکھوں جواں
مفت میں اپنی بگاڑی بات تونے حیف ہے
عقل دوڑائی نہ کچھ، سوچا نہ کچھ سود و زیاں
عرض کی راون نے ہاں بیشک خطا سرزد ہوئی
لیکن اب ہو جائیگی منہ پھیرنے سے کسرِ شاں
تجھ کو میری آبرو اس وقت رکھنا چاہیے
وقتِ مشکل دے مدد، رکھ آبروے خانداں
کر کے یہ باتیں ہوے دونوں شریکِ بزمِ عیش
رات بھر کی نوش دونوں نے شرابِ ارغواں
صبح نے ٹانکی کرن جب شملۂ خورشید میں
کمبھ کرن میداں میں پہونچا لے کے انبوہِ گراں
چشمِ فوجِ رام نے نظروں میں جب تولا اُسے
اٹھ گیا فرشِ زمیں سے پلّۂ ہفتِ آسماں

दश्त ख़ारिस्तां[1] बना बरसा दिये लछमन ने तीर।
डूबे आदा[2] ऐसा बरसा आब तेग़े अस्फ़हां[3]।।
नीम जां लाखों अदू हर ख़िर्सों[4] मैमूं ने किये।
हर सिपहसालार ने मारे हज़ारों पहलवां।।
कुम्भकरण के सर पे आ पहुंची, जो ख़ंजर लेके फ़तह।
सब पे की नाज़िल बलाये ज़र्बते गुर्जे़ गिरां[5]।।
ख़ून मैमूं अपने हाथों में मला मेंहदी की तरह।
मुंह में झोंके ख़िर्स[6], दांतों से चबाई अस्तुख़्वां[7]।।
सैकड़ों ठोकर से मारे शल किये बेदम किये।
नाख़ुनों से नोच कर ज़ख़्मी किये लाखों जवां।।
गुर्ज़ मारे दौड़ कर जब अंगदो सुग्रीव ने।
ले चला उनको बग़ल में दाब कर सूए मकां।।
देख कर यह हाल चिमटा सूरते पोशाक[8] नील।
जिससे मिसले संग[9] जिस्म उसका हुआ आतिश फ़िशां[10]।।
आग जब भड़की हुए आज़ाद क़ैदीये बग़ल[11]।
नाक पर तलवार फेरी कान पर सैफ़े रवां[12]।।
शाह रावन ने जो देखी आतिश अफ़शानीये जिस्म[13]।
आग हो कर की निगाहे क़ह्‌र[14] सूए आस्मां।।
इन्द्र कांप उठ्ठे, जमन सहमे[15] वरुन थर्रा गये।
आबे बारां[16] से मिटाई आतिशे जिस्मे जवां।।
ग़म हुआ देखे अदू ने जब कटे बीनीओ[17] गोश[18]।
दिल में सोचा जाँबरी[19] की आरज़ू[20] है रायगां[21]।।

---

1. कांटों का जंगल 2. शत्रु 3. तलवार की साफ़ धार का पानी 4. रीछ 5. भारी गदा की चोट 6. रीछ 7. हड्डियां 8. वस्त्र की तरह चिपट गये 9. पत्थर की तरह 10. आग बरसाने वाला 11. बग़ल में दाबे हुए क़ैदी 12. कृपाण 13. आग बरसाता हुआ जिस्म 14. क्रोध से भरी नज़र 15. यम डरे 16. बरसात का पानी 17. नाक 18. कान 19. जान बचाने की 20. कामना 21. व्यर्थ।

وشت خارِستاں بنا برسا دیئے لچھمن نے تیر
ڈوبے اعدا ایسا برسا آبِ تیغِ اصفہاں
نیم جاں لاکھوں عدو ہر خرس و میموں نے کیے
ہر سپہ سالار نے مارے ہزاروں پہلواں
کمبھ کرن کے سر پہ آپہونچی، جو خنجر لیکے فتح
سب پہ کی نازل بلائے ضربتِ گرزِ گراں
خون میموں اپنے ہاتھوں میں ملا مہندی کی طرح
منھ میں جھونکے خِرس، دانتوں سے چبائیں استخواں
سیکڑوں ٹھوکر سے مارے شل کیے بیدم کیے
ناخونوں سے نوچ کر زخمی کیئے لاکھوں جواں
گرز مارے دوڑ کر جب انگد و سگریو نے
لے چلا ان کو بغل میں داب کر سُوے مکاں
دیکھ کر یہ حال چمٹا صورتِ پوشاک نیل
جس سے مثلِ سنگ جسم اُس کا ہوا آتش فِشاں
آگ جب بھڑکی ہوے آزاد قیدیِ بغل
ناک پر تلوار پھیری، کان پر سیفِ رواں
شاہِ راون نے جو دیکھی آتش افشانیِ جسم
آگ ہو کر کی نگاہِ قہر سُوے آسماں
اندر کانپ اُٹھے، جون سہمے، بَرُن تھرّا گئے
آبِ باراں سے مٹائی آتشِ جسمِ جواں
غم ہوا دیکھے عدو نے جب کٹے بینی و گوش
دل میں سوچا، جانبری کی آرزو ہے رائگاں

सोच कर यह फिर बढ़ा, तनता हुआ मानिन्दे पील[1]।
खाये कुछ, कुछ मुंह में झोंके, कुछ कुचल डाले जवां।।
तंग हो कर सरफ़रोशों[2] ने मचाया शोर ग़ुल।
ऐ महाराज अवध राज अब दीजिये नक़्दे अमां[3]।।
राम आये कुम्भ करन पर सर किया फ़िलफ़ौर[4] तीर।
सर उड़ा लेकिन रहा जिस्मे फ़लक पैकर रवां[5]।।
और एक तीरे रवां मारा श्री रघुबीर ने।
अंजनी नन्दन ने फेंका दश्त से जिस्मे गिरां[6]।।
जो बचे राक्षस वह भागे जी चुरा कर जंग से।
राम चन्द्र आये मुज़फ़्फ़र[7] शादकामो[8] शादमां[9]।।

* * * *

मेघनाद का क़त्ल

जब सुनी रावन ने मर्गे[10] कुम्भ करन की दास्तां।
जामये सब्रो[11] तहम्मुल[12] की उड़ाईं धज्जियां।।
बरहमी[13] से ख़ाक पर टपके हज़ारों तिफ़्ले अश्क[14]।
शिद्दते दर्दे जुदाई से रहा शब भर तपां[15]।।
मेघनाद आया, गुज़ारिश की, है ज़िक्रे ग़म फ़ुज़ूल।
दीजिये दिल को तसल्ली, कीजिये ज़ब्तेफ़ुगां[16]।।
लेने जाता हूँ एवज़[17] मैं कुम्भ करन का राम से।
ख़ूंबहा लेने को है तय्यार शमशीरे रवां।।
कह के यह करने लगा वां, जग[18] हुसूले फ़तह[19] को।
दी विभीषण ने ख़बर इस बात की सब को यहां।।

---

1. हाथी की तरह 2. जान की बाज़ी लगाने वालों ने 3. शांति रूपी धन 4. तुरन्त 5. शरीर चलता रहा 6. भारी शरीर फेंका 7. विजेता होकर 8. कामयाब होकर 9. प्रसन्नचित 10. मृत्यु 11. धैर्य 12. सहिष्णुता 13. क्रोध 14. आंसू 15. व्याकुल 16. आर्तनाद न करें 17. बदला 18. यज्ञ 19. विजय प्राप्ति के लिये।

سوچ کر یہ پھر بڑھا، تنتا ہوا مانندِ پیل
کھائے کچھ، کچھ منھ میں جھونکے، کچھ کچل ڈالے جواں
تنگ ہو کر سرفروشوں نے مچایا شور و غُل
اے مہاراج اودھ راج اب دیجیے نقدِ اماں
رام آئے کمبھ کرن پر سر کیا فی الفور تیر
سر اُڑا لیکن رہا جسمِ فلک پیکر رواں
اور اِک تیرِ رواں مارا سری رگھبیر نے
انجنی نندن نے پھینکا دشت سے جسمِ گراں
جو بچے راچھس وہ بھاگے جی بچا کر جنگ سے
رام چندر آئے مُظفر شادکام و شادماں

☆☆☆☆

میگھناد کا قتل

جب سُنی راون نے مرگِ کمبھ کرن کی داستاں
جامۂ صبر و تحمل کی اُڑائیں دھجیاں
برہمی سے خاک پر ٹپکے ہزاروں طفلِ اشک
شدّتِ دردِ جدائی سے رہا شب بھر طپاں
میگھناد آیا، گذارش کی، ہے ذکرِ غم فضول
دیجیے دل کو تسلّی، کیجیے ضبطِ فغاں
لینے جاتا ہوں عوض میں کمبھ کرن کا رام سے
خونبہا لینے کو ہے تیّار شمشیرِ رواں
کہکے یہ کرنے گیا واں جگ حصولِ فتح کو
دی وِبھیشن نے خبر اس بات کی سب کو یہاں

अंजनी नन्दन गये, बरहम किया[1] सामाने जग।
नीम जां[2] दरबां किये मारे हज़ारों पासबां[3]।।
तैश[4] खाकर मेघनाद उठ्ठा, न लाया ताबे ज़ब्त[5]।
बह्रे ख़ूंरेज़ी[6] गया, लेकर सिपाहे पहलवां।।
नामवर[7] लड़ने लगे, तीरो तबर[8] चलने लगे।
दुश्मनों के मारने को तन गये गुर्ज़े गिरां[9]।।
जिस्मे आदा[10] में जगह पाई सलाहे जंग[11] ने।
तेग़ अबरू[12] बन गई, मूए मिज़ह[13] तीरे रवां।।
लब लबे सूफ़ार[14], सर गुर्ज़े गिरां[15], गेसू कमन्द[16]।
हो गया सीना सिपर[17] आग़ोश तरकश क़द कमां।।
इब्ने रावन[18] ने किये सर ऐसे अज़्दर[19] बार तीर।
बन गई पाये सिपह को सांप ज़ंजीरे गिरां।।
नख़्ले सन्दल[20] थे नज़र में, मार पेचीदा[21] से जिस्म।
था हर एक शहज़ोर पर शिवजी की मूरत का गुमां।।
इब्ने रावन को शहे ख़ुरसां[22] ने फेंका सूए किल्य[23]।
तीर से लाखों उजाड़े आशियाने मुर्ग़े जाँ।।
इन्द्र जी के हुक्म से आये गरुड़ मैदान में।
अज़्दहे[24] खा खा के फ़ौजे राम को बख़्शी अमां[25]।।
थी जो ग़ालिब बेहुशी तासीरे सम[26] से फ़ौज पर।
चारसू[27] करने लगा अमृत की बारिश आस्मां।।
सब दिलावर ख़्वाबे ग़फ़लत से यकायक जाग उठे।
मच गया शोरे मसर्रत[28], ख़ुश हुए पीरो जवां।।

---

1. यज्ञ का सामान अस्त व्यस्त किया 2. अधमरे 3. संरक्षक 4. क्रोधित होकर 5. धैर्य नहीं रक्खा 6. रक्तपात के लिये 7. ख्याति प्राप्त 8. तीर और फरसे 9. भारी गदाएं 10. शत्रुओं के शरीर में 11. युद्ध की योग्यता 12. भौंह 13. पलकों की अनी 14. बाण का पिछला भाग 15. भारी गदा 16. केश कमन्द हो गये 17. डट कर मुक़ाबले पर आया हुआ 18. रावन के पुत्र (मेघनाद) 19. बड़े साँपों के तीर 20. संदल के वृक्ष 21. परस्पर गुंथे हुए साँप 22. रीछ राज (जामवन्त) 23. क़िले (लंका) की तरफ़ 24. सांप 25. शांति दी 26. विष के प्रभाव से 27. चारों ओर 28. खुशी का शोर।

انجنی نندن گئے، برہم کیا سامانِ جگ
نیم جاں درباں کیے، مارے ہزاروں پاسباں

طیش کھا کر میگھناد اٹھا، نہ لایا تابِ ضبط
بہرِ خونریزی گیا، لے کر سپاہِ پہلواں

نامور لڑنے لگے، تیر و تبر چلنے لگے
دشمنوں کے مارنے کو تن گئے گُرزِ گراں

جسمِ اعدا میں جگہ پائی سلاحِ جنگ نے
تیغ ابرُو بن گئی، مُوئے مژہ تیرِ رواں

لب لبِ سُوفار، سر گرُزِ گراں، گیسُو کمند
ہو گیا سینہ سپر، آغوش ترکش، قد کماں

ابنِ راون نے کیے سر ایسے اژدر بار تیر
بن گئی پائے سپہ کو سانپ زنجیرِ گراں

نخلِ صندل تھے نظر میں، مار پیچیدہ سے جسم
تھا ہر اک شہ زور پر شیو جی کی مورت کا گماں

ابنِ راون کو شہِ مُحرساں نے پھینکا سوے قلعہ
تیر سے لاکھوں اُجاڑے آشیانِ مُرغِ جاں

اندر جی کے حکم سے آئے گرڑ میدان میں
اژدہے کھا کھا کے فوجِ رام کو بخشی اماں

تھی جو غالب بیہشی تاثیرِ سم سے فوج پر
چار سو کرنے لگا امرت کی بارش آسماں

سب دِلاور خوابِ غفلت سے یکایک جاگ اُٹھے
مچ گیا شورِ مسرت، خوش ہوے پیر و جواں

इब्ने रावन ख़्वाबे ग़फ़लत से हुआ बेदार[1] उधर।
सरकशी[2] के वास्ते आया सूए मैदां दवां[3]।।
लश्करे मैमूं[4] बनाया जादूओ नैरंग[5] से।
ज़ोरवर[6] पैदा किये हम पल्लये[7] शेरे ज़ियां[8]।।
फ़ौज सिहर अंगेज़[9] फ़ौजे राम से लड़ने लगी।
ढाल तलवारों से काटी तीर से शाख़े कमां।।
काटती थी तेग़ बातों में रहे गर्दनकशी[10]।
हाथ उठते ही न थे गोया सरे हल्क़ो मियां[11]।।
बदअते[12] दस्ते अदू[13] से जब हुआ लश्कर बतंग।
सर किया लछमन जती ने एक तीरे जांसितां[14]।।
सर हुआ दुश्मन, उड़ा सर, बन्द आंखें हो गईं।
एक हाथ उड़ कर हिसारे ज़न[15] में पहुंचा नागहां।।
हाथ जब आया सुलोचन के वह दस्ते दस्तगीर[16]।
यूं हुई पुरसाने हाले ज़ार[17] सरगर्मे फ़ुग़ां[18]।।
सर फंसा पंजे में किसके, तू हुआ क्यों कर क़लम[19]।
किस क़वी बाज़ू[20] ने तोड़ा रिश्तये उम्रे रवां।।
दाग़ अगर मेरे लिबासे पारसाई[21] में नहीं।
मुझ को दस्तावेज़ लिख दे सूरते किल्के रवां[22]।।
यूं हुआ महवे रक़म[23] दस्ते अदूए[24] सर बकफ़[25]।
हैं जो लछमन जी मुइनो दस्तगीरे बेकसां[26]।।
जंगले पुरख़ार[27] में चौदह बरस से हैं मुक़ीम[28]।
दिल नहीं है मुबतिलाये ख़्वाहिशे वस्ले रमां[29]।।

---

1. जागा 2. स्वेच्छाचारिता 3. रण क्षेत्र में दौड़ता हुआ 4. वानरों की सेना 5. मायाजाल 6. बलवान 7. बराबरी के 8. हिंसक व्याघ्र 9. जादुई 10. अवज्ञाकारी 11. कमर के घेरे के सामने 12. दुष्चरित्र 13. शत्रु के हाथ 14. प्राण घातक 15. स्त्रियों के घेरे में 16. सहायता देने वाला हाथ 17. दुखी 18. आर्तनाद में संलग्न हो गई 19. कट गया 20. बलिष्ट भुजाओं वाले ने 21. चारित्रिक पवित्रता 22. क़लम की तरह 23. लिखने लगा 24. शत्रु का हाथ 25. हाथ पर सर रखे हुए 26. दुखी जनों के सहायक 27. कांटों भरे जंगल 28. रह रहे हैं 29. स्त्री साहचर्य से विमुख।

ابنِ راون خوابِ غفلت سے ہوا بیدار اُدھر
سرکشی کے واسطے آیا سُوئے میداں دواں
لشکرِ میموں بنایا جادو و نیرنگ سے
زُورور پیدا کیئے ہم پلّۂ شیرِ زِیاں
فوج سحرانگیز فوجِ رام سے لڑنے لگی
ڈھال تلواروں سے کاٹی تیر سے شاخِ کماں
کاٹتی تھی تیغ باتوں میں رہِ گردن کشی
ہاتھ اُٹھتے ہی نہ تھے گویا سرِ حلق و میاں
بدعتِ دستِ عدو سے جب ہوا لشکر بتنگ
سر کیا لچھمن جتی نے ایک تیرِ جانستاں
سر ہوا دشمن، اُڑا سر، بند آنکھیں ہو گئیں
ایک ہاتھ اُڑ کر حصارِ زن میں پہونچا ناگہاں
ہاتھ جب آیا سلوچن کے وہ دستِ دستگیر
یوں ہوئی پُرسانِ حالِ زار سرگرمِ فغاں
سر پھنسا پنجے میں کِس کے، تو ہوا کیوں کر قلم
کس قوی بازو نے توڑا رشتۂ عمرِ رواں
داغ اگر میرے لباسِ پارسائی میں نہیں
مجھ کو دستاویز لِکھ دے صُورتِ کِلکِ رواں
یوں ہوا محوِ رقم دستِ عدوے سربکف
ہیں جو لچھمن جی مُعین و دستگیرِ بیکساں
جنگلِ پُرخار میں چودہ برس سے ہیں مقیم
دل نہیں ہے مبتلائے خواہشِ وصلِ رماں

ज़िन्दगी से हाथ उठाया, मैंने उनके ज़ुल्म से।
सर मुक़य्यद[1] है मियाने लश्करे किश्वर सितां[2]।।
हाल यह पढ़ कर सुलोचन आई फ़ौजे राम में।
सर तलब करके सती होने की ख़्वाहिश की बयां।।
राम बोले रह्म खा कर उसके हाले ज़ार[3] पर।
दिल में है, दूं इसके शौहर[4] को हयाते जाविदां[5]।।
अर्ज़ की नारद ने पायेगा जो फिर यह ज़िन्दगी।
ज़ंग आलूदा[6] न होगा ख़ंजरे रूहे रवां[7]।।
नेस्त[8] और नाबूद हो जायेंगे नख़्ले ज़िन्दगी[9]।
बोस्ताने दह्‌र[10] हो जायेगा पामाले ख़िज़ां[11]।।
सुन के यह तक़रीर समझे राज़ पिन्हां[12] राम चन्द्र।
दे के सर इस तरह साइल[13] से हुए गौहर फ़िशां।।
ज़ख़्म की सूरत सरे ख़ूंरेज़[14] ख़न्दां[15] हो अगर।।
हो यक़ीं दिल को तेरा शौहर यही है बेगुमां।।
सुन के यह बोली सुलोचन उस सरे नापाक से।
पारसा गर हूं, तो हंस दे सूरते बर्क़े तपां[16]।।
जब न सर ख़न्दां हुआ यूं हर्फ़ ज़न[17] वह गुल हुई।
बेवकूफ़ी की, गंवाई मुफ़्त तूने अपनी जां।।
तेरी हिम्मत पस्त की थी गर किसी ने वक़्ते जंग।
क्यों न की मेरे पिदर[18] से आरज़ूए दिल बयां।।
शेष जी दम भर में करते दुश्मने जानी को पस्त।
जानिबे मुल्के अदम[19] करते रवाना कारवां।।

1. क़ैद में है 2. दिग्विजयी फ़ौज के बीच 3. दुखी हाल 4. पति 5. अमरत्व 6. ज़ंग नहीं लगेगी 7. प्राण घातक खंजर 8. नष्ट 9. जीवन रूपी वृक्ष 10. समय का उद्यान 11. पतझड़ से दुर्दशाग्रस्त 12. गुप्त भेद 13. प्रार्थी 14. ख़ून बहाने वाला 15. हंस दें 16. उत्तप्त बिजली 17. बोली 18. पिता 19. परलोक।

زندگی سے ہاتھ اُٹھایا، میں نے ان کے ظلم سے
سر مُقیّد ہے میانِ لشکرِ کِشور سِتاں

حال یہ پڑھ کر سلوچن آئی فوجِ رام میں
سر طلب کر کے ستی ہونے کی خواہش کی بیاں

رام بولے رحم کھا کر اُس کے حالِ زار پر
دل میں ہے، دوں اس کے شوہر کو حیاتِ جاوِداں

عرض کی نارد نے پائیگا جو پھر یہ زندگی
زنگ آلودہ نہ ہوگا خنجرِ روحِ رواں

نیست اور نابود ہو جائیں گے نخلِ زندگی
بوستانِ دہر ہو جائیگا پامالِ خزاں

سُن کے یہ تقریر سمجھے راز پنہاں رام چندر
دے کے سر اس طرح سائل سے ہوے گوہر فشاں

زخم کی صورت سرِ خونریز خنداں ہو اگر
ہو یقیں دل کو ترا شوہر یہی ہے بیگُماں

سُن کے یہ بولی سلوچن اُس سرِ ناپاک سے
پارسا گر ہوں، تو ہنس دے صورتِ برقِ طپاں

جب نہ سرخنداں ہوا، یوں حرفزن وہ گُل ہوئی
بیوقوفی کی، گنوائی مفت تونے اپنی جاں

تیری ہمت پست کی تھی گر کسی نے وقتِ جنگ
کیوں نہ کی میرے پدر سے آرزوے دل بیاں

شیش جی دم بھر میں کرتے دشمنِ جانی کو پست
جانبِ ملکِ عدم کرتے روانہ کارواں

सुन के यह तक़रीर सर हंसने लगा मानिन्द गुल।
यूं हुआ कश्शाफ़े[1] रमज़े[2] मख़फ़ियो[3] राज़े निहां।।
जिनका लछमन नाम है वह शेष के अवतार हैं।
मेरा क़ातिल है उन्हीं का नाविके आतिश फ़िशां[4]।।
अलग़रज़[5] यह सुन के सर ले कर लबे दरिया गई।
जल के ख़ाकस्तर[6] हुई वह औरते अब्रू कमां।।

* * * *

रावण की लड़ाई

जब चले तीरे शुआए[7] आफ़ताबे आस्मां।
रावने शहज़ोर ने तैयार की फ़ौजे गिरां।।
अफ़सरे लश्कर नहंगे[8] कुलज़मे पैकार[9] थे।
था पलंगे[10] बेशये ज़ोर आज़माई हर जवां।।
अज़दहा दर[11], कोह पैकर[12], पील तन[13], ज़ैग़म शिकार[14]।
सर बकफ़[15], सफ़दर[16], क़वी बाज़ू[17], दिलावर, पहलवां।।
इस तरफ से अंगदो सुग्रीव बजरंगी गये।
नील, नल, बावन, रिखब पहुंचे लिये गुर्ज़े गिरां।।
चढ़ के राजा इन्द्र के रथ पर गये रामो लखन।
पेशो पस[18] थे जाँनिसाराने क़वी हैकल[19] दवां[20]।।
अर्दली में पायमर्दी थी, ख़्वासें थीं ज़फ़र।
हिम्मतो जुर्रत जुलू में, फ़तहो नुसरत हमइनां।।
सैंकड़ों राक्षस हुए कुश्ता[21] लखन के तीर से।
राम ने मारे हज़ारों मर्दे मैदां[22] पहलवां।।
तीर अंदाज़ी, सफ़आराई[23] में सब मशग़ूल थे।
जौहरे मर्दानगी करते थे ज़ोरावर अयां।।

---

1. स्पष्ट 2. रहस्य 3. गुप्त 4. अग्निवर्षक तीर 5. सारांश 6. राख 7. किरणें 8. मगरमच्छ 9. युद्ध के सागर 10. तेंदुए से अधिक 11. अजगर जैसा 12. भीमकाय 13. हाथी जैसे शरीर वाला 14. सिंह का शिकार करने वाला 15. मरने को उद्यत 16. महारथी 17. बलिष्ट भुजाओं वाला 18. आगे पीछे 19. बहादुर आकृति वाले 20. भागते हुए 21. मारे गये 22. महारथी 23. युद्ध में सामने आये हुए।

سن کے یہ تقریر سر ہنسنے لگا مانندِ گل
یوں ہوا کشافِ رمزِ مخفی و رازِ نہاں
جن کا لچھمن نام ہے وہ شیش کے اوتار ہیں
میرا قاتل ہے انھیں کا ناوکِ آتش فشاں
الغرض یہ سن کے، سر لے کر لبِ دریا گئی
جل کے خاکستر ہوئی وہ عورتِ ابرو کماں

☆☆☆☆

راون کی لڑائی

جب چلے تیرِ شعاعِ آفتابِ آسماں
راونِ شہ زور نے تیار کی فوجِ گراں
افسرِ لشکر مہنگِ قلدمِ پیکار تھے
تھا پلنگِ بیشۂ زور آزمائی ہر جواں
اژدہادر، کوہ پیکر، پیلتن، ضیغم شکار
سربکف، صفدر، قوی بازو، دِلاور، پہلواں
اس طرف سے انگد و سگریو و بجرنگی گئے
نیل، نل، باون، رِکھب پہونچے لیے گرزِ گراں
چڑھ کے راجہ اندر کے رتھ پر گئے رام و لکھن
پیش و پس تھے جاں نثارانِ قوی ہیکل دواں
اردلی میں پایمردی تھی، خواصیں تھیں ظفر
ہمت و جُراءت جلو میں، فتح و نصرت ہمعناں
سیکڑوں راچھس ہوے کشتہ لکھن کے تیر سے
رام نے مارے ہزاروں، مردِ میداں پہلواں
تیراندازی، صف آرائی میں سب مشغول تھے
جوہرِ مردانگی کرتے تھے زورآور عیاں

काटते थे यूं ज़बाने तेग़ से गर्दन[1] को ख़िर्स[2]।
बात जैसे काट देती है मुख़ातिब[3] की ज़बां।।
हाथ को करते थे ख़ूँ आलूदा मेंहदी की तरह।
सुर्ख़ कर देते थे यूं होठों को जैसे रंगे पां[4]।।
सर कटा कर काटती थी फ़ौजे दुश्मन राहे ज़ीस्त[5]।
वक़्ते बद[6] काटे न कटता था, यह था दर्दे निहां।।
हाकिमे लंका बरस पड़ता था अहले ज़ोर पर।
था कभी कौन्धा, कभी बादल, कभी बर्क़े तपां।।
ओझल आंखों से, नज़र के आगे, बीनाई[7] से दूर।
ज़ाहिरो गुम, ग़ायबो मौजूद, मख़फ़ीयो[8] अयां[9]।।
आग से रण को बनाया दक्ष प्रजापति का यज्ञ।
जल गये जिस में सती की तरह लाखों पहलवां।।
सुरमा कर डालीं सफ़ें[10] विक्रम बली के गुर्ज़ ने।
नामदारों का मिटाया नील ने नामो निशां।।
आंच जो सहते थे तलवारों की, ठंडे हो गये।
शोला ख़ूँ[11] थे आग पर सीमाब[12] की सूरत तपां।।
हो गई पेशे नज़र तस्वीर लंका दाह की।
फिर रहा था सामने आंखों के होली का समां।।
ग़ैरते मूए सरे आतिश किरन सूरज की थी।
सूरते इस्पंद[13] था आतिश से नालां आस्मां।।
आतिशे गुल की तरह कर दी गुल आतिश राम ने।
आग को पानी बनी आबे लबे तीरे रवां।।

---

1. गला 2. रीछ 3. सम्बोधन करने वाले 4. पान 5. जीवन की राह 6. बुरा समय 7. दृष्टि 8. छिप गया 9. प्रकट हो गया 10. क़तारें 11. अंगारों के स्वभाव वाले 12. पारा 13. काले दाने जो नज़र उतारने के लिये जलाये जाते हैं।

کاٹتے تھے یوں زبانِ تیغ سے گردن کو خِرس
بات جیسے کاٹ دیتی ہے مخاطب کی زباں
ہاتھ کو کرتے تھے خوں آلودہ مہندی کی طرح
سرخ کر دیتے تھے یوں ہونٹھوں کو جیسے رنگِ پاں
سر کٹا کر کاٹتی تھی، فوجِ دشمن راہِ زیست
وقتِ بد کاٹے نہ کٹتا تھا، یہ تھا دردِ نہاں
حاکمِ لنکا برس پڑتا تھا اہلِ زور پر
تھا کبھی کوندھا، کبھی بادل، کبھی برقِ طپاں
اوجھل آنکھوں سے، نظر کے آگے، بینائی سے دور
ظاہر و گم، غائب و موجود، مخفی و عیاں
آگ سے رن کو بنایا، دَکش پرجاپت کا جگ
جل گئے جس میں ستی کی طرح لاکھوں پہلواں
سُرمہ کر ڈالیں صفیں بکرم بلی کے گُرز نے
نامداروں کا مٹایا نیل نے نام و نشاں
آنچ جو سہتے تھے تلواروں کی، ٹھنڈے ہو گئے
شعلہ خوں تھے آگ پر سیماب کی صورت طپاں
ہو گئی پیشِ نظر تصویر لنکا داہ کی
پھر رہا تھا سامنے آنکھوں کے ہولی کا سماں
غیرتِ موے سرِ آتش کرن سورج کی تھی
صورتِ اسپند تھا آتش سے نالاں آسماں
آتشِ گُل کی طرح کر دی گُل آتش رام نے
آگ کو پانی بنی آبِ لبِ تیرِ رواں

सब को महफ़ूज़ आग से रक्खा समुन्दर की तरह।
फ़ौज को जलने से दी प्रहलाद की सूरत अमां।।
आतिशे रंगे हिना[1] की तरह सर्द आतिश[2] हुई।
हो गये शोले शरर[3] की तरह नज़रों से निहां।।
सरबकफ़[4] लड़ते रहे यूं ही बराबर तीन दिन।
ख़ूब तेग़े सरफ़रोशी[5] के हुए जौहर अयां।।
फ़ौज अफसूं साज़[6] उधर रावन को देती थी कुमक[7]।
छीनता था मोरचा लड़ कर इधर तीरे रवां।।
तेग़ से नीचा दिखाते थे जवां ख़म ठोक कर।
फ़ौजे दुश्मन में उठाते थे जो सर गुर्ज़े गिरां[8]।।
बल निकल जाता था दम में, बल की लेती थी जो सैफ़[9]।
सीधे हो जाते थे तनते थे जो तीरे दुश्मनां।।
राम का नाविक जो घुसता था अदू की फ़ौज में।
थी कड़ी दिल की मगर मुंह फेर लेती थी कमां।।
दम लबे शमशीर पर था इस क़दर ग़ालिब था ख़ौफ़।
अलअमां सद अलअमां[10] कहती थी ख़न्जर की ज़बां।।
थी न जिस्मे दामने परचम को राशा[11] से नजात।
कांपती थी सैफ़ पुरख़म, थरथराती थी कमां।।
हश्र यह बरपा मुख़ालिफ़ ने किया रोज़े सोम[12]।
तीरे ख़ूनी को किया मिस्ले चिनार आतिश फ़िशां[13]।।
सूरते कोहे गरां[14] मैदां में की आतिश ज़नी।
आग बरसाई वग़ा[15] में बन के मिह्रे आस्मां[16]।।

---

1. मेंहदी के रंग 2. आग ठंडी हुई 3. चिंगारियों 4. मरने को उद्यत 5. जाँनिसारी 6. मायावी 7. युद्ध में सहायता 8. भारी गदाएं 9. तलवार 10. त्राहि त्राहि 11. कम्पन 12. तीसरे दिन 13. आग बरसाने वाला 14. भारी पहाड़ 15. युद्ध 16. सूर्य।

سب کو محفوظ آگ سے رکھا سمندر کی طرح
فوج کو جلنے سے دی پہلاد کی صورت اماں
آتشِ رنگِ حنا کی طرح سرد آتش ہوئی
ہو گئے شعلے شرر کی طرح نظروں سے نہاں
سربکف لڑتے رہے یونھیں برابر تین دن
خوب تیغِ سرفروشی کے ہوئے جوہر عیاں
فوج افسوں ساز اُدھر راون کو دیتی تھی کمک
چھینتا تھا مورچا لڑ کر اِدھر تیرِ رواں
تیغ سے نیچا دکھاتے تھے جواں خم ٹھونک کر
فوجِ دشمن میں اُٹھاتے تھے جو سرگرزِ گراں
بل نکل جاتا تھا دم میں، بل کی لیتی تھی جو سیف
سیدھے ہو جاتے تھے تنتے تھے جو تیرِ دُشمناں
رام کا ناوک جو گھستا تھا عدو کی فوج میں
تھی کڑی دل کی، مگر منھ پھیر لیتی تھی کماں
دم لبِ شمشیر پر تھا اس قدر غالب تھا خوف
الاماں صدالاماں، کہتی تھی خنجر کی زباں
تھی نہ جسمِ دامنِ پرچم کو رعشہ سے نجات
کانپتی تھی سیفِ پُرخم، تھرتھراتی تھی کماں
حشر یہ برپا مخالف نے کیا روزِ سوم
تیرِ خونی کو کیا مثلِ چنار آتش فشاں
صورتِ کوہِ گراں میداں میں کی آتش زنی
آگ برسائی وغا میں بن کے مہرِ آسماں

सैर बरफ़िस्तां[1] दिखाई फ़स्ले सर्मा[2] की तरह।
बर्फ़ बरसा कर बनाया दश्त को कोहे गिरां।।
दी श्री लछमन को शक्ति बान से इज़ाए ज़ख़्म[3]।
सिहर[4] से सब पर किया राज़े तुवानाई[5] अयां।।
आग की फिन्नार[6] आबे तीर से रघुनाथ ने।
बर्फ़ को दिखलाई सरगर्मीये[7] मिह्रे आस्मां।।
क़ुव्वते बाज़ू[8] को सेहत दी सजीवन मूर से।
फ़ौजे दुश्मन कश को बख़्शा ख़िलअते अम्नो अमां[9]।।
होश में आकर श्री लछमन हुए फिर महवे जंग[10]।
उक़्तलू[11] बोला लबे ख़ामोश से तीरे रवां।।
फ़ौजे दुश्मन में न कोई रह सका साबित क़दम।
पांव अंगद का बने पामर्दो[12] गर्दनकश[13] यहां।।
मुंह की खाकर नोक दम[14] मैदान से भागे अदू[15]।
वापस आई फ़ौजे फ़ातह[16], शाद कामो[17] शादमां[18]।।

* * * *

रावण का ख़ात्मा

थी शिकस्ते फ़ाश[19] से दिल में जो ईज़ाए निहां[20]।
मंदिर में पूजा को पहुंचा रावने महशर निशां[21]।।
जाप से, जग से, हवन से, मंत्र से चाही कुमक[22]।
देवताओं से दुआ मांगी बराये हिफ़्ज़े जां।।
यां विभीषण ने जो दी शुग़्ले इबादत[23] की ख़बर।
अंजनी नंदन गये, मंदिर की चूमी आस्तां[24]।।

---

1. वह स्थान जहां बर्फ़ ही बर्फ़ हो 2. जाड़े की ऋतु 3. घाव का दर्द 4. जादू 5. शक्ति 6. नर्क की आग 7. तत्परता 8. भाई 9. शान्ति का आवरण 10. युद्ध को उद्यत 11. क़त्ल कर डालो 12. साहसी 13. उद्दंड, अवज्ञाकारी 14. तेज़ी से 15. शत्रु 16. विजयी 17. सफ़ल 18. प्रसन्न 19. स्पष्ट 20. छिपा हुआ दुख 21. महाप्रलयकारी 22. सहायता 23. पूजा करने की 24. चौखट।

سیر برفستاں دکھائی فصلِ سرما کی طرح
برف برسا کر بنایا دشت کو کوہِ گراں
دی سری لچھمن کو شکتی بان سے ایذاے زخم
سحر سے سب پر کیا رازِ توانائی عیاں
آگ کی فی النار آبِ تیر سے رگھناتھ نے
برف کو دکھلائی سرگرمیِ مہرِ آسماں
قوتِ بازو کو صحت دی سجیون مور سے
فوجِ دشمن کش کو بخشا خلعتِ امن و اماں
ہوش میں آکر سری لچھمن ہوے پھر محوِ جنگ
اُقلو بولا لبِ خاموش سے تیرِ رواں
فوجِ دشمن میں نہ کوئی رہ سکا ثابت قدم
پانوں انگد کا بنے پامرد و گردن کش یہاں
منھ کی کھا کر، نوک دم، میدان سے بھاگے عدو
واپس آئی فوجِ فاتح، شادکام و شادماں

☆☆☆☆

راون کا خاتمہ

تھی شکشتِ فاش سے دل میں جو ایذاے نہاں
مندر میں پوجا کو پہونچا راونِ محشر نشاں
جاپ سے، جگ سے، ہون سے، منتر سے چاہی کمک
دیوتاؤں سے دعا مانگی براے حفظِ جاں
یاں وِبھیشن نے جو دی شغلِ عبادت کی خبر
انجنی نندن گئے، مندر کی چومی آستاں

हाकिमे लंका को पटका, जग को रक्खा नातमाम[1]।
नीमजा[2] दरबां किये, मारे पछाड़े पासबां[3]।।
बल पड़े गुस्से से रावन की जबीं[4] पर गुल की तरह।
अंजनी नन्दन हुए नज़रों से मिस्ले बू[5] निहां।।
दुश्मन आया रज़्मगह में ऐंडता मानिन्दे पील।
तैश में आ आ के बिफ़रा सूरते शेरे ज़ियाँ।।
जलवागर था अपनी फ़ौजे बे अदू[6] में इस तरह।
हल्क़ये मिज़गां[7] में जैसे मरदुमे चश्मे बुतां[8]।।
साथ थे ऐसे जवां सरकश जो थे चोटी की तरह।
बल के लेने में थे गेसू अफ़सराने हमइनाँ।।
आब था जिनका पसीना नोके नाविक के लिए।
जिनका पत्थर का कलेजा बह्रे ख़ंजर था फ़सां[9]।।
बढ़ के तेज़ी में सलाहे जंग से इन्हाए[10] तन।
क़द्दे निशां, सूफ़ारे लब[11], गेसू कमंद, अब्रू कमां।।
म्यान बीनी, ख़ंजरे बुर्रां, निगह सीना सिपर[12]।
मूए मिज़गां, तीर तरकश, आंख सर गुर्ज़े गिरां।।
इस तरफ़ से ले के अपनी फ़ौज पहुंचे रामचन्द्र।
फ़तह ने मैदां में गाड़ा रोबे शाही का निशां।।
हिम्मते लश्कर पुकारे मिस्ले आवाज़े नक़ीब[13]।
हां, जवांमर्दाने राना है यह वक़्ते इम्तिहां।।
टेक दो पंजे, लड़ो, मारो, बढ़ो, पीछा करो।
मोर्चा छीनो, मिटा दो फ़ौजे दुश्मन का निशां।।
तुम को सौगंध अपनी ताक़त की, शुजाअत की क़सम।
आबरू नुसरत[14] की रक्खो, फ़तह की तौक़ीरो[15] शां।।
नोके नाविक से दिखाना दश्ते वहशत का असर।
चाक करना दामने ख़ंजर गिरेबाने कमां।।

1. यज्ञ को अपूर्ण रक्खा 2. अधमरे 3. संरक्षक 4. मस्तक 5. सुगन्ध की तरह 6. शत्रुविहीन 7. पलकों के घेरे में 8. आंख की पुतली 9. वह पत्थर जिस पर सान रखी जाती है 10. ख़बर देने वाला 11. तीर का मुंह 12. ढाल 13. चोबदार 14. सहायता 15. प्रतिष्ठा

حاکمِ لنکا کو پٹکا، جگ کو رکھتا ناتمام
نیم جاں درباں کیے، مارے پچھاڑے پاسباں

بل پڑے غُصّے سے راون کی جبیں پر گُل کی طرح
انجنی نندن ہوے نظروں سے مثلِ بُو نہاں

دشمن آیا رزمگہ میں اینڈتا مانندِ پیل
طیش میں آ آ کے بپھرا صورتِ شیرِ ژیاں

جلوہ گر تھا اپنی فوجِ بے عدو میں اس طرح
حلقۂ مژگاں میں جیسے مردُمِ چشمِ بتاں

ساتھ تھے ایسے جواں سرکش جو تھے چوٹی کی طرح
بل کے لینے میں تھے گیسو افسرانِ ہمعناں

آب تھا جنکا پسینا نوکِ ناوِک کے لئے
جنکا پتھر کا کلیجہ بہرِ خنجر تھا فساں

بڑھ کے تیزی میں سلاحِ جنگ سے انضاء تن
قد نشاں، سوفارِ لب، گیسو کمند ابرو کماں

میان بینی، خنجرِ براں، نگہ سینہ سپر
موے مژگاں، تیر ترکش، آنکھ سر گرزِ گراں

اس طرف سے لے کے اپنی فوج پہونچے رام چندر
فتح نے میداں میں گاڑا رعبِ شاہی کا نشاں

ہمتِ لشکر پکارے مثلِ آوازِ نقیب
ہاں جوانمردانِ رعنا ہے یہ وقتِ امتحاں

ٹیک دو پنجے، لڑو مارو بڑھو پیچھا کرو
مورچا چھینو، مِٹا دو فوجِ دشمن کا نشاں

تم کو سوگند اپنی طاقت کی شجاعت کی قسم
آبرو نصرت کی رکھو، فتح کی توقیر و شاں

نوکِ ناوِک سے دکھانا دشتِ وحشت کا اثر
چاک کرنا دامنِ خنجر گریبانِ کماں

मुंह न ख़ंजर से फिरे, शमशीर गो मुंह पर फिरे।
हाथ उठे लेकिन क़दम उठ्ठे न सफ़ के दरमियां।।
फ़ौजे आदा में अकड़ना तन के नावक[1] की तरह।
तीर के आगे झुके गर्दन न मानिंदे कमां।।
सुन के यह नारा बढ़े आगे जवानाने जरी[2]।
ले के पहुंचे दुश्मनों के सर पे तेग़े ख़ूं फ़िशां।।
सैफ़े पुरख़म ने निकाले अब्रुए आदा के बल।
बन गये गेसू कमंदे लश्करे किश्वर सितां।।
गुर्ज़ करते थे सरों को तोड़ कर नेमल बदल[3]।
बान बनते थे पये मिज़गाने हर दुश्मन सिनां[4]।।
तन के नेज़े जिस्म बनते थे सरों के वास्ते।
तीर बनते थे दहाने ज़ख़्म आदा को ज़बां।।
हाथ बढ़ बढ़ कर लगाते थे दिलेरो सरबकफ़[5]।
पीछे पड़ पड़ कर सफ़ें पीछे हटाते थे जवां।।
चाल ढाल अफ़सर दिखाते थे अरूसे तेग़[6] की।
आन बान आदा के तीरों की हुई वहमो गुमां।।
जाने दुश्मन के ख़बर लेते थे दल में पैठ कर।
सैफ़, नाविक, नेमचे[7], भाले, सिनां, गुर्ज़े गिरां।।
इज़्तिराबी[8] थी, मनाते थे सब अपनी अपनी ख़ैर।
होश दिल, गुर्दा जिगर, ज़ोहरा तबियत, रूहे जां।।
फ़र्क़[9] सर, गेसू जबीं, अब्रू पलक, मूए मिज़ा।
चश्म बीनी, गोशे आरिज़, लब दहन, दन्दां ज़बां।।
ख़ाल ख़त, ग़बग़ब[10] गुलू[11], शाना[12] बग़ल, बाज़ूए दस्त।
पंजा साइद[13] उंगलियां, सीना शिकम[14], नाफ़ो[15] मियां[16]।।
रान[17] ज़ानू[18] साक़े पा[19] अंगुश्ते पा[20] नक़्शे क़दम[21]।
अस्तुख़्वानो[22] पोस्तो[23] रग[24], ख़ूनो मग़्ज़े अस्तुख़्वां[25]।।

---

1. गहरी मार करने वाला छोटा तीर 2. बहादुर 3. बिल्कुल वैसा ही 4. बरछी की नोंक 5. मरने को उद्यत 6. तलवार रूपी वधु 7. छोटी तलवार 8. व्याकुलता 9. विभिन्न 10. ठोड़ी 11. गर्दन 12. कंधा 13. कलाई 14. पेट 15. नाभि 16. कमर 17. जांघ 18. घुटना 19. पिंडलियां 20. पैर की उंगलियां 21. पैरों के निशान 22. हड्डियां 23. मांस 24. नस 25. हड्डियों का गूदा

مُنہ نہ خنجر سے پھرے، شمشیر گو منہ پر پھرے
ہاتھ اوٹھے لیکن قدم اوٹھے نہ صف کے درمیاں
فوجِ اعدا میں اکڑنا تنکے ناوک کی طرح
تیر کے آگے جھکے گردن نہ مانندِ کماں
سُن کے یہ نعرہ بڑھے آگے جوانانِ جری
لے کے پہونچے دشمنوں کے سر پہ تیغِ خوں فِشاں
سیفِ پُرخم نے نکالے ابروِ اعدا کے بل
بن گئے گیسو کمندِ لشکرِ کِشور سِتاں
گُرز کرتے تھے سروں کو توڑ کر نعم البدل
بان بنتے تھے پئے مژگانِ ہر دشمن سناں
تن کے نیزے جسم بنتے تھے سروں کے واسطے
تیر بنتے تھے دہانِ زخم اعدا کو زباں
ہاتھ بڑھ بڑھ کر لگاتے تھے دلیر و سربکف
پیچھے پڑ پڑ کر صفیں پیچھے ہٹاتے تھے جواں
چال ڈھال افسر دکھاتے تھے عروسِ تیغ کی
آن بان اعدا کے تیروں کی ہوئی وہم و گماں
جانِ دشمن کے خبر لیتے تھے دل میں پیٹھ کر
سیف، ناوِک، نیمچے، بھالے، سناں، گُرزِ گراں
اضطرابی تھی، مناتے تھے سب اپنی اپنی خیر
ہوش دِل، گردہ جگر، زہرہ طبیعت، روحِ جاں
فرق سر، گیسو جبیں، ابرو پلک، موے مژہ
چشم بینی، گوشِ عارض، لب دہن، دنداں زباں
خال خط، غبغب گلو، شانہ بغل، بازوِ دست
پنجہ ساعد اُنگلیاں، سینہ شکم، ناف و میاں
ران زانو ساقِ پا انگشتِ پا نقشِ قدم
استخوان و پوست و رگ خون و مغزِ استخواں

सब जुदा थे ख़ाक पर ग़लतां[1] थे साये की तरह।
थे हबाबे[2] क़ुलज़मे ख़ूं[3] अज़ू[4] जिस्मे दुश्मनां।।
सर किया रघुनाथ जी ने हाकिमे लंका पे तीर।
सर उड़ा, पर्रां[5] हुआ बाग़े बदन से मुर्ग़े जां।।
गुल हुआ, रन में तहलका पड़ गया, हलचल मची।
रज़्म से जी छोड़ कर भागा गिरोहे दुश्मनां।।
ले गये रावन का लाशा ख़ैरख़्वाहाने क़दीम।
ख़ाक कर डाला जला कर सूरते शमए मकां।।
लाये सीताजी को फ़ौजे कामरां[6] सुखपाल में।
शोर जय जयकार का करने लगी हर एक ज़बां।।
दीं दुआएं जांनिसारों ने दुआ गो यूं नज़र।
फूल बरसाने लगे यम, इन्द्र, सूरज, चन्द्रमां।।
देवताओं ने अदा रस्मे मुबारकबाद की।
ख़ुश हुए संकादि, ब्रह्मा, सरस्वती, शंकर, उमां।।
राम ने लछमन को भेजा ताजबख़्शी[7] के लिये।
जोशे बख़्शिश ने दिखाया लुत्फ़े ऐशे जाविंदां।।
सल्तनत पाई विभीषण ने लखन के हाथ से।
मौर की मानिंद रक्खा सर पे ताजे ज़र फ़िशां।।
हस्बे आईन[8] हो गया मंदोदरी के साथ ब्याह।
खुल गई क़िस्मत, बहार आई, गई फ़स्ले ख़िज़ां।।
राजा दशरथ जी नवेदे फ़तह[9] सुनकर ख़ुश हुए।
आंख के तारों को देखा मिस्ले नजमे आस्मां[10]।।
कर के रौशन चश्मे दिल वापस गये सुरलोक में।
राम की सूरत रही आंखों के पर्दे में निहां[11]।।

* * * *

---

1. लोटते थे 2. बुलबुले 3. ख़ून का सागर 4. शरीर के भाग 5. उड़ा 6. विजयी फ़ौज 7. राज्याभिषेक 8. प्रथा के अनुसार 9. विजय का शुभ समाचार 10. आकाश के तारों के समान 11. बसा कर

سب جدا تھے خاک پر غلطاں تھے سایۂ کی طرح
تھے حبابِ قُلزُمِ خوں عضو جسمِ دشمناں
سر کیا رگھناتھ جی نے حاکمِ لنکا پہ تیر
سر اوڑا، پرّاں ہوا باغِ بدن سے مرغِ جاں
غُل ہوا، رن میں تہلکہ پڑ گیا، ہلچل مچی
رزم سے جی چھوڑ کر بھاگا گروہِ دشمناں
لے گئی راون کا لاشہ خیر خواہانِ قدیم
خاک کر ڈالا جلا کر صورتِ شمعِ مکاں
لائی سیتا جی کو فوجِ کامراں سُکھپال میں
شور جے جے کار کا کرنے لگی ہر اک زباں
دیں دعائیں جاں نثاروں نے دعا گو یوں نذر
پھول برسانے لگے جم، اندر، سُورج، چندرماں
دیوتاؤں نے ادا رسمِ مبارک باد کی
خوش ہوئے سنکاد، برھما، سرستی، شنکر، اُماں
رام نے لچھمن کو بھیجا تاج بخشی کے لئے
جوشِ بخشش نے دکھایا لطفِ عیشِ جاوِداں
سلطنت پائی وِبھیشن نے لکھن کے ہاتھ سے
مَور کی مانند رکھا سر پہ تاجِ زرفِشاں
حسبِ آئین ہو گیا مندودری کے ساتھ بیاہ
کھل گئی قسمت، بہار آئی، گئی فصلِ خِزاں
راجہ دشرتھ جی نویدِ فتح سن کر خوش ہوئے
آنکھ کے تاروں کو دیکھا مثلِ نجمِ آسماں
کر کے روشن چشمِ دِل واپس گئے سُرلوک میں
رام کی صورت رہی آنکھوں کے پردے میں نہاں

रामचन्द्र जी की वन से वापसी

जब हुई काफ़ूर बुस्ताने[1] ज़माना से ख़िज़ां[2]।
राम के दिल में हुई मसकन गुज़ीं[3] यादे मकां[4]।।
अफ़सराने फ़ौज पर ज़ाहिर किया अज़्मे[5] वतन।
हुक्म फ़रमाया पये तैय्यारिए फ़ौजे गिरां।।
हो गया पल मारने में लैस सामाने सफ़र।
हुक्म की तामील को हाज़िर हुए पीरो जवां।।
राम लछमन जानकी तीनों सवारे रथ हुए।
जीते घुड़दौड़ अश्हबे[6] सर सर से शबदेज़े[7] दवां[8]।।
मोरछल झलते थे बजरंगी श्री शंकर सुवन।
दायें बायें, आगे पीछे, ख़िर्सों मैमूं थे रवां।।
नेमराज, अंगद, सुखन, बावन, चंदावल, जामवंत।
नील, नल, सुग्रीव, धूमर, केसरी थे हमइनां।।
सीनये पुल[9] चाक फ़रमाया[10] श्री रघुबीर ने।
बन्द कर दी आमदो रफ़्ते[11] गिरोहे सरकशां[12]।।
हुक्म फ़रमाया मोहब्बत से विभीषण के लिये।
शौक़े हमराही[13] को समझे पैरवीये रायगां[14]।।
लुत्फ़ उठायें ताजपोशी के, मज़े आराम के।
बन्दगाने ख़ल्क़[15] को रक्खे करम से शादमां।।
की विभीषण ने गुज़ारिश यह कभी मुमकिन नहीं।
है क़दम बोसीये अक़्दस[16] से बहारे जाविदां[17]।।
मैं न जीते जी क़दम छोड़ूंगा मेंहदी की तरह।
तख़्ते शाही है मुझे दौलतसरा की आस्तां[18]।।
अर्ज़ अहले आरज़ू मंज़ूर की रघुनाथ ने।
रायते[19] लश्कर को दिखलाये अयोध्या के निशां।।

---

1. उद्यान 2. पतझड़ 3. घर बनाया 4. घर की याद 5. इरादा 6. ऐसा घोड़ा जिसके सफ़ेद बालों में काले बाल अधिक हों 7. गहरे भूरे रंग का घोड़ा 8. तीव्र गति से 9. पुल का वक्ष 10. काट डाला 11. आवागमन 12. स्वेच्छाचारियों के गिरोह का 13. साथ चलने को 14. व्यर्थ दलील देना 15. प्रजाजन 16. पवित्र 17. शाश्वत सुख 18. महल की चौखट 19. ध्वज

رام چندر جی کی بن سے واپسی

جب ہوئی کافور بُستانِ زمانہ سے خزاں
رام کے دل میں ہوئی مسکن گزیں یادِ مکاں
افسرانِ فوج پر ظاہر کیا عزمِ وطن
حکم فرمایا پئے طیّاریِ فوجِ گراں
ہو گیا پل مارنے میں لیس سامانِ سفر
حکم کی تعمیل کو حاضر ہوئے پیر و جواں
رام لچھمن جانکی تینوں سوارِ رتھ ہوئے
جیتے گھوڑ دوڑ اشہبِ صرصر سے شبدیزِ دواں
مورچھل جھلتے تھے بجرنگی شری ہنکر سون
دائیں بائیں، آگے پیچھے، خرس و میموں تھے رواں
نیمراج، انگد، سکھن، باون، چنداول، جاموںت
نیل، نل، سگریو، دُھومر، کیسری تھے ہمعناں
سینہ پل چاک فرمایا شری رگھبیر نے
بند کر دی آمدورفتِ گروہِ سرکشاں
حکم فرمایا محبت سے وِبھیشن کے لیے
شوقِ ہمراہی کو سمجھے پیرویِ رائگاں
لطف اٹھائے تاجپوشی کے، مزے آرام کے
بندگانِ خلق کو رکھتے کرم سے شادماں
کی وِبھیشن نے گذارش یہ کبھی ممکن نہیں
ہے قدمبوسیِ اقدس سے بہارِ جاوِداں
میں نہ جیتے جی قدم چھوڑونگا مہندی کی طرح
تختِ شاہی ہے مجھے دولتسرا کی آستاں
عرض اہلِ آرزو منظور کی رگھناتھ نے
رایتِ لشکر کو دکھلائے اجودھیا کے نشاں

भरत को विक्रम ने तशरीफ़आवरी[1] की दी ख़बर।
नुस्ख़ाये सेहत[2] लिखा बहे मरीज़े नीमजां[3]।।
अश्क सरजू के बुझे ठण्डा हुअ मौजों[4] का दिल।
खुल गई क़िस्मत अयोध्या की हुई ठण्डी ख़िज़ां।।
रंज भूले, जान आई भरत जी की जान में।
शत्रुघ्न ख़ुर्रम[5] हुए हर एक रानी शादमां[6]।।

* * * *

राज गद्दी

जब नवेदे[7] आमद[8] आमद से हुआ दिल शादमां।
पेशवाई[9] को भरत राही हुए इशरत कुनां[10]।।
थी सुमित्रा, केकई, कौशल्या सुखपाल में।
शत्रुघ्न जी थे सवारे हौदजे पीले दमां[11]।।
जुमला[12] ख़ुशबाशे[13] अवध, अरकाने दौलत[14] साथ थे।
था रवाना कारवाने तिफ़लको पीरो जवां[15]।।
दूर कुछ चल कर नज़र आई सवारी राम की।
सर ज़मीने शहर ने पाया उरूजे[16] आस्मां।।
भरत क़दमों पर गिरे ज़ुल्फ़े हसीना की तरह।
पांव के बोसे लिये बन कर हिनाये बोस्तां[17]।।
शत्रुघ्न ने की बग़ल गीरी[18] जनेऊ की तरह।
सब झुके परनाम करने के लिए मिस्ले कमां।।
शौक़े पाबोसी[19] को आलमगीर[20] पा कर राम ने।
कीं हज़ारों सूरतें ऐजाज़ क़ुदरत[21] से अयां।।
की बग़ल गीरी, मिले हर एक से होली की तरह।
दामने उल्फ़त से पोछे अश्क अहले ख़ान्दां[22]।।

---

1. आगमन की 2. स्वास्थ्य लाभ का नुस्ख़ा 3. मरणासन्न रोगी 4. लहरों 5. हर्षित 6. प्रसन्न 7. शुभ सूचना 8. आगमन 9. आगे बढ़कर स्वागत करने को 10. ख़ुशी ख़ुशी 11. चिंघाड़ते हाथी के हौदे पर 12. समस्त 13. अच्छी तरह रहने वाले 14. बड़े बड़े ओहदेदार 15. बच्चे, वृद्ध 16. बुलन्दी 17. उद्यान की मेंहदी 18. आलिंगन 19. चरण स्पर्श 20. सर्वव्यापी 21. दैवी चमत्कार 22. परिजनों

بھرت کو بکرم نے تشریف آوری کی دی خبر
نسخۂ صحت لکھا بہرِ مریضِ نیم جاں
اشک سرجو کے بجھے ٹھنڈا ہوا موجوں کا دل
کھل گئی قسمت اجودھیا کی ہوئی ٹھنڈی بجواں
رنج بھولے، جان آئی بھرت جی کی جان میں
شترگھن خرّم ہوے، ہر ایک رانی شادماں

☆☆☆☆

راج گدّی

جب نویدِ آمد آمد سے ہوا دل شادماں
پیشوائی کو بھرت راہی ہوے عشرت گناں
تھیں سمترا، کیکئی، کوشلیا سکھپال میں
شترگھن جی تھے سوارِ ہودجِ پیلِ دماں
جملہ خوشباشِ اودھ، ارکانِ دولت ساتھ تھے
تھا روانہ کاروانِ طفلک و پیر و جواں
دور کچھ چل کر نظر آئی سواری رام کی
سرزمینِ شہر نے پایا عروجِ آسماں
بھرت قدموں پر گرے زلفِ حسیناں کی طرح
پاؤں کے بوسے لیے بن کر حِنائے بوستاں
شترگھن نے کی بغل گیری جنیؤ کی طرح
سب جھکے پرنام کرنے کے لیے مثلِ کماں
شوقِ پابوسی کو عالمگیر پا کر رام نے
کیں ہزاروں صورتیں اعجازِ قدرت سے عیاں
کی بغل گیری ملے ہر ایک سے ہولی کی طرح
دامنِ اُلفت سے پوچھے اشک اہلِ خانداں

घर में आए खुल गई क़िस्मत दरो दीवार[1] की।
बन गये ज़ेबो सफ़ा[2] गुलदस्तये ताक़े मकां।।
कीं बयां ख़िदमाते[3] ग़मख़्वारी[4] श्री बजरंग की।
खुसरुए लंका[5] विभीषण की सुनाई दास्तां।।
अलग़रज़[6] कुल ख़ैर ख़्वाहों[7] की बयां की सरगुज़श्त[8]।
ज़िक्रे ग़मख़्वारी[9], रिफ़ाक़त[10], तुन्दही[11], नामो निशां[12]।।
शब बसर[13] की शिरकते बज़्मे सुरूदो रक़्स[14] में।
की ज़ियाये रुख़[15] से रोशन चश्मे माहे आस्मां[16]।।
तख़्ते गरदूं[17] पर जो बैठा शाह अक़लीमे उफ़ुक़[18]।
राम ने रक्खा सरे अक़दस[19] पे ताजे ज़र फ़िशां[20]।।
तख़्ते शाही[21] ने क़दम चूमे खड़ाऊं की तरह।
चत्रज़र[22] सूरज से बनकर सर पे घूमा आस्मां।।
पेश की वाबस्तगाने दामने दौलत[23] ने नज़्र।
चर्ख़[24] ने हदिया[25] किये माहो क़मर के अरमुग़ां[26]।।
खिलअतो इनआम[27] पाये जुमला[28] ख़ासो आम[29] ने।
गौहरो[30] याक़ूतो[31] अलमासो[32] ज़रो[33] लाले गिरां[34]।।
कुफ़्ल[35] टूटा दस्ते बख़्शिश[36] से दरे ख़ैरात[37] का।
कू ब कू[38] बरसीं हुनें[39] ज़ाहिर हुए गंजे निहां[40]।।
जा बजा[41] मौजूद हैं अब तक वही आसारे जूद[42]।
हैं उसी बज़्लो सख़ा[43] के आज तक मिलते निशां।।
ख़ाक से गुलशन में होता है ज़रे गुल[44] का ज़हूर[45]।
हैं ख़ज़ाने दौलते फ़व्वार हाये बोस्तां[46]।।

---

1. भवन की (दरवाज़ों दीवारों की) 2. आबोताब और शोभा देने वाले 3.सेवा 4. हमदर्दी 5. लंका के राजा 6. सारांश 7. शुभचिन्तकों 8. वृतांत 9. सहानुभूति 10. साहचर्य 11. प्रचंड झंझावात 12. यादगार, स्मृति चिन्ह 13. रात्रि व्यतीत की 14. गायन नृत्य की सभा 15. मुख की आभा 16. आकाश के चांद 17. आकाश के सिंहासन पर 18. क्षितिज (उफ़ुक़) के राज्य का राजा अर्थात सूर्य 19. बहुत कल्याण कारी मस्तक 20. स्वर्ण मुकुट 21. सिंहासन 22. राजाओं के सर पर लगाये जाने वाला छत्र 23. छत्र छाया से बंधे हुए (महल वालों, दरबारियों ने) 24. आकाश 25. उपहार स्वरूप 26. सूरज चांद के तोहफ़े 27. सम्मानित करने के लिये दिये जाने वाले वस्त्र और पुरस्कार 28. समस्त 29. विशेष और सामान्य लोगों ने 30. मोती 31. माणिक 32. हीरे 33. धन 34. बहुमूल्य लाल रत्न 35. ताला 36. दानशील हाथ 37. दान देने के घर का 38. गलियों गलियों 39. सोने की वर्षा हुई 40. छिपे ख़ज़ाने प्रकट हुए 41. जहां तहां 42. दानशीलता के प्रभाव 43. मुक्त हृदय से दिये गये दान 44. सोने जैसे फूलों 45. प्राकटय 46. उद्यानों में दौलत के ख़ज़ानों के फ़व्वारे हैं

گھر میں آئے کھل گئی قسمت در و دیوار کی
بن گئے زیب و صفا گلدستۂ طاقِ مکاں
کیں بیاں خدماتِ غمخواری سری بجرنگ کی
خسروِ لنکا وِبھیشن کی سنائی داستاں
الغرض کُل خیر خواہوں کی بیاں کی سرگذشت
ذکرِ غمخواری، رِفاقت، ہمدمی، نام و نشاں
شب بسر کی شرکتِ بزمِ سُرود و رقص میں
کی ضیائے رُخ سے روشن چشمِ ماہِ آسماں
تختِ گردوں پر جو بیٹھا شاہ اقلیمِ اُفق
رام نے رکھا سرِ اقدس پہ تاجِ زرفشاں
تختِ شاہی نے قدم چومے کھڑاؤں کی طرح
چترِ زر سورج سے بن کر سر پہ گھوما آسماں
پیش کی وابستگانِ دامنِ دولت نے نذر
چرخ نے ہدیہ کیے ماہ و قمر کے ارمغاں
خِلعت و انعام پائے جملہ خاص و عام نے
گوہر و یاقوت و الماس و زر و لعلِ گراں
قفل ٹوٹا دستِ بخشش سے درِ خیرات کا
کوبکو برسیں ہُنیں، ظاہر ہوئے گنجِ نہاں
جابجا موجود ہیں اب تک وہی آثارِ جود
ہیں اُسی بذل و سخا کے آج تک ملتے نشاں
خاک سے گلشن میں ہوتا ہے زرِ گل کا ظہور
ہیں خزانے دولتِ فوّار ہائے بوستاں

अशर्फ़िए ज़र[1] से पुर[2] है दामने ताऊस बाग़[3]।
बारे ज़र[4] से ख़म[5] है पुश्ते[6] माहीए बह्रे रवां[7]।।
पहने हैं ज़ंजीर सोने की किरन से मिह्रे चर्ख़[8]।
बर्क़[9] है सोने की बिजली बह्रे गोशे आस्मां[10]।।
कान[11] काबिज़ हैं जवाहर[12] पर, दफ़ीनों[13] पर ज़मीं।
मारपेच:[14] बन गये हैं मालिके गंजे निहां[15]।।
कू बकू ख़ाना बख़ाना जलसए शाही हुई।
रंग इशरत ने जमाया बोस्तां दर बोस्तां।।
जब हुई मीआद[16] पूरी जश्ने आलमगीर[17] की।
राम से रुख़सत हुए सब अहले शौकत[18] मेहमां।।
मुल्क दारी[19] में हुए मशग़ूल[20] राजा राम चन्द्र।
अद्‌ल[21] से रहने लगी सारी रिआया[22] शादमां।।
आफ़ताबे नफ़अ[23] से रौशन किया माहे ज़रर[24]।
क़ीमती की अशरफ़ीये सूद[25] से जेबे[26] ज़ियां[27]।।
बस बस ऐ दुर्जे दहन[28] गौहर फ़िशानी[29] हो चुकी।
आशकर रेज़ी[30] से बाज़ ऐ तूतिये[31] तबए[32] रवाँ।।
ऐ कलीदे फ़िक्र[33] कुफ़्ले शेर गोई[34] बन्द कर।
ऐ चरागे़ शायरी कब तक रहेगा गुलफ़िशां[35]।।
ऐ अरूसे[36] नातिक़ा[37] अब मुंह पे आंचल छोड़ दे।
ऐ उक़ाबे[38] आरज़ू[39] कब तक हवाये आस्मां।।
हाथ उठा ऐ किल्के[40] रंगी अब दुआ के वास्ते।
हो श्री रघुनाथ जी से तालिबे अम्नो अमां[41]।।

---

1. सोने की अशर्फियों से 2. भरे हुए 3. मोरों वाले उद्यान 4. सोने के बोझ से 5. झुकी हुई 6. पीठ 7. बहते नदी की मछलियों की 8. आकाश का सूर्य 9. बिजली 10. आकाश के कोने में 11. खान 12. जवाहरों पर अधिकार किये है 13. गड़े हुए धन 14. परस्पर गुंथे सर्प 15. छिपे ख़ज़ानों के स्वामी 16. अवधि 17. सर्वव्यापी उत्सव 18. वैभवशाली 19. शासन 20. व्यस्त 21. न्याय 22. प्रजा 23. लाभ के सूर्य से 24. हानि के चन्द्रमा को 25. लाभ 26. सूक्ष्म 27. हानि 28. मुख मंजूषा 29. मोती बिखेरना 30. सूक्ष्म से सूक्ष्म बातों को व्यक्त करना 31. मैना 32. प्रतिभाशाली वाणी 33. कल्पना की चाभी 34. शेर कहने पर ताले 35. फूल बरसाने वाला 36. वधू 37. वाक्‌शक्ति 38. एक शिकारी पक्षी 39. मनोकामना 40. लेखनी 41. शान्ति सुरक्षा

اشرفیِ زر سے پُر ہے دامنِ طاؤس باغ
بارِ زر سے خَم ہے پُشتِ ماہیِ بحرِ رواں
پہنے ہے زنجیر سونے کی کرن سے مہرِ چرخ
برق ہے سونے کی بجلی بہرِ گوشِ آسماں
کان قابض ہیں جواہر پر، دفینوں پر زمیں
مارپیچاں بن گئے ہیں مالکِ گنجِ نہاں
کو بہ کو خانہ بہ خانہ جلسۂ شاہی ہوئی
رنگ عشرت نے جمایا بوستاں در بوستاں
جب ہوئی میعاد پوری جشنِ عالمگیر کی
رام سے رخصت ہوے سب اہلِ شوکت میہماں
مُلکداری میں ہوے مشغول راجہ رام چندر
عدل سے رہنے لگی ساری رعایا شادماں
آفتابِ نفع سے روشن کیا ماہِ ضرر
قیمتی کی اشرفیِ سود سے جیبِ زِیاں
بس بس اے دُرجِ دہن گوہرفشانی ہو چکی
آشکر ریزی سے باز اے طوطیِ طبعِ رواں
اے کلیدِ فکر قفلِ شعر گوئی بند کر
اے چراغِ شاعری کب تک رہیگا گُلفِشاں
اے عروسِ ناطقہ اب منہ پہ آنچل چھوڑ دے
اے عقابِ آرزو کب تک ہواے آسماں
ہاتھ اُٹھا اے کِلکِ رنگیں اب دعا کے واسطے
ہو سری رگھناتھ جی سے طالبِ امن و اماں

कर गुज़ारिश[1] माहताबे आबरू[2] बढ़ता रहे।
सुर्ख़रू[3] रक्खे उफुक़[4] को आफ़ताबे रूहो जां[5]।।
रक्खे सीता की निछावर अशरफ़ी बूटी की ज़ेब[6]।
आफ़ताबे सदक़ा[7] की लौ[8] हो चराग़े ख़ान्दां।।
विर्दे लब[9], विर्दे ज़बां[10], विर्दे दहन[11] हरि नाम हो।
हो ये रामायन पसन्दे ख़ल्को[12] मरग़ूबे जहां[13]।।
कर क़लम बन्द ऐ उफुक़ अब मिसरये तारीख़[14] साल।
राम रघकुल केत[15], रघुकुल भान[16], रघकुल चन्द्रमां।।

* * * *

(1885)

---

1. प्रार्थना 2. प्रतिष्ठा का चाँद 3. सम्मानित 4. क्षितिज (कवि का उपनाम भी) 5. प्राणदायक सूर्य 6. शोभा 7. न्योछावर 8. प्रकाश 9. होंठों पर रटा हो 10. जिह्वा पर रटा हो 11. मुख में रटा हो 12. जनसाधारण 13. संसार को रूचिकर 14. रचना की तिथि निकालने वाले शेर की एक पंक्ति 14. रघुकुल के प्रकाश 16. सूर्यवंश के सूर्य

کر گذارش ماہتابِ آبرو بڑھتا رہے
سُرخرو رکھّے اُفق کو آفتابِ روح و جاں
رکھّے سیتا کی نچھاور اشرفی بوٹی کی زیب
آفتاب صدقہ کی لوہو چراغِ خانداں
وردِ لب، وردِ زباں، وردِ دہن ہری نام ہو
ہو یہ رامائن پسندِ خلق و مرغوبِ جہاں
کر قلم بند اے افق اب مصرع تاریخ سال
رام رگھ کُل کیت، رگھوکُل بھان، رگھ کُل چندرماں

☆☆☆☆

۱۸۸۵

रामायण-यक-क़ाफ़िया में वर्णित चरित्रों, अंतर्कथाओं, घटनाओं आदि का संक्षिप्त विवरण

अंगद : वानर राज बालि का पुत्र जिन्हें बालि वध के उपरांत श्री राम ने किष्किन्धा का युवराज बना दिया। श्री राम ने इन्हें दूत बनाकर शांति का प्रस्ताव लेकर रावण के पास भेजा था जिसे रावण ने अस्वीकार कर दिया था। रावण के दरबार में शक्ति परीक्षण के लिये अंगद ने सभी दरबारियों को चुनौती दी थी कि उसके पैर को कोई उसकी जगह से हिला कर दिखाये। रावण का कोई भी दरबारी उसके पैर को उसकी जगह से हटा नहीं सका। राम रावण युद्ध में अंगद ने अनेक राक्षसों को मौत के घाट उतारा।

अंजनी नन्दन : अंजना और वायु देवता के पुत्र हनुमान जी।

अक्षय कुमार (अछै) : रावण और उसकी पत्नी मन्दोदरी का पुत्रा हनुमानजी द्वारा अशोक वाटिका विध्वंस किये जाने पर रावण ने अक्षय कुमार को सेना सहित उन्हें मारने के लिये भेजा। हनुमान जी ने अक्षय कुमार व उसके अनेक सैनिकों का वध कर दिया।

अमरावती : इन्द्रलोक की राजधानी।

अर्द्धनारीश्वर : तंत्र में शिव का आधा पुरूष और आधा स्त्री वाला शरीर।

अंर्धांगी (अर्धनारीश्वर) : शिव का एक रूप जिसमें शरीर का दायाँ भाग पुरुष तथा बायाँ भाग स्त्री रूप है (आधा शिव और आधा शक्ति) शिव का आधा पुरुष और आधा स्त्री वाला शरीर।

इन्द्र : एक वैदिक देवता जो देवताओं के अधिपति कहलाते हैं। बारह आदित्यों में से एक। पुराणों के अनुसार कश्यप और अदिति के बेटे तथा विष्णु के बड़े भाई, जो अन्तरिक्ष और वर्षा के देवता माने जाते हैं। इनका निवास स्थान स्वर्ग है।

इन्द्राणी : इन्द्र की पत्नी शची।

इन्द्रायन का फल : एक लता जिसका लाल फल देखने में अत्यंत सुंदर पर खाने में बहुत कड़वा होता है। वन कुंदरू।

इन्द्रलोक : इन्द्र का संसार अर्थात् स्वर्ग या देवलोक।

उग्रसेन : एक यादव राजा। आहुक के पुत्र और कंस के पिता। कंस ने पिता उग्रसेन को बंदी बनाकर उनका राज्य हड़प लिया था। श्रीकृष्ण ने कंस का वध करने के बाद उग्रसेन को पुनः मथुरा का राजा बना दिया।

उधो : श्रीकृष्ण के चाचा और सखा जिन्हें श्रीकृष्ण ने गोपियों को समझाने के लिये मथुरा से गोकुल भेजा था।

एरावत : इन्द्र का वाहन हाथी जो पूर्व दिशा का दिग्गज है। समुद्र मंथन से निकला हाथी।

कच्छप या कुर्म अवतार : विष्णु के दशावतारों में दूसरा अवतार। वृद्धावस्था व रोग से मुक्ति पाने के उपाय के लिये देवताओं को विष्णु ने क्षीर सागर मंथन कर अमृत एवं अन्य वस्तुएँ प्राप्त करने का सुझाव दिया। देवताओं ने असुरों की सहायता लेकर, मंदराचल पर्वत को मेरू बनाकर तथा वासुकि नाग की रस्सी बनाकर समुद्र मंथन प्रारंभ किया। नीचे कोई आधार न होने से पर्वत नीचे डूबने लगा। तब विष्णु ने एक वृहत कच्छप का अवतार लिया और मंदराचल पर्वत को तब तक अपनी पीठ पर आधार दिया जब तक समुद्र मंथन पूरा नहीं हो गया।

कमन्ड (कबंध) राक्षस : एक गन्धर्व दानू जिसने इन्द्र को युद्ध के लिये ललकारा था। इंद्र ने उसके सिर और जंघाओं को उसके शरीर में घुसा दिया था जिस कारण से उसके शरीर में दो लम्बे हाथ और पेट में एक बड़ा सा मुंह रह गया था। इंद्र ने कहा था कि राम लक्ष्मण जब उसके हाथ काट देंगे और उसका अंतिम संस्कार करेंगे तभी उसे अपना पिछला रूप मिलेगा। जंगल में एक दिन उसने अनजाने ही राम लक्ष्मण को अपने लम्बे हाथों से पकड़ लिया। अपने को उससे छुड़ाने के लिये राम लक्ष्मण ने उसके हाथ काट दिये। कबंध के मरने पर राम ने उसका दाह संस्कार किया। उसी समय अग्नि में से गंधर्व दानू प्रकट हुआ। उसने श्रीराम को बताया कि सीता का पता लगाने में वे वानर राज सुग्रीव की सहायता लें।

कल्पवृक्ष : स्वर्ग के पाँच सदाबहार वृक्षों में से एक। समुद्र मंथन से प्राप्त चौदह रत्नों में से एक। सभी इच्छाओं की पूर्ति करने में सक्षम वृक्ष।

कुंभकर्ण : विश्रवा और कैकसी का पुत्रा रावण का भाई। रावण और कुंभकर्ण विष्णु के द्वारपाल जय और विजय के अवतार माने जाते हैं। कुंभकर्ण को ब्रह्मा से वर्ष में छह: माह सोने और छह: माह जागने का वरदान मिला था। कुंभकर्ण का विवाह वज्रज्वाला से हुआ था और उसके कुंभ और निकुंभ दो पुत्र थे। रावण द्वारा युद्ध में सहायता मांगे जाने पर उसने राम की सेना को भारी क्षति पहुंचाई। लक्ष्मण और सुग्रीव आदि के असफल रहने पर अन्तत: श्रीराम के बाण ने उसकी जीवनलीला समाप्त की।

कश्यप : एक वैदिक ऋषि, प्रजापति मारिची और उनकी पत्नी कला के पुत्र। कश्यप के कई पत्नियाँ थीं। दक्ष की तेरह पुत्रियाँ भी उनकी पत्नियाँ थीं जिनके नाम अदिति, दिति, काल्का, दान्यु, दानू, सिंहिका, क्रोधवशा, प्राधा, अरिष्टा, विन्ता, कपिला, मुनि और कद्रु थे। देवता और दानव आदि इन्हीं पत्नियों से उत्पन्न हैं।

कामधेनु : वशिष्ट जी की गाय जो उनकी हर इच्छा पूरी करती थी। मान्यता है कि कामधेनु समुद्र मंथन के समय समुद्र से प्राप्त हुई थी।

कालनेमि : एक असुर। रावण का मामा। इसी असुर ने उग्रसेन के पुत्र कंस के रूप में पुर्नजन्म लिया।

कालिय नाग : कश्यप और उनकी पत्नी कद्रु के पुत्रा यमुनाजी में गेंद गिर जाने पर श्रीकृष्ण गेंद ढूंढने नदी में चले गये थे, जहाँ हज़ार फन वाले कालिय नाग को नाथ कर उसके फन पर पैर रख कर वे यमुना से बाहर आये। कालिय नाग फिर अन्यत्र रहने चला गया।

काली जी : पार्वती का एक रूप जिन्हें महाकाली भी कहा जाता है, शिव की पत्नी, उनके विनाशकारी रूप काल में।

कालीदह : वृन्दावन में यमुना का एक दह या कुंड जिसमें कालिय नामक नाग रहा करता था।

कुशकेतु : राजा जनक के भाई कुशध्वज जिनकी दो पुत्रियों माण्डवी और श्रुतिकीर्ति से क्रमशः भरत और शत्रुघ्न का विवाह हुआ।

कूबरी : कंस की एक कुबड़ी दासी जो श्रीकृष्ण पर अधिक प्रेम रखती थी।

कृष्ण : वासुदेव और देवकी के आठवें पुत्र और बलराम के सौतेले भाई। विष्णु के आठवें अवतार। गोकुल के नंदजी और उनकी पत्नी यशोदा ने उनका पालन पोषण किया। उग्रसेन राजा के पुत्र कंस ने पिता को बंदी बनाकर उनका राज्य हड़प लिया था। कंस को कालनेमि का अवतार कहा गया है। कंस की बहन देवकी का विवाह वासुदेव से हुआ तो आकाशवाणी हुई कि उनका आठवाँ पुत्र कंस की मृत्यु का कारण होगा। कंस देवकी की हत्या करने जा रहा था पर वासुदेव के यह कहने पर कि वह अपना आठवाँ पुत्र उसे सौंप देंगे, कंस ने वासुदेव व देवकी को बंदीगृह में डाल दिया और कारागार के प्रहरियों से कहा कि देवकी के प्रत्येक प्रसव की उसे सूचना देते रहेंगे। एक-एक कर देवकी के छहः नवजात शिशुओं को कंस ने भूमि पर पटक कर मार डाला। देवकी का सातवाँ गर्भ वासुदेव की दूसरी पत्नी रोहिणी के गर्भ में स्थानांतरित कर दिया गया था। रोहिणी ने जिस पुत्र को जन्म दिया उसका नाम बलराम था। देवकी के आठवें पुत्र का जन्म अर्द्धरात्रि में हुआ जब जेल के सब प्रहरी सोए हुए थे। वासुदेव को आकाशवाणी हुई कि वे अविलम्ब इस पुत्र को गोकुल में नंद व यशोदा के घर पहुंचा दें और उनकी सद्यजात कन्या को बदले में ले आयें। वासुदेव के अपने पुत्र के बदले यशोदा की कन्या को कारागार ले आने पर ही प्रहरी जागे और उन्होंने कंस को देवकी के कन्या जन्म की सूचना दी। कंस ने उस कन्या को भी मारने के लिये पकड़ा पर वह उसके हाथ से फिसल कर आकाश में यह कहते हुए उड़ गई कि कंस को मारने वाला शिशु जन्म ले चुका है। यही बालक कृष्ण विष्णु का आठवाँ अवतार थे। कंस ने पूरे राज्य में दस दिन के अन्दर पैदा सभी बच्चों को मार डालने के लिये अनेक राक्षस भेज दिये। पूतना, शाक्ट, तृणावृत, अद्यअष्टिक, केशी आदि राक्षस कृष्ण को मारने के लिये भेजे किन्तु श्रीकृष्ण ने उनका ही वध कर डाला। अन्त में कंस ने कृष्ण बलराम को अक्रूर द्वारा मथुरा बुलाकर उन्हें धोखे से मारना चाहा किन्तु षड्यंत्र का पता चलने पर कृष्ण ने वहाँ कंस की ही हत्या कर दी।

कैलाश : हिमालय की एक चोटी जो मानसरोवर के उत्तर में हैं। यहाँ शिव जी का निवास माना जाता है। शिवलोक।

कैलाश दीपक : शिवजी का नाम। कैलाश पर्वत शिव और कुबेर का निवासस्थान माना गया है।

कौशल्या : राजा दशरथ की पत्नी एवं श्री राम चन्द्र की माताश्री।

कौस्तुभ मणि : समुद्र मंथन से निकली मणि जिसे विष्णु जी वक्षस्थल पर धारण करते हैं।

क्षीर सागर : पुराणानुसार सात समुद्रों में से एक, जो दूध से भरा हुआ माना जाता है।

खर दूषण : दो राक्षस, रावण और सूर्पनखा के भाई। रावण ने उन्हें चौदह हज़ार राक्षसों की सेना देकर जंस्थान का शासक बनाया था। लक्ष्मणजी द्वारा नाक कान काटे जाने के बाद सूर्पनखा ने सर्वप्रथम खर और दूषण को अपना दुखड़ा सुनाया जिसे सुनकर खर और दूषण अपनी सेना लेकर अविलम्ब राम लक्ष्मण से युद्ध करने चल पड़े। युद्ध में श्रीराम ने खर और दूषण तथा उनकी लगभग पूरी सेना का विनाश कर दिया।

गज ग्राह प्रसंग : प्राचीन समय के एक राजा इंद्रद्युम्न विष्णु के अनन्य भक्त थे। वृद्धावस्था में वह अपना राजपाट अपने पुत्र को सौंप कर जंगल में तपस्या करने चले गये। ध्यान मग्न होने के कारण एक बार जंगल में आये अगस्त्य ऋषि को सम्मान नहीं दे सके। इससे क्षुब्ध होकर ऋषि ने उन्हें श्राप दिया कि वे हाथी हो जायें और कहा कि उन्हें इस श्राप से मुक्ति तभी मिलेगी जब विष्णु जी उनकी पीठ स्पर्श करेंगे। हाथी रूप में इंद्रद्युम्न एक दिन एक झील में पानी पीने गये जहाँ एक मगरमच्छ ने उनका पैर पकड़ लिया। इंद्रद्युम्न के बहुत यत्न करने पर भी मगर ने उनका पैर नहीं छोड़ा। यह गज ग्राह युद्ध हजार वर्ष चलता रहा। गज की आर्तनाद सुनकर विष्णु नंगे पैर दौड़ कर आये और ग्राह को मार कर गज को मुक्ति दिलायी। इन्द्रद्युम्न ने अपने वास्तविक शरीर को धारण किया और उन्हें मोक्ष की प्राप्ति हुई। देवला ऋषि के श्राप से हु हु गंधर्व मगरमच्छ बन गए थे जिन्होंने गज के पैर को जकड़ लिया था। एक हज़ार वर्षों के संघर्ष के बाद विष्णु भगवान ने ग्राह को मारकर गज को मुक्त कराया और उन्हें मोक्ष दिया।

गदा : गदा कौमोदुकी। खाण्डव वन के जलने के समय अग्नि के अनुरोध पर वरुण द्वारा श्रीकृष्ण जी को दी गई गदा कौमोदुकी।

गरुड़ : पक्षीराज, विष्णु के वाहन। कश्यप और उनकी पत्नी विंता के पुत्र। विंता अपनी सौत कद्रु से एक शर्त हार गई थी जिसके कारण उसे कद्रु की दासी बनना पड़ा था। गरुड़ ने अपनी माता को दासत्व से मुक्त करने के लिये कद्रु से कहा जिसके बदले में कद्रु ने गरुड़ से अमृत की माँग की। गरुड़ अमृत लाने के लिये स्वर्ग गये जहाँ विश्वकर्मा और अमृत की सुरक्षा कर रहे सर्पों से लड़कर वे अमृत पात्र लेकर निकल आये। विष्णु जी ने उनके पराक्रम से प्रभावित होकर उन्हें अपना वाहन बना लिया और उन्हें बिना अमृत पिये अमर हो जाने का वरदान भी दिया। वापस लौटते समय इन्द्र ने उन पर वज्र से प्रहार किया पर उसका कोई प्रभाव गरुड़ पर नहीं पड़ा। तब इन्द्र ने उनसे अमृत लौटाने का अनुरोध किया पर गरुड़ ने अपनी असमर्थता बताते हुए कहा कि अमृत पात्र उन्हें अपनी विमाता कद्रु को देना है तभी उनकी माता विंता स्वतंत्र हो सकेंगी। सोच विचार के बाद इन्द्र और गरुड़ ने योजना बनाई कि गरुड़ कद्रु को अमृत पात्र सौंप देंगे और जैसे ही कद्रु विंता को मुक्त करेंगी इन्द्र अमृत पात्र लेकर अंर्तध्यान हो जायेंगे। इन्द्र ने ऐसा ही किया और गरुड़ को यह भी वरदान दिया कि सर्प ही उनका भोजन होंगे। राम रावण युद्ध के पूर्व जब मेघनाद ने माया से ऐसे बाण छोड़े जो सर्पों की वर्षा करने लगे और वानर सेना भयग्रस्त हो गई, तब नारद जी ने गरुड़ को श्री राम के पास भेजा जिन्होंने सर्पों का भक्षण कर लिया और वानर सेना भयमुक्त होकर युद्ध करने लगी।

गोपियाँ : वृन्दावन की गाय चराने वाली कृष्ण की सखियाँ।

गोवर्धन : वृन्दावन का एक पर्वत जिसे श्रीकृष्ण ने छोटी उंगली पर सात दिन उठाये रखा जिससे इन्द्र के कोप अर्थात् भयंकर झंझावात और तेज वर्षा से वृन्दावन के निवासी और पशुधन सुरक्षित रहें।

गौतम ऋषि : अहिल्या के पति और शतानंद के पिता। अहिल्या के सौंदर्य पर आसक्त होकर इन्द्र गौतम ऋषि के रूप में उससे मिले। गौतम ऋषि ने इन्द्र को कुटिया से निकलते देख लिया। उन्होंने पत्नी अहल्या को श्राप दिया कि वह पत्थर की शिला हो जाये और कहा कि उसका उद्धार श्रीराम की चरणधूलि से ही होगा। विश्वामित्र जी के साथ मिथिला जाते समय श्रीराम ने पैर से उस प्रस्तर शिला को स्पर्श किया जिससे

अहिल्या अपने वास्तविक रूप में आ गई।

गौरी : शिव की पत्नी होने से पूर्व पार्वती जी का कन्या रूप।

ग्वाले : कृष्ण के साथ गाय चराने वाले सखा।

चक्र : सुदर्शन चक्र। विष्णु का चक्र जिसे विश्वकर्मा ने सूर्य की दीप्ति से बनाया। खाण्डव जंगल के जलने के समय अग्नि ने इसे कृष्ण को दिया था।

चन्द्रमा : चन्द्र देव। सोम। अत्रि ऋषि और अनसूया के पुत्र।

जनक : वास्तविक नाम सिरध्वज। मिथिला के प्राचीन राजवंश की उपाधि। ह्रस्वरोमा के पुत्र, कुशध्वज के भाई और सीता तथा उर्मिला के पिता। अपने पूर्वज देवरत को प्राप्त शिव का धनुष 'पिनाक' उन्हें विरासत में मिला था। मिथिला राज्य में भीषण सूखा पड़ा था और ज्योतिषियों के परामर्श पर राजा जनक ने हल चलाया था जिससे भूमि से प्राप्त एक घड़े से एक कन्या प्रकट हुई। भूमि जोतते समय हल के फाल से पड़ी रेखा से प्राप्त कुंड से मिलने के कारण कन्या का नाम सीता रखा गया। जनक जी ने सीता का पुत्रीवत पालन पोषण किया। सीता ने एक बार शिव का धनुष एक जगह से उठाकर दूसरी जगह रख दिया। तभी राजा जनक ने प्रण किया कि जो उस शिव के धनुष को तोड़ सकेगा उसी से सीता का विवाह होगा। श्री राम ने स्वयंवर में शिव धनुष तोड़ डाला और जनक जी ने सीता का विवाह श्री राम से कर दिया।

जटायु : एक गिद्ध। सीता हरण करके आकाश मार्ग से जाते हुए रावण से जटायु ने युद्ध किया था किन्तु घायल होकर भूमि पर गिर पड़ा। सीता जी की खोज में जाते हुए श्री राम को उसने पूरी घटना बता कर उनकी गोद में दम तोड़ दिया। श्री राम ने जटायु का क्रिया कर्म किया था।

जानकी (सीता) : मिथिला के राजा जनक जी की पुत्री। मिथिला राज्य में एक बार भयंकर सूखा पड़ा था। ज्योतिषियों ने सुझाव दिया कि यदि राजा जनक स्वयं खेत में हल चलायेंगे तो वर्षा हो जायेगी। जनक जी ने प्रजा हित में वैसा ही किया। हल चलाने पर भूमि से एक घड़ा मिला जिसमें एक सुंदर कन्या थी। राजा जनक ने उन्हें पुत्री की तरह पाला। विवाह योग्य होने पर सीता जी के लिये स्वयंवर रचा गया जिसमें जनक जी का प्रण था कि जो उनको विरासत में मिले शिव जी का धनुष तोड़ देगा उसी से सीता का विवाह होगा। दशरथ पुत्र श्री राम ने शिव धनुष तोड़ दिया और सीता जी का विवाह श्री रामचन्द्र से हो गया।

जयन्त : 1. देवराज इन्द्र का मूर्ख पुत्र जिसने श्री राम के बल की परीक्षा लेने के लिये वन में सीता जी के चरणों में चोंच मारी थी। रक्त बहने पर श्री राम ने उसे मारने के लिये मन्त्र प्रेरित ब्रह्म बाण छोड़ दिया। इन्द्रलोक, ब्रह्मलोक, शिवलोक समस्त लोकों में सभी देवताओं ने उसकी रक्षा करने से मना कर दिया। अन्त में वह श्री राम की शरण में गया। श्री राम ने दंड स्वरूप उसकी एक आँख फोड़कर उसे छोड़ दिया।

2. राजा दशरथ के एक मंत्री। राजा दशरथ के देहावसान के उपरांत वशिष्ठ मुनि ने जयंत को विजय, अशोक, नंदन, सिद्धार्थ आदि के साथ केकय देश राजग्रीह नगर, भरत जी को अयोध्या वापस लाने के लिये भेजा था।

जाम्बवंत : रीछों का राजा जिसने अपनी सेना सहित वानर सेना के साथ मिलकर राम के लंका विजय अभियान में उनका पूरा साथ दिया।

जुहरा : चमकीला ग्रह। शुक्र ग्रह।

ताड़का (ताटका) : यक्ष सुकेतु की पुत्री। ब्रह्मा के वरदान से उसे शरीर में अनेक हाथियों का बल मिला। उसका विवाह राक्षस सुंद से हुआ। उसके दो पुत्र मारीच और सुबाहु हुए। सुंद ने एक बार अगस्त्य मुनि के आश्रम पर आक्रमण किया जिससे क्रोधित होकर अगस्त्य ने उसे भस्म कर डाला। ताड़का ने क्रोध से आग बबूला होकर ऋषि पर आक्रमण कर दिया तब ऋषि ने उसे और उसके दोनों बेटों मारीच और सुबाहु को राक्षस हो जाने का श्राप दिया। राक्षस होकर उन्होंने सभी साधू संतों की तपस्या में विघ्न डालना और उन्हें अन्य उपायों से परेशान करना आरंभ किया। त्रस्त होकर ऋषि विश्वामित्र जी ने राजा दशरथ से अनुरोध किया कि वे राम और लक्ष्मण को ताड़का और सुबाहु इत्यादि से छुटकारा दिलाने के लिये उनके साथ भेज दें। वशिष्ठ मुनि के आग्रह पर राजा दशरथ ने राम लक्ष्मण को विश्वामित्र जी के साथ भेज दिया। श्रीराम ने अपने तीर से मारीच को दूर समुद्र के पास फेंक दिया तथा ताड़का, सुबाहु और अन्य राक्षसों का वध करके साधु संतों को भयमुक्त किया।

तारा : किष्किन्धा के राजा बालि की पत्नी, अंगद की माता।

तृणावर्त : एक राक्षस जिसे कंस ने कृष्ण को मार डालने के लिये भेजा था। तृणावर्त ने भीषण झंझावात का रूप धारण किया और कृष्ण को उड़ा ले गया पर बाल कृष्ण ने उसे वश में कर लिया और उसे मार डाला।

दशरथ : अयोध्या के राजा, (विवस्वानु (सूर्य) के पुत्र और उनके पुत्र इक्ष्वाकु जो अयोध्या के प्रथम नरेश थे, की वंश परम्परा में राजा अज के पुत्र)। राजा दशरथ के तीन पटरानियाँ कौशल्या, सुमित्रा तथा केकयी थीं। राजा दशरथ की बड़ी रानी कौशल्या ने राम, सुमित्रा ने लक्ष्मण तथा शत्रुघ्न तथा छोटी रानी केकयी ने भरत को जन्म दिया। एक बार आखेट के लिये निकले दशरथ ने साधु पुत्र श्रवण कुमार, जो अपने नेत्रहीन माता पिता के लिये पात्र में जल भर रहा था, के जल भरने की ध्वनि को यह समझकर कि कोई जंगली जीव है, अपना बाण चला दिया जिससे श्रवण कुमार की मृत्यु हो गई। उसके माता पिता पुत्र शोक सहन नहीं कर सके। उन्होंने दशरथ को श्राप दिया कि उनकी भी मृत्यु पुत्र वियोग में होगी। देव और असुरों के संग्राम में दशरथ ने देवताओं की ओर से शाम्बार से युद्ध किया था जिसमें वे घायल होकर मूर्छित हो गए थे और केकयी ने उन्हें युद्ध क्षेत्र से बाहर लाकर उनकी सेवा शुश्रूषा की थी। इसके बदले में दशरथ ने केकयी से दो वरदान माँगने को कहा था। केकयी ने किसी अन्य समय यह वरदान माँगने को कह दिया था। यही दो वरदान उसने राम का राज्याभिषेक रोकने के लिये राजा दशरथ से माँग लिये थे, एक तो राम को चौदह वर्ष का वनवास हो और दूसरा भरत का राज्याभिषेक किया जाये। राम के वनवास के लिये प्रस्थान करने पर दशरथ ने उनके वियोग में प्राण त्याग दिये।

दुंदुभि : भैंस की शक्ल का एक राक्षस। शिव से उसे वरदान मिला था कि वह अनंत काल तक युद्ध कर सकेगा। वरदान से गर्वोन्मत्त उसने किष्किन्धा के राजा और सुग्रीव के भाई बालि को युद्ध की चुनौती दे दी। बालि से युद्ध करते हुए दुंदुभि मारा गया। उस भीमकाय राक्षस की हड्डियाँ उसी स्थान पर पड़ी रहीं जहाँ वह मारा गया था। सुग्रीव ने श्रीराम को बताया कि यह सोचकर कि दुंदुभि ने बालि को अवश्य मार डाला होगा उसने उस गुफा के मुहाने पर पत्थर रखकर उसे बंद कर दिया ताकि दुंदुभि बाहर न आ सके।

बालि को मृत समझ कर मंत्रियों ने सुग्रीव को किष्किन्धा का राजा बना दिया। आशंका के विपरीत बालि दुंदुभि को मारकर गुफा से बाहर आ गया। वह सुग्रीव को राजा बना देख क्रोध से जल उठा और सुग्रीव को राज्य से निकाल कर राजा बन गया और उसकी पत्नी को भी बलपूर्वक अपने पास रख लिया। सुग्रीव ने कहा कि उसने ऋष्यमूक पर्वत पर शरण ली है क्योंकि मातंग ऋषि की तपस्या में विघ्न डालने से उन्होंने बालि को श्राप दिया था कि यदि यहाँ बालि आएगा तो उसके सिर के सौ टुकड़े हो जायेंगे। श्रीराम ने बालि का वध करके सुग्रीव की सहायता करने का वचन दिया। सुग्रीव को संशय था कि राम बलशाली बालि को मार सकेंगे भी या नहीं, अतः उसने श्री राम की परीक्षा लेने के लिये कहा कि वो दुंदुभि की अस्थियाँ हटा कर दिखायें। श्रीराम ने अपनी ठोकर से दुंदुभि की अस्थियाँ सौ योजन दूर फेंक दी और सुग्रीव को अपनी शक्ति का प्रमाण दिया।

द्रोणगिरी : एक पर्वत। राम रावण युद्ध में लक्ष्मण जी के मेघनाद के शक्तिबाण से मूर्छित होने पर उपचार करने के लिये सुषेण वैद्य ने द्रोणगिरी से संजीवनी बूटी मंगवाई थी। श्री हनुमानजी पूरे पर्वत को ही उठा कर लंका ले आये थे।

द्रौपदी : राजा द्रुपद की कन्या और पाण्डु पुत्र पाँचों पाण्डवों युधिष्ठिर, भीम, अर्जुन, नकुल और सहदेव की पत्नी। पाण्डु के भाई धृतराष्ट्र के पुत्र कौरव, पाण्डवों से द्वेष रखते थे और उनके अस्तित्व को ही समाप्त कर देना चाहते थे। धृतराष्ट्र का ज्येष्ठ पुत्र दुर्योधन अपने मामा शकुनि की कुटिलता से द्यूत क्रीड़ा में पाण्डवों में ज्येष्ठ युधिष्ठिर से उनका राजपाट, धन सम्पदा और यहाँ तक कि उनकी पत्नी द्रौपदी, सब जीत गया। दुर्योधन ने अभद्रता और अश्लीलता की सारी सीमाएँ लाँघ कर अपने छोटे भाई दु:शासन को आदेश दिया कि वह द्रौपदी को बलपूर्वक भरे दरबार में लाये। दु:शासन द्रौपदी को बालों से खींचते हुए दरबार में लाया और दुर्योधन के आदेश पर उसे निर्वस्त्र करने के लिये उसका लपेटा हुआ वस्त्र खींचने लगा। द्रौपदी ने अपनी लज्जा बचाने के लिये श्रीकृष्ण से प्रार्थना की और चमत्कार यह हुआ कि जितना ही दु:शासन द्रौपदी का चीर खींचता उतना ही वह बढ़ता जाता था। अन्ततः दु:शासन द्रौपदी का चीर हरण करने में असफल रहा। श्रीकृष्ण की कृपा से द्रौपदी की लज्जा की रक्षा हुई। द्रौपदी ने उसी समय यह प्रण किया था कि दु:शासन के सीने से निकले रक्त से धोने के बाद ही वह अपने खुले केश बाँधेगी।

धन्वन्तरि : देवताओं के प्रमुख वैद्य (चिकित्सक)। ये समुद्र मंथन से अमृत का कटोरा हाथ में लेकर प्रकट हुए थे।

नरसिंह : विष्णु के दस अवतारों में से चौथा अवतार। विष्णु ने दैत्य राज, हिरण्यकश्यप का वध करने हेतु आधा सिंह और आधा मानव का शरीर धारण किया था।। विष्णु द्वारा पूर्व में हिरण्यकश्यप के भाई हिरण्याक्ष का वध किये जाने के कारण हिरण्यकश्यप विष्णु से इसका बदला लेना चाहता था। उसने घोर तपस्या करके ब्रह्मा से वरदान प्राप्त किया था कि उसे न तो मनुष्य मार सकेगा, न देव, न दैत्य। न कोई उसे दिन में मार सकेगा न रात में, न वह अस्त्र से मरेगा न शस्त्र से, न घर के अंदर कोई उसे मार सकेगा न घर के बाहर, न कोई उसे आकाश में मार सकेगा न पृथ्वी और न पाताल में। इन वरदानों से हिरण्यकश्यप निरंकुश हो गया और उसने राज्य में विष्णु की पूजा आराधना पर प्रतिबंध लगा दिया और कहा कि विष्णु की पूजा करने वाला

दंड का भागी होगा। किन्तु उसका पुत्र प्रहलाद विष्णु का अनन्य भक्त निकला। हिरण्यकश्यप के समझाने पर भी जब प्रहलाद ने विष्णु की आराधना नहीं छोड़ी तो उसने प्रहलाद को उन्मत्त हाथियों, जहरीले नागों और अग्नि की सहायता से मरवाने का प्रयत्न किया पर कोई प्रहलाद का अनिष्ट नहीं कर सका। अन्त में क्रोध में आकर उसने प्रहलाद को मारने के लिये उसे पत्थर के खम्भे से बांध दिया और कहा कि तेरे अनुसार अगर विष्णु सर्वव्यापी है तो उन्हें इस पत्थर के खम्भे से प्रकट करा। प्रहलाद की प्रार्थना से द्रवित होकर श्री विष्णु आधे सिंह और आधे मनुष्य का (न मनुष्य न पशु का) शरीर धारण कर उसी प्रस्तर खम्भ (न आकाश न पाताल में) से गोधूलि बेला (न दिन न रात में) में प्रकट हुए और घर की देहरी पर (न घर के अंदर न बाहर) हिरण्यकश्यप को अपनी जंघा पर (न आकाश न पृथ्वी पर) खींच कर अपने नखों (न अस्त्र से न शस्त्र से) से उसके वक्षस्थल और उदर को चीर कर उस दैत्य राजा हिरण्यकश्यप का वध कर दिया।

नल : विश्वकर्मा के पुत्र, एक वानर। यह विष्णु के राम अवतार में उन्हें सहायता करने के लिये ही जन्मे थे। इनकी देख रेख में लंका जाने के लिये समुद्र पर पुल तैयार किया गया था जिससे राम की सेना समुद्र लांघ कर लंका पहुंची थी।

नारद : एक प्रसिद्ध देवर्षि जो ब्रह्मा के मानसपुत्र कहे जाते हैं और दस प्रजापतियों में गिने जाते हैं (मनुस्मृति)। प्रसिद्ध हरिभक्त। वीणा के अविष्कारक। ये कलहप्रिय और झगड़ा कराने वाले माने गये हैं। सत्ययुग से लेकर द्वापर तक चर्चा में रहने के कारण आजकल विद्वानों का मत है कि नारद किसी एक व्यक्ति का नाम न होकर किसी वंश, गुरू परंपरा या साधुओं के समुदाय का नाम रहा होगा। नारद का बनाया भक्ति सूत्र भक्ति का प्रामाणिक ग्रन्थ माना जाता है।

निषाद : जंगल में रहने वाली एक जाति का वंशज केवट जिसने श्रंड्गवेरपुर में श्री राम के पैर धोए थे और उन्हें तथा लक्ष्मण और सीता जी को गंगा नदी पार कराई थी।

नील : अग्नि के पुत्र एक वानर जो श्री विष्णु के राम अवतार में सहायता करने के लिये उत्पन्न हुए थे। सुग्रीव ने हनुमान, अंगद, जाम्बवंत जी के साथ नील को सीता जी की खोज में भेजा था। इन्होंने राम की सेना के लिये आगे बढ़ने का मार्ग ढूंढा था।

पंच अग्नि : अग्नि मनु और उसकी पत्नी निशा के पाँच पुत्रों वैश्वानर, विश्वपति, सन्निहित, कपिल और अग्रणी का संयुक्त नाम।

पंचकन्या : पुराणानुसार अहिल्या, कुंती, द्रौपदी, तारा व मंदोदरी ये पाँच स्त्रियाँ विवाहित होने पर भी जिनका कौमार्य अखंडित माना जाता है।

पंचवटी : दण्डक वन में गोदावरी नदी के पास एक स्थान जहां राम, लक्ष्मण और सीता ने निर्वसन के कुछ दिन व्यतीत किये थे। रावण द्वारा सीता हरण इसी स्थान से किया गया था।

पंच शब्द : पाँच मंगलसूचक बाजे जो मंगलकार्यों में बजाये जाते हैं- तंत्री, ताल, झाँझ, नगाड़ा व तुरही। पाँच प्रकार की ध्वनि- वेदध्वनि, बंदीध्वनि, जयध्वनि, शंखध्वनि और निशान ध्वनि।

पंचामृत : एक प्रकार का दिव्य पेय जो दूध, दही, घी, चीनी व मधु मिलाकर बनाया जाता है। नारायण (राम, कृष्ण, सत्यनारायण) आदि की मूर्ति के स्नान के काम आता है।

परशुराम : जमदग्नि ऋषि और उनकी पत्नी रेणुका (प्रसेनजित राजा की पुत्री) के पुत्र जिन्होंने इक्कीस बार क्षत्रियों का नाश किया था। एक बार अपने पिता के आदेश पर उन्होंने अपनी माता का वध कर दिया था यद्यपि बाद में पिता ने उनके आग्रह पर माता रेणुका को पुर्नजीवित कर दिया था। परशुराम विष्णु के दस अवतारों में एक थे जो क्षत्रियों का विनाश करने के लिये उत्पन्न हुए थे। माता रेणुका परशुराम को यह बता कर कि सहस्त्रबाहु कार्तवीर्य के पुत्रों ने उनके पिता का वध कर दिया है, इक्कीस बार अपनी छाती पीट कर पति जमदग्नि की चिता में कूद कर सती हो गईं। उसी समय परशुराम ने प्रण किया कि वह इक्कीस बार समस्त पृथ्वी पर घूम-घूम कर पूरी क्षत्रिय जाति का विनाश कर देंगे। सीता स्वयंवर के प्रसंग में श्री राम द्वारा शिव का धनुष तोड़े जाने से क्रोधित परशुराम जी ने अपना एक अन्य धनुष भी श्री राम से तोड़ने को कहा। श्रीराम जी ने जब वह धनुष भी तोड़ दिया तब परशुराम जी ने पहचाना कि राम श्रीविष्णु के अवतार हैं और उनसे क्षमा माँग कर तप करने चले गये।

पुराण : हिन्दुओं के धर्म संबंधी आख्यान ग्रंथ जिनमें सृष्टि, लय और प्राचीन ऋषियों तथा राजाओं आदि के वृत्तांत रहते हैं। मुख्य पुराण अठारह हैं जिनको तीन भागों में बाँटा गया है। छह: सतोगुण प्रधान पुराण विष्णु, नारदीय, भागवत, गरूड़, पद्म और वाराह हैं जिनमें विष्णु का वर्चस्व प्रमुख रूप से है। छह: तमोगुण प्रधान पुराण मत्सय, कुर्म, लिंग, स्कन्द, वायु और अग्नि हैं जो शिव को समर्पित हैं। रजोगुण प्रधान पुराण जो मुख्यत: ब्रह्म विषयक हैं वे हैं ब्रह्म, ब्रह्मांड, ब्रह्मवैवर्त, मार्कंडेय, भविष्य और वामन। इनके अतिरिक्त अठारह उपपुराण भी हैं।

पूतना : एक दानवी जो कंस द्वारा भेजने पर श्रीकृष्ण को स्तनपान कराने के बहाने मारने के लिये गोकुल आई थी पर श्रीकृष्ण ने बाल रूप में उसे ही मार डाला था।

प्रहलाद : दैत्यराजा हिरण्यकश्यप के पुत्र, जो विष्णु जी के अनन्य भक्त थे।

बकासुर : एक असुर जिसे कंस ने कृष्ण को मारने के लिये भेजा था जब वे और बलराम छोटे थे। बक नाम के उस असुर ने एक बड़े सारस का रूप रख लिया और जब कृष्ण नदी के किनारे खेल रहे थे उसने अपनी बड़ी सी चोंच खोलकर कृष्ण को निगल लिया। किन्तु जैसे ही कृष्ण उसके गले तक पहुँचे उसका गला जलने लगा, उसने कृष्ण को उगल दिया और वह असुर मृत्यु को प्राप्त हुआ।

बजरंग : अंजना व वायु देवता के पुत्र हनुमान। बाल्यकाल में ही श्री हनुमान ने सूर्य को फल समझ कर मुंह में दबा लिया था। सूर्य की रक्षा करने के लिये इन्द्र ने घबराकर अपना वज्र उन पर फेंका जिससे उनका जबड़ा टूट गया। घायल हनुमान की अवस्था से कुपित होकर वायु देवता उन्हें लेकर पाताल चले गये। वायु के चले जाने से प्राणि मात्र का दम घुटने लगा। अत: देवताओं ने वायु से हनुमान सहित पाताल से आने की बहुत प्रार्थना और विनती की। ब्रह्मा तथा इन्द्र ने श्री हनुमान को वरदान दिये कि उन्हें कोई किसी अस्त्र शस्त्र से नहीं मार पायेगा और उन्हें इच्छा मृत्यु का भी वरदान दिया।

बलि : एक दैत्य राजा। विरोचन व विन्ध्याकली के पुत्र। भक्ति और तपस्या के बल से उसने इन्द्र को पराजित किया, देवताओं को नीचा दिखाया और तीनों लोकों पर अपना राज्य स्थापित कर लिया। इससे त्रस्त देवता विष्णु जी की शरण में गये। विष्णु का पाँचवाँ अवतार बलि को छलने के लिये हुआ था। विष्णु जी

ने वामन रूप में अवतार लिया और इस रूप में दानशीलता के लिये विख्यात राजा बलि से तीन पग धरती दान में माँगी। स्वीकृति मिलते ही वामन ने अपना आकार बढ़ाया और एक पग में पूरी धरती तथा दूसरे पग में आकाश नाप लिया। अन्यत्र स्थान उपलब्ध न रहने पर बलि ने अपने दिये वचन को पूरा करने के लिये तीसरा पग नापने के लिये स्वयं अपने सिर को प्रस्तुत कर दिया। वामन रूपी विष्णु ने तीसरा पग नापते समय उसे पाताल में ढकेल दिया और उसे वहाँ राज्य करने दिया। इस प्रकार इन्द्र को पुनः ब्रह्माण्ड का नियंत्रण प्राप्त हो गया।

बुद्ध : बौद्ध धर्म के प्रवर्तक गौतम बुद्ध। उन्हें विष्णु जी का नवाँ अवतार माना गया है।

बैकुण्ठ : पुराणानुसार वह स्थान जहाँ भगवान विष्णु रहते हैं। स्वर्ग।

ब्रह्मपुर : 1. वह लोक जहाँ ब्रह्मा जी रहते हैं। 2. उन बहुत से मकानों का समूह जो राजा महाराजा ब्राह्मणों को दान करते हैं।

ब्रह्मफांस : ब्रह्मग्रन्थि। यज्ञोपवीत या जनेऊ की मुख्य गांठ (ब्रह्मास्त्र: एक प्रकार का अस्त्र जो मन्त्र से चलाया जाता था)

ब्रह्मा : ब्रह्म के तीन सगुण रूपों में से सृष्टि की रचना करने वाला रूप। (एकमात्र नित्य चेतन सत्ता जो जगत का कारण और सत् चित आनन्द स्वरूप है)

ब्रह्माणी : ब्रह्मा की स्त्री या शक्ति : सरस्वती।

भगवती : दुर्गा, लक्ष्मी का नाम।

भरत : राजा दशरथ और उनकी पत्नी केकयी के पुत्र। राम, लक्ष्मण और शत्रुघ्न के सौतेले भाई। राम के प्रति उनकी असीम श्रृद्धा और भक्ति थी। इनका विवाह राजा जनक के भाई कुशध्वज की पुत्री माण्डवी से हुआ था। केकयी ने भरत को राजगद्दी दिलाने के लिये राजा दशरथ से उसे कभी दिये गये दो वचनों को पूरा करने को कहा। उसने दशरथ को यह वचन देने के लिये विवश किया कि वे राम के स्थान पर भरत को राज्य सौंपे और राम को चौदह वर्षों का वनवास दें। राम के विछोह में राजा दशरथ का प्राणान्त हो गया। भरत उस समय केकय देश अपने नाना के घर गये हुए थे। वहाँ से आने पर सारा वृतांत सुनकर वो सबको साथ लेकर राम लक्ष्मण और सीता को वापस लाने के लिये चित्रकूट तक गये। राम के द्वारा पिता को दिये गये वचन को तोड़ना अस्वीकार करने पर भरत जी श्री राम की खड़ाऊँ लेकर वापस अयोध्या आये और राज सिंहासन पर राम चन्द्र जी की खड़ाऊँ रखकर राम के प्रतिनिधि के रूप में चौदह वर्षों तक राज कार्य किया।

भस्मासुर : एक राक्षस जिसे शिव जी से वरदान मिला था कि वह जिसके सिर पर हाथ रख देगा वह भस्म हो जायेगा। वरदान पाकर भस्मासुर ने शिवजी को ही भस्म कर देना चाहा जिससे बचने के लिये वे अठारह वर्ष समुद्र में छिपे रहे। अन्त में श्रीकृष्ण ने भस्मासुर का वध कर दिया।

भारद्वाज : अनेक वैदिक स्रोतों (स्तुतिगान) के रचयिता। इनके नाम से एक गोत्र का प्रारंभ होता है। प्रयाग स्थित इनके आश्रम में राम, लक्ष्मण, सीता वनवास की अवधि में गये थे। बृहस्पति के पुत्र। इनका पालन पोषण मरुतों ने किया था।

भृगु : एक मुनि जिन्होंने ब्रह्मा, विष्णु, महेश में श्रेष्ठ कौन है, निश्चित करने के लिये तीनों की परीक्षा

ली थी। ब्रह्मा के समक्ष जाकर भृगु जी ने उनके प्रति जानबूझ कर सम्मान नहीं प्रकट किया जिससे वे क्रोधित हो गए और भृगु जी को अपमानित किया। उनसे क्षमा याचना कर भृगु जी शिव के पास पहुँचे और उनके प्रति भी सम्मान प्रकट नहीं किया। शिव जी इतने क्रोधित हुए कि भृगु जी को भस्म ही कर डालते यदि भृगु जी उनसे अत्यंत विनम्रता का व्यवहार न करते। जब भृगु विष्णु जी के पास पहुँचे तो विष्णु जी निद्रामग्न थे। भृगु जी ने उनके वक्षस्थल पर लात मारी। विष्णु जी ने क्रोधित होने की अपेक्षा तुरंत भृगु जी के पैर पकड़ लिये और सहलाते हुए नम्रता से पूछा कि क्या लात मारने से उनके पैरों में चोट तो नहीं आ गई। इस प्रकार भृगु जी ने निर्णय किया कि क्रोध को वश में कर लेने के कारण और मन में दयालुता होने के कारण विष्णु ही सर्वश्रेष्ठ और सबके लिये पूजा करने योग्य हैं।

मंथरा : राजा दशरथ की रानी केकयी की कुरूप और कुबड़ी दासी जिसने केकयी की सौतिया डाह को उकसाया था जिसके वशीभूत होकर केकयी ने दशरथ से अपने पुत्र भरत को राजगद्दी सौंपने और राम को चौदह वर्षों का वनवास देने का वचन ले लिया था।

मंदराचल पहाड़ : समुद्र मंथन के लिये मेरु बनाये गये पहाड़ का नाम। मंदराचल पर्वत को अपनी पीठ पर रोकने के लिये विष्णु ने कच्छप अवतार लिया था।

मन्दोदरी : राक्षस मय और अप्सरा हेमा की पुत्री। रावण की पत्नी और मेघनाद और अक्षयकुमार की माता।

मन्वंतर : इकहत्तर चतुर्युगों का काल। ब्रह्मा के एक दिन का चौदहवाँ भाग।

मधु–कैटभ : मधु और उसका छोटा भाई कैटभ दो दैत्य थे। जब कल्प के अन्त में विष्णु जी शेषनाग शैय्या पर सो रहे थे, उनकी नाभि से कमल उत्पन्न हुआ जिससे ब्रह्मा जी प्रकट हुए। उनके कान से बहे मोम से मधु और कैटभ दो दैत्य उत्पन्न हुए। उन्हें दुर्गा जी से इच्छा मृत्यु का वरदान प्राप्त हुआ। एक दिन जब ब्रह्मा जी कमल के फूल पर वेदोच्चारण कर रहे थे, मधु और कैटभ वेद चुराकर पाताल में छिप गये। ब्रह्मा जी ने उनका पीछा किया पर उन्होंने ब्रह्मा जी पर आक्रमण कर दिया जिससे त्रस्त होकर ब्रह्मा जी ने विष्णु जी से सहायता की प्रार्थना की। विष्णु जी ने पाताल में मधु कैटभ से कई वर्षों तक संघर्ष किया किन्तु कोई फल नहीं निकला। तब विष्णु जी ने यह जानकर कि वे अपनी इच्छा से ही मर सकते हैं और कोई उन्हें मार नहीं सकता, उनसे कहा कि कि वे उन पर प्रसन्न हैं और वे जो चाहें विष्णु जी से वरदान माँग लें। मधु कैटभ ने इस घमंड में आकर कि वे अधिक शक्तिशाली हैं, विष्णु जी से कहा कि विष्णु जी स्वयं उनसे कोई वरदान माँग लें। विष्णु जी ने तुरन्त यह वरदान माँग लिया कि उनका वध विष्णु जी के द्वारा हो। मधु कैटभ ने घबराकर कहा कि वे पानी (पाताल) के अतिरिक्त कहीं भी मरने के लिये तैयार हैं। विष्णुजी ने तब अपना आकार इस प्रकार बढ़ाया कि उनकी जंघाएँ पानी की सतह के ऊपर आ गईं। दैत्यों ने भी अपना आकार बढ़ाया किन्तु विष्णु ने अपनी जंघाएँ और ऊपर उठा लीं, मधु कैटभ को पकड़ कर जंघाओं पर रखा और अपने चक्र से उनके सिर काट दिये।

मारीच : एक राक्षस। सुंद और उसकी पत्नी ताड़का का पुत्र। सुबाहु का भाई। मायावी शक्तियों का स्वामी होने के कारण वह साधू तपस्वियों की उपासना यज्ञादि में रक्त और मांस इत्यादि फेंक कर विघ्न डालता था।

विश्वामित्र मुनि ने दशरथ जी से अनुरोध किया कि वे राम और लक्ष्मण को साधु समाज को राक्षसों से मुक्ति दिलाने के लिये उनके साथ भेज दें। विश्वामित्र जी के साथ आकर राम ने सुबाहु और ताड़का का वध कर दिया और मारीच को तीर के जोर से दक्षिण दिशा में समुद्र के पास फेंक दिया। तबसे मारीच सदाचारी बन कर रहने लगा। सूर्पनखा के नाक कान काटने का और इसी संबंध में हुए खर दूषण के वध का बदला लेने के लिये रावण ने सीता हरण का निश्चय किया और मारीच से कहा कि वह सोने का हिरन बनकर सीता जी को लुभाये जिससे सीता उसे पकड़ लाने की हठ करें, राम लक्ष्मण हिरन को पकड़ने के लिये जंगल में चले जाएँ और सीता जैसे ही अकेली हों रावण उन्हें हर लाये। मारीच के ऐसा करने से मना करने पर रावण ने उसे जान से मारने की धमकी दी। विवश होकर मारीच रावण की योजना के अनुसार सोने का हिरन बना, सीता के अनुरोध पर राम उसे पकड़ने उसके पीछे गये। दूर जंगल में राम का तीर मारीच को लगा और वह लक्ष्मण जी को भी कुटिया से बाहर लाने के लिये राम की आवाज में हे लक्ष्मण, हे सीते कह कर चिल्लाया, जिससे आशंकित होकर कि राम किसी विपत्ति में पड़ गये हैं, सीता ने लक्ष्मण जी को राम जी की सहायता के लिये जाने को विवश किया। सीता को कुटिया में अकेली पाकर रावण ने छल से उनका हरण कर लिया।

मेघनाद : रावण और उसकी पत्नी मंदोदरी का पुत्र। जन्म के समय उसने मेघ गर्जना जैसी आवाज की थी अतः उसका नाम मेघनाद पड़ा। शिव की आराधना से उसे अदृश्य हो जाने की तथा अन्य मायावी शक्तियाँ प्राप्त हुई थीं। जब रावण इन्द्र से स्वर्ग में युद्ध करने गया था तब मेघनाद भी उसके साथ था। मेघनाद ने अत्यंत वीरतापूर्वक युद्ध किया और अदृश्य होकर इन्द्र को बाँध कर लंका ले आया। ब्रह्मा तथा अन्य देवता इन्द्र को छुड़ाने गये। ब्रह्मा ने मेघनाद को इंद्रजित की उपाधि भी दी पर मेघनाद ने इन्द्र को तभी छोड़ा जब उसने ब्रह्मा से वरदान प्राप्त कर लिया कि वह जब कोई यज्ञ करे या युद्ध करे तो एक अश्वों से लैस रथ उसकी सेवा में आ जाये और जब तक उस रथ पर आरूढ़ होकर वह युद्ध करे वह अदृश्य रहे और कोई उसे मार न सके। यदि वह अनुष्ठान पूरा न कर सके तो वह किसी के द्वारा भी मारा जा सके। जब श्री हनुमान सीता जी की खोज में लंका गये तो मेघनाद ने उन्हें ब्रह्मास्त्र की शक्ति से पकड़ लिया। राम रावण युद्ध में मेघनाद ने मायावी शक्तियों से ऐसे बाण छोड़े जिनसे सर्पों की वर्षा होने लगी और राम की सेना भयग्रस्त हो गई। गरुड़ जी ने आकर जब सर्पों का भक्षण किया तब वानर सेना भयमुक्त होकर युद्ध करने लगी। विजय प्राप्ति के लिये जब मेघनाद अजेय यज्ञ करने चला तब श्री राम ने उस यज्ञ को विध्वंस करने तथा मेघनाद वध के लिये लक्ष्मण जी के साथ वानरों की सेना भेजी। लक्ष्मण जी के बाण से मेघनाद का वध हुआ।

यम : मृत्यु के देवता। सूर्य व उनकी पत्नी संज्ञा के पुत्र। यह मृतआत्माओं के देवता और उनके न्यायकर्ता हैं। कालीची यम का न्याय कक्ष है जहाँ चित्रगुप्त मृतआत्माओं के कर्मों के पाप पुण्य का लेखा अपनी पंजिका अग्रसन्धानी से पढ़ कर सुनाते हैं जिसके अनुसार आत्माएँ स्वर्ग या नर्क में स्थान पाती हैं अथवा उन्हें किसी रूप में पृथ्वी पर पुनर्जन्म लेना पड़ता है। इनका वाहन भैंस है और इनके हाथ में प्राण हरने के लिये गदा और सरकने वाला फन्दा होता है। ये दक्षिण दिशा के दिक्पाल हैं तथा यमों के राजा धर्मराज हैं जो मरने पर प्राणी के कर्मों के अनुसार उसे दण्ड या उत्तम फल देते हैं।

यमलार्जुन : कुबेर के पुत्र नलकूबर और मणिग्रीव जो नारद के श्राप से पेड़ हो गए थे। श्रीकृष्ण ने

इनका उद्धार किया था। कुबेर के पुत्र नलकूबर और मणिग्रीव एक बार किसी झील में अप्सराओं के साथ जलक्रीड़ा कर रहे थे तभी नारद ऋषि उधर आ गये। अप्सराओं ने उनके सम्मुख नमन किया पर नलकूबर और मणिग्रीव उन्हें नहीं देख पाये। रूष्ट होकर नारद जी ने उन्हें वृक्ष में परिणत हो जाने का श्राप दे दिया। श्राप से मुक्ति पाने का अनुनय करने पर नारद जी ने उनसे कहा कि श्रीकृष्ण जी के दर्शन से उन्हें श्राप से मुक्ति मिलेगी। तब वे दोनों गोकुलग्राम में पेड़ रूप में परिणत हो गये। बाल्यावस्था में एक बार श्रीकृष्ण के मिट्टी खा जाने पर यशोदा जी ने उन्हें ओखली से बाँध दिया था। श्रीकृष्ण ओखली खींचते हुए पेड़ों के पास पहुँच गए और तुरन्त ही दोनों पेड़ नलकूबर और मणिग्रीव के वास्तविक रूप में परिवर्तित हो गए।

यशोदा : गोकुल के नंद जी की पत्नी जिन्होंने श्रीकृष्ण को पाला था।

रघुकुल : महाराज रघु का वंश। महाराजा रघु सूर्यवंशी राजा दिलीप के पुत्र जो अयोध्या के अत्यंत प्रतापी राजा और श्री रामचन्द्र के परदादा थे।

रमाँ : लक्ष्मी।

रम्भा : एक अप्सरा, कश्यप और उनकी पत्नी प्राधा की पुत्री। इन्द्र ने उन्हें विश्वामित्र को मोहित करने के लिये भेजा था।

राम : 1. परब्रह्म जो जगत से परे हैं। निर्गुण और निरूपाधि ब्रह्म। देवताओं ने उनकी समरूप, ब्रह्म, अविनाशी, नित्य, एकरस, शत्रु मित्र भाव रहित, अखण्ड, मायिक गुणों से रहित, अजन्मा, निष्पाप, निर्विकार, अजेय, अमोधशक्ति (जिनकी शक्ति कभी व्यर्थ नहीं होती) और दयामय कहकर वंदना की है। राम ने ही मत्सय, कच्छप, वाराह, नृसिंह, बामन और परशुराम आदि नौ शरीर धारण किये। जब-जब पृथ्वी पर पाप बढ़ा और देवताओं, भक्तजनों पर कष्ट पड़ा तब-तब अनेकों बार शरीर धारण करके प्रभु ने उनके दुखों का नाश किया।

अवतार लेने पर भी राम नित्य, अजन्मे, व्यापक, अद्वितीय और अनादि हैं। राम अनिन्द्य अर्थात् दोष रहित हैं, अखण्ड हैं, इन्द्रियों के विषय नहीं हैं। सदा सर्वरूप होते हुए भी राम वह सब कभी हुए ही नहीं, ऐसा वेदों में वर्णित है। जैसे सूर्य और सूर्य का प्रकाश अलग-अलग हैं और अलग नहीं भी हैं, राम भी संसार से भिन्न तथा अभिन्न दोनों ही हैं।

2. विष्णु के मुख्य दशावतारों में से एक अवतार जिन्होंने राक्षसों और उनके राजा रावण का वध करने के लिये राजा दशरथ और उनकी रानी कौशल्या के पुत्र रूप में जन्म लिया। विश्वामित्र जी ने बहुत अनुरोध करके राजा दशरथ की अनुमति प्राप्त की कि वे ताड़का, सुबाहु, मारीच आदि राक्षसों से मुनि जनों की रक्षा करने के लिये राम और लक्ष्मण को अपने साथ ले जायें। ताड़का, सुबाहु आदि का वध हो जाने के बाद विश्वामित्र जी राम और लक्ष्मण को मिथिला नगर ले गये जहाँ राजा जनक की पुत्री सीता के स्वयंवर में शिवजी का धनुष तोड़ देने पर राजा जनक ने सीता जी का विवाह श्री राम के साथ किया। विमाता केकयी की हठ के कारण राजा दशरथ ने श्री राम को चौदह बरस बन में व्यतीत करने का आदेश दिया। वनवास की अवधि में रावण ने सीताहरण किया जिसके कारण राम रावण युद्ध हुआ और श्रीराम ने रावण तथा अन्य निशाचरों का वध किया।

रावण : विज्ञ किन्तु निरंकुश, अत्याचारी और स्वेच्छाचारी राक्षस। लंका का राजा। विश्रुवा और उनकी पत्नी कैकसी का पुत्र। पुलत्सय ऋषि का पौत्र, कुंभकर्ण, विभीषण और सूर्पनखा का भाई और कुबेर का सौतेला भाई। उसने वर्षों तक घोर तपस्या की और अपने दस शीश भी काट कर शिव को चढ़ा दिये। शिव और ब्रह्मा ने प्रसन्न होकर उसे मायावी शक्तियों का वरदान दिया कि वह कोई भी रूप धर सकेगा और मनुष्य को छोड़कर उसे कोई पराजित नहीं कर सकेगा। इन वरदानों की प्राप्ति से रावण निरंकुश हो गया। वह कुबेर को पराजित कर लंका का अधिपति बन गया और पृथ्वी पर रहने वालों पर अत्याचार करने लगा जिससे दुखी होकर दत्तात्रेय, नारद, मानदव्य, अत्रि, वशिष्ठ आदि ऋषियों ने उसे श्राप दिये। कुबेर के पुत्र नलकूबर ने भी, जिसकी प्रेयसी रम्भा से रावण ने अशिष्टता की थी, रावण को श्राप दिया था कि यदि किसी स्त्री की इच्छा के विरूद्ध वह उससे कुचेष्टा करने का प्रयत्न करेगा तो उसके सिर के दस टुकड़े हो जायेंगे। कुबेर के महल की एक अन्य अप्सरा पुंजिकस्थला ने भी रावण को उसकी कुचेष्टाओं के कारण ऐसा ही श्राप दिया था। इसी कारण अशोक वाटिका में बंदिनी सीता के निकट आने का रावण कभी साहस नहीं कर सका था। राम की उपस्थिति में लक्ष्मण द्वारा सूर्पनखा के नाक कान काटने और दोनों दशरथ कुमारों के खर दूषण का वध करने के कारण रावण ने सीता हरण किया और युद्ध की स्थिति उत्पन्न कर दी। मायावी शक्तियों के बल पर रावण ने राम और उनकी सेना से भयंकर युद्ध किया और उसे मार सकना कठिन लग रहा था। विभीषण के बताने पर कि रावण की नाभि में अमृत है जिसके कारण उसकी मृत्यु नहीं हो पा रही है, राम ने उसकी नाभि पर तीर मारकर उसका प्राणान्त किया।

रुक्मिणी : विदर्भ के राजा भीष्मक की पुत्री। रुक्मिनी श्रीकृष्ण से विवाह करना चाहती थी किन्तु उसका भाई रुक्मी यह नहीं चाहता था, क्योंकि श्रीकृष्ण ने उसके मित्र कंस का वध किया था। रुक्मी ने बहिन रुक्मिणी का विवाह चेदि देश के राजा शिशुपाल से निश्चित कर दिया। इससे क्षुब्ध होकर रुक्मिणी ने श्रीकृष्ण को अपने विवाह के दिन संदेशा भिजवाया कि वो प्रात: एक मंदिर में जायेंगी। कृष्ण और बलराम दोनों सेना लेकर मंदिर पहुँचे और श्रीकृष्ण अपने रथ में रुक्मिणी को लेकर द्वारका की ओर चले गये। रुक्मी और शिशुपाल ने उनका पीछा किया किन्तु निराश हुए। श्रीकृष्ण ने द्वारका में रूक्मिणी से विवाह किया। रुक्मिणी श्रीकृष्ण की आठ रानियों में एक प्रमुख रानी थीं और प्रद्युम्न की माता थीं।

लंकिनी : एक राक्षसी जिसने लंका में प्रवेश करते समय हनुमान जी को रोका था। हनुमान जी ने उसे घूंसा मारा जिससे वह व्याकुल हो गई। उसने कहा कि ब्रह्मा जी ने जब रावण को वरदान दिया था तब मुझसे कहा था कि जब तू वानर के मारने से व्याकुल हो जायेगी तब राक्षसों का संहार हो जायेगा। लंकिनी ने फिर श्रीराम का स्मरण किया और हनुमानजी से कहा कि श्रीराम का स्मरण करते हुए आप लंका में प्रवेश करें और सब इच्छित काम कीजिये।

लक्ष्मण : राजा दशरथ और उनकी रानी सुमित्रा के पुत्र। श्रीराम के अनुज। राजा जनक की पुत्री उर्मिला से इनका विवाह हुआ था। राम के प्रति अत्यंत अनुराग होने के कारण ये भी श्रीराम के साथ चौदह वर्षों के लिये वन को चले गये थे। ये शेषनाग के अवतार माने जाते हैं।

लक्ष्मी : एक देवी जो विष्णु की पत्नी और धन की अधिष्ठात्री मानी जाती है।

वरुण : ब्रह्मा द्वारा जल के देवता नियुक्त किये गये। पश्चिम दिशा के दिकपाल। कश्यप और उनकी पत्नी अदिति के पुत्र-एक आदित्य। वैदिक देवता जो जल के अधिपति, दस्युओं के नाशक और देवताओं के रक्षक कहे गये हैं। इनका अस्त्र पाश है। अग्नि के अनुरोध पर वरूण ने अर्जुन को अश्वों से लैस एक रथ, गाण्डीव धनुष तथा दो कभी न समाप्त होने वाले तरकस दिये थे। श्रीकृष्ण को वरूण ने कौमोदकी गदा और सुदर्शन चक्र दिया था (कुरूक्षेत्र के खाण्डव वन को जलाने के लिये)।

वशिष्ठ : एक प्राचीन ऋषि जिनका उल्लेख वेदों, रामायण, महाभारत और पुराणों आदि तक में है। ये राजा दशरथ के राज पुरोहित थे।

वामन अवतार : विष्णु का पाँचवां अवतार जो विरोचन पुत्र दैत्य राजा बलि को छलने के लिये हुआ था। राजा बलि की तपस्या से इन्द्र का सिंहासन डोलने लगा और देवताओं को पराजित कर वह तीनों लोकों का स्वामी बन बैठा। बलि की शक्ति क्षीण करने के लिये देवताओं के अनुरोध पर विष्णु जी ने वामन अवतार लिया और बलि से तीन पग धरती का दान माँगा जिसे दानशील बलि ने स्वीकार किया। तब वामन ने अपना आकार बढ़ाया और एक पग में धरती तथा दूसरे पग में आकश नाप लिया। तीसरे पग के लिये स्थान न मिलने पर बलि ने अपना सिर झुका दिया। विष्णु ने उन्हें पाताल में ढकेल दिया कि वे वहाँ राज्य कर सकें। इन्द्र पुनः त्रिभुवन के स्वामी हो गये।

वाराह अवतार : विष्णु के दशावतारों में से एक अवतार जिसमें उन्होंने देव पितृ तथा स्वधा पुत्री देवी भूमि को हिरण्याक्ष दैत्य से मुक्ति दिलाने के लिये धारण किया था। हिरण्याक्ष दैत्य एक शूकर के रूप में भूमि को पाताल लोक खींच ले गया था। हिरण्याक्ष तथा भूमि का नरकासुर नामक राक्षस पुत्र भी हुआ। विष्णु भगवान ने तब वाराह का रूप धारण किया, भूमि को हिरण्याक्ष के चंगुल से छुड़ाया और हिरण्याक्ष का वध कर दिया।

वाल्मीकि : एक ऋषि जिन्होंने रामायण की रचना की। श्री राम द्वारा सीता जी को निर्वासित किये जाने पर उन्हें बाल्मीकि ऋषि के चित्रकूट स्थित आश्रम में आश्रय मिला। इसी आश्रम में सीता जी ने लव और कुश जुड़वाँ पुत्रों को जन्म दिया जिनकी शिक्षा दीक्षा ऋषि वाल्मीकि ने की।

वासुदेव : यादव राजा शूर के पुत्र और कुन्ती के भाई। देवकी के पति। वासुदेव देवकी के आठ सन्तानें थीं। छहः सन्तानों को कंस ने जन्मते ही मार डाला था। सातवें पुत्र बलराम ने देवकी के गर्भ से स्थानांतरित होकर वासुदेव की दूसरी पत्नी रोहिणी के गर्भ से जन्म लिया। वासुदेव देवकी के आठवें पुत्र कृष्ण थे जिन्होंने कंस का वध किया था।

विक्रम : हनुमान जी का एक नाम।

विदुर : ऋषि व्यास और विचित्रवीर्य की विधवा अम्बालिका की दासी के पुत्र। धृतराष्ट्र के मंत्री। नीति निपुण विदुर ने धृतराष्ट्र और दुर्योधन को यह समझाया था कि कौरवों और पाण्डवों के बीच युद्ध की स्थिति उत्पन्न न हो और कौरव पाण्डवों को उनके राज्य का न्यायसंगत भाग अवश्य दें। श्रीकृष्ण भी धृतराष्ट्र व दुर्योधन को यही समझाने आये थे। दुर्योधन ने श्रीकृष्ण के स्वागत की तैयारियों में कोई कमी नहीं छोड़ी कि संभवतः उनके स्वागत सत्कार से प्रसन्न होकर श्रीकृष्ण दुर्योधन के हितों की रक्षा करेंगे और उनके हित

में बोलेंगे। श्रीकृष्ण ने दुर्योधन का आतिथेय स्वीकार ही नहीं किया और सादगी से जीवन व्यतीत करने वाले न्यायप्रिय विदुर के घर अतिथि हुए और उनके घर का साधारण साग प्रेमपूर्वक खाया।

विभीषण : रावण के भ्राता जिन्होंने तपस्या के बदले ब्रह्मा से वरदान मांगा था कि वे आजीवन सत्य और धर्म के मार्ग पर चलें तथा सत्कर्म में पृवत्त रहें। उन्होंने रावण को समझाया था कि वे सीता जी को आदर सहित श्रीराम को सौंप दें और श्रीराम से युद्ध कर राक्षस जाति के विनाश को आमंत्रित न करें। रावण द्वारा तिरस्कृत होने और निराश्रय किये जाने पर वे श्रीराम की शरण में गये और श्रीराम को रावण पर विजय दिलाने में सहायता की। श्रीराम ने लंका के राजा रूप में इनका राजतिलक किया।

विश्वामित्र : क्षत्रिय कुल में जन्मे एक मुनि जिन्होंने अध्यवसाय और तपस्या के बल पर ब्राह्मणों की जाति में स्थान बना लिया। वे गाधि राजा के एकमात्र पुत्र थे। उनकी बहन सत्यवती का विवाह ऋचीक मुनि से हुआ था। ऋषि मुनियों की तपस्या यज्ञादि में विघ्न डालने वाली राक्षसी ताड़का और सुबाहु आदि राक्षसों से त्राण दिलाने के लिये विश्वामित्र राजा दशरथ से अनुरोध कर राम और लक्ष्मण को अपने साथ वन में ले गये थे जहाँ उन्होंने ताड़का सुबाहु आदि का वध कर ऋषियों को भयमुक्त किया। बाद में विश्वामित्र श्रीराम और लक्ष्मण को मिथिला नगर ले गये जहाँ राजा जनक की पुत्रियों सीता से श्रीराम और उर्मिला से श्री लक्ष्मण का विवाह हुआ।

विष्णु : प्रधान बड़े देवता जो सृष्टि का भरण पोषण और पालन करने वाले तथा ब्रह्म का एक विशेष रूप माने जाते हैं। बारह आदित्यों में से एक।

वेद : भारतीय आर्यों के प्राचीनतम धार्मिक तथा आध्यात्मिक ग्रन्थ जिनकी संख्या चार है। अनुमानतः पन्द्रह सौ ई0पू0 (साढ़े तीन हजार वर्ष पूर्व) इनके विषय में ज्ञात हुआ। कहा जाता है कि वेदों का पवित्र ज्ञान सृष्टि के प्रारंभ में ब्रह्मा या कुछ महर्षियों के द्वारा सुना गया और जिसे परंपरा से ऋर्षि सुनते आते रहे। पुराणों में वर्णित है कि क्षीर सागर में शयन करते हुए विष्णु की नाभि से कमल निकला जिस पर ब्रह्मा जी प्रकट हुए और उनके द्वारा चारों वेदों का आविर्भाव हुआ।

ब्रह्मा के चार मुखों से प्रकट हुए वेद सदियों तक ऋषियों ने स्मरण के आधार पर एक से दूसरे तक पहुँचाये। यह धार्मिक पुस्तकें और इनकी विस्तृत व्याख्या गुरू शिष्य परंपरा में कंठस्थ कराई जाती रहीं। कहा जाता है कि वेदों को व्यवस्थित रूप वेद व्यासजी ने दिया। आरंभ में केवल तीन ही वेद थे ऋगवेद, यजुर्वेद और सामवेद। चौथा अथर्ववेद पीछे से वेदों में सम्मिलित हुआ।

वृत्रासुर : पुराण के अनुसार त्वष्टा का पुत्र एक असुर। जब त्वष्टा को ज्ञात हुआ कि उसके पुत्र विश्वरूप को इन्द्र ने मार डाला है तब इन्द्र से इसका बदला लेने के लिये त्वष्टा वृत्रासुर को संसार में लाये। वृत्राासुर के अत्यन्त शक्तिशाली हो जाने पर इन्द्र का सिंहासन डोलने लगा। इन्द्र ने तब विश्वामित्र से अनुरोध किया कि वे ऋषि दधीचि की हड्डियों का वज्र उपलब्ध करा दें। दधीचि ने प्रार्थना स्वीकार कर अपने प्राण त्याग दिये। देवताओं ने इनकी हड्डियों से वज्र और अन्यान्य अस्त्र बनाकर वृत्रासुर का वध किया।

शंकर : मंगल करने वाला, शुभ, लाभदायक, शिव, महादेव, शंभु।

शंख : कृष्ण के हाथ का शंख पांचजन्य जो उन्हें पंचजन असुर से मिला था। पंचजन एक शंख के

अंदर समुद्र में रहता था। उसने संदीपन गुरू के पुत्र को पकड़ लिया था। संदीपन गुरू के पास श्रीकृष्ण व बलराम ने अस्त्र शस्त्र विद्या ग्रहण की थी। श्रीकृष्ण ने पंचजन का वध कर गुरू पुत्र को छुड़ा लिया और पांचजन्य शंख प्राप्त कर लिया।

शंखचूड़ : एक राक्षस जो कृष्ण द्वारा मारा गया था।

श्रृंगी ऋषि : महर्षि विभांडक के पुत्र एक ऋषि जिन्होंने दशरथ के यहाँ पुत्रेष्टि यज्ञ कराया था।

शकट : शकटासुर राक्षस जिसे कंस ने कृष्ण को मार डालने के लिये भेजा था। उसने एक गाड़ी का रूप धरा और सोते हुए कृष्ण के पास जाकर बहुत कोलाहल मचाया। बाल कृष्ण ने अपनी ठोकर से गाड़ी के हजार टुकड़े कर डाले और शकटासुर को मार डाला।

शक्तिबाण : एक प्रकार का अस्त्र। एक प्रकार की बरछी जो फेंक कर मारी जाती है।

शत्रुघ्न : दशरथ और उनकी पत्नी सुमित्रा के पुत्र। श्री राम और भरत के सौतेले भाई। राजा जनक के भाई कुशध्वज की पुत्री श्रुतिकीर्ति से इनका विवाह हुआ था।

शबरी : शवर जाति की तपस्विनी। श्रीराम की एकनिष्ठ भक्त। श्रीराम और लक्ष्मण सुग्रीव से मिलने किष्किन्धा जाते समय शबरी की कुटिया में पधारे थे। यह सुनिश्चित करने के लिये कि श्रीराम की सेवा में अर्पित किये जाने वाले कन्द मूल, फल मीठे हों, शबरी ने पहले उन्हें चख लिया था। भक्त वत्सल श्री राम ने शबरी के जूठे बेर प्रेम से स्वीकार किये और उसे नवधा भक्ति (नौ प्रकार की भक्ति) यथा श्रवण, कीर्तन, स्मरण, पादसेवन, अर्चन, वंदन, दास्य, सख्य और आत्मनिवेदन के संबंध में उपदेश भी दिया।

शालिग्राम : विष्णु की एक प्रकार की काले पत्थर की मूर्ति।

शास्त्र : वे धार्मिक ग्रन्थ जो लोगों के हित और अनुशासन के लिये बनाये गये हैं। इनकी संख्या अठारह कही गई है, शिक्षा, कल्प, व्याकरण, निरूक्त, ज्योतिष, छन्द, ऋगवेद, यजुर्ववेद, सामवेद, अथर्ववेद, मीमांसा, न्याय, धर्मशास्त्र, पुराण, आयुर्वेद, धनुर्वेद, गंधर्ववेद और अर्थशास्त्र। शास्त्रों में किसी विशेष विषय के संबंध में वह समस्त ज्ञान है जो ठीक क्रम से संग्रह करके रखा गया हो।

शिव : संहार करने वाले देवता। पुर्नउत्पत्ति के देवता भी हैं। मृत्यु और नवजीवन के देवता (ब्रह्मा सृष्टिकर्ता, विष्णु सृष्टि पालक और शिव संहारक) कल्याणकारी रूप में वे शंकर, भाव, विश्वनाथ, महादेव कहलाते हैं। संहारक रूप में रूद्र, भैरव, वीरभद्र, महाकाल या काल कहलाते हैं। उनका एक रूप अर्द्धनारीश्वर का है जो सृष्टि का कारक है। इनके तीन नेत्र हैं, तीसरा नेत्र ललाट पर होता है जिनसे वे भूत, वर्तमान व भविष्य को देखते हैं। स्वर्ग से पृथ्वी पर आने के पूर्व गंगा जी के आवेग को इन्होंने अपनी जटाओं में रोका। इनके माथे पर चन्द्रमा, गले में सर्पों की तथा रूण्ड मुण्ड की माला है। समुद्र मंथन से निकले विष को गले में रोकने के कारण इनका गला नीला है। पार्वती के पति। गणेश व कार्तिकेय दो पुत्र। शिव ने कामदेव को तपस्या में विघ्न डालने के कारण भस्म कर दिया था। इनके हाथ में त्रिशूल रहता है जो इनके तीनों गुणों का प्रतीक है। दूसरे हाथ में डमरू है। इनका वाहन नंदी बैल है। भूत प्रेत प्रमथ आदिगण इनके सेवक हैं। शिव नृत्य व सुरा पसन्द करते हैं। महान योगी, भस्म लपेटे रहते हैं। कैलाश पर्वत पर निवास है। इनके पाँच मुख हैं।

शिशुपाल : चेदि देश का राजा। दामघोष और उनकी पत्नी श्रुतश्रवा का पुत्र। वासुदेव की बहन के

पुत्र, इस प्रकार श्रीकृष्ण और बलराम के फुफेरे भाई। जन्म के समय इनके तीन नेत्र और चार भुजाएँ थीं। माता-पिता उन्हें त्याग देना चाहते थे किन्तु देववाणी हुई कि यह पुत्र अत्यन्त शक्तिशाली होगा। किसी विशेष व्यक्ति की गोद में जाने पर इसके अंग ठीक हो जायेंगे किन्तु वही व्यक्ति इसकी मृत्यु का कारण होगा। कृष्ण और बलराम जब अपनी बुआ श्रुतश्रवा से मिलने गए तब श्रीकृष्ण की गोद में जाते ही शिशुपाल के अंग सामान्य हो गए। श्रुतश्रवा ने श्रीकृष्ण से विनती की कि वे उसे मारें नहीं। श्रीकृष्ण ने कहा कि वे शिशुपाल के सौ अपराध क्षमा कर देंगे। शिशुपाल अत्यन्त शक्तिशाली राजा हुआ और उसने जरासंघ (जिसकी दो पुत्रियाँ आस्ती और प्राप्ति का विवाह कंस से हुआ था) से संधि कर ली। शिशुपाल युधिष्ठिर द्वारा किये गये राजसूय यज्ञ में भी सम्मिलित हुआ जहाँ उसने श्रीकृष्ण और भीष्म को अपमानित किया। कृष्ण ने शिशुपाल के सौ अपराधों को गिना दिया और उसके बाद अपने चक्र का आहवान किया। उंगली पर चक्र आते ही श्रीकृष्ण ने चक्र शिशुपाल के पीछे छोड़ दिया जिससे उसका सिर शरीर से अलग हो गया।

शुक : एक राक्षस जिसे रावण ने सारंग राक्षस के साथ युद्ध पूर्व श्री राम की सेना का बल आंकने के लिये भेदिया बनाकर भेजा था। ये दोनों वानरों का वेश बनाकर श्री राम की सेना में सम्मिलित हुए और पहले कपट और बाद में वास्तविक रूप से श्री राम का ही गुणगान करने लगे। पहचाने जाने पर वानर उन्हें सुग्रीव के पास ले गये जिन्होंने उनके अंग भंग करके वापस भेज देने का आदेश दिया। वानर उन्हें तरह-तरह से कष्ट देने लगे तब शुक सारंग ने उन्हें श्रीराम की सौगंध दिलाई। इस पर लक्ष्मणजी ने दया करके उन्हें छुड़ा दिया और अपना एक पत्र उन्हें रावण को देने को कहा जिसमें रावण को चेतावनी दी गई थी कि वो अभिमान को छोड़कर श्रीराम की शरण में आ जाये वरना परिवार सहित नष्ट हो जायेगा। शुक सारंग ने श्रीराम की सेना के बल व साहस की बहुत बड़ाई की थी और रावण को समझाया कि भलाई इसी में हैं कि वह सीताजी को वापस कर दे और राम की शरण में आ जाये। रावण ने शुक को भी विभीषण की तरह ही लात मारी। शुक श्रीराम की शरण में गया जहाँ श्रीराम ने उसे अगस्तय मुनि के श्राप से मुक्ति दिलाई जिससे वह राक्षस अपना वास्तविक मुनि रूप पा गया और अपने आश्रम चला गया।

शेषनाग : पुराणानुसार सहस्त्रफनों के सर्पराज जिनके फनों पर पृथ्वी ठहरी है। कश्यप और उनकी पत्नी कद्रु के पुत्र। गन्धमादन पर्वत पर इनके द्वारा की गई तपस्या से प्रसन्न होकर ब्रह्मा ने इन्हें पाताल का स्वामी बना दिया।

संजीवनी बूटी : जीवन देने वाली एक प्रकार की कल्पित वन औषधि। कहते हैं कि इसके सेवन से मृत व्यक्ति जी उठता है। संजीवनी बूटी से सुषेण वैद्य ने लक्ष्मण मेघनाद युद्ध में मेघनाद के शक्तिबाण से मूर्छित श्री लक्ष्मण का उपचार किया था।

संपाति : एक गिद्ध। जटायु गिद्ध का बड़ा भाई। सूरज के बहुत निकट उड़ कर जाने के कारण उसके पंख जल गए थे और वह विंध्य पर्वत पर संत निशाकर के आश्रम के पास गिर पड़ा। निशाकर ने उसकी देख रेख की और कहा कि राम के दूत जब यहाँ आयेंगे तब तुम्हारे पंख फिर से जमेंगे। सीता जी की खोज में आए हनुमान एवं वानरों के समूह को उसने रावण की अशोक वाटिका में बंदिनी सीता जी का सुराग दिया। वानर समूह को देखते ही संपाति के पंख पुनः जम गये।

सती : पार्वती। दक्ष प्रजापति की कन्या जो शिव को ब्याही थीं।

सन्कादिक : संत, सनन्दा, सनातन और संतकुमार ऋषि जो ब्रह्मा के मानस पुत्र हैं। ये ब्रह्मचारी ही रहे। इन ऋषियों ने ही विष्णु जी के द्वारपाल जय और विजय को इन्हें विष्णु जी से मिलने पर रोकने के कारण राक्षस रूप में पुनर्जन्म लेने का श्राप दिया था।

समुद्र मंथन : विष्णु ने अपने दूसरे अवतार में कच्छप का रूप धारण किया। वृद्धावस्था व रोगों पर विजय पाने के इच्छुक देवताओं को विष्णु ने उन्हें असुरों की सहायता से क्षीर सागर का मंथन कर अमृत, मणि एवं अन्य वस्तुएँ प्राप्त करने का सुझाव दिया। समुद्र मंथन के लिये मंदराचल पहाड़ को मेरू और वासुकी नाग को रस्सी बनाया गया। मंदराचल पर्वत नीचे कोई आधार न होने के कारण नीचे धंसने लगा। तब विष्णु ने कच्छप या (कुर्भ) अवतार लिया और अपनी पीठ पर मंदार पर्वत को तब तक उठाये रखा जब तक समुद्र मंथन का कार्य पूरा नहीं हो गया।

समुद्र मंथन से उत्पन्न घर्षण से अग्नि उत्पन्न हुई जिसे इन्द्र ने वर्षा कर बुझा दिया। समुद्र का पानी दूध बन गया जिसके मंथन से नवनीत बन कर तैरने लगा। देवताओं ने थक कर विष्णु से सहायता मांगी जिन्होंने असुरों को भी समुद्र मंथन के कार्य में प्रवृत्त कर दिया। देवताओं व असुरों की संयुक्त शक्ति के फलस्वरूप समुद्र मंथन से चन्द्रमा, तत्पश्चात श्वेत वस्त्रधारिणी लक्ष्मी, मदिरा की स्वामिनी सुरा, उच्चैः श्रवा अश्व और कौस्तुभ मणि निकले जो देवताओं की ओर चले गये। इसके अनन्तर अपने हाथ में अमृत का कटोरा लेकर धन्वन्तरि तथा ऐरावत हाथी निकले। निरन्तर मंथन से गरल निकल कर पृथ्वी पर फैलने लगा जिसे ब्रह्मा जी के अनुरोध पर सृष्टि को बचाने के लिये शिवजी ने अपनी ग्रीवा में स्थान दिया। अप्सराएँ, कामधेनु तथा कल्पवृक्ष भी समुद्र मंथन से निकले। सबसे बाद में अमरत्व प्रदान करने वाला अमृत निकला जिसे प्राप्त करने के लिये अदिति (दक्ष पुत्री एवं कश्यप की पत्नी, देवताओं की माता) और दिति (दक्ष पुत्री एवं कश्यप पत्नी। दैत्यों की माता) के पुत्रों में भीषण संग्राम हुआ तब विष्णु ने मोहिनी रूप धारण कर असुरों को मोह लिया। मोहिनी के रूप पर मोहित होकर दैत्यों ने उसके हाथ में अमृत सौंप दिया। विष्णु ने तब वह अमृत देवतागणों को पिलाया जिससे शक्ति सम्पन्न होकर उन्होंने दैत्यों को पराजित कर दिया।

सरस्वती : विद्या या वाणी की देवी, ब्रह्मा की पुत्री/पत्नी।

सहस्त्रबाहु (कार्तवीर्य राजा की उपाधि) : कार्तवीर्य स्रजुन जो हैहय जाति के क्षत्रियों के राजा कृतवीर्य का पुत्र था। अत्रि के पुत्र दत्तात्रेय कार्तवीर्य के पुरोहित थे। कार्तवीर्य स्रजुन से प्रसन्न होकर दत्तात्रेय ने उनसे वरदान माँगने को कहा। कार्तवीर्य ने अन्य वस्तुओं के अतिरिक्त उनसे अपने लिये सहस्त्र भुजाएँ माँग लीं। इतनी शक्ति प्राप्त होने पर वह निरंकुश और अत्याचारी हो गया। उसने इन्द्र को उनकी पत्नी शचि के सामने अपमानित किया और विष्णु को भी ललकारने का साहस किया। एक बार उसने समुद्र के सभी जीव जंतुओं को मारना प्रारंभ किया तब वरुण (जल के देवता) ने उससे ऐसा न करने की प्रार्थना की। वरुण से उसने पूछा कि शक्ति में कौन उसके बराबर है तो वरुण ने परशुराम का नाम लिया। एक बार नर्मदा नदी के किनारे उसने रावण की सेना को पराजित कर रावण को बंदी बना लिया था। रावण के पितामह पुलस्त्य ऋषि द्वारा अनेक उपहार दिये जाने पर उसने रावण को मुक्त कर दिया और उससे मित्रता कर ली।

एक दिन आखेट करते हुए राजा कार्तवीर्य भूखे प्यासे अपने अनुचरों के साथ जमदग्नि ऋषि के आश्रम पहुँच गये। जमदग्नि ऋषि ने अपनी गाय को उन सबके लिये भोजन आदि उपलब्ध करने का आदेश दिया जो उसने पूरा किया। भोजन के समय भी राजा कार्तवीर्य उसी गाय की बात करते रहे। उन्होंने जमदग्नि से वह गाय माँगी और उसके बदले एक करोड़ गायें तथा अपना आधा राज्य तक देने का प्रस्ताव रखा जिसे जमदग्नि ऋषि ने अस्वीकार कर दिया। इस पर कार्तवीर्य बलपूर्वक वह गाय व उसका बछड़ा अपनी राजधानी महिष्माती ले गये। जमदग्नि ने तब अपने पुत्र परशुराम को अपनी गाय और बछड़ा वापस लाने के लिये कार्तवीर्य की राजधानी भेजा। परशुराम ने वहाँ जाकर कार्तवीर्य के कई पुत्रों का वध किया और बछड़ा सहित गाय वापस ले आये। एक बार जब परशुराम आश्रम में नहीं थे कार्तवीर्य के पुत्रों ने आकर जमदग्नि का वध कर दिया। जब परशुराम वापस आये तब उनकी माता रेणुका ने इक्कीस बार अपनी छाती पीट-पीट कर पूरा दुखद वृतांत सुनाया और पति की चिता में कूद कर सती हो गईं। परशुराम ने तब प्रण किया कि वे इक्कीस बार पृथ्वी पर घूम-घूम कर पूरी क्षत्रिय जाति का विनाश कर देंगे।

सुदामा : श्रीकृष्ण के बाल सखा और सहपाठी ब्राह्मण। श्रीकृष्ण और सुदामा दोनों ने संदीपन गुरू के पास एक साथ शिक्षा ग्रहण की थी। जब श्रीकृष्ण द्वारका के राजा थे तब निर्धनता में जीवन व्यतीत कर रहे सुदामा की पत्नी ने उन्हें हठ करके श्रीकृष्ण के पास सहायता प्राप्त करने हेतु भेजा। भेंट में ले जाने के लिये कुछ चावल का चूड़ा साथ में बाँध दिया। श्रीकृष्ण ने सुदामा की बहुत आवभगत की, प्रेम से भेंट का दो मुट्ठी चूड़ा खाया, किन्तु बिना कुछ दिये उन्हें वापस कर दिया। घर जाकर सुदामा ने देखा कि उनकी झोपड़ी महल में परिवर्तित हो चुकी है। अन्य प्रकार से भी श्रीकृष्ण ने उन्हें एश्वर्यवान बना दिया।

सुबाहु : एक राक्षस। सुंद और उसकी पत्नी ताड़का का पुत्र। मारीच का भाई। राम ने उसका वध कर दिया था क्योंकि वह ताड़का और मारीच के साथ विश्वामित्र आदि मुनियों की उपासना और यज्ञादि में विघ्न डालकर उन्हें त्रस्त करता था।

सुमंत (सुमंत्र) : राजा दशरथ के एक मंत्री। वह राम, लक्ष्मण और सीता को रथ में वन तक छोड़ने गये थे।

सुरसा : कश्यप और उनकी पत्नी क्रोधवशा की पुत्री। नागों की माता। जब श्री हनुमान सीता जी की खोज करने लंका जा रहे थे तब सुरसा ने उन्हें निगल जाना चाहा। सुरसा ने जैसे ही अपना मुख खोला उससे बचने के लिये श्री हनुमान ने अपना आकार उससे दुगना बढ़ा दिया। इसी प्रकार जैसे-जैसे सुरसा ने अपना मुंह बड़ा किया हनुमान जी ने अपना शरीर उससे दुगना कर लिया। जब सुरसा ने सौ योजन (चार सौ कोस) का मुख कर लिया तब श्री हनुमान अंगूठे के आकार का रूप धारण कर उसके मुंह से जाकर निकल आये।

सुलोचना : मेघनाद की पत्नी।

सुषेन वैद्य : एक वानर जो वरुण का पुत्र, बालि की पत्नी तारा का पिता और सुग्रीव का वैद्य था। उसने एक करोड़ वानरों के साथ राम रावण युद्ध में राम की सहायता की थी। लक्ष्मण जी के मेघनाद के शक्ति बाण से मूर्छित हो जाने पर इन्होंने ही संजीवनी बूटी से उनका उपचार किया था।

सूर्पनखा : एक राक्षसी। विश्रवा और उनकी पत्नी कैकसी की पुत्री। रावण, कुंभकर्ण, विभीषण की बहन।

वनवास की अवधि में जब राम, लक्ष्मण, सीता पंचवटी में ठहरे थे तब सूर्पनखा वहाँ घूमते हुए पहुँची और सुंदर स्त्री का रूप धारण करके श्रीराम से प्रणय निवेदन करने लगी। श्रीराम ने उससे कहा कि वह लक्ष्मण जी से अपनी इच्छा व्यक्त करे। लक्ष्मण जी से भी तिरस्कृत होने के बाद वह अपने असली रूप में आकर क्रोध से सीता जी का अनिष्ट करने के लिये उनकी ओर लपकी, तभी लक्ष्मण जी ने उसकी नाक और दोनों कान काट दिये। सूर्पनखा अपने चचेरे भाइयों खर और दूषण के पास पहुँची और रो-रो कर अपनी विपदा सुनाई। खर दूषण अपनी सेनाएँ लेकर राम लक्ष्मण के साथ युद्ध करने पहुँचे जहाँ वे मारे गये। तब सूर्पनखा रावण के पास पहुँची और सब वृतांत सुनाकर सीता जी के सौंदर्य, सुकुमारिता और लज्जाशीलता का बखान कर रावण को उकसाने लगी ताकि वो सीता हरण करके उसके अपमान का बदला ले।

सूर्य : आकाश का वह ज्वलंत पिंड जिसकी तीन सौ पैंसठ दिन छह घंटों में पृथ्वी एक परिक्रमा करती है। यह अपनी किरणों से प्रकाश और ताप देता है। विश्वकर्मा पुत्री संज्ञा इनकी पत्नी से इनके दो पुत्र वैवास्वत और यम तथा एक पुत्री यमी कही जाती है। छाया से इनके दो पुत्र शनि और सवर्णी तथा पुत्री ताप्ती कही गई है। कुन्ती पुत्र कर्ण और वानर राज सुग्रीव भी सूर्य पुत्र कहे जाते हैं।

हलधर : कृष्ण जी के सौतेले भाई बलराम। इन्होंने हल को अस्त्र रूप में धारण किया।

हिमाचल कुल दिनेश : हिमालय में मानस झील के उत्तर में शिवजी का निवास स्थान हिमालय, हिमवान, पार्वती के पिता।

हिरण्यकश्यप : कश्यप और उनकी पत्नी दिति का पुत्र एक दैत्य राजा, प्रहलाद का पिता, हिरण्याक्ष दैत्य का भाई। विष्णु द्वारा हिरण्याक्ष का वध किये जाने पर विष्णु से बदला लेने का इच्छुक। घोर तपस्या से प्रसन्न होकर इसे ब्रह्मा से वरदान प्राप्त हुआ था कि देवता, मनुष्य या कोई जन्तु उसे मार नहीं सकेगा, न वह दिन को मर सकेगा न रात्रि को, न अस्त्र से मरेगा न शस्त्र से, न आकाश में मरेगा न पृथ्वी और न पाताल में, न घर के अंदर कोई उसे मार सकेगा न घर के बाहर। इन वरदानों की प्राप्ति से वह अपने को सर्वशक्तिमान समझ कर निरंकुश शासक बन गया। उसने राज्य में विष्णु की पूजा आराधना बन्द करवा दी और विष्णु का नाम लेने वाले के लिये कठोर दण्ड का प्रावधान घोषित किया। किन्तु उसका पुत्र प्रहलाद विष्णु जी का एकनिष्ठ भक्त था। अपनी आज्ञा की अवहेलना करने से कुपित होकर हिरण्यकश्यप ने प्रहलाद को जंगली हाथियों, जहरीले नागों से मरवाने का प्रयत्न किया और अपनी बहन होलिका (जिसे वरदान प्राप्त था कि अग्नि उसे जला नहीं सकेगी) के गोद में बैठाकर अग्नि प्रज्जवलित करा के भस्म करा देना चाहा पर दैवी शक्ति से प्रहलाद को मारने का हर प्रयास विफल हुआ। हार कर हिरण्यकश्यप प्रहलाद को पत्थर के खंभे से बांध कर उसका स्वयं वध करने को उद्यत हुआ और प्रहलाद से कहा कि विष्णु उसे बचा सकते हों तो वह उनको बुलाये। प्रहलाद की प्रार्थना पर विष्णु जी नरसिंह अवतार में पत्थर के खंभे से शाम गोधूलि बेला में (जब दिन था न रात) प्रकट हो गए। उनका आधा शरीर सिंह का और आधा मनुष्य का था अर्थात् न वे जंतु थे न मानव न देवता। उन्होंने हिरण्यकश्यप को घर की देहरी पर बैठकर (जो न घर के अंदर थी न बाहर) अपनी जंघाओं पर लिटा कर (अर्थात् न पृथ्वी पर न आकाश पर) अपने नखों से (जो न अस्त्र थे न शस्त्र) से उसका वक्षस्थल फाड़ कर उसे मृत्युलोक पहुँचा दिया।

हिरण्याक्ष : कश्यप व दिति का पुत्र दैत्य हिरण्याक्ष (हिरण्यकश्यप का जुड़वाँ भाई)। ब्रह्मा से प्राप्त वरदान के बल से उसने तीनों लोकों को अपने अधीन कर लिया था और तब पितृ और स्वधा पुत्री भूमि को पाताल लोक खींच ले गया। विष्णु ने वाराह अवतार लेकर आकाश से पाताल में छलांग लगाई और अपने सींगों पर भूमि को उठाकर पानी की सतह पर ले आये। तदुपरान्त हिरण्याक्ष से लड़कर उसका वध कर दिया।

त्रिजटा : एक दयालु और सुशील राक्षसी जो रावण की अशोक वाटिका में सीता की पहरेदार थी। वह सीता से सहानुभूति रखती थी। उसने सीता जी को बताया था कि उसने स्वप्न देखा है कि श्री राम ने रावण पर विजय प्राप्त की है और उसके कुल का नाश कर दिया है।

त्रिशूल : हिन्दू त्रिदेव ब्रह्मा, विष्णु, महेश में से संहार करने वाले शिव (महेश) जिनके हाथ में त्रिशूल (तीन काँटों वाला) रहता है जो उनके सृष्टि रचनाकार, संहारक और पुर्नजन्मकारक जैसे तीन गुणों का द्योतक है।

—डॉ. कोमल भटनागर

रामायण-यक-क़ाफ़िया में प्रयुक्त हिन्दी शब्द

रघुकुल केतु, रघुकुल भानु, रघुकुल चन्द्रमा, क्षीर सागर, सिन्दूर, चरित्र, बैकुन्ठ, कमल, करनफूल, ऋग, यजुर, साम, अथर्व, मच्छ अवतार, वेद, राक्षस, कल्प वृक्ष, एरावत, अमृत, मधु, धनन्तर, कामधेनु, लक्ष्मी, विष, संख, रम्भा, कौस्तुभ-मणि, तीन पग, धरती, दान, फरसा, मां, लीलाएं, लाल, किशोर, सिंगार, ग्वाले, रास मण्डल, बंसी, लोटे, मचले, चुटकी, मुक्ति, गाय, नाग, कालीदह, नागिन, त्रिभुवन, पृथ्वी लोक, चीर, गज, बोध, कलयुग, सांवली सूरत, कुन्डल, मुकुट, तिलक, बैजन्ती, माल, मेंह, मोरछल, ब्याह, चंदन, भवें, पलक, टरे, तन्दुल, तीन लोक, अग्नि, जल, मिट्टी, पृथ्वी, पवन, आकाश, सूरज, चन्द्रमा, घर, सतयुग, जयमाल, दंड, स्वयंवर, चक्र, गदा, पद्म, कंगन, थपकियां, अंगूठा, रोपा, हरि, द्वापर, तारी, शिला, नाभि, काछनी, चरणारबिन्दु, पूंजी, खड़ाऊं, कोमल, चरणामृत, रची, मेंहदी, त्रिशूल, सुदर्शन चक्र, तुलसीकृत रामायण, चौपाइयाँ, चंदन, रानी नंद की, कन्हैया, पानी का थाल, तिल, पुतली, धनु, मीन, वृश्चिक, गोपियां, चरण, धनुष, सेतु बन्ध, समुद्र, चौदह रत्न, अमृत, चावल, दक्षिणा, अग्यारी, संकल्प, अस्तुति, अर्धांगी, आरती, सियापति, बंसी के बोल, वेद, अश्लोक, बैकुंठ, अंजनी नंदन, दूज का चंद्रमा, पंच कन्या, सूरज कुंड, पंचामृत, निछावर, जुगल जोड़ी, सिंहासन, आसनी, मोरछल, पुजारी, जनेऊ, प्रेम, लड़ी, तुलसी की माला, आंसू, आंखों का पानी, चरण, राम पद, सातो कांड, नदी कुंड, तीरथयात्रा, संध्या, भजन, पुनदान, व्रत, अठारह पुरान, ठाकुर द्वारा, मंदिर, देवस्थान, शिवाला, गंगाजल, रेनुका, फूल, शक्कर, मोती, सोना, चिकनाई, कृपासिंधु, यज्ञ, खीर, नवमी, चैत, देवता, दूध, चार फल, चार आंखें करे, तप, पंच अग्नि, जल, शयन, मला करते थे हाथ, वन, बत्तीस दांतों में ज़बां, अवतार, चादर, क़र्ज़, धज्जियां, कटोरी, आंसू, प्यास, सूखकर, कांटा हुई, प्यास का चटका, ओस, हल, पुतलियों की खुल गई आंखें, फड़क उठी नज़र, दुलारी, लाडली, दादरे, ध्रुपद, भजन, सारंग, टप्पे, ठुमरियां, बीन, अप्सरा, राजा इंद्र का अखाड़ा, रहस, मिथला नगर, सिल, स्त्री, रिखीश्वर, पारस, मौर, किरन, सेहरा, सुहाना वक़्त, आरती, झांझ, डफ़, पोथियां, चटकती, कली, आंसू प्रेम के, मोरछल झलने लगे, फूल, चढ़ाए, हाथ जोड़े, अस्तुति, परकरमा फिरी, सूरत, मेंहदी, पूजा, अक्सी, पुतलियां, पूजकर, कैलाश दीपक, हिमांचल कुल दिनेश, श्यामल रूप, पूरन इच्छा कीजिये, दया की दृष्टि, दुख, अंधियारा, उदय, सुख, फलो फूलो, मनोरथ सिद्ध हो, अटल, प्यारी, रनिवास, स्वयंवर, हो गए शल, राजा, काफूर हो, नौखंड, जयमाल, ब्राह्मण, इन्द्रायण का फल, विष की गांठ, संखिया, हरजाल, सहस्त्रबाहु, क्षत्री, तीरथ, हठ, प्यार, धज्जियां, आंसू, पांव छूना, कोहराम, डबडबाए, मछली, सीना कूटना, कलेजा, आंख मलना, तन, त्रिवेनी, धारा, पथरा गई थीं, पुतलियां, क्रिया करम, हाथा-पाई, सुरपुर, पात, कंगन, हार, बिद्धी, बालियां, तीनों लोक, पांव, रानियां, आंसू, तलवा, महावर, स्याही, सिंदूर, विष, अमृत, दूत, धर्मराज, समाओ, आग, सौंपा, माया, यती, चौकड़ी मारना, अठखेलियां, हीला,

ब्रह्मचारी, दुआएं, फल (बदला), इनाम, गोद, बायीं फड़कती आंख, सुरलोक, गंध, अगले जन्म, बैकुंठ, चार फल (धर्म, अर्थ, काम, मोक्ष), बिरनयोग, छालों, रक्त, ऋषि, दर्शन, चार योजन, देविनी, साया, हरिभजन, ईश्वर, सूरज, धूप (सुगंध), ध्यान, भगवान, पोथियां, भक्त, सीतापति, ध्यान, रघुनाथ, विक्रम, हरिनाम, सुत, खटका, शक्ति, ब्रह्मफांस, नंदन, राक्षस, समुंदर, किशोर, जीवन, त्रिशूल, ब्रज, इंद्र, बान, चक्र, चूणामणि, पल, अठारह पदम, रघुकुल दिनेश, झालर, टांकी, पलक, मुनि, कथा, ठोकर, अचल, मूरत, शक्तिबान, संजीवन मूर, बली, बूटी, कथा, भगवान, गोद, अवध राज, सती, च्यवन, जम, सरवस, सीतारमन, पारस, कौंधा, बादल, यज्ञ, लंकादाह, होली, सीता जीवन, दशरथ किशोर, मंदिर, पूजा, जाप, जप, हवन, मंत्र, देवता, परनाम, ठंडी, जनेऊ, आंचल, घूंघट, महारानी, तारन, विवाह, जन्म, वनवास, मिलन, महामाई, दृश्य आदि।

–डॉ. कोमल भटनागर

یشودا: گوکل کے نند جی کی بیوی جنہوں نے کرشن جی کی پرورش کی تھی۔

یم : موت کے دیوتا۔ سوریہ اور ان کی بیوی سنگیا کے بیٹے۔ یہ شریر سے نکلی ہوئی روحوں کے دیوتا اور ان کا انصاف کرنے والے ہیں۔ کا لیچی یم کی عدالت ہے جہاں چتر گپت روحوں کے زندگی میں ہوئے گناہ اور ثواب کا حساب و کتاب اپنے رجسٹر اگر سندھانی سے پڑھ کر سناتے ہیں جس کے مطابق روحیں جنت یا جہنم میں بھیج دی جاتی ہیں۔ یا انہیں کسی شکل میں دنیا میں پھر سے جنم لینا پڑتا ہے۔ یم کی سواری بھینس ہے اور ان کے ہاتھ میں جان نکالنے کے لئے گدا اور سر کنے والا پھندا ہوتا ہے۔ یہ جنوب کی سمت کے مالِک ہیں۔ یموں کے راجا دھرم راج ہیں جو مرنے پر انسان کے کرموں کے مطابق اسے سزا یا انعام دیتے ہیں۔

یملا ارجن : کبیر کے بیٹے نل کوبر اور منی گریو جو نارد جی کی بددعا سے پیڑ ہو گئے تھے۔ شری کرشن نے ان کو پیر کی جگہ انہیں ان کی اپنی شکل دلا دی تھی۔ کبیر کے بیٹے نل کوبر اور منی گریو ایک بار کسی جھیل میں اپسراؤں کے ساتھ پانی میں نہا رہے تھے تبھی نارد رشی ادھر آ گئے۔ اپسراؤں نے انہیں دیکھ کر پرنام کیا مگر نل کوبر اور منی گریو انہیں نہیں دیکھ پائے۔ ناراض ہو کر نارا د جی نے انہیں پیڑ میں تبدیل ہو جانے کی بددعا دی۔ بددعا کے اثر سے چھٹکارا پانے کے لئے ان سے نارد جی نے کہا کہ شری کرشن جی کے درشن سے انہیں بددعا سے چھٹکارا ملے گا۔ تب وہ دونوں گوکل گاؤں میں جا کر پیڑ بن گئے۔ بچپن میں ایک بار شری کرشن کے مٹی کھا جانے پر یشودا جی نے انہیں اوکھلی سے باندھ دیا تھا۔ شری کرشن اوکھلی کھینچتے ہوئے پیڑوں کے پاس پہنچ گئے اور فوراً ہی دونوں پیڑ نل کوبر اور منی گریو اپنی اصلی شکل میں آ گئے۔

ڈاکٹر کومل بھٹناگر

نیچے والے حصہ میں۔ نہ گھر کے اندر کوئی اسے مار سکے گا نہ گھر کے باہر۔ ان صفات کے ملنے سے وہ اپے کو سب سے زیادہ طاقتور سمجھ کر بے لگام حکمراں بن گیا۔ اس نے ریاست میں وشنو کی پوجا پاٹ بند کروادی اور وشنو کا نام لینے والے کے لئے سخت سے سخت سزا دینے کا اعلان کیا۔ لیکن اس کا بیٹا پرہلاد وشنو جی کا ایک بہت خاص عقیدت مند تھا۔ اپنے حکم کی نافرمانی کرنے سے ناراض ہو کر ہرن کشیپ نے پرہلاد کو جنگلی ہاتھیوں، زہریلے ناگوں سے مروانے کی کوشش کی اور اپنی بہن ہولیکا (جسے ایک نعمت حاصل تھی کہ آگ بھی اسے جلا نہیں سکے گی) کے گود میں بیٹھا کر آگ جلا کر کے ختم کرا دینا چاہا لیکن بھگوان کی طاقت سے پرہلاد کو مارنے کی ہر کوشش ناکام ہوگئی۔ شکست کھا کر ہرن کشیپ نے پرہلاد کو پتھر کے کھمبے سے باندھ کر اس کا خود ہی قتل کرنے کا عہد کیا اور پرہلاد سے کہا کہ بھگوان وشنو اسے بچا سکتے ہوں تو وہ ان کو بلائیں۔ پرہلاد کی التجاء پر بھگوان وشنو نرسنگھ اوتار میں پتھر کے کھمبے سے شام گودھولی بیلا میں (جب دن تھا نہ رات) ظاہر ہو گئے۔ ان کا آدھا جسم شیر کا اور آدھا انسان کا تھا یعنی نہ وہ جانور تھے اور نہ انسان نہ دیوتا۔ انہوں نے ہرن کشیپ کو گھر کی دیہری پر بیٹھ کر (جو نہ گھر کے اندر تھی نہ باہر) اپنی جانگھوں پر لٹا کر (یعنی نہ زمین پر نہ آسمان پر) اپنے ناخونوں سے (جو نہ اسلحہ تھے اور نہ ہتھیار) سے اس کا سینہ پھاڑ کر اسے ہلاک کر دیا۔

ہرن یاکش: کشیپ اور دیتی کا بیٹا دیتیہ ہرن یاکش (ہرن کشیپ کا جڑواں بھائی) برہما سے موصول نعمت کے زور پر اس نے تینوں لوکوں کو اپنے ماتحت کر لیا تھا اور تب پتر اور سودھا کی بیٹی بھومی کو زیر زمین کھینچ لے گیا۔ بھگوان وشنو نے واراہ شکل اختیار کر کے آسمان سے زیر زمین میں چھلانگ لگا دی اور اپنے سینگوں پر بھومی کو اٹھا کر پانی کی سطح پر لے آئے۔ اس کے بعد ہرن یاکش سے لڑ کر اس کا قتل کر دیا۔

ذریعہ چاروں وید کا ظہور ہوا۔

برہما کے چاروں منھ سے ظاہر ہوئے وید صدیوں تک رشیوں نے یادداشت کی بنیاد پر ایک سے دوسرے تک پہنچائے۔ یہ مذہبی کتابیں اور ان کی تفصیلی معلومات استاد اپنے شاگرد کو روایتی اعتبار سے وِرد کراتے رہے۔ کہا جاتا ہے کہ ویدوں کو منظم شکل وید ویاس جی نے دی۔ ابتداء میں صرف تین ہی وید تھے رِگ وید، یجر وید اور سام وید۔ چوتھا اتھر وو وید پیچھے سے ویدوں میں شامل ہوا۔

ورتراسر : پران کے مطابق توشٹا کا بیٹا ایک اسُر۔ جب توشٹا کو جانکاری ہوئی کہ اس کے بیٹے وشوروپ کو اِندر نے مار ڈالا ہے تب اندر سے اس کا بدلہ لینے کے لئے توشٹا ورتراسر کو دنیا میں لائے۔ ورتراسر کے بے تحاشہ طاقت ہونے پر اندر کا زمام اقتدار ڈولنے لگا۔ اندر نے تب وشوامتر سے گزارش کی کہ وہ رشی ددھیچی کی ہڈیوں کا وجر مہیا کرا دیں۔ ددھیچی نے اپیل منظور کر کے اپنی جان کی قربانی دے دی۔ دیوتاؤں نے ان کی ہڈیوں سے وجر اور دوسرے اسلحہ بنا کر ورتراسر کا خاتمہ کیا۔

ہل دھر : بھگوان کرشن جی کے سوتیلے بھائی بلرام۔ انہوں نے ہل کو اپنے ہتھیار کی شکل میں اختیار کیا۔

ہماچل کُل دنیش : ہمالیہ میں مانس جھیل کے شمال میں بھگوان شیو جی کی رہائش گاہ ہمالیہ، ہم وان، پاروتی کے والد۔

ہرن کشیپ : کشیپ اور ان کی بیوی دیتی کا بیٹا ایک راکشش راجا۔ پرہلاد کا والد۔ ہرنیاش دیتیہ کا بھائی۔ وشنو کے ذریعہ ہرنیاش کا قتل کئے جانے پر وشنو سے بدلہ لینے کا خواہشمند۔ بہت زیادہ عبادت کرنے سے خوش ہو کر اسے برہما سے دعا ملی تھی کہ دیوتا، آدمی یا کوئی جانور اسے مار نہیں سکے گا۔ نہ وہ دن کو مر سکے گا نہ رات کو۔ نہ اوزار سے مرے گا نہ ہتھیار سے۔ نہ آسمان میں مرے گا نہ زمین پر اور نہ زمین پر اور نہ زمین کے

اور مذہبی نظریہ پر قائم رہیں اور اچھے کاموں میں لگے رہیں۔ انہوں نے راون کو سمجھایا تھا کہ وہ سیتا جی کو باعزت شری رام کو سونپ دیں اور شری رام سے جنگ کر کے راکشش ذات کے خاتمے کی دعوت نہ دیں۔ راون کے ذریعہ غضبناک ہونے اور بے سہارا کئے جانے پر وہ شری رام کی پناہ میں گئے اور شری رام کو راون پر فتح دلانے میں مدد کی۔ شری رام نے لنکا کے راجا کی شکل میں ان کا راج تلک کیا۔

وشوامتر : چھتریہ کل میں پیدا ہوئے ایک منی جنہوں نے تعلیم و عبادت کے ذریعہ برہمنوں کی ذات میں اعلیٰ مقام حاصل کیا۔ وہ گادھی راجا کے اکلوتے بیٹے تھے۔ ان کی بہن ستیوتی کی شادی رچیک منی سے ہوئی تھی۔ رشی منیوں کی عبادت و ریاضت میں رخنہ ڈالنے والی راکششی تاڑکا اور سباہو وغیرہ راکششوں سے چھٹکارا دلانے کے لئے وشوامتر راجا دشرتھ سے فریاد کر کے رام اور لکشمن جی کو اپنے ساتھ جنگل میں لے گئے تھے جہاں انہوں نے تاڑکا سباہو وغیرہ کو قتل کر کے رشیوں کے اندر جو خوف تھا اس کو ختم کیا۔ بعد میں وشوامتر شری رام اور لکشمن جی کو متھلا شہر لے گئے جہاں راجا جنک کی بیٹیوں سیتا جی سے شری رام اور ارمیلا سے شری لکشمن کی شادی ہوئی۔

وشنو : پردھان بڑے دیوتا جو کائنات کی پرورش کرنے والے اور برہم کا ایک خصوصی شکل مانے جاتے ہیں۔ بارہ آدتیوں میں سے ایک۔

وید: بھارتیہ آریوں کے قدیم مذہبی روحانی گرنتھ (کتاب) جن کی تعداد چار ہے۔ تقریباً 1500 عیسوی قبل (ساڑھے تین ہزار سال قبل) سے ان کے بارے میں معلومات ہے۔ کہا جاتا ہے کہ ویدوں کا مقدس علم کائنات کے شروعات میں برہما یا کچھ مہارشیوں کے ذریعے سنایا گیا اور جسے روائتی اعتبار سے رشی سنتے آتے رہے۔ پرانوں میں ذکر ہے کہ چھیر ساگر میں نیند کی آغوش میں وشنو جی کی ناف سے کمل نکلا جس پر برہما جی نمودار ہوئے اور ان کے

ایک خنزیر کی شکل میں بھومی کو زیر زمین کھینچ لے گیا تھا۔ ہرن یا کچھ اور بھومی کا نرکا سر راکشش نام کا بیٹا بھی ہوا۔ وشنو بھگوان نے تب خنزیر کی شکل اختیار کی، بھومی کو ہرن یا کچھ کے چنگل سے چھڑایا اور ہرن یا کچھ کا خاتمہ کر دیا۔

والمیکی : ایک رشی جنہوں نے پہلی رامائن لکھی۔ شری رام نے جب سیتا جی کو ایودھیا سے نکال دیا تب انہیں بالمیکی رشی نے اپنے چترکوٹ آشرم میں پناہ دی تھی۔ اسی آشرم میں ماتا سیتا جی نے لو اور کش جڑواں بیٹوں کو جنم دیا جن کو رشی بالمیکی نے تعلیم یافتہ بنایا۔

واسودیو : یادو راجا شور کے بیٹے اور کنتی کے بھائی۔ دیوکی کے شوہر۔ واسودیو دیوکی کے آٹھ بچے تھے۔ 6 بچوں کو کنس نے پیدا ہوتے ہی مار ڈالا۔ ساتویں بیٹے بلرام نے دیوکی کے رحمِ مادر سے منتقل ہو کر واسودیو کی دوسری بیوی روہنی کے رحم سے جنم لیا۔ واسودیو دیوکی کے آٹھویں بیٹے بھگوان کرشن جی تھے، جنہوں نے کنس کا قتل کیا تھا۔

وکرم : ہنومان جی کا ایک نام۔

ودور : رشی ویاس اور وچترویریہ کی بیوہ امبالیکا کی داسی کے بیٹے۔ دھرت راشٹر کے وزیر۔ اخلاق اُصول کے ماہر، ودور نے دھرت راشٹر اور دریودھن کو یہی سمجھایا تھا کہ پانڈوؤں کو ان کی ریاست کا واجب حق ضرور دیں اور جنگ نہ ہونے دیں۔ بھگوان شری کرشن جی بھی دھرت راشٹر اور دریودھن کو یہی سمجھانے آئے تھے۔ دریودھن نے بھگوان شری کرشن جی کی مہمان نوازی کی تیاریوں میں کوئی کمی نہیں چھوڑی کہ شاید ان کی مہمان نوازی سے خوش ہو کر شری کرشن جی دریودھن کی طرفداری کریں گے اور ان کے حق میں بولیں گے۔ شری کرشن جی نے دریودھن کا مہمان بننے سے انکار کر دیا اور سادگی سے زندگی بسر کرنے والے انصاف پسند ودور کے گھر میں مہمان ہوئے اور ان کا گھر کا عام ساگ سبزی پر خوشی بخوشی اکتفاء کیا۔

وِبھیشن : راون کا بھائی جنہوں نے عبادت کے بدلے برہما سے مطالبہ کیا تھا کہ وہ زندگی بھر سچائی

سگریو نے ہنومان، انگد، جامبونت جی کے ساتھ نیل کو سیتا جی کی کھوج میں بھیجا تھا۔ انہوں نے رام کی فوج کے لئے آگے بڑھنے کا راستہ ڈھونڈا تھا۔

ورون: برہما نے انہیں پانی کا دیوتا منتخب کیا۔ مغرب کی سمت کے مالِک۔ کشیپ اور ان کی بیوی ادیتی کے بیٹے۔ ویدک دیوتا جو پانی کے سوامی اور راکششوں کو برباد کرنے والے اور دیوتاؤں کی حفاظت کرنے والے کہے گئے ہیں۔ ان کا ہتھیار پاش ہے۔ اگنی کی گزارش پر ورون نے ارجن کو گھوڑوں سے لیس ایک رتھ، گانڈیو دھنش اور دو کبھی نہ ختم ہونے والے ترکش دیئے تھے۔ شری کرشن کو ورون نے کومودکی گدا اور سدرشن چکر دیا تھا۔ (کروچھیتر کے کھانڈوون کو جلانے کے لئے)

وشِشٹھ: ایک قدیم زمانہ کے رشی جن کا ذکر ویدوں، رامائن، مہابھارت اور پرانوں وغیرہ تک میں ہے۔ یہ راجا دشرتھ کے راج پروہت (ریاست کے پنڈت) تھے۔

وامن اوتار: وشنو کا پانچواں اوتار جو ورو چن کے بیٹے دیتیہ راجا بلی کو چھلنے کے لئے ہوا تھا۔ راجا بلی کی تپسیا 'عبادت' سے اندر کا اقتدار ڈولنے لگا اور دیوتاؤں کو شکست دے کر وہ تینوں جہان، آسمان، زمین اور زمین کے نیچے کے حصہ کا مالک بن بیٹھا۔ بلی کی طاقت کو ختم کرنے کے لئے دیوتاؤں کی التجاء پر وشنو جی نے بونے کی شکل اختیار کر لی اور بلی سے تین قدم زمین کا دان مانگا جسے بلی نے مان لیا۔ تب وامن نے اپنا جسم بڑھایا اور ایک قدم زمین اور دوسرا قدم بڑھا کر آسمان کی پیمائش کی۔ تیسرے قدم کے لئے جگہ نہ ملنے پر بلی نے اپنا سر جھکا دیا۔ وشنو نے انہیں زیر زمین میں ڈھکیل دیا کہ وہیں حکمرانی کر سکیں۔ اندر پھر سے تینوں جہان کے مالک بن گئے۔

واراہ اوتار: وشنو کے دس اوتاروں میں سے ایک اوتار جس میں انہوں نے دیو پتر اور سوادھا کی بیٹی دیوی بھومی کو ہرنیہ یا کچھ دیتیہ سے چھٹکارا دلانے کے لئے اختیار کیا تھا۔ ہرنیہ یا کچھ دیتیہ

سزا کا حقدار ہوگا، لیکن اس کا بیٹا پرہلاد وشنو کا خاص عقیدت مند نکلا۔ ہرن کشیپ کے بہت سمجھانے پر بھی جب پرہلاد نے وشنو کی پوجا نہیں چھوڑی تو اس نے پرہلاد کو پاگل ہاتھیوں، زہریلے ناگوں اور آگ کی مدد سے مروانے کی کوشش کی مگر کوئی پرہلاد کا بال بانکا نہ کر سکا۔ آخر میں غصہ میں آکر اس نے پرہلاد کو مارنے کے لئے پتھر کے کھمبے سے باندھ دیا اور کہا کہ تیرے مطابق اگر وشنو ہے تو انہیں اس پتھر کے کھمبے سے ظاہر کرو۔ پرہلاد کی پکار سے پسیج کر وشنو آدھے شیر اور آدھے انسان (نہ آدمی نہ جانور) کا جسم لے کر اسی پتھر کے کھمبے (نہ آسمان نہ پاتال) سے شام کے وقت (نہ دن نہ رات) ظاہر ہوئے اور گھر کی دہلیز (نہ گھر کے اندر نہ باہر) پر ہرن کشیپ کو اپنی جانگھوں (نہ آسمان نہ زمین) پر کھینچ کر اپنے ناخونوں (نہ اسلحہ نہ ہتھیار) سے اس کے سینے اور پیٹ کو چیر کر ہرن کشیپ کا خاتمہ کر دیا۔

نل: وشوکرما کے بیٹے ایک وانر۔ یہ وشنو کے رام اوتار میں انہیں مدد کرنے کے لئے ہی پیدا ہوئے تھے۔ان کی نگرانی میں لنکا جانے کا پل تیار کیا گیا تھا جس سے رام کی سینا نے سمندر پار کیا تھا۔

نارد: ایک مشہور رشی جو برہما کے نفسیاتی بیٹے (مانس پتر) کہے جاتے ہیں اور دس پرجاپتیوں میں گنے جاتے ہیں (منواسمرتی)۔ مشہور ہری بھکت۔ وینا کے موجد اور لڑائی کرانے والے تسلیم کیے گئے ہیں۔ ستیہ یگ سے لے کر دواپر تک چرچا میں رہنے کی وجہ سے آج کل کے جانکاروں کا ماننا ہے کہ نارد کسی ایک شخص کا نام نہ ہو کر کسی ونش، گرو، روایت یا سادھوؤں کے گروپ کا نام رہا ہوگا۔ نارد کا بنایا ہوا بھکتی سوتر بھکتی کا مستند گرنتھ (کتاب) مانا جاتا ہے۔

نشاد: جنگل میں رہنے والی ایک ذات کے نسل کیوٹ جس نے شرنگویر پور میں شری رام کے پاؤں دھوئے تھے اور انہیں اور لکشمن اور سیتا جی کو گنگا ندی پار کرایا تھا۔

نیل: اگنی کے بیٹے ایک وانر جو شری وشنو کے رام اوتار میں مدد کرنے کے لئے پیدا ہوئے تھے۔

اور غائب ہوکر اندر کو باندھ کر لنکا لے آیا تھا۔ برہما اور دوسرے دیوتا اِندر کو چھڑانے گئے۔ برہما جی نے میگھ ناد کو اندرجیت کا خطاب بھی دیا مگر میگھ ناد نے اندر کو تبھی چھوڑا جب اس نے برہما سے صفت حاصل کرلی کہ وہ جب کوئی یگ کرے یا جنگ کرے تو ایک گھوڑوں سے لیس رتھ اس کی خدمت میں آجائے اور جب تک اس رتھ پر چڑھ کر وہ لڑائی کرے وہ دکھائی نہ دے اور کوئی اسے مار نہ سکے۔ اگر وہ یہ پوجا پوری نہ کرسکے تو وہ کسی کے ہاتھ بھی مارا جا سکے۔ جب شری ہنومان سیتا جی کو ڈھونڈنے لنکا گئے تو میگھ ناد نے انہیں برہما استر کی طاقت سے پکڑ لیا۔ رام راون جنگ میں میگھ ناد نے طلسماتی طاقتوں سے ایسے بان چھوڑے جن سے سانپوں کی بارش ہونے لگی اور رام کی فوج ڈر کر بھاگنے لگی تب گروڑ نے آکر سانپوں کو کھا لیا تب وانر فوج ڈر سے آزاد ہوکر جنگ کرنے لگی۔ جنگ میں جیت حاصل کرنے کے لئے جب میگھ ناد پوجا کرنے چلا تب شری رام نے اس کی پوجا کو بھنگ کرنے اور میگھ ناد کو قتل کرنے کے لئے لکشمن جی کے ساتھ وانروں کی فوج بھیجی۔ لکشمن جی کے بان سے میگھ ناد کا خاتمہ ہوا۔

نرسنگھ : وشنو کے دس اوتاروں میں سے چوتھا اوتار۔ وشنو نے دیتیہ راج، ہرن کشیپ کا قتل کرنے کے لئے آدھا شیر اور آدھا انسان کے جسم لے کر ظاہر ہوئے تھے۔ وشنو نے ہرن کشیپ کے بھائی ہرن یا کچھ کا قتل کیا تھا اس وجہ سے ہرن کشیپ وشنو سے اس کا بدلہ لینا چاہتا تھا، اس کے لئے اس نے سخت ریاضت کرکے برہما سے حق حاصل کیا تھا کہ اسے نہ تو انسان مار سکے اور نہ دیو نہ راچھس، نہ کوئی اسے دن میں مار سکے نہ رات میں، نہ وہ کسی اسلحے سے اور نہ کسی ہتھیار سے، نہ گھر کے اندر کوئی اسے مار سکے نہ گھر کے باہر، نہ کوئی اسے آسمان میں مار سکے نہ زمین پر اور نہ پاتال میں۔ ان صفتوں کے ملنے سے ہرن کشیپ بے لگام ہو گیا اور اس نے ریاست میں وشنو کی پوجا پر بندش لگا دی اور کہا کہ وشنو کی پوجا کرنے والا

ماریچ: ایک راکشش۔ سُند اور اس کی بیوی تاڑکا کا بیٹا۔ سباہو کا بھائی۔ طلسمی طاقتوں کا مالک ہونے کی وجہ سے وہ سادھوسنیاسیوں کی تپسیا پوجا یگیہ وغیرہ میں خون اور گوشت وغیرہ پھینک کر رخنہ ڈالتا تھا۔ وشوامتر منی نے دشرتھ جی سے گزارش کی کہ وہ رام اور لکشمن کو سادھو سماج کو راکششوں کے ڈر سے نجات دلانے کے لئے ان کے ساتھ بھیج دیں۔ وشوامتر جی کے ساتھ آ کر رام نے سباہو اور تاڑکا کا خاتمہ کر دیا اور ماریچ کو تیر کے زور سے جنوب کی سمت میں سمندر کے پاس پھینک دیا۔ تب سے ماریچ نیک اعمال کرنے والا بن گیا۔ سپرنکھا کے ناک کان کاٹنے کا اور اسی سلسلے میں ہوئے کھر دوشن کے قتل کا بدلہ لینے کے لئے راون نے سیتا جی کو اغوا کرنے کا فیصلہ لیا اور ماریچ سے کہا کہ وہ سونے کا ہرن بن کر سیتا جی کو لبھائے جس سے سیتا اسے پکڑ لانے کی ضد کریں، رام، لکشمن ہرن کو پکڑنے کے لئے جنگل میں چلے جائیں اور سیتا جی جیسے ہی اکیلی ہوں راون انہیں اغوا کر لے۔ ماریچ کے ایسا کرنے سے منع کرنے پر راون نے اسے جان سے مارنے کی دھمکی دی۔ مجبور ہو کر ماریچ راون کی ترکیب کے مطابق سونے کا ہرن بنا۔ رام ہرن کو پکڑنے کے لئے اس کے پیچھے گئے۔ دور جنگل میں رام کا تیر ماریچ کو لگا اور وہ لکشمن جی کو بھی کٹیا سے باہر لانے کے لئے رام کی آواز میں 'ہے لکشمن'، 'ہے سیتے' کہہ کر چلّایا جس سے خوفزدہ ہو کر کہ شاید رام کسی مصیبت میں پڑ گئے ہیں، سیتا جی نے لکشمن جی کو رام کی مدد کے لئے جانے پر مجبور کیا اور کٹیا میں تنہا پا کر راون نے دھوکے سے سیتا جی کو اغوا کر لیا۔

میگھ ناد: راون اور اس کی بیوی مندودری کا بیٹا۔ پیدائش کے وقت اس نے بادل کے گرجنے کی آواز کی تھی اس لئے اس کا نام میگھ ناد پڑا۔ بھگوان شیو جی کی پوجا کرنے سے اسے غائب ہو سکنے کی اور کچھ اور طلسمی طاقت حاصل ہوئی تھی۔ جب راون اِندر سے سورگ میں جنگ کرنے گیا تھا تب میگھ ناد بھی اس کے ساتھ تھا۔ میگھ ناد نے بہت بہادری سے جنگ لڑی

مندرانچل پہاڑ: سمندر منتھن کے لئے میرو بنائے گئے پہاڑ کا نام۔ مندرانچل پہاڑ کو اپنی پیٹھ پر روکنے کے لئے وشنو نے کچھوئے کی شکل اختیار کرلی تھی۔

مندودری: راکشش مے اور اپسرا ہیما کی بیٹی۔ راون کی بیوی اور میگھ ناد اور اکشے کمار کی والدہ۔

منونتر: اکہتر چتریوگوں کا وقت۔ برہما کے ایک روز کا چودھواں حصہ۔

مدھو-کیٹبھ : مدھو اور اس کا چھوٹا بھائی کیٹبھ دو راکشش تھے۔ جب کلپ کے آخر میں وشنو جی شیش ناگ کے بستر پر سو رہے تھے، ان کی ناف سے کمل پیدا ہوا جس سے برہما جی کا ظہور ہوا ان کے کان سے بہنے والے موم سے مدھو اور کیٹبھ دو راکشش پیدا ہوئے۔ انہیں درگا جی سے من مطابق موت پانے کا وردان ملا۔ ایک دن جب برہما جی کمل کے پھول پر وید منتر بول رہے تھے مدھو اور کیٹبھ وید چوری کر کے زمین کے نیچے پاتال میں چُھپ گئے۔ برہما جی نے ان کا پیچھا کیا مگر انہوں نے برہما جی پر حملہ کر دیا جس سے عاجز ہو کر برہما جی نے بھگوان وشنو جی سے مدد کی درخواست کی۔ بھگوان وشنو جی نے پاتال میں مدھو کیٹبھ سے کئی سالوں تک لڑائی لڑی لیکن کوئی نتیجہ نہیں نکلا۔ تب بھگوان وشنو جی نے یہ جان کر کہ مدھو اور کیٹبھ اپنی مرضی سے ہی مر سکتے ہیں اور کوئی انہیں مار نہیں سکتا۔ ان سے کہا کہ وہ ان پر خوش ہیں وہ جو چاہیں ان سے دعا مانگ لیں۔ مدھو کیٹبھ نے اس غرور میں آ کر کہ وہ زیادہ طاقتور ہیں، وشنو جی سے کہا کہ بھگوان وشنو جی خود ان سے کوئی دعا مانگ لیں۔ بھگوان وشنو جی نے فوراً یہ صفت مانگ لیا کہ ان کا خاتمہ بھگوان وشنو جی ہی کریں۔ مدھو کیٹبھ نے گھبرا کر کہا کہ وہ پانی (پاتال) کے علاوہ کہیں بھی مرنے کے لئے تیار ہیں۔ بھگوان وشنو جی نے تب اپنا قد اس طرح بڑھایا کہ ان کی جانگھیں پانی کی سطح کے اوپر آ گئی۔ دیتیوں نے بھی اپنا قد بڑھایا لیکن بھگوان وشنو نے اپنی جانگھیں اور اوپر اٹھالیں، مدھو کیٹبھ کو پکڑ کر اپنی جانگھوں پر رکھا اور اپنے چکر سے ان کے سر کاٹ دیئے۔

گوتم رِشی: اہلیا کے شوہر اور شانند کے والد۔ اہلیا کی خوبصورتی سے فریفتہ ہوکر اندر گوتم رشی کی شکل بنا کر ملنے آئے۔ گوتم رشی نے اندر کو اپنی کٹیا سے نکلتے دیکھ لیا۔ اس وجہ سے رشی نے غصہ میں آکر اپنی بیوی کو پتھر میں تبدیل کر دیا اور کہا کہ ان کو نجات تبھی ملے گی جب شری رام کے قدم ان پر پڑیں گے۔ وشوامتر جی کے ساتھ متھلا جاتے وقت شری رام کے پیر نے جیسے ہی اس پتھر کو چھوا ویسے ہی اہلیا اپنی اصل شکل میں آگئی۔

گوری: بھگوان شیو کی بیوی ہونے سے پہلے پاروتی کے بچپن کا نام۔

گوالے: کرشن کے ساتھ گائے چرانے والے دوست۔

لنکنی: ایک راکشی جس نے لنکا میں داخل ہوتے وقت ہنومان جی کو روکا تھا۔ ہنومان جی نے اسے گھونسا مارا جس سے وہ پریشان ہوگئی۔ اس نے کہا کہ برہما جی نے جب راون کو دعا دی تھی تب مجھ سے کہا تھا کہ جب تو وانر کو مارنے سے پریشان ہو جائے گی تب راکششوں کا خاتمہ ہو جائے گا۔ لنکنی نے پھر شری رام کو یاد کیا اور ہنومان جی سے کہا کہ شری رام کو یاد کرتے ہوئے آپ لنکا میں داخل ہوں اور سب کام پورے کیجئے۔

لکشمن: راجا دشرتھ اور ان کی رانی سمترا کے بیٹے۔ شری رام کے سوتیلے چھوٹے بھائی۔ راجا جنک کی بیٹی ارمیلا سے ان کی شادی ہوئی تھی۔ رام سے بے انتہا محبت ہونے کی وجہ سے یہ بھی شری رام کے ساتھ 14 سال کے لئے جنگل کو چلے گئے تھے۔ یہ شیش ناگ کے اوتار مانے جاتے ہیں۔

لکشمی: ایک دیوی جو وشنو کی بیوی اور مال و دولت کی دیوی مانی جاتی ہے۔

منتھرا: راجا دشرتھ کی رانی کیکئی کی بدصورت اور کبڑی خادمہ جس نے کیکئی کی سوتیا جلن کو اکسایا تھا جس کی وجہ سے کیکئی نے دشرتھ سے اپنے بیٹے بھرت کو راج گدی دینے اور رام کو 14 سالوں کا ونواس دینے کا عہد لیا تھا۔

گروڑ: پرندوں کا راجا جو بھگوان وشنو جی کی سواری ہے۔ کشیپ اور ان کی بیوی وِنتا کے بیٹے۔ وِنتا اپنی سوت کدرو سے ایک شرط ہار گئی تھی جس کی وجہ سے اسے کدرو کی ملازمہ بننا پڑا تھا۔ گروڑ نے اپنی والدہ کو غلامی سے رہا کرنے کے لئے کدرو سے کہا جس کے بدلے میں کدرو نے گروڑ سے امرت کا مطالبہ کیا۔ گروڑ امرت لانے کے لئے جنت گئے جہاں وشوکرما اور امرت کی حفاظت کر رہے سانپوں سے لڑ کر وہ امرت کا کٹورا لے کر نکل آئے۔ بھگوان وشنو جی نے ان کی بہادری سے متاثر ہو کر انہیں اپنی سواری بنا لیا اور انہیں بغیر امرت پیے حیاتِ جاوداں کی دعا بھی دی۔ واپس لوٹتے وقت اندر نے ان پر وجر سے حملہ کیا مگر اس کا کوئی اثر گروڑ پر نہیں پڑا۔ تب اندر نے ان سے امرت لوٹانے کی گزارش کی مگر گروڑ نے اپنی لاچاری بتاتے ہوئے کہا کہ امرت کا کٹورا انہیں اپنی سوتیلی ماں کدرو کو دینا ہے تبھی ان کی والدہ آزاد ہو سکیں گی۔ کافی سوچنے کے بعد اندر اور گروڑ نے یہ ترکیب نکالی کی گروڑ کدرو کو امرت کا برتن سونپ دیں گے اور جیسے ہی کدرو ونتا کو رہا کریں گی اندر امرت کا برتن لے کر غائب ہو جائیں گے۔ اندر نے ایسا ہی کیا اور گروڑ کو یہ بھی دعا دی کہ سانپ ہی ان کا کھانا ہوں گے۔ رام راون جنگ سے پہلے جب میگھ ناد نے جادو سے ایسے بان چھوڑے جو سانپوں کی بارش کرنے لگے اور وانر سینا بے حد ڈر گئی تب نارد جی نے گروڑ کو شری رام کے پاس بھیجا جنہوں نے سانپوں کو کھا لیا اور وانر سینا نڈر ہو کر جنگ کرنے لگی۔

گوپیاں: ورنداون کی گائے چرانے والی کرشن کی سکھیاں۔

گوورد ھن: ورنداون کا ایک پہاڑ جسے شری کرشن نے چھوٹی انگلی پر سات دن اٹھائے رکھا، جس سے کہ اندر کی غضب ناک ہونے کی وجہ سے ہو رہی تیز بارش اور طوفان سے ورنداون کے رہنے والے لوگ اور جانور محفوظ رہ سکیں۔

کھر دوشن: دوراکشش، راون اور سپرنکھا کے بھائی۔ راون نے انہیں 14000 راکششوں کی فوج دے کر جن استھان کا حاکم بنایا تھا۔ جب لکشمن جی نے سپرنکھا کی ناک کان کاٹ ڈالا تو سب سے پہلے اس نے کھر اور دوشن کو اپنا دکھڑا سنایا جسے سن کر کھر اور دوشن اپنی فوج لے کر فوراً رام لکشمن سے جنگ لڑنے کے لیے چل پڑے۔ جنگ میں شری رام نے کھر اور دوشن اور ان کی تقریباً پوری فوج کو ختم کر دیا۔

گج گراہ پرسنگ: ہاتھی اور مگرمچھ کا قصہ۔

پرانے وقت میں ایک راجا اندردھمن بھگوان وشنو کے بڑے عقیدت مند تھے۔ ضعیفی میں وہ اپنا راج پاٹ اپنے بیٹے کو سونپ کر جنگل میں ریاضت کرنے چلے گئے۔ ریاضت میں محو ہونے کی وجہ سے سیک بار جنگل میں آئے اگستیہ رشی کی تعظیم نہیں کر سکے۔ اس سے ناراض ہو کر رشی نے انہیں بددعا دی کہ وہ ہاتھی ہو جائیں اور کہا کہ انہیں اس بددعا سے نجات تبھی ملے گی جب بھگوان وشنو جی ان کی پیٹھ کو چھوئیں گے۔ ہاتھی کی شکل میں اندردھمن ایک دن جھیل میں پانی پینے گئے جہاں ایک مگرمچھ نے ان کا پیر پکڑ لیا۔ اندردھمن کے بہت کوشش کرنے پر بھی مگرمچھ نے ان کا پیر نہیں چھوڑا۔ ہاتھی اور مگرمچھ میں ایک ہزار سال تک لڑائی چلتی رہی۔ ہاتھی کی درد بھری پکار سن کر وشنو جی ننگے پیر دوڑ کر آئے اور مگرمچھ کو مار کر ہاتھی کو آزادی دلائی۔ اندردھمن نے اپنے اصلی جسم کو پالیا اور انہیں موچھ حاصل ہوا۔ دیولا رشی کی بددعا سے ہوہو گندھرو مگرمچھ بن گئے تھے جنہوں نے ہاتھی کا پیر جکڑ لیا تھا۔ 1000 سالوں کی مشقت وجدوجہد کے بعد بھگوان وشنو جی نے مگرمچھ کو مار کر ہاتھی کو آزاد کرایا اور انہیں موچھ دیا۔

گدا: گدا کومودکی۔ کھانڈو جنگل کے جلنے کے وقت اگنی کی گزارش پر ورون نے بھگوان شری کرشن جی کو کومودگی گدا دی۔

ڈال دیا اور جیل کے پہرداروں سے کہا کہ دیوکی کی کسی بھی اولاد کی پیدائش کی خبر اس تک پہنچاتے رہیں۔ ایک ایک کر کے دیوکی کے 6 معصوم بچوں کو کنس نے زمین پر پٹخ پٹخ کر مار ڈالا۔ دیوکی کو ساتویں بار حاملہ ہونے پر واسودیو کی دوسری بیوی روہنی کے رحم مادر میں منتقل کر دیا گیا تھا۔ روہنی نے جس بیٹے کو جنم دیا اس کا نام بلرام تھا۔ دیوکی کے آٹھویں بیٹے کی پیدائش آدھی رات کو ہوئی جب جیل کے سب سنتری سوئے ہوئے تھے۔ واسودیو کو غیب سے آواز آئی کہ وہ فوراً اس بچے کو گوکل میں نند اور یشودا کے گھر پہنچا دیں اور ان کی اسی دن پیدا ہوئی بیٹی کو بدلے میں لے آئیں۔ واسودیو کو اپنے بیٹے کے بدلے یشودا کی کنیا کو قید خانے لے آنے پر ہی سنتری جاگے اور انہوں نے کنس کو دیوکی کی بیٹی کی پیدائش کی خبر دی۔ کنس نے اس بیٹی کو بھی مارنے کے لئے پکڑا مگر وہ اس کے ہاتھ سے پھسل کر آسمان میں یہ کہتے ہوئے اڑ گئی کہ کنس کو مارنے والا بچہ پیدا ہو گیا ہے۔ یہی بچّہ کرشن وشنو کا آٹھواں اوتار تھے۔ کنس نے پوری ریاست میں دس روز کے اندر پیدا سبھی بچوں کو مار ڈالنے کے لئے تمام راکشش بھیج دیئے۔ پُوتنا، شاکٹ، ترناورت، ادیہ اشٹک، کیشی وغیرہ راکشش کرشن کو مارنے کے لئے بھیجے مگر شری کرشن نے ان کو ہی مار ڈالا۔ آخر میں کنس نے کرشن اور بلرام کو اکرور کے ذریعہ متھرا بلا کر انہیں دھوکے سے مارنا چاہا مگر سازش کا پتہ چلنے پر کرشن نے وہیں متھرا میں ہی کنس کو قتل کر دیا۔

کیلاش: ہمالیہ کی ایک چوٹی جو مانسروور کے شمال میں ہے۔ مانا جاتا ہے کہ بھگوان شیو جی یہیں رہتے ہیں۔ شیولوک۔

کیلاش دیپک: بھگوان شیو جی کا نام، کیلاش پہاڑ بھگوان شیو اور کُبیر کی رہائش گاہ مانا گیا ہے۔

کوشلیا: راجا دشرتھ کی بیوی اور شری رام جی کی والدہ۔

کوستبھ منی: سمندر منتھن سے نکلی منی جسے بھگوان وشنو جی اپنے سینے پر پہنتے ہیں۔

کرودھ وشا، پرادھا، ارشٹا، ونتا، کپلا، منی اور کدرو تھے۔ دیوتا اور راکشش انہیں بیویوں سے پیدا ہوئے۔

کام دھینو: وششٹ منی جی کی گائے جوان کی ہر خواہش پوری کرتی تھی۔ کام دھینو گائے بھی سمندر منتھن کے وقت سمندر سے حاصل ہوئی تھی۔

کال نیمی: ایک راکشش۔ راون کا ماما۔ یہی اُسر اگرسین کے بیٹے کنس کی شکل میں دوبارہ پیدا ہوا۔

کالی ناگ: کشیپ ان کی زوجہ کدرو کا بیٹا۔ یمنا ندی میں گیند گر جانے پر شری کرشن گیند ڈھونڈنے ندی میں چلے گئے تھے، جہاں ہزار پھن والے کالیا ناگ کو ناتھ کر اس کے پھن پر پیر رکھ کر وہ یمنا سے باہر آئے۔ کالیا ناگ پھر کہیں اور رہنے چلا گیا۔

کالی جی: پاروتی کا ایک روپ جنہیں مہا کالی بھی کہا جاتا ہے۔ شیو جی کی بیوی ان کے سب کچھ برباد کر دینے والے کے روپ میں۔

کالی دہہ: ورنداون میں یمنا کا ایک دہہ یا کنڈ جس میں کالیا نام کا ناگ رہا کرتا تھا۔

کُش کیتو: راجا جنک کے بھائی کش دھوج جن کی بڑی بیٹی مانڈوی سے بھرت اور چھوٹی بیٹی شروتی کیرتی سے شترودھن کی شادی ہوئی تھی۔

کوبری: کنس کی ایک کوبڑی ملازمہ جو شری کرشن کو بہت چاہتی تھی۔

کرشن: واسودیو اور دیوکی کے آٹھویں بیٹے اور بل رام کے سوتیلے بھائی۔ بھگوان وشنو جی کے آٹھویں اوتار۔ گوکل کے نند جی اور ان کی بیوی یشودا نے ان کی پرورش کی تھی۔ اُگرسین راجا کے بیٹے کنس نے والد کو قید کر ان کی ریاست ہڑپ لی تھی۔ کنس کو کال نیمی کا اوتار کہا گیا ہے۔ کنس کی بہن دیوکی کی شادی واسودیو سے ہوئی تو غیب سے الہام ہوا کہ ان کا آٹھواں بیٹا کنس کو قتل کرے گا۔ کنس دیوکی کو قتل کرنے جا رہا تھا لیکن واسودیو کے یہ کہنے پر کہ وہ اپنا آٹھواں بیٹا اسے سونپ دیں گے، کنس نے واسودیو اور دیوکی کو قید خانے میں

گیا۔

کمنڈ (کبھند) راکشش: ایک گندردھو دانو جس نے اندر کو لڑنے کے لئے للکارا تھا۔ اندر نے اس کے سر اور جانگھوں کو اس کے جسم میں گھسا دیا تھا جس کی وجہ سے دانو کے جسم میں دو لمبے ہاتھ اور پیٹ میں ایک بڑا سا منہ رہ گیا تھا۔ اندر نے کہا تھا کہ بھگوان رام لکشمن جب اس کے ہاتھ کاٹ دیں گے اور اس کی آخری رسوم ادا کریں گے تبھی اسے اپنا پچھلا جسم ملے گا۔ جنگل میں ایک دن اس نے انجانے ہی رام لکشمن کو اپنے لمبے ہاتھوں سے پکڑ لیا۔ اپنے کو اس سے چھڑانے کے لئے بھگوان رام لکشمن نے اس کے ہاتھ کاٹ دیئے۔ کبندھ کے مرنے پر بھگوان رام نے اس کی آخری رسوم ادا کیے۔ اسی وقت آگ میں سے گندھرودانو نکلا۔ اس نے شری رام کو بتایا کہ ماتا سیتا جی کا پتہ لگانے میں وہ بندروں کے راجا سگریو کی مدد لیں۔

کلپ ورکش: سورگ کے پانچ سدا بہار پیڑوں میں سے ایک۔ سمندر منتھن سے ملے چودہ رتنوں میں سے ایک۔ جو سبھی مرادوں کو پورا کرنے کی طاقت رکھتا تھا۔

کُمبھ کرن: وشروا اور کیکسی کا بیٹا۔ راون کا بھائی۔ راون اور کمبھ کرن پچھلے جنم میں وشنو کے دار پال جے اور وجے کے اوتار مانے جاتے ہیں۔ کمبھ کرن کو برہما سے سال میں 6 ماہ سونے اور 6 ماہ جاگنے کا وردان ملا تھا۔ کمبھ کرن کی شادی وجر جوالا سے ہوئی تھی اور اس کے کمبھ اور نکمبھ دو بیٹے تھے۔ رام سے ہونے والی جنگ میں راون نے اس سے مدد مانگی تب اس نے رام کی فوج کو بہت زبردست نقصان پہنچایا۔ لکشمن اور سگریو جب اسے نہیں مار سکے تب شری رام کے بان سے اس کی زندگی کا خاتمہ ہوا۔

کشیپ: ایک ویدک رشی، پرجاپتی ماریچی اور ان کی بیوی کلا کے بیٹے۔ کشیپ کے کئی بیویاں تھیں۔ دکش کی 13 بیٹیاں بھی ان کی بیویاں تھیں، جن کے نام ادتی، دیتی، کالکا، دانیو، دانو، سنہکا،

رام کی فوج میں شامل ہوئے اور پہلے ریاکاری اور بعد میں اصل شکل سے شری رام کا ہی گن گان کرنے لگے۔ شناخت ہوجانے پر وانر انہیں سگریو کے پاس لے گئے جنہوں نے ان کے عضو کاٹ کر کے واپس بھیج دینے کا حکم دیا۔ وانر انہیں طرح طرح سے تکلیف پہچانے لگے تب شُک سارنگ نے انہیں شری رام کی قسم دلائی۔ اس مرتبہ لکشمن جی نے رحم دلی کر کے انہیں چھڑا دیا اور اپنا ایک خط انہیں راون کو دینے کو کہا جس میں راون کو تنبیہ دی گئی تھی کہ وہ تکبر و غرور کو چھوڑ کر شری رام کی پناہ میں آجائے ورنہ کنبہ سمیت نیست و نابود ہو جائے گا۔ شُک سارنگ نے شری رام کی فوج کی طاقت اور بہادری کی بہت بڑائی کی تھی اور راون کو سمجھایا کہ بھلائی اسی میں ہے کہ وہ سیتا جی کو واپس کر دے اور رام کی پناہ میں آ جائے۔ راون نے شک کو بھی وبھیشن کی طرح ہی لات ماری۔ شُک شری رام کی پناہ میں گیا جہاں شری رام نے اسے اگستیہ منی کی بددعا سے نجات دلائی جس سے وہ راکشش اپنا حقیقی منی شکل میں آ گیا اور اپنے آشرم چلا گیا۔

شیش ناگ: پرانوں کے مطابق ہزاروں فنوں کے سرپ راج جن کے پھنوں پر زمین ٹھہری ہوئی ہے۔ کشیپ اور ان کی بیوی کدرو کے بیٹے۔ گندھ مادن پہاڑ پر ان کے ذریعہ کی گئی تپسیا سے خوش ہو کر برہما نے انہیں سب سے نیچے واقع پاتال کا مالک بنا دیا۔

کچھپ یا کُوربہ اوتار: وشنو کے دس اوتاروں میں سے دوسرا اوتار۔ ضعیفی اور بیماریوں سے چھٹکارا پانے کے طریقہ کے لئے دیوتاؤں کو بھگوان وشنو جی نے چھیر ساگر متھ کر کے امرت اور دوسری خاص چیز پانے کا مشورہ دیا۔ دیوتاؤں نے راکششوں کا تعاون لے کر مندراچل پہاڑ کو میرو بنا کر اور واسوکی ناگ کی رسی بنا کر سمندر منتھن رسم کیا۔ نیچے کوئی ٹھوس چیز نہ ہونے سے پہاڑ نیچے دھنسنے لگا۔ تب بھگوان وشنو جی نے ایک بڑے کچھوے کی شکل اختیار کی اور مندراچل پہاڑ کو تب تک اپنی پیٹھ پر ٹکائے رکھا جب تک سمندر منتھن پورا نہیں ہو

نیلا ہے۔ پاروتی کے شوہر، گنیش اور کارتیکیے دو بیٹے۔ شیو نے کام دیو کو تپسیا میں رخنہ ڈالنے کی وجہ سے جلا دیا تھا۔ ان کے ہاتھ میں ترشول رہتا ہے جو ان کے تین خصوصیات کی علامت ہے۔ دوسرے ہاتھ میں ڈمرو ہے۔ ان کی سواری نندی بیل ہے۔ بھوت پریت وغیرہ ان کے خدمت گار ہیں۔ شیو نرتیہ اور شراب پسند کرتے ہیں۔ مہان یوگی، راکھ (بھسم) لپیٹے رہتے ہیں۔ کیلاش پہاڑ پر رہائش ہے۔ ان کے پانچ مکھ ہیں۔

ششوپال: چیدِی دیش کا راجا۔ دام گھوش اور ان کی بیوی شُرت شروا کا بیٹا۔ واسودیو کی بہن کے بیٹے۔ اس طرح شری کرشن اور بلرام کے پھوپھازاد بھائی۔ پیدائش کے وقت ان کے تین تین آنکھیں اور چار بازو تھے۔ ان کے والدین انھیں قبول نہیں کرنا چاہتے تھے مگر غیب سے آواز آئی کہ یہ بیٹا بہت طاقتور ہوگا۔ کسی خاص شخص کے گود میں جانے پر اس کے عضو ٹھیک ہو جائیں گے مگر وہی شخص اس کی موت کی وجہ ہوگا۔ کرشن اور بلرام جب اپنی پھوپھی شُرت شروا سے ملنے گئے تب شری کرشن جی کی گود میں جاتے ہی ششوپال کے عضو معمول پر آ گئے۔ شرت شروا نے شری کرشن جی سے التجاء کی کہ وہ اسے ہلاک نہ کریں۔ شری کرشن جی نے کہا کہ وہ ششوپال کے سو جرم معاف کر دیں گے اس کے آگے نہیں۔ ششوپال بہت ہی طاقت ور راجا ہوا اور اس نے جراسنگھ (جس کی دو بیٹیاں آستی اور پراپتی کی شادی کنس سے ہوئی تھی) سے صلح کر لیا۔ ششوپال یدھشٹر کے ذریعہ کئے گئے راج سوئیہ یگ میں بھی شامل ہوا جہاں اس نے شری کرشن اور بھیشم کو بے عزت کیا۔ کرشن جی نے ششوپال کے سو جرائم کو گنا دیا اور اس کے بعد اپنے چکر کو پکارا۔ انگلی پر چکر آتے ہی شری کرشن جی نے چکر ششوپال کے پیچھے چھوڑ دیا جس سے اس کا سر جسم سے الگ ہو گیا۔

شُک: ایک راکشش جسے راون نے سارنگ راکشش کے ساتھ جنگ سے قبل شری رام کی فوج کی طاقت کا پتہ کرنے کے لئے جاسوس بنا کر بھیجا تھا۔ یہ دونوں وانروں کا بھیس بدل کر شری

بھگوان شری رام اور لکشمن جی سگریو سے ملنے کشی کندھا جاتے وقت شبری کی کٹیا میں تشریف لے گئے تھے۔ یہ یقینی بنانے کے لئے کہ بھگوان شری رام کی خدمت میں پیش کئے جانے والے کندمول، پھل میٹھے ہوں، شبری نے پہلے انہیں چکھ لیا تھا۔ عقیدت مندوں سے محبت کرنے والے شری رام نے شبری کے جھوٹے بیر محبت سے قبول کئے اور اسے نودھا بھکتی (نو طرح کی عقیدت) جیسے شرون، کیرتن، اسمرن، پادسیون، ارچن، وندن، داسیہ، سکھیہ اور آتم نویدن کے سلسلے میں تبلیغ بھی کی۔

شالی گرام: وشنو جی کی ایک طرح کی کالے پتھر کی مورتی۔

شاستر: وہ مذہبی کتاب جو لوگوں کے مفاد اور اقائد کے لئے تحریر کیے گئے ہیں۔ ان کی تعداد 18 کہی گئی ہے۔ شکشا، کلپ، ویاکرن، نُروکت، جیوتش، چھند، رِگ وید، یجر وید، سام وید، اتھر وید، میمانسا، نیائے، دھرم شاستر، پران، آیوروید، دھنُر وید، گندھرو وید اور ارتھ شاستر۔ شاستروں میں کسی خاص موضوع کے سلسلے میں وہ پوری معلومات ہے جو ٹھیک طرح سے یکجا کر کے رکھا گیا ہو۔

شِیو: مارنے والے دیوتا۔ دوبارہ تخلیق نو کے دیوتا بھی ہیں۔ مرنے اور نئی زندگی دینے کے دیوتا (برہما سرشٹی کرتا، وشنو سرشٹی پالک اور شیو سنہارک) فلاح و بہبود کی شکل میں وہ شنکر، بھاؤں، وشوناتھ، مہادیو کہلاتے ہیں۔ تباہ و برباد کرنے والے کی شکل میں رودر، بھیرو وہ ویر بھدر، مہاکال یا کال کہلاتے ہیں۔ ان کی ایک شکل اردھ ناریشور کی ہے جو کائنات کو قائم کرنے کی وجہ ہے۔ ان کے تین آنکھیں ہیں۔ تیسری آنکھ پیشانی پر ہوتی ہے جن سے وہ بھوت، ماضی، حال اور مستقبل دیکھتے ہیں۔ جنت سے زمین پر آنے سے قبل گنگا جی کے تیز بہاؤ کو انہوں نے اپنی جٹاؤں میں روک دیا۔ ان کے ماتھے پر چندرما، گلے میں سانپوں کی اور رونڈ منڈ کی مالا ہے۔ سمندر کے اندر سے نکلے زہر کو گلے میں روکنے کی وجہ سے ان کا گلا

سوریہ: آکاش کا وہ جلتا ہوا گولا جس کی 365 دن 6 گھنٹوں میں زمین ایک چکر لگاتی ہے۔ یہ اپنی شاعائیوں (کرنوں) سے روشنی اور گرمی دیتا ہے۔ وشوکرما کی بیٹی سنگیا ان کی بیوی سے ان کے دو بیٹے ویواستو اور یم اور ایک بیٹی یمی کہی جاتی ہے۔ چھایا سے ان کے دو بیٹے شنی اور سورنی اور بیٹی تاپتی کہی گئی ہے۔ کنتی کے بیٹے کرن اور وانر راج سگریو بھی سوریہ کے بیٹے کہے جاتے ہیں۔

شنکر: منگل کرنے والے۔ مبارک، فائدہ پہنچانے والے، شیو، مہادیو، شمبھو۔

شنکھ: کرشن جی کے ہاتھ کا شنکھ پانچ جنیہ جو انہیں پنچ جن اسُر سے ملا تھا۔ پنچ جن ایک شنکھ کے اندر سمندر میں رہتا تھا۔ اس نے سندیپن گرو کے بیٹے کو پکڑ لیا تھا۔ سندیپن گرو کے پاس شری کرشن جی اور بلرام نے سپہ گری کی تعلیم حاصل کی۔ شری کرشن نے پنچ جن کو ذبح کر کے گرو کے بیٹے کو چھڑا لیا اور پانچ جنیہ شنکھ حاصل کر لیا۔

شنکھچوڑ: ایک راکشش جو کرشن کے ذریعہ مارا گیا تھا۔

شرنگی رِشی: مہارشی وبھانڈک کے بیٹے ایک رشی جنہوں نے دشرتھ کے یہاں بیٹے پیدا ہونے کے لیے یگ کرایا تھا۔

شکٹ: شکٹاسُر راکشش جسے کنس نے کرشن جی کو مار ڈالنے کے لئے بھیجا تھا۔ اس نے ایک گاڑی کی شکل بنائی اور سوتے ہوئے کرشن جی کے پاس جا کر بہت ہنگامہ مچایا۔ بال کرشن نے اپنی ٹھوکر سے گاڑی کے ہزار ٹکڑے کر ڈالے اور شکٹاسُر کو مار ڈالا۔

شکتی بان: ایک طرح کا ہتھیار۔ ایک طرح کی برچھی جو پھینک کر ماری جاتی ہے۔

شتروگھن: دشرتھ اور ان کی بیوی سُمترا کے بیٹے۔ بھگوان شری رام اور بھرت کے سوتیلے بھائی۔ راجا جنک کے بھائی کُشودھج کی بیٹی شروتی کیرتی سے ان کی شادی ہوئی تھی۔

شبری: شَوَر کی برادری کی تپسیا کرنے والی خاتون۔ بھگوان شری رام کی ایک وفادار عقیدت مند۔

اس سے بچنے کے لئے شری ہنومان نے اپنا جسم اس سے دوگنا بڑھا دیا۔ اسی طرح جیسے جیسے سرسا نے اپنا منہ بڑا کیا ہنومان جی نے اس سے دوگنا جسم کرلیا۔ جب سرسا نے سو یوجن (چار سو کوس) کا منہ کرلیا تب شری ہنومان انگوٹھے کی شکل اختیار کرکے اس کے منہ سے جا کر نکل آئے۔

سلوچنا: میگھناد کی بیوی۔

سُشین وَید: ایک وانر جو ورون کا بیٹا، بالی کی بیوی تارا کا والد اور سگریو کا وید تھا۔ اس نے ایک کروڑ وانروں کے ساتھ بھگوان رام راون جنگ میں رام کی مدد کی تھی۔ لکشمن جی کے میگھناد کے شکتی بان سے بے ہوش ہو جانے پر انہوں نے ہی سنجیونی بوٹی سے ان کا علاج کیا تھا۔

سورپنکھا: ایک راکششی۔ وشروا اور ان کی بیوی کیکسی کی بیٹی۔ راون، کمبھ کرن، وبھیشن کی بہن۔ ونواس میں رہنے کے دوران جب بھگوان رام، لکشمن، ماتا سیتا پنچوٹی میں ٹھہرے تھے تب سُرپ نکھا وہاں گھومتے ہوئے پہنچی اور خوبصورت عورت کی شکل اختیار کرکے بھگوان شری رام پر فدا ہو کر شادی کرنے کی درخواست کرنے لگی۔ بھگوان شری رام نے ان سے کہا کہ وہ لکشمن جی سے اپنی خواہش ظاہر کرے۔ لکشمن جی سے بھی دھتکار کھانے کے بعد وہ اپنی اصلی شکل میں آکر غصہ سے ماتا سیتا جی کو نقصان پہنچانے کے لئے ان کی جانب لپکی، تبھی شری رام جی سے اشارہ پاکر لکشمن جی نے اس کی ناک اور دونوں کان کاٹ دیئے۔ سرپ نکھا اپنے چچازاد بھائیوں کھر اور دوشن کے پاس پہنچی اور رو رو کر اپنی مصیبت سنائی۔ کھر دوشن اپنی فوجیں لے کر بھگوان رام، لکشمن کے پاس جنگ کرنے پہنچے جہاں وہ مارے گئے۔ تب سرپ نکھا راون کے پاس پہنچی اور ساری تفصیل سنا کر ماتا سیتا جی کے حسن و جمال اور شرمیلے پن کی تعریف کرکے راون کو اکسانے لگی کہ وہ سیتا کو اغوا کرکے اس کی بے عزتی کا بدلہ لیں۔

بچھڑا سمیت گائے کو واپس لے آئے۔ ایک بار جب پرشورام آشرم میں نہیں تھے کارت ویریہ کے بیٹوں نے آ کر جمد گنی کا قتل کر دیا۔ جب پرشورام واپس آئے تب ان کی ماں رینوکا نے 21 بار اپنی چھاتی پیٹ پیٹ کر پورا دکھڑا تفصیل سے سنایا اور شوہر کے چتا پر کود کر ستی ہو گئی۔ پرشورام نے تب عہد کیا کہ وہ 21 بار دُنیا میں گھوم گھوم کر پوری چھتریہ ذات کا خاتمہ کر دیں گے۔

سداما: بھگوان شری کرشن جی کے بچپن کے دوست اور ان کے ساتھ پڑھنے والے برہمن۔ بھگوان شری کرشن جی اور سداما دونوں نے سندیپن گرو کے پاس ایک ساتھ تعلیم حاصل کی تھی۔ جب بھگوان شری کرشن جی دواریکا کے راجا تھے تب غریبی و مفلسی میں زندگی گزارنے والے سداما کی بیوی نے انہیں ضد کر کے بھگوان شری کرشن کے پاس مدد حاصل کرنے کے لئے بھیجا۔ تحفہ میں لے جانے کے لئے کچھ چاول کا چوڑا ساتھ میں باندھ دیا۔ بھگوان شری کرشن نے سداما کی بہت آؤ بھگت کی، محبت سے تحفہ میں دیا ہوا دو مٹھی چوڑا کھایا مگر بغیر کچھ دیئے ہی انہیں واپس کر دیا۔ گھر جا کر سداما نے دیکھا کہ ان کی جھونپڑی محل میں تبدیل ہو چکی ہے۔ دیگر طرح سے بھی بھگوان شری کرشن نے انہیں بہت دولت مند (امیر) بنا دیا۔

سباھو: ایک راکشش۔ سند اور اس کی بیوی تاڑکا کا بیٹا۔ ماریچ کا بھائی۔ بھگوان شری رام نے اس کا قتل کر دیا تھا کیونکہ وہ تاڑکا اور ماریچ کے ساتھ وشوامتر وغیرہ منیوں کی عبادت اور یگ وغیرہ میں رخنہ ڈال کر کے انہیں پریشان کرتا تھا۔

سُمنت (سُمنتر): راجا دشرتھ کے ایک وزیر۔ وہ بھگوان رام، لکشمن اور ماتا سیتا کو رتھ میں جنگل تک چھوڑنے گئے تھے۔

سُرسا: کشیپ اور ان کی بیوی کرودھ وشا کی بیٹی۔ ناگوں کی ماں۔ جب شری ہنومان ماتا سیتا جی کی تلاش میں لنکا جا رہے تھے تب سُرسا نے انہیں نگل جانا چاہا۔ سُرسا نے جیسے ہی اپنا منہ کھولا

سرسوتی: علم اور الفاظ کی دیوی۔ برہما کی بیٹی/ بیوی۔

سہستر باہو (کارت ویریہ راجا کی اپادھی): کارت ویریہ سرجن جو ہے ذات کے چھتریوں کے راجا کرت ویریہ کا بیٹا تھا۔ اتری کے بیٹے دتا تریہ کارت ویریہ کے پروہت تھے۔ کارت ویریہ سرجن سے خوش ہو کر دتا تریہ نے ان سے دُعا مانگنے کو کہا۔ کارت ویریہ نے دیگر چیزوں کے علاوہ ان سے اپنے لئے ہزاروں بازو مانگ لیں۔ اتنی طاقت حاصل ہونے پر وہ بے لگام اور ظالم ہو گیا۔ اس نے اندر کو ان کی بیوی شچی کے سامنے بے عزت کیا اور بھگوان وشنو جی کو بھی للکارنے کی ہمت دکھائی۔ ایک مرتبہ اس نے سمندر کے سبھی مخلوق کو مارنا شروع کیا تب بھگوان ورون (جل کے دیوتا) نے اس سے ایسا نہ کرنے کی فریاد کی۔ بھگوان ورون سے اس نے پوچھا کہ طاقت میں کون اس کے برابر ہے تو بھگوان ورون نے پرشورام کا نام لیا۔ ایک بار نرمدا ندی کے کنارے اس نے راون کی فوج کو شکست دے کر راون کو قید کر لیا تھا۔ راون کے دادا پلستیہ رشی کے ذریعہ کئی بار تحفے دیئے جانے پر اس نے راون کو آزاد کر دیا اور ان سے دوستی کر لی۔

ایک دن شکار کرتے ہوئے راجا کارت ویریہ بھوکے پیاسے اپنے خدام کے ساتھ جم دگنی رشی کے آشرم پہنچ گئے۔ جم دگنی رشی نے اپنی گائے کو ان سب کے لئے کھانے پینے کی اشیاء مہیا کرنے کا حکم دیا جو اس نے پورا کیا۔ کھانے کے وقت بھی راجا کارت ویریہ اسی گائے کی بات کرتے رہے۔ انہوں نے جمد گنی سے وہ گائے مانگی اور اس کے بدلے ایک کروڑ گائیں اور اپنا نصف ریاست تک دینے کی تجویز رکھی جسے جمد گنی رشی نے قبول نہیں کیا۔ اس پر کارت ویریہ طاقت کے زور پر وہ گائے اور اس کا بچھڑا اپنی راجدھانی مہشماتی لے گئے۔ جمد گنی نے تب اپنے بیٹے پرشورام کو اپنی گائے اور بچھڑا واپس لانے کے لئے کارت ویریہ کی راجدھانی بھیجا۔ پرشورام نے وہاں جا کر کارت ویریہ کے کئی بیٹوں کا قتل کیا اور

چھیر ساگر کو مَتھ کے امرت، منی اور دیگر چیزیں حاصل کرنے کا مشورہ دیا۔ سمندر منتھن کے لئے مندراچل پہاڑ کو سُلب (میرو) اور واسوکی ناگ کو رسی بنایا گیا۔ مندراچل پہاڑ نیچے کوئی سہارا نہ ہونے کی وجہ سے نیچے دھنسنے لگا۔ تب بھگوان وشنو جی نے کچھوے یا (کُربھ) کی شکل اختیار کی اور اپنی پیٹھ پر مندار پہاڑ کو تب تک اٹھائے رکھا جب تک سمندر منتھن کا کام پورا نہیں ہو گیا۔

سمندر منتھن سے پیدا گھرشن (رگڑ) سے آگ پیدا ہوئی جسے اِندر نے بارش کر کے بجھا دیا۔ سمندر کا پانی دودھ بن گیا جس کے منتھن سے مکھن بن کر تیرنے لگا۔ دیوتاؤں نے تھک کر بھگوان وشنو جی سے مدد مانگی جنہوں نے اسروں کو بھی سمندر منتھن کے کام میں لگا دیا۔ دیوتاؤں اور اسروں کی مشترکہ طاقت کے سبب سمندر منتھن سے چندرما، اس کے بعد سفید لباس میں لکشمی جی، مدِرا کی سوامنی سُرا، اُچیہ شَروا (گھوڑا) اور بہت ہی قیمتی کوستھ منی نکلے جو دیوتاؤں کی جانب چلے گئے۔ اس کے بعد اپنے ہاتھ میں امرت کا کٹورا لے کر دھنونتری اور ایراوت ہاتھی نکلے۔ مستقل منتھن سے زہر نکل کر زمین پر پھیلنے لگا جسے برہما جی کی درخواست پر کائنات کو بچانے کے لئے بھگوان شیو جی نے اپنی گردن میں جگہ دی۔ اپسرائیں، کام دھینو اور کلپ ورچھ بھی سمندر منتھن سے نکلے۔ سب سے بعد میں حیاتِ جاوِداں دینے والا امرت نکلا جسے حاصل کرنے کے لئے ادیتی (دکش کی بیٹی اور کشیپ کی بیوی، دیوتاؤں کی ماں) اور دیتی (دکش کی بیٹی ار کشیپ کی بیوی دیتیوں کی ماں) کے بیٹوں میں زبردست جنگ ہوئی تب بھگوان وشنو جی نے موہنی شکل اختیار کر کے اسروں کو اپنی جانب راغب کیا۔ موہنی کی شکل پر فریفتہ ہو کر دیتیوں نے اس کے ہاتھ میں امرت سونپ دیا۔ بھگوان وشنو جی نے تب وہ امرت دیوتاؤں کو پلایا جس سے طاقت پا کر انہوں نے دیتیوں کو شکست دی۔

دواریکا کی جانب چلے گئے۔ رکمی اور ششو پال نے ان کا پیچھا کیا لیکن ناکام ہوئے۔ شری کرشن نے دواریکا میں رکمنی سے شادی کر لی۔ رکمنی شری کرشن کی آٹھ رانیوں میں سے ایک خاص رانی تھیں اور پردومن کی ماں تھیں۔

زهره: ایک چمکیلا سیارہ (شکر گرہ)۔

سنجیونی بوٹی: زندگی عطا کرنے والی ایک طرح کی جنگلی جڑی بوٹی۔ کہتے ہیں کہ اس کے استعمال سے مردہ شخص بھی زندہ ہو جاتا ہے۔ سنجیونی بوٹی سے سُشین وَید نے لکشمن میگھناد جنگ میں میگھناد کے شکتی بان سے بیہوش ہونے پر شری لکشمن کا علاج کیا تھا۔

سمپاتی: ایک گِدّھ۔ جٹایو گِدّھ کا بڑا بھائی۔ سورج کے بہت نزدیک اڑ کر جانے کی وجہ سے اس کے پَر جل گئے تھے اور وہ وندھیہ پہاڑ پر سنت نشاکر کے آشرم کے پاس گر پڑا۔ نشاکر نے اس کی دیکھ ریکھ کی اور کہا کہ بھگوان رام کے سفیر جب یہاں آئیں گے تب تمہارے پَر پھر سے جم جائیں گے۔ ماتا سیتا جی کی تلاش میں آئے ہنومان اور وانروں کے گروہ کو اس نے راون کی اشوک واٹیکا میں قید ماتا سیتا جی کا سراغ دیا۔ وانر گروہ کو دیکھتے ہی سمپاتی کے پَر پھر سے جم گئے۔

ستی: پاروتی۔ دکش پرجاپتی کی بیٹی جن کی شیو سے شادی ہوئی تھی۔

سنکادِک: سنت، سنندا، سناتن اور سنت کمار رشی جو برہما کی اِچھا ہی سے پیدا بیٹے (مانس پُوتر) ہیں۔ یہ برہمچاری ہی رہے۔ انہوں نے ہی بھگوان وشنو جی کے پہرِ دار جے اور وجے کو انہیں بھگوان وشنو جی سے ملنے پر روکنے کی وجہ سے راکشش شکل میں دوبارہ جنم لینے کی بددعا دی تھی۔

سمندر منتھن: بھگوان وشنو جی نے اپنے دوسرے اوتار میں کچھوے کی شکل اختیار کی۔ ضعیفی اور بیماریوں پر فتح پانے کے خواہشمند دیوتاؤں کو بھگوان وشنو جی نے انہیں اسروں کی مدد سے

شکل اختیار کر سکے گا اور آدمی کو چھوڑ کر اسے کوئی شکست نہیں دے سکے گا۔ ان صفات کو حاصل کرنے سے راون بے لگام ہو گیا۔ وہ کُبیر کو شکست دے کر لنکا کا راجا بن گیا اور زمین پر رہنے والوں پر ظلم کرنے لگا جس سے آجز (مجبور) ہو کر دیتا تریہ، نارد، مان دویہ، اتری، وششٹھ، وغیرہ رشیوں نے اسے بددعائیں دیں۔ کبیر کے بیٹے نل کوبر نے بھی جس کی ماشوقہ رمبھا سے راون نے نازیبہ حرکت کی تھی، راون کو شراپ دیا تھا کہ اگر کسی عورت کو اس کی خواہش کے خلاف وہ اس سے زیادتی کرنے کی کوشش کرے گا تو اس کے سر کے دس ٹکڑے ہو جائیں گے۔ کبیر کے محل کی ایک دوسری اپسرا پُنجی کستھلا نے بھی راون کو اس کی زیادتی کی وجہ سے ایسا ہی شراپ دیا تھا۔ اسی وجہ سے اشوک واٹیکا میں قید سیتا جی کے پاس آنے کا بھی وہ حوصلہ نہیں کر سکا تھا۔ بھگوان رام کی موجودگی میں لکشمن جی کے ذریعہ سپرنکھا کے ناک کان کاٹنے اور دونوں دشرتھ کماروں کے کھر دوشن کا قتل کرنے کی وجہ سے راون نے سیتا جی کو اغوا کیا اور جنگ کے حالات پیدا کر دیے۔ بہت زبردست طاقت ہونے کے سبب راون نے بھگوان رام اور ان کی فوج سے زبردست جنگ کی لیکن اسے مار سکنا مشکل لگ رہا تھا۔ وبھیشن کے ذریعہ یہ بتانے پر کہ راون کی ناف میں امرت ہے جس کی وجہ سے اس کی موت نہیں ہو پا رہی ہے۔ بھگوان رام نے اس کی ناف پر تیر مار کر اس کا خاتمہ کر دیا۔

رکمینی: ودربھ کے راجا بھیشمک کی بیٹی، رکمینی شری کرشن سے شادی کرنا چاہتی تھی مگر اس کا بھائی رکمی یہ نہیں چاہتا تھا کیونکہ شری کرشن نے اس کے دوست کنس کا قتل کیا تھا۔ رکمی نے بہن رکمنی کی شادی چیدی دیش کے راجا ششوپال سے طے کر دی۔ اس سے ناراض ہو کر رکمنی نے شری کرشن کو شادی کے روز پیغام بھجوایا کہ وہ صبح سویرے ایک مندر میں جائیں گی، کرشن اور بلرام دونوں فوج لے کر مندر پہنچے اور شری کرشن اپنے رتھ میں رکمنی کو لے کر

گناہ میں اضافہ ہوا اور دیوتاؤں، عقیدت مندوں پر دشواری پیش آئی تب تب مختلف طرح کی شکلیں اختیار کر کے بھگوان نے ان کے مصائب کو دور کیا۔ اوتار لینے پر بھی بھگوان رام ہمیشہ رہنے والے، جس کو کسی نے جنم نہ دیا ہو، وسیع، لاثانی اور جو ہمیشہ سے ہے۔ بھگوان رام جو بے عیب ہیں، اندریوں کے موضوع نہیں ہیں۔ ہمیشہ قائم دائم رہنے والے بھگوان رام وہ سب کبھی ہوئے ہی نہیں، ایسا ویدوں میں لکھا ہوا ہے۔ جیسے سورج اور اس کی روشنی الگ الگ ہے اور الگ نہیں بھی ہیں، بھگوان رام بھی دنیا سے جدا اور نا موجود ہی ہیں۔

2- وشنو کے دس اوتاروں میں سے ایک اوتار جنہوں نے راکششوں اور ان کے راجا راون کا خاتمہ کرنے کے لئے راجا دشرتھ اور ان کی رانی کوشلیا کے بیٹے کی شکل میں جنم لیا۔ وشوامتر جی نے بہت التجا کر کے راجا دشرتھ کی اجازت لی تھی کہ وہ تاڑکا، سباہو، ماریچ جیسے راکششوں سے منی، سنیاسیوں کے تحفظ کرنے کے لئے رام اور لکشمن کو اپنے ساتھ لے جائیں۔ تاڑکا، سباہو وغیرہ کا قتل ہو جانے کے بعد وشوامتر جی رام اور لکشمن کو متھلا نگر لے گئے جہاں راجا جنک کی بیٹی سیتا جی کے سیویمبر میں شیو جی کا دھنش توڑ دینے پر راجا جنک نے سیتا جی کی شادی شری رام کے ساتھ کی۔ سوتیلی ماں کیکئی کی ضد کی وجہ سے راجا دشرتھ نے شری رام کو 14 برس جنگل میں بتانے کا حکم دیا۔ سَہرا نوَردی (ونواس) کے دوران لنکا کے راجا راون نے سیتا جی کو اغوا کیا جس کی وجہ سے رام اور راون کے درمیان جنگ ہوئی اور شری رام نے راون اور دیگر راکششوں کا خاتمہ کیا۔

راون: عالم مگر بے لگام، ظلم و زیادتی کرنے والا اور خود مختار راکشش۔ لنکا کا راجا۔ وشروا اور ان کی بیوی کیکسی کا بیٹا۔ پلتسیہ رشی کا پوتا کمبھ کرن، وبھیشن اور سپرنکھا کا بھائی اور کبیر کا سوتیلا بھائی۔ اس نے سالوں تک سخت ریاض کیا اور اپنے دس سر بھی کاٹ کر شیو جی کو چڑھا دیئے۔ شیو جی اور برہما نے خوش ہو کر اسے زبردست طلسمی طاقتوں سے نوازا کہ وہ کوئی بھی

زبردستی دربار میں لائے۔ دشاسن دروپدی کو بالوں سے کھینچے ہوئے دربار میں لایا اور دریودھن کے حکم پر اسے عریاں کرنے کے لئے اس کی لپٹی ہوئی ساڑی کھینچنے لگا۔ دروپدی نے اپنی لاج بچانے کے لئے شری کرشن سے التجاء کی اور تب یہ معجزہ ہوا کہ جتنا ہی دوشاسن دروپدی کی ساڑی کھینچتا اتنی ہی وہ بڑھتی جاتی تھی۔ آخرکار دوشاسن دروپدی کی آبرو تارتار کرنے میں ناکام رہا۔ شری کرشن کی مہربانی سے دروپدی کی عزت بچ گئی۔ دروپدی نے اسی وقت یہ عہد کیا تھا کہ دوشاسن کے سینے سے نکلے خون سے دھونے کے بعد ہی وہ اپنے کھلے بال باندھیں گی۔

دھنونتری: دیوتاؤں کے خاص ویدھ (ڈاکٹر) یہ سمندر منتھن سے امرت کا کٹورا ہاتھ میں لے کر نکلے تھے۔

رگھوکل: مہاراج رگھو کا خاندان۔ مہاراج رگھو سورج ونش کے راجا دلیپ کے بیٹے تھے جو ایودھیا کے عظیم راجا تھے اور شری رام چندر جی کے پردادا تھے۔

رماں: لکشمی۔

رمبھا: ایک اپسرا، کشیپ اور ان کی بیوی پرادھا کی بیٹی۔ اندر نے انہیں وشوامتر کو لبھانے کے لئے بھیجا تھا تاکہ ان کی تپسیا ٹوٹ جائے۔

رام: 1- پر برہما جو دنیا سے الگ ہیں۔ جو نظر نہیں آتے اور جنہیں دنیا کی کوئی شۓ سے مطلب نہیں، دیوتاؤں نے ان کے مساوی، بھگوان، جو ہمیشہ رہنے والا، ایک رس، جس کے اندر دوستی دشمنی کا کوئی جذبہ نہیں، ناقابل تقسیم ہے، دولت کی خواہش سے پاک، جو بنا جنم دے ہو، جو گناہوں سے پاک ہے، جس کی کوئی شکل وصورت نہیں، جس کو کوئی جیت نہیں سکتا، جن کی طاقت کبھی ختم نہیں ہوتی اور رحم کرنے والا کہہ کر عبادت کی ہے۔ بھگوان رام نے ہی متسیہ، کچھپ، واراہ، نرسنگھ، بامن اور پرشورام وغیرہ 9 شکلیں اختیار کیں۔ جب جب زمین پر

پڑی رہیں جہاں وہ مارا گیا تھا۔ سگریو نے شری رام کو بتایا یہ سوچ کر کہ دندبھی نے بالی کو ضرور مار ڈالا ہوگا اس نے غار کے منہ پر پتھر رکھ کر اسے بند کر دیا تا کہ دندبھی باہر نہ آسکے۔ بالی کو مردہ سمجھ کر وزراء نے سگریو کو کشی کندھا کا راجا بنا دیا۔ دوسری جانب بالی دندبھی کو مار کر غار سے باہر آ گیا۔ وہ سگریو کو راجا بنا دیکھ کر غصہ سے پاگل ہو گیا۔ اس نے سگریو کو راج سے نکال دیا اور خود راجا بن گیا اور سگریو کی بیوی کو بھی زبردستی اپنے پاس رکھ لیا۔ سگریو نے کہا کہ اس نے رشیہ موک پہاڑ پر پناہ لی ہے کیونکہ ماتنگ رشی کی تپسیا (عبادت) میں رخنہ ڈالنے سے انہوں نے بالی کو بددعا دی تھی کہ اگر یہاں بالی آئے گا تو اس کے سر کے سو ٹکڑے ہو جائیں گے۔ شری رام نے بالی کو قتل کر کے سگریو کی مدد کرنے کا وعدہ کیا۔ سگریو کو اندیشہ تھا کہ رام طاقتور بالی کو مار سکیں گے بھی یا نہیں۔ اس لئے اس نے شری رام کا امتحان لینے کے لئے کہا کہ وہ دندبھی کی بڑی بڑی ہڈیاں ہٹا کر دکھائیں۔ شری رام نے اپنی ٹھوکر سے دندبھی کی ہڈیاں سو یوجن دور پھینک دی اور سگریو کو اپنی طاقت کا احساس دلایا۔

دروڈگری: ایک پہاڑ۔ رام راون جنگ میں لکشمن جی میگھناد کے شکتی بان سے بے ہوش ہونے پر علاج کرنے کے لئے سشیرڑ وید نے درو‌ڑگری سے سنجیونی جڑی منگوائی تھی۔ شری ہنومان جی پورے پہاڑ کو ہی اٹھا کر لنکا لے آئے تھے۔

دروپدی: راجا دروپد کی بیٹی اور بانڈو کے پانچوں پانڈو بیٹوں یدھشٹر، بھیم، ارجن، نکل اور سہدیو کی بیوی۔ پانڈو کے بھائی دھرت راشٹر کے بیٹے کوروا پنے چچازاد بھائیوں پانڈوؤں سے حسد رکھتے تھے اور ان کو ختم کر دینا چاہتے تھے۔ دھرت راشٹر کا بڑا بیٹا دریودھن اپنے ماما شکنی کی سازش سے جوئے میں پانڈو میں سب سے بڑے یدھشٹر سے ان کا راج پاٹ، دھن دولت اور یہاں تک کہ ان کی بیوی دروپدی کو بھی جیت گیا۔ دریودھن نے بے ہودگی کی ساری حدیں پار کرتے ہوئے اپنے چھوٹے بھائی دوشاسن کو حکم دیا کہ وہ دروپدی کو

چندرما: چند دیو۔سوم۔اتری رشی اورانسویا کے بیٹے۔

چھیرساگر: پرانوں کے مطابق سات سمندروں میں سے ایک جودودھ سے بھراہوامانا جاتا ہے۔

دشرتھ: ایودھیا کے راجا۔(ویوسوانو"سوریہ"کے بیٹے اوران کے بیٹے اِچھواکو جوایودھیا کے پہلے راجا تھے، کے خاندان میں راجااج کے بیٹے)۔راجادشرتھ کے تین خاص رانیاں کوشلیا، سمترا،اور کیکئی تھیں۔راجادشرتھ کی بڑی رانی کوشلیا نے رام، سمترا نے لکشمن اور شتروگن اور چھوٹی رانی کیکئی نے بھرت کوجنم دیا۔ایک بار شکار کے لئے دشرتھ نے ایک سادھو کے بیٹے شرون کمار جواپنے نابیناوالدین کے لئے گھڑے میں پانی بھررہاتھا، کے پانی بھرنے کی آواز کو یہ سمجھ کر کہ کوئی جنگلی جانور ہے، اپنابان چلادیا جس سے سرون کمار کی موت ہو گئی۔اس کے والدین بیٹے کی موت کے غم کو برداشت نہیں کر سکے۔انہوں نے دشرتھ کو بددعادی کہ ان کی بھی موت بیٹے کی جدائی کے غم میں ہوگی۔دیواوراسروں کی جنگ میں دشرتھ نے دیوتاؤں کی طرف سے شامبار سے جنگ کی تھی جس میں وہ زخمی ہوکر بے ہوش ہو گئے تھےاور کیکئی نے انہیں جنگ کے میدان سے باہرلاکران کی تیارداری کی تھی۔اس کے بدلے میں دشرتھ نے کیکئی سے دومرادیں مانگنے کو کہاتھا۔کیکئی نے کسی اور وقت یہ دو مرادیں مانگنے کو کہہ دیاتھا۔یہی دومرادیں اس نے رام کاراج تلک روکنے کے لئے راجا دشرتھ سے مانگ لی تھیں۔ایک تو رام کو چودہ سال کے جنگلوں میں بھجنااور دوسرا بھرت کا راج تلک کرنا۔رام کے جنگل چلے جانے پر دشرتھ نے ان کے بچھڑنے کے غم میں اپنی جان دے دی۔

دندبھی: بھینس کی شکل کا ایک راکشش۔شیو سے اسے دعاملی تھی کہ وہ سالہاسال تک جنگ کر سکے گا۔دعاکے غرور میں اس نے کشی کندھا کے راجاسگریو کے بھائی بالی کو جنگ کے لئے چیلنج کیا۔بالی سے جنگ کرتے ہوئے دندبھی ماراگیا۔اس راکشش کی ہڈیاں اسی جگہ پر

جانکی: (سیتا) متھلا کے راجا جنک جی کی بیٹی۔ متھلا ریاست میں ایک مرتبہ زبردست خشک سالی ہوئی تھی۔ نجومیوں نے مشورہ دیا کہ اگر راجا جنک خود کھت میں ہل چلائیں گے تو بارش ہو جائے گی۔ جنک جی نے عوام کی فلاح و بہبود کے لئے ویسا ہی کیا۔ ہل چلانے پر زمین سے ایک گھڑا ملا جس میں ایک بے حد خوبصورت لڑکی تھی۔ راجا جنک نے انہیں بیٹی کی طرح پرورش کی۔ شادی کے قابل ہونے پر سیتا جی کے لئے شرط رکھی گئی کہ جس میں جنک جی کا عہد تھا کہ جوان کو وراثت میں ملے شیو جی کا دھنش توڑ دے گا اسی سے سیتا جی کی شادی ہوگی۔ دشرتھ کے بیٹے شری رام نے شیو دھنش توڑ دیا اور سیتا جی کی شادی شری رام چندر جی سے ہوگئی۔

جینت: 1- دیوراج اندر کا بیوقوف بیٹا جس نے شری رام کی طاقت کا امتحان لینے کے لئے جنگل میں سیتا جی کے پاؤں میں چونچ ماری تھی۔ خون بہنے پر شری رام نے اسے مارنے کے لئے منتروں سے چلنے والا برہم بان چھوڑ دیا۔ اندر لوک، برہما لوک، شیولوک، سبھی لوکوں میں سبھی دیوتاؤں نے اس کو تحفظ فراہم کرنے سے منع کر دیا۔ آخر میں وہ شری رام کی پناہ میں گیا۔ شری رام نے سزا کے طور پر اس کی ایک آنکھ پھوڑ کر اسے چھوڑ دیا۔

2- راجا دشرتھ کے ایک وزیر۔ راجا دشرتھ کے انتقال کے بعد وششٹھ منی نے جینت کو وجے، اشوک، نندن، سدھارتھ وغیرہ کے ساتھ کیکئے دیش، راج گریہہ نگر بھرت جی کو ایودھیا واپس لانے کے لئے بھیجا تھا۔

جامونت: ریچھوں کا راجا جس نے اپنی فوج سمیت وانر فوج کے ساتھ مل کر رام کو لنکا فتح کرنے میں ان کا پورا ساتھ دیا۔

چکر: سدرشن چکر۔ وشنو کا چکر جسے وشوکرما نے سورج کی روشنی سے بنایا۔ کھانڈو جنگل کے جلنے کے وقت اگنی نے اسے کرشن کو دیا تھا۔

تِرجٹا: ایک رحم دل اور نیک دِل راکششی جو راون کی اشوک واٹیکا میں ماتا سیتا کی پہریدار تھی۔ وہ ماتا سیتا سے ہمدردی رکھتی تھی۔ اس نے سیتا جی کو بتایا تھا کہ اس نے خواب دیکھا ہے کہ بھگوان شری رام نے راون پر فتح حاصل کرلی ہے اور اس کے پورے خاندان کا خاتمہ کر دیا۔

تِرشول: ہندو تِر دیو برہما، وشنو، مہیش میں سے ختم کرنے والے شیو (مہیش) جن کے ہاتھ میں ترشول (تین کانٹوں والا) رہتا ہے جو ان کے کائنات (سِرشٹ) بنانے والے، مارنے والے اور دوبارہ پیدا کرنے والے کے عنصر جیسے تین صلاحیتوں کو دکھاتا ہے۔

جنک: اصلی نام سِردھوج۔ متھلا کے پرانے راجاؤں کا خطاب۔ ہسوروما کے بیٹے کشودھوج کے بھائی اور سیتا اور اُرمیلا کے والد اپنے سلف دیورت (اجداد) سے انہیں حاصل کئے ہوئے شیو کا دھنش پناک وراثت میں ملا تھا۔ متھلا ریاست میں بھانک سوکھا پڑا تھا اور نجومیوں کے مشورے پر خود راجا جنک نے ہل چلایا تھا، جس سے زمی سے ایک گھڑے میں ایک بیٹی ملی۔ زمین کی جتائی کے وقت ہل کے پھال سے پڑی لکیر سے کنڈ سے ملنے کی وجہ سے لڑکی کا نام سیتا رکھا گیا۔ جنک جی نے سیتا کی بیٹی کی طرح پرورش کی۔ سیتا جی نے ایک بار شِیو دھنُش ایک جگہ سے اٹھا کر دوسری جگہ رکھ دیا اس وجہ سے انہوں نے عہد کیا کہ جو شخص اس شیو کے دھنش کو توڑ سکے گا اسی سے سیتا کی شادی ہوگی۔ شری رام نے سنویور میں شیو دھنش توڑ ڈالا اور جنک جی نے سیتا کی شادی شری رام سے کردی۔

جٹایو: ایک گدھ۔ سیتا جی کو اغوا کر کے آسمان کے راستے جاتے ہوئے راون سے جٹایو نے زبردست لڑائی کی تھی جس سے جٹایو زخمی ہوکر زمین پر گر پڑا۔ سیتا جی کی کھوج میں جاتے ہوئے شری رام کو اس نے پورا واقعہ بتا کر ان کو گود میں دم توڑ دیا۔ شری رام نے جٹایو کے آخری رسوم ادا کئے تھے۔

مُتلَق کے موضوعات ہیں وے ہیں برَمھ، برہمانڈ، برَمھ ویورت، مارکنڈے، بھَوِشیہ اور وامن۔ان کے علاوہ 18 ذَ0 یلی (اُپ) پران بھی ہیں۔

پُوتنا: ایک راکششی جو کنس کے بھیجنے پر شری کرشن کو دودھ پلانے کے بہانے مارنے کے لئے گوکل آئی تھی مگر شری کرشن نے شِیر خواری میں اسے ہی مار ڈالا تھا۔

پرھلاد: دیتیہ راجا ہرن کشیپو کے بیٹے جو بھگوان وشنو جی کے خاص مرید تھے۔

تاڈکا: (تاڑکا) یکچھ سُکیتو کی بیٹی۔ برہما کی دُعا سے اسے جسم میں کئی ہاتھیوں کی طاقت ملی تھی۔اس کی شادی راکشش سُند سے ہوئی۔اس کے دو بیٹے ماریچ اور سُباہُو ہوئے۔سُند نے ایک بار اگستیہ مُنی کے آشرم پر حملہ کیا جس سے ناراض ہو کر اگستیہ نے اسے جلا کر مار ڈالا۔تاڑکا نے غصہ سے آگ ببولہ ہو کر رشی پر حملہ کر دیا تب رشی نے اسے اور اس کے دونوں بیٹوں ماریچ اور سباہو کو راکشش ہو جانے کی بد دعا دی۔راکشش ہو کر انہوں نے سبھی سادھو سنتوں کی ریاضت میں رخنہ ڈالنا اور انہیں کئی طریقوں سے پریشان کرنا شروع کیا۔ بہت پریشان ہو کر رشی وشوامتر جی نے راجا دشرتھ سے گزارش کی کہ وہ رام لکشمن کو تاڑکا اور سُباہو وغیرہ سے چھٹکارا دلانے کے لئے ان کے ساتھ بھیج دیں۔ وششٹھ مُنی کے بہت زور ڈالنے پر راجا دشرتھ نے رام لکشمن کو وشوامتر کے ساتھ بھیج دیا۔شری رام نے اپنے تیر سے ماریچ کو دور سمندر کے پاس پھینک دیا اور تاڑکا، سباہو اور دیگر راکششوں کا قتل کر کے سادھو سنتوں کو امان بخشی۔

تارا: کِشکِندھا کے راجا بالی کی بیوی انگد کی ماں۔

تُرناورت: ایک راکشش جسے کنس نے کرشن کو مار ڈالنے کے لئے بھیجا تھا۔ترناورت نے بہت بڑے طوفان کی شکل اختیار کی اور کرشن کو اڑا لے گیا لیکن بال کرشن نے اسے قابو میں کر کے اسے مار ڈالا۔

پنچ دھونی (طرح کی آواز)- وید دھونی، بندی دھونی، جے دھونی، شنکھ دھونی اور نشان دھونی۔

پنچامرت: ایک قسم کا شربت جو دودھ، دہی، گھی، چینی اور شہد ملا کر بنایا جاتا ہے۔ نارائن (رام، کرشن، سیتہ نارائن) وغیرہ کی مورتی کو نہلانے کے کام آتا ہے۔

پرشورام: جم دگنی رشی اور ان کی بیوی زینو کا (پرسین جت راجا کی بیٹی) کے بیٹے جنھوں نے 21 مرتبہ چھتریوں کا خاتمہ کیا تھا۔ ایک مرتبہ اپنے والد کے حکم پر انہوں نے اپنی والدہ کا قتل کر دیا تھا۔ لیکن بعد میں ان کے اسرار کرنے پر ان کے والد نے ان کی والدہ کو پھر زندہ کر دیا تھا۔ پرشورام وشنو کے دس اوتاروں میں سے ایک تھے جو چھتریوں کا خاتمہ کرنے کے لئے پیدا ہوئے تھے۔ والدہ رینو کا پرشورام کو یہ بتا کر کہ سہ ستر باہو کارتو یر یہ کے بیٹوں نے ان کے والد جم دگنی کو قتل کر دیا ہے، 21 مرتبہ اپنا سینہ پیٹ کر اپنے شوہر کی چتا میں کود کر ستی ہو گئی۔ اسی وقت پرشورام نے عہد کیا کہ وہ 21 مرتبہ پوری دنیا میں گھوم گھوم کر پوری چھتریہ قوم کا خاتمہ کر دیں گے۔ سیتا سویمبر کے موقع پر بھگوان شری رام کے ذریعہ شیو کا دھنش توڑے جانے سے غصہ ہو کر پرشورام جی نے اپنا ایک دوسرا دھنش بھی بھگوان شری رام سے توڑنے کو کہا۔ بھگوان شری رام جی نے جب وہ دھنش بھی توڑ دیا تب پرشورام جی نے پہچانا کہ بھگوان رام شری وشنو کے اوتار ہیں اور ان سے معافی مانگ کر تپ کرنے چلے گئے۔

پُران: ہندوؤں کے مذہب سے متعلق گرنتھ، جن میں کائنات، لے اور قدیم رشیوں اور راجاؤں وغیرہ کے واقعات درج ہیں۔ اہم پران 18 ہیں جن کو تین حصوں میں تقسیم کیا گیا ہے۔ 6 ستوگُڑ پردھان پران وشنو، ناردیہ، بھاگوت، گروڑ، پدم اور واراہ ہیں جن میں وشنو کا مقام (برتری) خاص طور سے ہے۔ 6 تموگُڑ پردھان پران متسیہ، کُرم، لِنگ، اسکند، وایو اور اگنی ہیں جو شیو کو خاص طور پر نذر ہیں۔ رجوگڑ پردھان پران جو خاص طور سے ذاتِ

تھے۔ برہسپتی کے بیٹے۔ ان کی پرورش مروتوں نے کی تھی۔

بھرگو: ایک منی جنہوں نے برہما، بھگوان وشنو، مہیش میں سب سے بڑا کون ہے۔ یہ طے کرنے کے لئے تینوں کا امتحان لیا تھا۔ برہما کے سامنے جا کر بھگو جی نے ان کے لئے جان بوجھ کر ان کو عزت نہیں دی، جس سے وہ غصہ ہو گئے اور بھرگو جی کو بے عزت کیا۔ ان سے معافی مانگ کر بھرگو جی بھگوان شیو کے پاس پہنچے اور ان کے لئے تعظیم کا اظہار نہیں کیا۔ بھگوان شیو جی اتنے غصہ سے آگ بگولہ ہوئے کہ بھرگو جی کو جلا ہی ڈالتے اگر بھرگو جی نے ان سے بہت ہی زیادہ عاجزی کا اظہار نہ کیا ہوتا۔ جب بھرگو بھگوان وشنو جی کے پاس پہنچے تو بھگوان وشنو جی نیند میں غافل تھے۔ بھرگو جی نے ان کے سینے پر لات ماری۔ بھگوان وشنو جی نے غصہ ہونے کے بجائے فوراً بھرگو جی کے پیر پکڑ لیے اور سہلاتے ہوئے عاجزی سے پوچھا کہ کیا لات مارنے سے ان کے پیروں میں چوٹ تو نہیں آ گئی۔ اس طرح بھرگو جی نے فیصلہ لیا کہ غصہ قابو میں کر لینے کی وجہ سے اور دل میں رحم ہونے کی وجہ سے بھگوان وشنو ہی کا برتاؤ بہتر اور وہ سب کے لئے پوجا کرنے کے قابل ہیں۔

پنچ اگنی: اگنی منو اور اس کی بیوی نشا کے پانچ بیٹوں ویشوانر، وشوپتی، سنی ہت، کپل اور اگرنی کا مشترکہ نام۔

پنچ کنیا: پرانوں کے مطابق اہلیا، کنتی، دروپدی، تارا اور مندودری یہ پانچ عورتیں شادی شدہ ہونے پر بھی جن کی عصمت پر کوئی آنچ نہیں آئی تھی۔

پنچ وٹی: دنڈک جنگل میں گوداوری ندی کے پاس ایک جگہ جہاں بھگوان رام، لکشمن اور ماتا سیتا جی نے بنواس کے کچھ دن گزارے تھے۔ راون نے ماتا سیتا جی کو اسی جگہ سے اغوا کیا تھا۔

پنچ شبد: پانچ شادیانے باجے جو خوشی کے موقع پر بجائے جاتے ہیں۔ تنتری، تال، جھانجھ، نگاڑا اور تُرہی۔

سبب اور مستقل خوشحالی کی شکل ہے)۔

برھماڈی: برہما کی بیوی یا شکتی: سرسوتی۔

بھگوتی: درگا، لکشمی کا نام۔

بھرت: راجا دشرتھ اور ان کی بیوی کیکئی کے بیٹے۔ رام، لکشمن اور شترو گھن کے سوتیلے بھائی۔ رام کے لئے ان کے دل میں بے حد عقیدت اور محبت تھی۔ ان کی شادی راجا جنک کے بھائی کش دھوج کی بیٹی مانڈوی سے ہوئی تھی۔ کیکئی نے بھرت کو راج گدی دلانے کے لئے راجا دشرتھ سے اسے کبھی دیئے دو وچنوں کو پورا کرنے کو کہا۔ اس نے دشرتھ کو یہ قول پورا کرنے کے لئے مجبور کیا کہ وہ شری رام کے بجائے بھرت کو راجیہ سونپ دیں اور شری رام کو 14 سال کا ونواس دیں۔ رام کی جدائی میں راجا دشرتھ کا انتقال ہو گیا۔ بھرت اس وقت اپنے نانا کے گھر گئے ہوئے تھے۔ وہاں سے آنے پر سارا واقعہ سن کر وہ سب کو ساتھ لے کر شری رام لکشمن اور سیتا جی کو واپس لانے کے لئے چترکوٹ تک گئے۔ رام نے اپنے والد کے دیئے گئے قول کو توڑنا قبول نہیں کیا تو بھرت جی شری رام کی کھڑاؤں لے کر ایودھیا واپس آئے اور راج سنہاسن پر شری رام کی کھڑاؤں رکھ کر شری رام کے نمائندے کے طور پر 14 سالوں تک حکومت کی۔

بھسماسر: ایک راکشش جسے بھگوان شیو جی سے ترغیب ملی تھی کہ وہ جس کے سر پر ہاتھ رکھ دے گا وہ جل کر مر جائے گا۔ یہ ترغیب پا کر بھسماسر نے بھگوان شیو جی کو ہی خاک کر دینا چاہا جس سے بچنے کے لئے وہ 18 سال سمندر میں چھپے رہے۔ آخر میں بھگوان شری کرشن نے بھسماسر کا قتل کر دیا۔

بھاردواج: مختلف ویدک سرتوں (منقبت) کے رچیتا۔ ان کے نام سے ایک گوتر کی ابتداء ہوتی ہے۔ پریاگ میں واقع ان کے آشرم میں رام، لکشمن، سیتا جی، ونواس کے دوران گئے

مار پائے گا اور انہیں اپنی مرضی کے مطابق زندہ رہنے کی دعا دی۔

بلی: ایک راکشش راجا۔ وروچن اور وندھیاکلی کے بیٹے۔ عبادت و ریاضت کر کے اس نے اندر کو شکست دی اور دیوتاؤں کو زیر کر دیا اور تینوں لوکوں پر اپنی ریاست قائم کر لی۔ اس سے پریشان ہو کر دیوتا بھگوان وشنو جی کے پاس گئے۔ بھگوان وشنو کا پانچواں اوتار بلی کو دھوکہ دینے کے لئے ہوا تھا۔ بھگوان وشنو جی نے وامن کی شکل میں پیدا ہو کر اس شکل میں دان دینے کے لئے مشہور راجا بلی سے تین قدم زمین بطور دان مانگا۔ منظوری ملتے ہی وامن نے اپنا قد بڑھایا اور ایک قدم میں پوری زمین اور دوسرے قدم میں آسمان کی پیمائش کر لی۔ کوئی اور جگہ نہ ملنے پر بلی نے اپنے دیئے وعدے کو پورا کرنے کے لئے تیسرا قدم ناپنے کے لئے خود اپنے سر کو پیش کر دیا۔ وامن کی شکل میں وشنو نے تیسرا قدم ناپتے وقت اسے زمین کے نیچے والے پاتال میں ڈھکیل دیا اور وہاں حکمرانی کرنے کی اجازت دی۔ اس طرح اندر کو دوبارہ برہمانڈ کا قبضہ حاصل ہو گیا۔

بودھ: بودھ مذہب کا خالق گوتم بدھ، جنہیں وشنو جی کا نواں اوتار مانا گیا ہے۔

بیکنٹھ: پرانوں کے مطابق وہ جگہ جہاں بھگوان وشنو جی رہتے ہیں۔ یعنی سورگ۔

برہم پور:

1- وہ لوک جہاں برہما جی رہتے ہیں۔

2- ایسے بہت سے مکان جو راجا مہاراجہ برہمنوں کو دان کرتے ہیں۔

برہما پھانس: برہما گرنتھی۔

1- یگوپویت یا جنیو کی اہم گانٹھ۔

2- (برہما استر: ایک طرح کا ہتھیار جو منتر سے چلایا جاتا تھا)

برھما: برہما کے تین شکلوں میں سے کائنات کی تخلیق کرنے والی شکل (واحد فکر جو دنیا کی تخلیق کا

اندراین کا پھل: ایک بیل جس کا لال پھل دیکھنے میں بے حد خوبصورت لیکن کھانے میں بہت زیادہ کڑواہوتا ہے "ون کندرو"۔

اندرلوک: اندر کا رہائشی مقام سورگ۔

اگرسین: ایک یادو راجا۔ آہوک کے بیٹے اور کنس کے والد۔ کنس نے والد کو قیدی بنا کر ان کی ریاست ہڑپ لیا تھا۔ بھگوان شری کرشن نے کنس کے قتل کے بعد اگرسین کو دوبارہ متھرا کا راجا بنادیا تھا۔

اودھو: بھگوان شری کرشن کے چاچا اور دوست جنہیں بھگوان شری کرشن نے گوپیوں کو یہ سمجھانے کے لئے متھرا سے گوکل بھیجا تھا کہ وہ بھگوان کرشن کی طرف راغب نہ ہوں۔

ایراوت: اندر کی سواری سفید ہاتھی جو مشرق کا دِگج ہے۔ یہ ہاتھی سمندر متھنے سے نکلا تھا۔

بکاسُر: ایک اسر جسے کنس نے بھگوان کرشن کو مارنے کے لئے بھیجا تھا جب وہ اور بلرام چھوٹے تھے۔ بک نام کے اس اسر نے ایک بڑے سارس کی شکل اختیار کرلی اور جب بھگوان کرشن ندی کے کنارے کھیل رہے تھے اس نے اپنی بڑی سی چونچ کھول کر بھگوان کرشن کو نگل لیا۔ لیکن جیسے ہی بھگوان کرشن اس کے گلے تک پہنچے اس کا گلا جلنے لگا، اس نے بھگوان کرشن کو اگل دیا اور وہ مرگیا۔

بجرنگ: انجنا اور وایو دیوتا کے بیٹے ہنومان بچپن میں ہی شری ہنومان نے سورج کو پھل سمجھ کر منہ میں دبالیا تھا۔ سورج کے تحفظ کے لئے اندر نے گھبرا کر اپنا وجر ان پر پھینکا جس سے ان کا جبڑا ٹوٹ گیا۔ شری ہنومان جی کو زخمی حالت میں دیکھ کر مشتعل وایو دیوتا (پون دیو) انہیں زمین کے نیچے لے کر چلے گئے۔ پون دیو کے چلے جانے سے سبھی انسان جانور اور پیڑ پودوں کا دم گھٹنے لگا، تو دیوتاؤں نے وایو سے شری ہنومان سمیت زمین کے نیچے سے واپس آنے کی بہت فریاد کی۔ برہما اور اندر نے شری ہنومان کو ایسی دعا دی کہ انہیں کوئی کسی ہتھیار سے نہیں

رامائن یک قافیہ میں مذکورہ کرداروں، تلمیحات، واقعات وغیرہ کا مختصر جائزہ

انگد: وانرراج بلی کا بیٹا جسے بلی کو مار ڈالنے کے بعد ان کو بھگوان رام نے کشی کندھا کا ولی عہد بنا دیا۔ بھگوان شری رام نے اسے سفیر بنا کر قاصد امن کا پیغام لے کر راون کے پاس بھیجا تھا، جسے راون نے ٹھکرا دیا تھا۔ راون کے دربار میں طاقت اور قوت کے امتحان کے لئے انگد نے سبھی کو چیلنج کیا تھا کہ اس کے پیر کو کوئی اپنی جگہ سے ہلا کر دکھائے۔ راون کا کوئی بھی درباری اس کے پیر کو اپنی جگہ سے ہٹا نہیں سکا۔ بھگوان رام اور راون کی جنگ میں انگد نے کئی راکشوں کو موت کے گھاٹ اتارا۔

انجنی نندن: انجنا اور وایو دیوتا کے بیٹے ہنومان جی۔

اکشے کمار: (اچھے) راون اور اس کی بی بی مندودری کا بیٹا۔ بھگوان ہنومان جی نے جب راون کی اشوک واٹیکا اجاڑی تب راون نے اکشے کمار کو فوج سمیت انہیں مارنے کے لئے بھیجا۔ ہنومان جی نے اکشے کمار اور اس کے کئی فوجیوں کو قتل کر دیا۔

امراوتی: اندرلوک کی راجدھانی۔

اردھناریشر: تنتر میں شیو کا آدھا آدمی اور آدھا عورت والا جسم۔

اردھانگی: (اردھ ناریشور) شیو کی ایک شکل جس میں ان کے جسم کا دایاں حصہ آدمی اور بایاں حصہ عورت کا ہے۔ (آدھا شیو اور آدھا شکتی) شیو کا آدھا آدمی اور آدھا عورت کا جسم۔

اندر: ویدوں کے مطابق ایک دیوتا جو دیوتاؤں کے راجا کہلاتے ہیں۔ پرانوں کے مطابق کشیپ اور ادیتی کے بیٹے اور بھگوان وشنو جی کے بڑے بھائی جو بارش کے دیوتا مانے جاتے ہیں۔ یہ سورگ میں رہتے ہیں۔

اندرانی: اندر کی بیوی شچی۔

کے لیے خوش آئند قدم ہوگا اور جو یہ ثابت کرے گا کہ اردو زبان مادر ہند کی وہ خوبصورت دختر ہے جس کے دامن میں بلا مذہب وملت کے تفریق ہزار ہا پھول مسکرا رہے ہیں جن کا اپنا رنگ ہے، اپنا آہنگ ہے۔ ملک الشعراء دوارکا پرشاد افق لکھنوی کا بھی اپنا رنگ وآہنگ ہے جس کا فنی، ادبی وتنقیدی جائزہ لیا جانا ضروری ہے۔

ڈاکٹر محمد نسیم الدین ندوی
ایڈیٹر روزنامہ گزرا زمانہ
لکھنؤ

11 ربیع الثانی 1661ھ سن ہجری
9 دسمبر 2020

سنسکرت اور اصل فارسی یعنی ژندواستا کی زبان ایرین کے رشتہ سے ایک دادا کی اولاد ہیں مگر زمانہ کے اتفاق دیکھو کہ خدا جانے کیسے سو برس یا کہیے ہزار برس کی بچھڑی ہوئی بہنیں اس حالت سے آ کر ملی ہیں کہ ایک دوسری کی شکل نہیں پہچان سکتی۔

آب حیات، ص10

زبان اودھی میں تلسی داس کے شاہکار رام چرت مانس کے بعد اردو ادب میں رامائن یک قافیہ کی دوسری مثال نہ ادبی وفنی اعتبار سے ملتی ہے اور نہ ہی بیان کے اعتبار سے، یک قافیہ رامائن کے انداز بیان میں روانگی و برجستگی کا وہ سحر ہے جو اس کو مثنوی سحر البیان، مثنوی گلزار نسیم، مثنوی زہر عشق کے مدمقابل لا کھڑا کرتا ہے۔ افق جب منظر نگاری پر آتے ہیں تو ایسے منظر پیش کر دیتے ہیں کہ لفظوں کے انتخاب تراکیب کے انداز میں پورا منظر نظروں کے سامنے رقصاں ہو جاتا ہے۔ مکالمہ نگاری میں زبان و بیان کا حسین گلدستہ مثنوی کا طرہ امتیاز ہے۔ بعض مقامات پر لفظیات وتلمیحات کے ایسے منظر آتے ہیں جہاں نعتیہ شاعری کا احساس ہوتا ہے۔ مثنوی رامائن یک قافیہ کے اتنے اوصاف حسینہ ہیں جن کو لفظوں کے قالب کے بیان کر دینا ممکن نہیں ہے۔ ہاں یہ ضرور ہے کہ نقاد حضرات اس طرف متوجہ ہوں اور اردو کی دوسری مثنویوں سے موازنہ کر کے مثنوی یک قافیہ کا فنی وتنقیدی جائزہ لیا جائے تو اس کے محاس ادب اسی طرح ابھر کر سامنے آئیں گے جس طرح دوسری مثنویوں کے آئے ہیں۔ خوشی کی بات ہے ڈاکٹر کومل بھٹناگر کی کاوشوں سے یہ اردو ادب کا شاہکار دیوناگری رسم الخط اور اردو میں ایک بار پھر منظر عام پر آ رہا ہے جو ادب کے شائقین کے لیے ایک خوبصورت تحفہ ہے۔ امید ہے ادبی وتنقیدی مباحث کا نیا دور شروع ہوگا جو اردو زبان و ادب

پیش لفظ

یک قافیہ رامائن ملک الشعراء دوارکا پرشاد افقؔ لکھنوی کا ایسا شاہکار ہے جس پر صدیاں ناز کریں گی۔ اس کی روانگی برجستگی کمال فن کا نمونہ اور مثالی ہے۔ شاعر نے ایجاز و اختصار کے لیے معجزانہ اندازِ بیان اختیار کیا ہے۔ یہ مثنوی بھی فن پارہ ہے بالکل اسی طرح جس طرح مثنوی سحر البیان، مثنوی گلزار نسیم اور مثنوی زہر عشق ہیں۔ بد قسمتی سے اسی کا فنی و تنقیدی جائزہ اس طرح نہیں لیا جس طرح اردو کی تین مشہور زمانہ مثنویوں کے فن پر خامہ فرسائی کی گئی ہے۔ اسی کو مذہبی مثنوی سمجھ کر نظر انداز کیا گیا ہے بالکل اسی طرح سے جس طرح علامہ شبلی سے پہلے رثائی ادب کا ادبی و فنی جائزہ نہیں لیا گیا۔ علامہ شبلی نے جب موازنہ انیس و دبیر لکھا تو رثائی ادب پر فنی و تنقیدی بحث شروع ہوگئی اور موازنہ انیس و دبیر کے بعد رثائی ادب پر کئی کتابیں معارض وجود میں آگئیں اور ایک سلسلہ چل نکلا۔ اردو میں زیادہ تر مثنویوں میں داستان سرائی ہوتی ہے۔ یک قافیہ رامائن میں بھی داستان ہے۔ ایک ایسے مذھبی کردار کا جو ہندستان میں بہت مقدس ہے جس کی تقدیس کا عالم یہ ہے ہندستان کی ساری زبانوں میں اس داستان کو بیان کیا گیا ہے۔ سب سے پہلے مہہ رشی بالمیکی نے اس کو سنسکرت زبان کا قالب عطا کیا۔ یاد رہے سنسکرت زبان دنیا کی عظیم ترین زبان ہے۔ ایک خوبصورت بات بتاتا چلوں مولانا محمد حسین آزاد فارسی و سنسکرت کو سگی بہنیں قرار دیتے ہوئے رقم تراز ہیں۔

نور کی تصویر سر سے پاؤں تک ہے رام چندر
سانولی صورت پہ سب کو مرد مک کا ہے گماں

یک قافیہ رامائن میں افق نے سبھی رسوں کو بخوبی نظم کیا ہے۔ انہیں جمالیاتی، نفسیاتی اور مناظر قدرت کو نظم کرنے میں کمال حاصل ہے۔ افق نے شری رام کتھا کو یک قافیہ رامائن میں بہت خوبصورتی سے سمونے کی کوشش کی ہے۔ ان کا یہ کارنامہ اردو شاعری کی تاریخ میں ناقابل فراموش ہے اور تاریخی حیثیت کا حامل ہے۔

لکھنؤ، 4 جنوری 2020ء

ہیں جو رامائن کے مشہور زمانہ سات کانڈ
سات پردے ہیں وہ چشمِ انس و جن کے بے گماں

افقؔ کے رامائن یک قافیہ میں اردو شعر و ادب کی روایات کا اہتمام و انصرام ملتا ہے۔ تشبیہات و استعارات کے خوش نما پیکر نظر آتے ہیں۔ صنائع لفظی اور صنائع معنوی کی گل کاریاں اپنی پھبن دکھاتی ہیں۔ سنسکرت اور ہندی شاعری کے نادر اور نایاب نمونے اپنی رنگینیاں اور رعنائیاں سموئے ہوئے ہیں۔ ریتی کال کے ہندی شاعروں کے دل کش اور دل فریب منظر نگاری نے اس نظم کو منفرد اور دل نشیں بنا دیا ہے۔

سیتا جی کے نکھ شکھ روپ درشن میں افقؔ نے اپنی تمام تر شاعرانہ نزاکتوں کو ساحرانہ انداز میں پیش کیا ہے۔ زیورات اور ملبوسات کا ذکر اس کو تاریخی اہمیت کے ساتھ تہذیبی اور ثقافتی روپ میں ڈھال دیتا ہے۔

اس میں ہندو دھرم سے متعلق پرانوں میں بیان کردہ وشنو جی کے دس اوتاروں کو اڑتیس شعروں میں نظم کیا ہے۔ وشنو جی، مچھ، کشیپ، واراہ، نرسنگھ، وامن، پرس رام، کرشن، بدھ اور کلکی ہیں۔ افقؔ فرماتے ہیں۔

ہر گھڑی ہر آن ہر لحظہ رہے وِردِ زباں
رام رگھ کُل کیت، رگھوکُل بھان، رگھ کُل چندرماں

افقؔ نے سراپا نگاری میں بھی اپنے فن کا کمال پیش کیا ہے۔

ملاحظہ ہو۔

دل کو خواہش ہے کہ رگھوبر کا سراپا ہو بیاں
کھینچتا ہے رام کی تصویر یوں کِلکِ رواں

رامائن یک قافیہ

حرفے چند

پروفیسر سید فضل امام رضوی

سابق صدر شعبۂ اردو، الہ آباد یونیورسٹی، الہ آباد

اردو میں رامائن نثر اور نظم دونوں میں پیش کیا جاتا رہا ہے، اردو شعراء نے اپنے جولانی طبع کے جوہر دکھلائے ہیں۔ منشی جگن ناتھ خوشتؔر اور فرحتؔ کی رامائن کافی مشہور اور مقبول رہی ہیں۔ منشی دوارکا پرساد افقؔ لکھنوی نے بھی تلسی داس کے ذریعہ تصنیف کی گئی رامائن کو اردو کا قالب میں بحسن وخوبی ڈھالا ہے اور اہل ذوق نے خاطر خواہ پذیرائی کی ہے۔ لیکن افقؔ لکھنوی کا شاہکار اور انتہائی گراں قدر کارنامہ "رامائن ایک قافیہ" ہے۔ ایک ہی قافیہ میں مکمل رامائن کو منظوم کردینا لائق داد و تحسین ہے۔ یہ پہلی بار 'منشی نول کشور پریس، لکھنؤ' 1885ء میں طبع ہوا۔ اس میں 31 ذیلی سرخیاں قائم کی گئی ہیں۔ افقؔ لکھنوی 1864ء میں لکھنؤ کے محلۂ نوبستہ میں پیدا ہوئے تھے اور 1913ء میں راہی مُلکِ عدم ہوئے تھے۔

رامائن کے سات کانڈوں کو بڑی فنی چابک دستی سے شعری پیکر عطا کیا گیا ہے۔ فرماتے ہیں۔

رامائن یک قافیہ اردو تاریخ کی وہ منفرد نظم ہے جس میں انسانی جذبے کی تمام صورتیں بیان کی خوبی کے ساتھ یکجا ہوگئیں ہیں۔ اس طرح صرف یہی نہیں کہ وہ مذہبی جذبات یا ایک مذہبی شخصیت کے حوالے سے لکھی ہوئی نظم ہے بلکہ ادبی اور فنی اعتبار سے ایک ادبی اور علمی شہ پارہ ہے جو اردو شاعری کے اثاثے میں زبردست تاریخی اضافہ ہے۔

پروفیسر شارب ردولوی

C-95, Sector-E,

Aliganj, Lucknow-226 024

بن میں یوں تھے جس طرح بتیس دانتوں میں زباں

کیا عجب خوش ہو جو پڑھ کر اس کو ہر نازک خیال

کیا تعجب صاد فرمائیں جو اس پر قدرداں

خوب مارے ہاتھ بڑھ کر قلزم زخار میں

خوب مضمون آفرینی کے کئے جوہر عیاں

الغرض ہیں خرم و خنداں یہاں سب گل کی طرح

اس گلستاں میں بہم ہے لطفِ کشت زعفراں

ان سے چار آنکھیں کرے سورج کی یہ طاقت نہیں

چار منھ سے کرتے ہیں وصف ان کا برہما جی بیاں

ہونٹ کاٹنا، ہاتھ ملنا، بتیس دانتوں کے بیچ میں زبان کا ہونا، صاد کرنا، ہاتھ مارنا، جوہر ظاہر کرنا، کشت زعفران ہونا، آنکھیں چار کرنا ان پانچ اشعار میں کس خوبصورتی سے افق نے آٹھ محاوروں کا استعمال کیا ہے۔ محاورے شعر میں معنی کو وسعت دیتے ہیں اور اس کے اثر کو بڑھانے کا کام کرتے ہیں اس لئے افق نے مختلف مواقع پر محاوروں کے استعمال سے فائدہ اٹھایا ہے۔ رامائن یک قافیہ میں رام چندر جی کی ابتدائی زندگی سے لے کر رام چندر جی کا سراپا، بسوامتر کی اودھ میں آمد، جانکی جی کا جنم، دھنش یگ، رام وواہ، بھرت ملاپ، بنواس اور پھر راون سے جنگ کے ایک ایک واقعہ کو پوری تفصیل، زبان کی پوری خوبصورتی اور محاورہ بندی کے ساتھ نظم کیا گیا ہے اردو میں رامائن کے بہت سے ترجمے مل جائیں گے لیکن اس کی مذہبی اہمیت کی وضاحت کے ساتھ رام چندر جی کی ایک مکمل تصویر ہمیں رامائن یک قافیہ میں نظر آتی ہے۔

خدمت ہیں۔ ابرو، مژہ اور چشم کے بارے میں تشبیہات دیکھئے۔

دل کو خواہش ہے کہ رگھبر کا سراپا ہو بیاں
کھینچتا ہے رام کی تصویر ہو کلک رواں
نور کی تصویر سے سے پاؤں تک ہیں رام چندر
سانولی رنگت پہ سب کو مردمک کا ہے گماں
دونوں ابروئے خمیدہ کی صفت لکھتی ہے فکر
ایک ہے کالی کی تلوار، ایک شیو جی کی کماں
ابرو و چشم و مژہ کی ہے صفت پتلی کے ساتھ
اس جگہ ہے مجتمع دھن، مین، برچھک، چندرماں

اس طرح دوارکا پرشاد افق نے بہت تفصیل سے رام چندر جی کا سراپا نظم کیا ہے، سراپا اردو شاعری کی ایک خاص صفت ہے جو مختلف اصناف میں کہیں سراپا کی شکل میں کہیں پیکر تراشی کی شکل میں مل جاتی ہے لیکن رامائن یک قافیہ میں یہ سراپا اپنی ایک انفرادی حیثیت رکھتا ہے۔ افق نے اس سراپے کو تمام فنی آراستگی کے ساتھ نظم کیا ہے۔ اس طویل نظم کی ایک صفت یہ بھی ہے کہ اس میں اردو، ہندی، فارسی، عربی اور سنسکرت کے الفاظ کا بڑی سادگی اور بے تکلفی سے استعمال کیا گیا ہے۔ اس طرح یہ ایک لسانی مطالعہ کا بھی حصہ ہے اور صرف یہی نہیں بلکہ اس میں تقریباً 500 محاورے استعمال کئے گئے ہیں۔ محاورے ہماری زبان کا سرمایہ ہیں اور ان کا استعمال اس کی لسانی توانائی کو ظاہر کرتا ہے۔ یہاں پر چند محاوروں کا استعمال دیکھیں۔

کاٹتے تھے ہونٹ دانتوں سے، ملا کرتے تھے ہاتھ

قدرت کامل دکھاتے ہیں انہیں کے سات رنگ
ہفت کشور، ہفت قلزم، ہفت خط، ہفت آسماں
بندگی ان کی کہ جو دنیا میں روشن دل ہوئے
ذرّہ، برق، انجم، قمر، سیارے، سورج، کہکشاں
ہفت چیزیں آدمی پاتا ہے ان کے دھیان میں
زندگی، عیش، امن، آسائش، طرب، فرحت، اماں

اس طرح بڑی خوبصورتی سے دوارکا پرشاد افق نے قانون قدرت میں سات کی اہمیت پر روشنی ڈالی اور مختلف مصرعوں میں سات چیزوں کا ذکر کیا ہے اور کہا ہے کہ اسی لیے رامائن سات کانڈ میں منقسم ہے۔ اس کے بعد وشنو جی کے دس اوتاروں کا ذکر ہے۔ کب کب کس شکل میں وہ آئے اسے مختصراً بیان کیا گیا ہے۔ بیان واقعہ شروع ہونے سے پہلے یہ ضروری تھا کہ وشنو جی کے الگ الگ روپ سے قاری کو متعارف کرا دیا جائے تاکہ ان کے موجودہ روپ کو سمجھا جاسکے۔

رامائن یک قافیہ کی ایک خصوصیت اس میں رام چندر جی کے سراپے کی شمولیت ہے۔ انھوں نے بڑے فطری انداز میں الفاظ سے ان کی تصویر کھینچنے کی کوشش کی ہے۔ جس کی ایک بڑی خوبی یہ ہے کہ یک قافیہ ہونے کے باوجود اس کی (پکٹوریل کوالٹی) تصویری خوبی میں کہیں کوئی کمی نہیں آئی۔ ان کے اشعار پڑھ کر ہمیں انسان کے روپ میں ایک اوتار نظر آتا ہے جس کے لئے احترام وعقیدت کا جذبہ فطری طور پر پیدا ہوتا ہے۔ دوارکا پرشاد افق نے اس سراپے میں معنوی وسعت پیدا کرنے کے لئے بڑی خوبصورتی سے تشبیہ، استعارے اور تلمیح سے فائدہ اٹھایا ہے۔ چند اشعار ان صفات کے مثال کے طور پر پیش

میں شاعر کے لئے اپنے خیال کو نظم کرنے کی زیادہ آزادی رہتی ہے لیکن یک قافیہ ترجمہ ایک طرح سے پابند نظم ہے پھر بھی کسی جگہ پر محسوس نہیں ہوتا کہ قافیہ کی پابندی کی وجہ سے شعر کی روانی میں کوئی فرق آیا ہو یا معنی واضح نہ ہوئے ہوں۔

رامائن یک قافیہ میں ایک بات اور خصوصی توجہ چاہتی ہے وہ اس کی واقعہ نگاری ہے اس لئے کہ رامائن رام چندر جی کی زندگی سے متعلق بیانیہ ہے اور ان کی زندگی راج دربار سے بن باس تک پھیلی ہوئی ہے جس سے بے شمار ضمنی واقعے وابستہ ہیں۔ اس لئے یہ واقعہ بنیادی طور پر سات کانڈ پر مشتمل ہے جس میں رام چندر جی کی زندگی کا تقریباً ہر پہلو آ گیا ہے۔ اس طویل قصے کی ماجرا سازی اور اس میں توازن کا قائم رکھنا سب سے بڑی بات ہے۔ دوارکا پرشاد افق نے اس طویل نظم میں کسی جگہ بیانیہ کو کمزور نہیں ہونے دیا اور قافیہ کی بندش کے باوجود اس کا ہر کانڈ ایک دوسرے سے بڑی خوبصورتی سے وابستہ ہے۔ رامائن یک قافیہ میں دوارکا پرشاد افق نے مختلف عنوانات کے تحت واقعات کو نظم کیا ہے۔ شروع میں رامائن کے سات کانڈ کی رعایت سے انھوں نے سات کے عدد پر روشنی ڈالی ہے اور یہ لکھا ہے کہ یہ سات ہماری زندگی کا کتنا اہم عدد ہے۔ چونکہ دوارکا پرشاد افق کو علم نجوم و ہیئت سے بھی دلچسپی تھی اس لئے اس کی ان خصوصیات کو بھی ظاہر کیا ہے اور پھر رامائن کے سات کانڈ کی اہمیت کو نظم کیا ہے۔ چند اشعار اس کی ابتدائیہ میں سات کی اہمیت کے دیکھئے۔

خیمہ زن ہر وقت رہتے ہیں انھیں کے وصف میں
جم، برن، سنکو، نارد، شیش، سورج، چندرماں
ہفت دوزخ، ہفت اختر، ہفت جوش و ہفت کوہ
کرتے ہیں ظاہر انھیں ساتوں کی قدرت کا نشاں

کی ہیئت میں بھی نظم کیا اور طویل منظوم بیانیہ کی شکل میں بھی انھوں نے پورے واقعہ کا بیان کیا۔ اس ترجمہ کی خصوصیت یہ ہے کہ وہ پوری رامائن یک قافیہ ہے۔ افق کے اس رامائن یک قافیہ میں کموبیش بارہ سو اشعار ہیں اور تقریباً بارہ سو اشعار کو ایک قافیہ میں نظم کرنا معمولی صلاحیت کا کام نہیں ہے۔ اردو میں غیر مردّف قصائد اور نظمیں لکھنے کی روایت رہی ہے۔ افق نے کموبیش بارہ سو اشعار میں پوری رامائن کو یک قافیہ نظم کر کے قدرت شعری کی ایک مثال قائم کر دی۔ رامائن دنیا کی چند مقبول نظموں میں ہے۔ جو ہندستان سے باہر بھی بیحد مقبول ادبی شاہکاروں میں شمار ہوتی ہے اور دنیا کی بہت سی زبانوں میں اس کے ترجمے ہوئے ہیں۔ ظاہر ہے کہ رامائن یک قافیہ ایک طویل بیانیہ نظم ہے۔ اس نظم میں ہر طرح کے انسانی جذبات اور رشتوں کا ذکر آیا ہے۔ اس میں راجہ اور پرجا کا ذکر بھی ہے، باپ، ماں، بیوی، بھائی، بہن، دوست اور دشمن کا بھی۔ یہ کثیر کرداروں کا ایک بیانیہ ہے اور کسی نظم میں جتنے کثرت سے کردار ہوں گے اتنی ہی ان کی جذبات نگاری مشکل ہوگی۔ اس میں راجہ اور پرجا کے جذبات ایک نہیں ہو سکتے۔ اسی طرح ماں، باپ، بیٹا، نوکر چاکر سب کے جذباتی نشیب و فراز پر نگاہ رکھنا اور انہیں کامیابی سے پیش کرنا آسان نہیں ہے اس لئے کہ ان میں متضاد جذبات کا تصادم رہتا ہے، محبت بھی ہے اور رشک و حسد بھی۔ ماں اور باپ کے لئے بیٹے سے محبت کے جذبات ایک ہی طرح کے نہیں ہوں گے اور وہی بیٹا اگر کسی مصیبت اور پریشانی میں مبتلا ہو تو اس کی صورت بالکل بدل جائے گی اور ایسے موقع پر بھائی یا بیوی کے جذبات دوسرے تمام لوگوں کے جذبات سے مختلف ہوں گے۔ ان میں توازن قائم رکھنا اور ان باریکیوں پر نگاہ رکھنا انسانی نفسیات پر مہارت کا مطالبہ کرتا ہے۔ دوارکا پرشاد افق نے یک قافیہ رامائن میں بھی ایک ایک قدم پر ان تمام باتوں کا خیال رکھا۔ مسدس

چھپتا تھا۔ اس طرح اس کی ساری ذمہ داری کو افق پورا کرتے تھے۔ وہ صرف خبریں نظم کر دینے پر قادر نہیں تھے بلکہ تمام اصناف سخن پر انھیں ملکہ حاصل تھا۔ وہ مثنوی، مرثیہ، قصیدہ، غزل سب پر یکساں طور پر مہارت رکھتے تھے۔ اسی لئے انھیں ملک الشعراء کا خطاب دیا گیا تھا۔ انھوں نے جائسی کی پدماوت بھی اردو میں نظم کی، رامائن اور گیتا بھی۔ مثنوی نور جہاں اور کئی دوسری مثنویاں اور مثنوی کے انداز پر نظمیں لکھیں۔ جس کے لئے آج بھی ان کا نام اس عہد کے شعراء میں سرفہرست ہے۔

اردو میں مذہبی کتابوں کے تراجم اور منظوم تراجم کی روایت بہت قدیم ہے۔ اکبر کے زمانے سے ان کتابوں کے ترجمے سنسکرت سے فارسی میں کرنے کی ابتدا ہوئی اور رفتہ رفتہ یہ ترجمے اردو میں بھی کئے جانے لگے۔ رامائن، مہابھارت اور گیتا کے خاص طور پر اردو نثر و نظم میں ترجمے کئے گئے۔ یہاں پر ایک بات اور توجہ طلب ہے کہ ان کے ترجمے صرف مذہبی عقیدت کے تحت نہیں ہوئے بلکہ علم اور فلسفہ زندگی کی بنیاد پر ہوئے اسلئے اگر ان کی بنیاد مذہبی ہوتی تو یہ ترجمے صرف اس مذہب کے ماننے والے لوگ ہی کرتے۔ آج اگر ان ترجموں کا حساب کریں تو محسوس ہوگا کہ ان میں ہندو مذاہب کی کتابوں کے زیادہ تر ترجمے مسلمان شعراء اور نثر نگاروں کے کئے ہوئے ہیں اور ان ترجموں کو اپنے زمانے میں بہت مقبولیت ملی ہے۔

دوارکا پرشاد افق کو تراجم میں خاص دلچسپی رہی ہے۔ انھوں نے رامائن، بالمیکی رامائن، شری مد بھاگوت گیتا، مہابھارت، بھاگوت گیتا، شری درگا درشن اور اس طرح کی کتابوں کے اردو نظم و نثر میں ترجمے کر کے اردو ادب کو ایک بڑے علمی و ادبی اثاثے سے مالا مال کیا۔ افق کو رامائن سے خاص طور پر دلچسپی تھی اسلئے انھوں نے رامائن کا ترجمہ مسدس

شعراء ہیں جنہیں ان کی انفرادیت کی وجہ سے ہمیشہ یاد کیا جاتا رہے گا۔

دوارکا پرشاد افق کا خاندان اردو ادب میں 'نوبستہ' خاندان کے نام سے مشہور ہے۔ یہ بھی اس خاندان کی علمی و ادبی انفرادیت کی عجیب وغریب مثال ہے کہ خاندان جہاں آکر رہے وہ جگہ اس خاندان کے نام کا جز بن جائے۔ خاندانوں کے نام اشخاص اور سربراہ خاندان کے نام سے مشہور ہوتے ہیں اردو تاریخ میں صرف دو خاندان ایسے ہیں جو اپنے محلے کے نام سے جانے جاتے ہیں۔ ایک علماء میں خاندان فرنگی محل دوسرے شعراء میں نوبستہ خاندان۔

افق کے اجداد میں منشی جگن ناتھ (1727ء) میں دہلی سے لکھنؤ آکر نوبستہ محلہ میں آباد ہو گئے تھے۔ 'نوبستہ' میں اس وقت بہت سے خاندان آباد تھے۔ ان میں شاعر بھی رہے ہوں گے لیکن افق کے خاندان کے علاوہ کسی کے بارے میں کوئی کچھ نہیں جانتا۔ اس نوبستہ خاندان کی سات پشتیں اردو علم وادب کی خدمت میں گزر گئیں اور ڈاکٹر کومل بھٹنا گر تک نہ کوئی ادبی خدمات سے تھکا اور نہ کسی کا قلم رکا۔ اردو کے ایسے خدمت گزار خاندان نایاب نہیں تو کم یاب ضرور ہیں۔

منشی دوارکا پرشاد افق ایک بڑے عالم تھے۔ کئی زبانوں میں انھیں دسترس حاصل تھی۔ بہت اچھے مترجم تھے۔ شاعری خاندان کی وراثت تھی۔ وہ ایک اچھے صحافی بھی تھے۔ اس زمانے میں دوارکا پرشاد افق نے اپنا منظوم اخبار 'نظم اخبار' بھی نکالنا شروع کیا۔ یہ ایک مشکل کام تھا اسلئے کہ اس میں ہر طرح کی خبروں کو نظم کی ہیئت میں پیش کرنا ہوتا تھا لیکن دوارکا پرشاد افق کو فی البدیہہ شعر گوئی پر مہارت حاصل تھی اس لئے وہ بہ آسانی یہ اخبار نکالتے رہے۔ وہ خود اپنے اخبار کی کتابت کرتے تھے اور انہیں کے اپنے نوبستہ پریس میں

پیش لفظ

شارب ردولوی

دوارکا پرشاد افقؔ کی شخصیت انیسویں صدی کے اردو شعراء میں ایک دبستان کی حیثیت رکھتی ہے۔ نثر، صحافت، ڈرامہ، مرثیہ، مثنوی اور قصیدہ میں انہوں نے جو وراثت چھوڑی وہ علمی، ادبی اور تاریخی اعتبار سے ایک گراں مایہ اثاثہ ہے۔ ان کا تعلق ایک ایسے زمانے سے ہے جو اردو شعر و ادب کے لئے سب سے زیادہ زرخیز زمانہ تھا۔ انیسویں صدی پر اگر نگاہ ڈالیں تو ایک سے ایک بڑے شاعر اور ادیب کا نام اس سے وابستہ ملے گا۔ جن میں دوارکا پرشاد افقؔ 1864-1913 ایک منفرد مقام رکھتے ہیں۔ افقؔ کے ساتھ زندگی نے وفا نہ کی۔ علمی و ادبی کاموں کے لئے ان کی زندگی حیات مختصر ہی کہلائے گی۔ 49 سال کی عمر ادبی سفر میں کفئی حیثیت نہیں رکھتی۔ یہ عمر تو ادب میں اپنی جگہ کے لئے تگ و دو کی عمر ہوتی ہے لکین افقؔ ایسے ذہین انسان تھے کہ اتنی ہی عمر میں "ملک الشعراء" کے اعلیٰ ترین مرتبے تک پہنچ گئے۔ اردو زبان و ادب کی یہ بدنصیبی ہی کہی جائے گی کہ بہت سے اردو کے ذہین شعراء عظمت اللہ خان (40 سال) اختر شیرانی (43 سال) چکبست (44 سال) سب بہت جلد ادبی افق سارنگوں کا حصہ بن گئے۔ لیکن یہ اتفاق ہے کہ ان میں ہر شاعر تاریخ ادب پر اپنے ایسے نشانات چھوڑ گیا جسے فراموش نہیں کیا جا سکتا۔ یہ سب ایسے

کم وبیش بارہ سو اشعار میں ایک ہی قافیہ کو نبھانا مشکل امر ہے۔اس پر طرفہ یہ کہ زبان و بیان اور صنائع وعروض کو پوری مہارت کے ساتھ برتنا نہایت دشوار کام ہے۔افقؔ کو چونکہ زبان و بیان پر قدرت حاصل تھی اس لئے ان کے راماین یک قافیہ میں الفاظ کی گل ریزی اور معنی کی عطر بیزی ہر جگہ دکھائی دے گی۔تراکیب لفظی کے ممکنہ شیوع اگر چہ افقؔ نے آزمائے ہیں مگر بوجھل تراکیب ان کے یہاں نہیں ملتیں۔انہوں نے صنعتوں کا استعمال بھی کیا ہے جو شعر میں عین فطری محسوس ہوتی ہیں۔ مناظرِ فطرت کی ترجمانی میں بھی ان کے یہاں فطری پن پایا جاتا ہے۔جذبہ محبت کو حسب مراتب بیان کرتے وقت انہوں نے انسانی نفسیات کا برابر خیال رکھا ہے۔ بھائی، بھائی کی محبت، ماں بیٹے کی محبت،شوہر بیوی کی محبت، دیور بابھی کی محبت، آقا غلام کی محبت اور راجا پرجا کی محبت،محبت کی ان تمام قسموں میں آپ ازخود فرق محسوس کریں گے۔

"راماین یک قافیہ "یہ صرف رام چندر کا قصہ ہی نہیں بلکہ ہندوستان کی تہذیب کی مکمل روداد ہے۔گھریلو کام کاج سے لے کر رزم و بزم کے کوائف اور سیاسی معاملات تک انسانی زندگی کے تمام پہلوؤں کا احاطہ اس میں کیا گیا ہے۔افقؔ نے اس قصے کو محض کسی مخصوص مذہب کی کتاب نہ رکھ کر اس کی آفاقی تعلیمات کو عالمی انسانیت سے جوڑنے کی سعی فرمائی ہے۔

کون تھی چشم بشر جس سے نہ آنسو تھے رواں
کون وہ لب تھا، نہ جس پر تھی الم کی داستاں
کون سینہ تھا، نہ جس کو کوٹتی تھی ضربِ مشت
کون سر تھا توڑ تھا جو نہ دیوارِ مکاں
بے قراری میں تھے سب سیمابِ ونبض و جاں بلب
مُرغِ بسمل، ماہیٔ بے آب، برقِ آسماں

شاعر کا استفہامیہ لب ولہجہ اس غم ناکی کے عالم کو اور زیادہ پُرسوز و ہر درد بتا دیتا ہے۔ ایسے پر درد مواقع کی منظر کشی کرتے وقت بھی افقؔ شاعرانہ باریکیوں کا برابر لحاظ رکھتے ہیں۔ رام چندر جی سیتا کی تلاش میں نکل پڑتے ہیں تو اس جذباتی کیفیت کو شاعر نے بڑے شاعرانہ انداز میں بیان کیا ہے۔

حال پوچھا جانکی جی کا وَحُوش و طیر سے
شاخ سے، گل سے، ثمر سے، نخل سے پوچھا نشاں
چوکڑی بھولا تھا ہر اک نشہ سب کا تھا ہرن
کیا بیاں کرتے ہرن سیتا ہرن کی داستاں

عام طور پر راماین کے قصے کا اختتام سیتا کے زمین میں سما جانے پر ہوتا ہے۔ یہ منظر نہایت سوگوار اور مضطرب کرنے والا ہے۔ رام چندر بھی اس منظر کی تاب نہیں لاتے۔ اس المناک اختتام کی وجہ سے راماین کو المیہ سے تعبیر کیا جاتا ہے مگر افقؔ نے رام چندر کی تخت نشینی پر راماین کے قصے کو "راماین یک قافیہ" میں ختم کر دیا ہے۔ خوشیوں کے سماں پر قصے کے اختتام سے تاب ناکی چھائی ہوئی محسوس ہوتی ہے۔ اس لئے راماین کا یہ قصہ "طربیہ" بن گیا ہے۔

مردمِ دیدہ کی صورت آنکھ نے دیکھی نہیں
رہتی ہیں پردہ نشیں پلکوں سے ہر دم پُتلیاں
حسنِ صورت کو ملاحت، خالِ مشکیں کو نمک
بوئے عنبر بیز بہر گیسوئے عنبر فشاں
رخ کو غازہ ہاتھ کو مہندی مہاور پاؤں کو
زلف کو پیچ آنکھ کو سرمہ لبوں کو رنگِ پاں
موئے مژگاں کو سیاہی جعد مشکیں کو شکن
خاموشی بہرِ ذہن طرزِ سخن، بہرِ زباں

سراپا بیانی کا یہ انوکھا طرز شاید افقؔ سے شروع ہو کر افقؔ پر ختم ہو گیا۔ لکھنوی سراپا بیانی میں جہاں 'جوبن کا ابھار' روماولی اور ساق و دہن کو باتیں ہوتیں، یہاں وہ آلائشِ خیال آرائی مطلق نہیں ہے۔

"راماین یک قافیہ" میں جذبات نگاری اوجِ کمال پر دکھائی دیتی ہے۔ کیکئی کے حکم کی تعمیل میں جب رام چندر جی سوئے دشت روانہ ہوتے ہیں تو ساری رعایا غم و اندوہ کی تصویر بن جاتی ہے۔ افقؔ نے اس المناکی کو یوں لفظوں میں ڈھالا ہے۔

مچ گیا کہرام ہر سو، رو دیئے سب جن و انس
ہر بشر تھا محوشیون، مائلِ آہ و فغاں
ڈبڈبائے اشک چشم ابر کے چلّائی رعد
برق تک اس رنج کے مارے فلک پر تھی طپاں
کون دل تھا جو نہ مچھلی کی طرح بیتاب تھا

راون سے سیتاجی کے حسن کی تعریف کرتی ہے۔شاعر نے یہاں سپ نکھا کی زبانی جانکی جی کا جوسراپا کھینچاہے وہ اپنے آپ میں بے مثال ہے۔ایک راکھشش کی زبانی سراپا بیان کرنا اگرچہ کریہہ عمل تصور کیا جاسکتا ہے مگر بھابھی کا سراپا بیان کرنا جس طرح لکشمن کے لئے غیر مناسب تھا اسی طرح ماں کا سراپا بھی بیٹا بیان نہیں کرسکتا۔افق ان مذہبی قدروں کا احترام کرنے والے تھے،اس لئے اپنی شردھیہ ماتا جانکی کا سراپا انہوں نے ایک دوسری عورت کی زبان سے کہلوایا ہے۔انداز ایسا! کہ اس میں کوئی عریانیت نہیں، ایک راکھشش عورت بھی سیتا کا تقدس پامال نہیں ہونے دیتی۔ وہ کہتی ہے۔

ان کے ساتھ ہے اک عروس خوش گلو خوش گفتگو
عریدہ جو، خوب رو، مرغولہ مو، ابروکماں
جعد وہ موباف نے دیکھی، نہ گردن ہار نے
آرسی نے رخ مسی نے وہ دہان بے نشاں
گھر کے باہر آنکھ کی پتلی قدم رکھتی نہیں
وہ نظر سرمے کی نظروں سے بھی رہتی ہے نہاں
جو بنے غازہ، وہ دیکھے عارضِ روشن کا نور
ہاتھ وہ دیکھے جو ہو برگِ حنائے بوستاں
مثل شانہ جس کا دل صد چاک ہو دیکھے وہ زلف
جو بنے صندل وہ پیشانی کو دیکھے بے گماں
پارسا ایسی کہ طاقت کیا جو شانہ سر چڑھے
آئینے سے آنکھ لڑ جائے یہ ممکن ہے کہاں

استقبال واکرام کے لئے تیر وکمان کی دو متضاد حالتوں میں تبدیل ہو جانے کی توجیہہ بڑی معنی خیز ہے۔ دشرتھ کے جُود وسخا کے بیان کے لئے شاعر نے مظاہرِ قدرت سے جو تشبیہات چنی ہیں وہ سخاوت کے شخصی عمل سے بالاتر ہیں مگر افق نے معنویت کو بڑھانے اور اسے حقیقت سے قریب تر لانے کے لئے جو لفظیات استعمال کی ہیں اس سے شاعر کی زبان پر دست رس اور الفاظ کے استعمال پر قدرت کا اندازہ ہو جاتا ہے۔

افق نے راجا دشرتھ کے حالات، رام چندر اور ان کے تینوں بھائیوں کی ولادت، سیتا سویمبر، کیکئی کا راجا دشرتھ سے بھرت کو راجا بنانے پر اصرار اور رام لکشمن، سیتا کے بن واس کی روداد دو تین صفحات میں سمیٹ لی ہے۔ ہر انسانِ کامل کی پیدائش یا اس کے کارِ خیر کے موقع پر دنیا کی باطل طاقتیں خوف زدہ ہو جاتی ہیں یا فطری طور پر ان کے اندر بے بسی سر اٹھاتی ہے۔ تاریخِ عالم میں ایسے واقعات درج ہیں۔ چنانچہ حضرت موسیٰؑ کی پیدائش کے وقت فرعون کا گھبرا جانا، کرشن کی پیدائش پر کنس کا ڈر کر اس نوزائیدہ کو قتل کرنے کے لئے چالیں چلنا، حضورؐ کی ولادت کے وقت قیصر وکسریٰ کے محلوں کے کنگوروں کا گر جانا وغیرہ۔ یہ واقعات تاریخِ عالم کی صداقتوں کی گویا تصدیق کرتے ہیں۔ افق نے بھی رام چندر کے بن واس کے موقع پر لنکا کے راون کا تاج سر سے گر جانے کی بات کہی ہے۔

اس طرف باہر مکاں کے رام نے رکھا قدم
گر پڑا راون کے سر سے تاجِ سلطانی وہاں

رام لکشمن اور سیتا کو صحرا نوردی میں مختلف مصائب کا سامنا کرنا پڑتا ہے۔ مختلف واقعات اور حادثات سے گزرنا پڑتا ہے۔ دریں اثناء راون کی بہن سپ نکھا ان کی راہ میں حائل ہو جاتی ہے تو رام کا اشارہ پا کر لکشمن اس کی ناک اور کان کاٹ لیتے ہیں۔ اپنی بے عزتی کا بدلہ لینے کے لئے وہ

وہ بھویں جن کے اشارے سے لکھن نے دشت میں
سپ نکھا کی ناک کاٹی لے کے شمشیر رواں
وہ گلا جے مال سیتا جی نے پہنائی جسے
دوش جو ہیں باعثِ خانہ بدوشی کماں
ہاتھ وہ باندھے جسودھا نے جو کرشن کے اوتار میں
جس نے توڑے جانکی جی کے سویمبر میں کماں
ناخن ایسے ہیں کہ پھاڑا جس نے ہرناکش کا پیٹ
رام نے جن پر اوٹھائیں دوندلی کے استخواں

سراپا بیانی کے بعد شاعر نے راجا دشرتھ کی حکومت کے حالات بیان کئے ہیں۔ بادشاہ کی عظمت وشجاعت اور ہمدردی وسخاوت کے بے مثال کارناموں کے بیان میں افقؔ نے فصیح وبلیغ زبان استعمال کی ہے اور سوکتِ الفاظ کا خیال رکھا ہے، یہاں خیال آفرینی کمال پر دکھائی دیتی ہے۔ بے شک یہاں شاعر کا "خامہ رنگین" تلسیؔ داس کا ہم زباں دکھائی دیتا ہے۔ دشرتھ کے عدل ورزم کے ضمن میں یہ اشعار ملاحظہ ہوں۔

عادل و فریاد رس، نصفت شعار و داد گر
ملک گیر و ملک بخش، خسرو و کشور ستاں
رزم گہ میں شہ کے استقبال کو تسلیم کو
قوس ہو جاتی تھی ناوک، تیر ہوتے تھے کماں
پنجۂ بخشش مثالِ ابر گوہر بار تھا
دامن دولت برنگِ برگِ گل تھا زرفشاں

کے اس ترجمے کے متعلق بھارگو جی کہتے ہیں:

> "رامائن کیا ہے، سری گوسوامی تلسی داس اور مہرشی بالمیکی جی کی رامائن کے چیدہ چیدہ مروارید کی ایک مختصر لڑی ہے جس کو مصنف نے نہایت جانفشانی سے گوندھ کر یہ رامائن مرادیف اور قوافی کی پابندی، الفاظ کی شستگی، بندشِ محاورہ اور حسنِ شاعری کا ایک مجموعہ ہے"۔

(افق: "رامائن یک قافیہ" مطبع منشی نول کشور لکھنؤ 1914 ص 88)

گویا افق کی "رامائن یک قافیہ" بالمیک اور تلسی سے استفادہ کر کے لکھی گئی افق کی اپنی تخلیق ہے۔ اس میں انہوں نے اصل کتابوں کے بہت سے اشلوک اور دوہوں کی اپنی پروازِ تخیل کے سہارے ترجمانی کی ہے اور چوبیس ہزار اشلوک کے مضامین کو اجمال کے ساتھ کم وبیش بارہ سو اشعار میں قلم بند کر دیا ہے۔ انہوں نے اکثر واقعات کی تفصیل سے گریز کیا ہے اور موضوع کی روح کو قالبِ اشعار میں ڈھالنے کی سعی فرمائی ہے۔

"رامائن یک قافیہ" کی ابتداء شاعر نے دس اوتاروں کی بڑائی اور ان کی وصف بیانی سے کی ہے۔ چونکہ دسوں اوتار اکیلے وشنو جی کے ہیں، اس لئے یہ مدحت اور تعریف صرف وشنو کے حصے میں جاتی ہے اور رام وشنو کے اوتار میں سے ایک ہیں، لہٰذا رامائن کی ابتداء رام کی تعریف ہی سے کی گئی ہے۔ گر الٰہیاتی اوصاف کی بہ نسبت شاعر نے رام کے "مریادا پُرش" ہونے کا گن گان کیا۔ دس اوتار کی مدحت کے بعد افق نے رام چندر جی کا سراپا بیان کیا ہے اردو شاعری میں سراپا نگاری کی روایت رہی ہے مگر بالعموم صنفِ نازک ہی کے بدنی اوصاف کا ذکر اس میں ہوتا رہا، افق نے شجاعت کے دھنی رام کا سراپا کھینچا ہے تو روایت سے ہٹ کر اس میں اختراع کی گنجائش نکالی۔ انہوں نے رام کے ہر عضو کے جسم سے تعلق ایک واقعہ کو بیان کیا ہے مثلاً:

بالمیکی رامائن کی وجہ تصنیف کے بارے میں کہا جاتا ہے کہ کرونچ پرندے کا نر شکاری کے تیر سے مرجاتا ہے تو مادہ کرونچ اس کے غم میں تڑپتی ہے۔ بالمیکی یہ منظر دیکھ کر ملول ہوتے اور ان کی زبان پر فی البدیہہ یہ شعر آ گیا۔

मा निषाद प्रतिष्ठां त्वमगमः शाश्वती समाः।

यत् क्रौंचमिथुनादेकमवधीः काममोहितम्।।

بعد میں اسی اسلوب میں انہوں نے رام کی کہانی بین کی۔ بالمیکی رامائن میں سات ابواب اور چوبیس ہزار اشلوک ہیں۔ یہ سنسکرت زبان میں پہلا دیوان اور عالمی ادب کا پہلا Metanarative تسلیم کیا جاتا ہے۔

بالمیکی رامائن کے دنیا کے مختلف زبانوں میں تراجم ہوئے ہیں۔ سب سے پہلے اطالوی زبان میں اس کا ترجمہ گامپر گوریسیو نے 1847 میں کیا تھا۔ جرمنی زبان میں جے میزاڈ نے، فرنچ میں ایچ، جوچے اور اے، روسیل نے اور الف۔ ٹی۔ ایچ گریفٹ نے انگریزی میں اس کا ترجمہ کیا تھا۔ ہندستان کی مقامی زبانوں میں بھی بالمیکی رامائن کے سیکڑوں ترجمے ہوئے ہیں۔ حتیٰ کہ اردو میں رامائن کے منظوم و منثور ترجموں کی تعداد بھی ایک سو سے زائد ہے اور ان میں سے اکثر دستیاب ہیں۔

دوارکا پرشاد افقؔ سناتن ہندو دھرم کے ماننے والے تھے۔ انہوں نے رامائن کی تشہیر و ترویج کے لئے اسے ناٹک کی شکل میں "سری رام ناٹک" کے عنوان سے اسٹیج کیا اور اس کے منثور و منظوم ترجمے بھی کئے، لیکن ان کے یہ تراجم، ترجمے سے زیادہ اس قصے کی ترجمانی کرتے ہیں۔ افقؔ نے رامائن کا جو منظوم ترجمہ کیا ہے، اس کے لئے تلسی داس اور بالمیکی کے رامائنوں کو سامنے رکھا تھا۔ اس منظوم ترجمے کو انہوں نے "رامائن یک قافیہ" کے عنوان سے چھپوایا تھا۔ افقؔ کا یہ منظوم رامائن 1914ء میں دوسری بار منشی نول کشور پریس سے بابو منوہر لال بھارگو کی ایماء پر شائع ہوا تھا۔ افقؔ

یہ شہادتیں بالمیکی رامائن کی قدامت کا تعین کرتی ہیں۔ مگر "رام کہانی" بالمیکی سے قبل بھی کہی جاتی رہی ہیں۔ چنانچہ کہا جاتا ہے کہ بالمیکی رامائن سے قدیم تصنیف بھگوان شنکر کی "مہا رامائن" ہے۔ یہ وہ کہانی ہے جسے شنکر نے اپنی بیوی پاروتی کو سنائی تھی۔ اس میں تیس لاکھ چالیس ہزار شلوک، سات ابواب پر مشتمل تھے۔ 'رام کہانی' کی قدامت کی تائید مراٹھی کتاب "یوگ سنگرام" سے بھی ہوتی ہے۔ اس کا مصنف کہتا ہے، جس کا مطلب یہ ہے کہ:

> "رام سے مراد دشرتھی رام نہیں۔ اپنے والدین کو کاندھوں پر بٹھا کر مقامات مقدسہ کی زیارت کرنے والے شراون کمار کو جب دشرتھ کا تیر لگا تھا تو مرتے وقت اس کی زبان پر 'رام' کا نام آیا تھا، اس واقعہ کے ظہور کے وقت تو دشرتھ کا لڑکا رام عالمِ وجود میں بھی نہیں آیا تھا"۔
>
> (شیخ محمد: یوگ سنگرام، ص 65)

"رام کہانی" کی قدامت کا اعتراف خود بالمیکی نے رامائن کے باب "بال کانڈ" میں کیا ہے کہ دکن کے ایک آشرم میں رہتے ہوئے انہوں نے نارد کی زبانی رام کتھا سنی تھی اور اسے اشلوک میں منظوم کر کے لوکش کے ذریعہ مختلف جگہوں پر کہلوائی تھی۔

رامائن اگرچہ ایک فرد خاص کی کہانی ہے مگر اس میں ہندوستان کی قدیم تہذیب و معاشرت اور حسنِ اخلاق کو عمدگی کے ساتھ پیش کیا گیا ہے۔ بالمیکی نے رام کے کردار کے مختلف پہلوؤں میں بھارتی سبھیتا اور بشری زندگی کے آدرشوں کو سمو دیا ہے۔ اس کتاب میں ایک خاندان میں رہنے والے تمام افراد کے رشتوں کی صالحیت اور ان کے درمیان پائی جانے والی موانست و محبت کے ساتھ ہی راجا اور پرجا کے باہمی رشتے اور دونوں کے احسن فرائض کو بھی واضح کیا گیا ہے۔ اس اعتبار سے رامائن کسی مخصوص مذہب کی کتاب نہ ہو کر کل انسانیت کو درسِ اخلاق دیتی ہے۔

راماین ایک قافیہ

پیش لفظ

ڈاکٹر سید یحییٰ نشیط

'راماین' کا شمار '' آدِگرنتھوں '' میں کیا جاتا ہے۔ یہ کتاب انسان کی مثالی زندگی اور انسانی قدروں پر تفصیل سے روشنی ڈالتی ہے۔ عالمی ادب میں جو 'Supper Man' کا تصور ہے، 'رام' اس کا اولین نمونہ قرار پاتے ہیں۔ بالمیکی نے رام کی اسی مثالی شخصیت کو اپنی 'راماین' میں بیان کیا ہے۔ اس کتاب میں فرد و خاندان اور سماج و سیاست کی صالح قدروں کی ترجمانی کہانی کی صورت میں بڑے موٴثر انداز میں کی گئی ہے۔

بالمیکی کی راماین کو اگرچہ آدِگرنتھ مانا جاتا ہے اور اس کی تخلیق کا زمانہ 300 ق، م سے کچھ قبل کا مانا جاتا ہے۔ اس ضمن میں محققینِ ادب کی مختلف آراء سامنے آئی ہیں۔

مشہور محقق پادری کامل بلکے کے مطابق:

"بالمیکی نے تقریباً 300 ق م میں اپنی کتاب کی تخلیق کی"

آگے وہ رقمطراز ہیں:

'' اے۔ ڈبلو۔ شلے گل نے راماین کی تخلیق کا دور گیارہویں صدی ق م تسلیم کیا ہے۔ جی۔ ٹی۔ ہوی لر اور بے بر کے مطابق رامایَن پر یونانی اور بودھ اثر مان کر اس کی تخلیق اس کے مقابلے میں قدیم سمجھی جاتی ہے۔ جی گورے سیو کا خیال ہے کہ راماین بارہویں صدی قبل مسیح میں تخلیق ہوئی"۔

(بحوالہ: ڈاکٹر اجے مالوی، "ہے رام کے وجود پہ ہندستان کو ناز،" الہ آباد 2011ء ص 72)

ہوئی۔ ہمارے پاس کتاب کا جو مسودہ ہے اس کے مطابق نول کشور پریس سے چھپی کتاب میں راون کا خاتمہ اور رام چندر جی کی ون سے واپسی باب میں 50 اشعار شائع ہونے سے رہ گئے تھے جو اس کتاب میں شامل کردئے گئے ہیں۔

میں اس کتاب کی اشاعت کے لئے محترم ڈاکٹر یوگیندر پرتاپ سنگھ، ڈائرکٹر ایودھیا شودھ سنستھان، سنسکرتی وبھاگ، اتر پردیش کی بہت ممنون ومشکور ہوں جن کی کاوشوں سے رامائن یک قافیہ تیسری بار منظر عام پر آرہا ہے۔

C-2001/28،
اندرا نگر، لکھنؤ-226016
فون نمبر:
(0522)2340970, 9335062000

ڈاکٹر کومل بھٹناگر
سابق پرنسپل
آریہ کنیا ڈگری کالج،
پریاگ راج

پرس رام کو دیئے گئے دونوں کے جوابوں میں بھی یہاں صاف فرق نظر آتا ہے۔ رام کہتے ہیں۔

یوں پرسدھر سے تبسم کر کے بولے رام چندر
میں خطاوار آپ کا ہوں، مجھ سے ٹوٹی ہے کماں

لکشمن کا جواب اس طرح سے تھا۔

بول اٹھے لکشمن خطاوار اس جگہ کوئی نہیں
خود دو پارہ ہو گئی چھونے سے قوسِ ناتواں

لکشمن کے جواب سے تلملا کر پرس رام راجہ جنک سے کہتے ہیں۔

چاہتے ہو خیر اگر لے جاؤ محفل سے اسے
ورنہ اس کا ڈھونڈھنے سے بھی نہ پاؤ گے نشاں

مکالمہ نگاری میں افق نے محاوروں کا بھی بہترین استعمال کیا ہے جو ان کے بیان کو پرزور اور پر اثر بناتے ہیں۔

شاعر نے اس تصنیف میں ہندوستان کی دو عظیم زبانوں اردو اور ہندی کی شاعری کی ادبی روایات کا امتزاج نہایت جمال و کمال کے ساتھ پیش کیا ہے۔ لسانی بھائی چارہ، قومی یکجہتی اور ہماری گنگا جمنی تہذیب کو فروغ دینے میں افق نے جو کردار ادا کیا ہے وہ قابلِ ستائش ہے۔ اس مثنوی میں دبستانِ لکھنؤ کی شاعری کے سبھی عناصر، ایجاز و اختصار، مناسب الفاظ، برجستگی روانی محاورات، تشبیہات اور استعارات سب اپنی آب و تاب کے ساتھ جلوہ گر ہیں۔ یہ تصنیف ادب کے قارئین و شائقین کے لئے بیش بہا تحفہ ہوگا۔

یہ تصنیف پہلے 1885ء میں شائع ہوئی تھی، جس کی تاریخ شاعر نے خود کتاب کے آخری شعر میں نظم کی ہے۔ دوبارہ یہ کتاب نول کشور پریس، لکھنؤ سے 1914ء میں شائع

باغ میں جانے اور سیتا جی سے چار چشمی کے واقعہ کو افقؔ نے نور کے تڑکے سے شروع کیا ہے۔

نور کا تڑکا ہوا جب بولے مرغِ نغمہ خواں
نورِ قدرت کی تجلی دیکھ اے چشمِ جہاں
ہے نسیمِ صبح چلنے کو سہانا وقت ہے
جانکی ہیں آنے والی بہرِ سیرِ بوستاں
یہ صدا سن کر جو فرشِ گل سے اٹھے رام چندر
آرتی کرنے کو اٹھا دستِ مہرِ آسماں
برگ اشجار گلستاں نے بجائے جانجھ دف
کھول کر پڑھنے لگے بھنورے کنول کی پوتھیاں

افقؔ کی شاعری میں مکالمہ نگاری کا کمال بھی دیکھنے کو ملتا ہے۔ دھنش یگیہ کے باب میں لکشمن پرس رام کی بحث میں شاعر کی مکالمہ نگاری کا فن دیکھنے کے قابل ہے۔ پرس رام شیو کا دھنش ٹوٹنے کی خبر سن کر غصے سے آگ بگولہ ہو جاتے ہیں۔ ان کے غیض وغصہ کا اظہار افقؔ نے نہایت خوبی سے کیا ہے۔

بزم میں آئے گرائی اس طرح برقِ کلام
قوس توڑے کس کا منہ کس کا جگر کس میں ہے جاں
مرد میداں ہے تو آ جائے طبر کے سامنے
منہ دکھائے ہے کماں کو توڑنے والا کہاں

رامائن میں رام اور لکشمن کے مزاج میں زمین و آسمان کا فرق دکھایا گیا ہے۔ اس لئے

رام کا عزمِ سفر، راون کا شوقِ این و آں

افق نے رامائن کی کہانی بیان کرنے میں اہم کرداروں کے نفسیاتی پہلو کو بھی بخوبی مدنظر رکھا ہے۔ مثال کے طور پر کچھ اشعار پیش ہیں، جن سے افق کی نفسیاتی مسائل کے بیان پر مہارت کی وضاحت ہوتی ہے۔ رام کا راج تلک نہ ہو اس کے لئے کیکئی کی داسی منتھرا اسکو کیسے اکساتی ہے افق کی زبان میں دیکھئے۔

دوستی را شاہ پر تم کو نہایت ناز تھا
اب کہو وہ دن کہاں ہے، وہ محبت ہے کہاں
یہ نہ سمجھو سلطنت پاکر رہیں گے رام، رام
دیکھنا آنکھوں کو دکھلاتا ہے کیا کیا آسماں

کیکئی کے زد کرنے پر اس کو منانے کے لئے راجہ دشرتھ کیا کہتے ہیں، اسے افق نے اس طرح بیان کیا ہے۔

پیار سے الفت سے پوچھا کیوں پریشاں حال ہو
فکر کیا ہے، درد کیا ہے، کیا ہے ایذائے نہاں
سچ کہو کیا ہے تمنا کس کی خواہش ہے تمہیں
کیا ہوس، کیا آرزو، کیا چاہ ہے، اے جانِ جاں

اس طرح پوری کتھا کے بیان میں ہر کردار کے نفسیاتی پہلو کو سامنے رکھ کر شاعر نے خامہ فرسائی کی ہے۔

رامائن یک قافیہ میں منظر نگاری کی بہترین مثالیں ملتی ہیں۔ کسی منظر یا کیفیت کو شاعر نے اس طرح بیان کیا ہے کہ اس کا نقشہ آنکھوں کے سامنے پھر جاتا ہے۔ رام چندر جی کے

دست مژگانِ پدر ہر وقت تھا سایہ گُناں

رام راون کی لڑائی کے بیان میں ویر رس (شجاعت) کا اظہار، بالمیکی اور شری رام چندر کے بیچ چترکوٹ میں ہوئی گفتگو میں شانت رس (ثاقت بیانی) کا اظہار اور رام اور شبری کے درمیان ہوئی ملاقات میں بھکتی رس (عقیدت) کا اظہار بہترین طریقے سے کیا گیا ہے۔

مثنوی رامائن یک قافیہ میں زبان و بیان کی خوبی تقریباً ہر شعر میں دیکھنے کو ملتی ہے۔ بھرت ملاپ کے باب میں بششٹ مُنی کے منہ سے رام کی غیر موجودگی میں اجودھیا کا حال کیا ہو گیا ہے، اس کو شاعر نے صرف ایک شعر میں بیان کر دیا ہے۔

ایسی پھیلی ہے اجودھیا میں وبائے دردِ ہجر
عازم شہر خموشاں ہیں، سب اہل خانداں

سیتا ہرن کے بعد رام اور لکشمن کی غم کی شدت کا بیان شاعر نے یوں کیا ہے۔

ان کی رقت دیکھ کر پھٹتا تھا سینہ ابر کا
ان کو مضطر دیکھ کر کہتی تھی بجلی الاماں

افقؔ کی زبان کردار کے حساب سے بدل جاتی ہے۔ افقؔ لکھنوی نے کئی نئی تراکیب بھی وضع کی ہیں اور نئے محاوروں کا بھی استعمال کیا ہے، مثال کے طور پر شاعر نے انگد کی ثابت قدمی کے باب میں کئی نئی تشبیہوں کا استعمال کیا ہے۔

لاکھ سر پٹکا، نہ اٹھا پاؤں اہلِ زور سے
تھا قدم یا ظلم راون کا، کہ شیو جی کی کماں
کیکئی کی ہٹھ، جنک کا عہد، دشرتھ کا وچن

ہر بشر تھا محوِ شیون، مائلِ آہ و فغاں
ڈبڈبائے اشک چشمِ ابر کے، چلّائی رعد
برق تک اس رنج کے مارے، فلک پر تھی تپاں

دشرتھ جی کے انتقال کے باب میں رنج وغم کا بیان دیکھئے۔

روئے دشرتھ اس قدر رگھناتھ جی کے رنج میں
غرق دریائے فنا میں ہو گئی کشتئ جاں

اسی طرح وِبھتس رس (کریہہ النظر منظر) کے بیان کی اچھی مثال کمبھ کرن کی موت کے باب میں ملتی ہے۔

کمبھ کرن کے سر پہ آ پہنچی جو خنجر لے کے فتح
سب پہ کی نازل بلائے ضربتِ گرزِ گراں
خون میموں اپنے ہاتھوں میں ملا مہندی کی طرح
منہ میں جھونکے خرس، دانتوں سے چبائی استخواں

رودر رس (غیض وغضب) اور ھاسیہ رس (طنز ومزاح) کا بیان دھنش یگیہ کے باب میں بہترین انداز میں کیا گیا ہے۔

واتسلیہ رس (شفقت) کے بیان کا رام جنم کے باب میں بہترین نمونہ پیش کیا گیا ہے۔

راجا دشرتھ جی نے چوما شاہدِ عشرت کا منہ
ہو گیا وابستۂ دامانِ دولت شادماں
تھے علاجِ چشمِ بد آنکھوں کے تِل شکلِ سپند

وِبھتس (کریہہ النظر منظر)، رودر (غیض و غضب)، ہاسیہ (طنز و مزاح)، بھکتی (عقیدت) اور واتسلیہ (شفقت) کی کیفیت بیان کرنے میں ہر طرح کے انسانی جذبات کی عکاسی ہو جاتی ہے اس لئے ایک کامیاب شاعر اور فنکار وہی مانا جاتا ہے جسے ان نو اصنافِ ادب کے بیان پر قدرتِ کاملہ حاصل ہو۔ اس نظریہ سے رامائن یک قافیہ کا مطالعہ کرنے سے واضح ہوتا ہے کہ افقؔ نے ان نو رسوں کے تحت کامیاب ترین طریقے سے کرداروں کی مختلف حالات میں کیفیت بیان کی ہے۔

سنگار رس (وصال): رام چندر جی کو دیکھ کر سیتا جی پر کیا کیفیت طاری ہوئی اس کو شاعر نے بہت دلکش انداز میں بیان کیا ہے۔ سنگار رس کا یہ بیان نہایت مہذب انداز میں کیا گیا ہے۔

سانولی صورت جو آنکھوں میں ہوئی پرتو فگن
بن گئی رگھناتھ کی تصویر عکسی پُتلیاں

وِیوگ سنگار (ہجر): سیتا ہرن کے بعد رام کی کیفیت کا بیان کچھ اس طرح کیا گیا ہے۔

اشک بار آنکھیں ہوئیں، لوٹے زمیں پر طفلِ اشک
ہر طرف دوڑی نظر، گھومی ہر ایک سُو پُتلیاں
حال پوچھا جانکی جی کا، وحوش و طیر سے
شاخ سے، گُل سے، ثمر سے، نخل سے پوچھا نشاں

کرون رس (درد): رام کی بنباس کو رخصتی کے وقت اجودھا کے لوگوں کے درد کا بیان دیکھئے۔

مچ گیا کہرام ہر سو، رو دیئے سب جن و انس

سورپ نکھا راون سے سیتاجی کے حسن، شرم وحیا اور نزاکت کا اس طرح بیان کرتی ہے۔

جو بنے غازہ وہ دیکھے عارضِ روشن کا نور
ہاتھ وہ دیکھے جو ہو برگِ حنائے بوستاں
جو مہاور ہو وہ دیکھے پائے رنگیں کا خرام
جو بنے رنگ مِسی دیکھے وہ تنگئِ دہاں
نازکی سے بار ہے پیشانئِ تاباں کو چیں
خط ہتھیلی کو گراں ہے نطق کو حرفِ بیاں
ہار کو گل، ہار گردن کو، گلوں کو رنگ و بو
خاتم انگلی کو، نگیں کو جلوۂ نام و نشاں

اردو مثنویوں میں اہم کردار کے شہر یا ملک کا بیان بھی بہت اہمیت رکھتا ہے۔ افق نے بھی رام کے شہر اجودھیا کا بیان بہت دلکش انداز میں کیا ہے۔ ملک اودھ کی خصوصیات بیان کرتے ہوئے شاعر نے کہا ہے۔

ملک اودھ ہے اک میانِ کشورِ ہندوستاں
سجدہ گاہ مہر و مہ، امیدگاہِ دو جہاں

اجودھیا کے راجہ دشرتھ جی کی دریادلی کا بیان کرتے ہوئے شاعر کہتے ہیں۔

پنجۂ بخشش مثالِ ابر گوہر بار تھا
دامنِ دولت برنگِ برگ گُل تھا زرفشاں

ہندی ناٹیہ شاستر یا ڈرامہ نگاری کے ماہر بھرت مُنی کے مطابق نو رسوں یا نو صنفِ ادب مثلاً سنگار (وصال و ہجر)، کرون (درد)، ویر (شجاعت)، شانت (ثاقت بیانی)،

حسب ذیل اشعار پیش ہیں۔

آنکھ وہ جن سے شری سیتا کو دیکھا باغ میں
جانکی کے ہجر میں جس سے رہے آنسو رواں
کان وہ جس نے سنی پہلار کی آوازِ درد
دروپدی کی ٹیر گج کی آہ فریاد و فغاں

شاعر نے اس مثنوی میں سیتا جی کا سراپا ایک نئے انداز میں بیان کیا ہے۔ شاعر نے راون کی بہن سورپ نکھا کی زبان سے سیتا کا سراپا بیان کروایا ہے۔ اس مقام پر شاعر نے تمام تر تہذیبی تمدنی اور ثقافتی چیزوں کے ذریعہ سیتا کا سراپا بیان کیا ہے۔ یہ سراپا نگاری بھی جزئیات نگاری کی بہترین مثال ہے، جس میں یہ کوشش کی گئی ہے کہ جسمانی حسن و جمال کے ساتھ ہندو سہاگن عورت کے سولہ سنگار کی اشیاء کو بھی سمو دیا جائے۔ اردو کی مثنویوں میں نائیکاؤں کا جو سراپا ملتا ہے اس میں بناؤ سنگار کی اشیاء پر زور کم دیا جاتا ہے اور جسمانی کیفیت پر زیادہ زور ہوتا ہے۔ افق نے اس کے برعکس سیتا کی سراپا نگاری میں سولہ سنگار کی اشیاء کا بیان کر کے سیتا جی کی تہذیبی کیفیت کو اس طرح عقیدت کے ساتھ شعری پیکر میں ڈالا ہے کہ ان کا ایک دیوی کا روپ سامنے آ جاتا ہے۔ سیتا جی کے حسن جمال اور پردہ نشینی کے بارے میں سورپ نکھا راون سے کہتی ہے۔

ان کے ساتھ ایک ہے عروسِ خوش گلو خوش گفتگو
اربدا جو، خُوبرو، مرغُولہ مو، ابرو کماں
پردہ دار ایسی ہیں وہ دیکھا نہ لب تقریر نے
رہتی ہے پوشیدہ چشم ناف سے ان کی میاں

وامن، پرس رام، رام، کرشن، بدھ اور کلکی ہیں۔ کچھ شعر نذر قارئین ہیں۔

دم میں برہما کو کیا پیدا کمل کے پھول سے
رِگ، یجُر، سام، اتھروید، ظاہر کئے بہر جہاں
شیر نر بن کر ہوئے ظاہر ستونِ سنگ سے
لی ہرن کشیپ کی جاں، پرہلاد کو بخشی اَماں

اردو مثنویوں کی روایت یہ ہے کہ قصہ یا کہانی کے شروع ہونے کے پہلے حمدیہ اشعار ہوتے ہیں۔ اس مثنوی میں اس روایت کو برقرار رکھا گیا ہے لیکن مذہبی مثنوی ہونے کی وجہ سے افقؔ نے اپنے معبود و مسجود اور متبرک شخصیات کی جس طرح منقبت بیان کی ہے وہ اعلیٰ ادبی شعری نمونوں میں رکھی جاسکتی ہے۔

عموماً اردو مثنویوں میں مثنوی کے اہم کردار کی سراپا نگاری کو بہت اہمیت دی جاتی ہے۔ مثنوی رامائن یک قافیہ جس کے خصوصی کردار رام چندر جی ہیں، میں شری رام کا سراپا تمام تہذیبی، ثقافتی روایات کو سمیٹے ہوئے بیان کیا گیا ہے۔ سراپا نگاری پر اردو کی نعتیہ شاعری کا اثر ہے۔ مثال کے طور پر یہ اشعار دیکھیں۔

دل کو خواہش ہے کہ رگھوبر کا سراپا ہو بیاں
کھینچتا ہے رام کی تصویر یوں کِلک رواں
نور کی تصویر سر سے پاؤں تک ہیں رام چندر
سانولی صورت پہ سب کو مردُمک کا ہے گماں

شاعر کی جزئیات نگاری کا فنِ کمال یہ ہے کہ اس نے شری رام کے جسم کے ہر ایک عضو کا بیان کیا ہے اور ہر ایک کے ساتھ جڑی روایتوں کا بھی بیان بخوبی کیا ہے۔ مثال کے طور پر

ارمغانِ خوش بیانی تحفۂ حسنِ بیاں

رامائن یک قافیہ میں اردو اور ہندی میں شاعری کی بہترین روایات، استعارات، تشبیہات اور تلمیحات کا سنگم دیکھنے کو ملتا ہے کیونکہ اس تصنیف میں شاعر نے دو اعلیٰ گنگا جمنی زبانوں اور تہذیبوں کا سنگم نہایت مہارت کے ساتھ پیش کیا ہے۔ مثال کے طور پر مثنوی میں جہاں رام کی سراپا نگاری پر اردو کی نعتیہ شاعری کے اثرات مرتب ہیں وہیں ان کے جسم کے ایک ایک عضو کے بیان میں اس سے جڑی ہندو پرانوں کی روایتوں کا پر اثر تذکرہ ہے، جس سے رام کا مریادا پروشوتم یعنی کامل شخصیت کا روپ ابھر کر سامنے آتا ہے۔

سیتا جی کی سراپا نگاری میں حسن و حیا اور نزاکت کے بیان پر اردو کی غزلیہ شاعری کا اثر ہے اور ریتی کال کے ہندی کوِیوں کی نائیکاؤں کے سرتاپا بیان یعنی نکھشِکھ ورنن کا بھی، لیکن افقؔ کا انداز نگارش اتنا جداگانہ ہے کہ پڑھنے سے جو تصور ابھرتا ہے وہ ایک ایسی حسن و جمال کی مجسم تصویر سامنے لاتا ہے جو قدرت کا کرشمہ لگتا ہے اور جس کے سامنے عقیدت سے سر جھک جاتا ہے۔

مثنوی کے پہلے 12 اشعار میں افقؔ نے رامائن کے چار کرداروں، ان کی قدرت اور عظمت کا ذکر کر دیا ہے، جو ان کے ایجاز و اختصار کا اعجاز ہے۔ اسی طرح اس مثنوی کی ہندو دھرم کی کئی یگوں کی دیومالا کو، جس کو ہندو روایت میں رام کے دس اوتار سے تعبیر کیا جاتا ہے ان کو شاعر نے صرف 38 اشعار میں اس طرح بیان کیا ہے کہ پُرانوں کی تمام کہانیاں اور ان کی ساری اہم روایات سامنے آگئی ہیں۔ جزئیات نگاری کی یہ بہترین مثال ہے۔

مثنوی میں کائنات کو پالنے والے وشنو بھگوان کے 10 اوتاروں کا مختصر تذکرہ کیا گیا ہے۔ ہندو مذہب کی روایتوں کے مطابق وشنو کے یہ اوتار متسیہ، کچھپ، واراہ، نرسنگھ،

رامائن یک قافیہ-ایک تعارف

افق کی مذہبی مثنویوں میں رامائن یک قافیہ ایک ایسا شاہکار ہے جو اردو ادب کی جگمگاتی تصانیف میں درشہوار کی حیثیت رکھتا ہے۔ اس مثنوی میں تقریباً 1200 اشعار ہیں۔ شاعر کی جدت کاری یہ ہے کہ سبھی اشعار ایک ہی قافیہ، ایک ہی بہر اور ایک ہی وزن میں ہیں اور شاعر کا فنِ کمال یہ ہے کہ رامائن کی پوری کہانی کے پر اثر بیان میں اور اس کی روانی میں کہیں بھی کوئی اثر نہیں پڑا ہے۔ پوری مثنوی میں شاعر کا بیان بلند اور یکساں ہے۔ مثنوی کی زبان لکھنؤ کی ٹکسالی محاورے والی زبان ہے۔ مثنوی میں 500 سے زیادہ محاوروں کا استعمال ہے۔ حالانکہ رامائن یک قافیہ اعلیٰ پیمانے کی اردو زبان میں کہی گئی ہے لیکن ہندو مذہب کی مقدس اور اہم کتاب کی کہانی کی ترجمانی کے لئے ہندو مذہب کی روایتوں کا بیان کیا جانا ضروری تھا، اس لئے تصنیف میں تمام بیانات میں ہندی کے الفاظ موقع کے لحاظ سے استعمال کیے گئے ہیں۔ اس کتاب میں 400 سے زیادہ ہندی الفاظ استعمال ہوئے ہیں جو بیان کو حقیقت کے قریب لانے میں پوری طرح کامیاب ہوئے ہیں۔ اس تصنیف میں فارسی، عربی، اردو، ہندی اور سنسکرت پانچ زبانوں کے الفاظ ان کی پوری روایتوں کے ساتھ جلوہ گر ہیں اور شاعر کا کمال یہ ہے کہ پڑھتے وقت کہیں بھی قاری کو گراں نہیں گزرتا ہے۔

اس تصنیف کے متعلق شاعر نے خود کہا ہے۔

ہے مناسب پیش کر کچھ نذر موزونی طبع

मलिकुश्शुअरा द्वारका प्रशाद 'उफ़ुक़' : संक्षिप्त परिचय

पारिवारिक पृष्ठभूमि :

13 जुलाई 1864 ई. को लखनऊ के मुहल्ला नौबस्ता में एक साहित्य सेवी परिवार में जन्म। 'उफ़ुक़' के परदादा मुंशी उदयराज 'मतला', दादा ईश्वरी परशाद 'श्वाई', पिता पूरनचंद 'ज़र्रा', अग्रज राम सहाय 'तमन्ना' तथा माता परशाद 'नैसां', उर्दू तथा फ़ारसी के सुप्रसिद्ध शायर, गद्यकार एवं सम्पादक।

साहित्यिक प्रदेय :

'उफ़ुक़' ख्याति प्राप्त उर्दू शायर, गद्यकार, उपन्यासकार, नाटककार, अनुवादक एवं सम्पादक। सभी साहित्यिक माध्यमों से राष्ट्रोत्थान, भारतीय संस्कृति एवं भारतीय चिंतन के प्रचार प्रसार हेतु सतत प्रयत्नशील। रचनाओं में देश प्रेम, मानवीय संवेदना, सर्वधर्म सम्भाव, धर्म, दर्शन, प्रकृति प्रेम, नारी भावना, समाज सुधार संबंधी विवेचना। उर्दू तथा हिंदी साहित्य की रिवायतों के समन्वय द्वारा भाषायी सौहार्द एवं सांझी संस्कृति के विकास हेतु प्रयासरत। 1888 से 1894 तक उर्दू पद्य में 12 पृष्ठों का अद्वितीय पाक्षिक 'नज़्म अख़बार' प्रकाशित कर जन जागरण कार्य। अनेक पत्र-पत्रिकाओं में लेख तथा कविताओं के अतिरिक्त 30 कृतियां प्रकाशित। 1883-1884 'आइनए क़वायद' तथा क़वायद 'ख़ुशख़ती' गद्य में 'अनमोल धर्म रत्न' पद्य में। 1885 में 'रामायण-यक-क़ाफ़िया' तथा 'रामायण' मुसद्दस में। 1886 से 1889 'कायस्थ उपदेशक', 'स्कूल डिक्शनरी'। 1888 'नज़्म अख़बार' का प्रकाशन। ग़ज़लों, मुसद्दसों, मसनवियों के संग्रह का प्रकाशन। उपन्यास 'तिलिस्म', 'तिकड़म', 'आलमे तस्वीर', 'फ़ितना', 'कादम्बरी' का प्रकाशन। 1890-1896 'धर्म सजीवन' अख़बार का प्रकाशन, जीवनी 'हयाते बाक़ी' (फ़ारसी में) 1891, 'सनातन धर्म की सच्ची तारीख़', 'नल दमयन्ती', 'यादगारे जावेद' 1893 निज़ाम हैदराबाद द्वारा सम्मानित। कई ग़ज़लें, क़सीदे उर्दू में, 'दाग़' देहलवी की प्रशंसा में क़सीदा (फ़ारसी में)। हैदराबाद दक्खिन एवं झज्जर के सफ़रनामे मुसद्दस में, 1897-1903 उपन्यास 'ज़ुल्फ़लैला' (2 भाग), 'नैरंग फ़िरंग', 'इंक़लाब'। मुसद्दस 'आर्यावर्त की तारीख़ी अज़मत' (151 बन्द), 'मुसद्दस उफ़ुक़' (84 बन्द), क़ौमी मुसद्दस, दरसे अमल, मुरक़्क़ए औरत एवं विविध विषयों पर मुसद्दस। मसनवियां पद्मावती, नूरेबहां गुरूसेवा, स्त्री धर्म, क़लम की तारीफ़, बसंत, होली, बरसात, शाम, पीरी की बहारें आदि। 1904-1908 संपादक 'पंजाब समाचार' लाहौर, 'श्रीराम नाटक', 'कृष्ण सुदामा' नाटक। अनुवाद बाल्मीकि रामायण (1038 पृष्ठ) महाभारत, भागवत, एन्ल्स ऑफ़ कर्नल टॉड राजस्थान (2088 पृष्ठ)। 1909 जीवनी गुरू गोविंद सिंह पद्य में। 1909 से 1912 सम्बद्ध अवध अख़बार लखनऊ, 1911 नवीन भागवत, अनुवाद अरेबियन नाइट्स (अप्रकाशित) नाटक भीष्म पितामह (अपूर्ण)।

अहिल्या तारन اہلیا تارن

सीता स्वयंवर سیتا سویمبر

श्री राम चित्रकूट जाते हुए سری رام چترکوٹ جاتے ہوئے / राम वनवास رام بنواس

सीता हरण سیتا ہرن / मारीच पर निशाना ماریچ پرنشانہ

श्री राम चंद्र जी से हनुमान की मुलाक़ात سری رام چندر جی سے ہنومان کی ملاقات

श्री जानकी जी से हनुमान की मुलाक़ात سری جانکی جی سے ہنومان کی ملاقات

रावण की लड़ाई और उसका अंत راون کی لڑائی اور اس کا خاتمہ

राज गद्दी راج گدّی